Jørn Utzon

Editorial Gustavo Gili, SL

Rosselló 87-89, 08029 Barcelona, España. Tel. 93 322 81 61
Valle de Bravo 21, 53050 Naucalpan, México. Tel. 55 60 60 11
Praceta Notícias da Amadora 4-B, 2700-606 Amadora, Portugal. Tel. 21 491 09 36

Jørn Utzon. Obras y proyectos Works and Projects

GG®

Jaime J. Ferrer Forés

Para/For Angelina y/and Jaime

Versión inglesa de/English translation by Paul Hammond
Versión castellana de los textos de Jørn Utzon/Spanish translation of Jørn Utzon's texts: "La esencia de la arquitectura", "Plataformas y mesetas" y/and "Arquitectura aditiva", Moisés Puente
Revisión a cargo de/Revision by Anna Puyuelo
Fotografía de la cubierta/Cover photograph: Ópera de Sídney/Sydney Opera House

1ª edición, 2ª tirada, 2008
1st edition, 2nd print run, 2008

Printed in Spain
ISBN: 978-84-252-2060-9
Depósito legal: B. 418-2008
Impresión/Printing: Gráficas 92, SA, Rubí (Barcelona)

Índice

Contents

Prólogo
de Jørn Utzon

Los estudiantes de arquitectura encontrarán en este libro una herramienta útil y una referencia excelente, ya que todos los proyectos presentados están inspirados en diferentes culturas de todo el mundo, mostrando la importancia de esa inspiración y el desarrollo de un proyecto a partir de la misma.

Elsinor, Septiembre de 2004

Foreword
by Jørn Utzon

This book will be an important tool and great reference for students of architecture, because the projects shown are all inspired by different cultures around the world, showing the importance of such inspiration and the development of a project from such inspiration.

Elsinore, September 2004

Introducción

En los albores del siglo xx, por oposición al historicismo dominante, el ingeniero, pintor y arquitecto Peder Vilhelm Jensen-Klint (1853-1930) funda en Copenhague la denominada Bygmesterskolen en 1911. Esta escuela sería el emblema de un movimiento que asume la consideración material, la práctica artesanal y la responsabilidad social como sus principios. Este experimento social, cultural y económico emerge de la arquitectura tradicional con el objetivo de originar una nueva arquitectura que aspiraba a recuperar la naturaleza de la tradición artesanal y con ello "devolver la arquitectura a la gente".

Introduction

At the dawning of the 20th century, and in opposition to the historicism that then held sway, the engineer, painter and architect Peder Vilhelm Jensen-Klint (1853-1930) founded the so-called Bygmesterskolen in Copenhagen in 1911. This school would become the emblem of a movement that took material considerations, artisanal practice and social responsibility as its guiding principles. This social, cultural and economic experiment emerged from traditional architecture with the aim of giving rise to a new architecture that sought to rehabilitate the nature of the artisanal tradition and with it to "give architecture back to the people."

El proyecto para un memorial nacional de P. V. Jensen-Klint (1907), "un nódulo cristalino de agujas de iglesias danesas", maqueta producida por Kay Fisker en 1955. *Bygmesterskolen* (1911), libro de Jensen-Klint, y la iglesia de Grundtvig, Copenhague (1920-1940).

The design for a national monument by P. V. Jensen-Klint (1907), "a crystal node of Danish Church steeples", model produced by Kay Fisher in 1955. *Bygmesterskolen* (1911) by Jensen-Klint and the church in Grundtvig, Copenhagen (1920-1940).

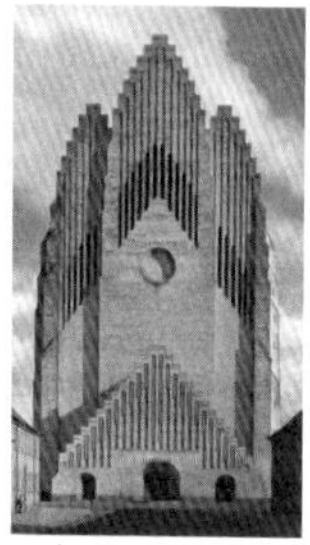

El interés en la forma escultórica y en el equilibrio de las texturas cristaliza en el proyecto para un monumento nacional en 1907, que ilustra la conciliación del elementarismo geométrico de la arquitectura anónima con la vigorosa yuxtaposición monumental. Las formas cristalinas y románticas del monumento nacional expresan la actitud idealista de ese momento y encuentran su culminación en la iglesia de Grundtvig en Copenhague (1920-1940). Síntesis del modelo tradicional ampliado al tamaño de una catedral, la iglesia adopta, como único material, el ladrillo y se construye con la precisión artesanal de sus aparejos. Finalizada diez años después de su muerte por su hijo Kaare Klint (1888-1954), la iglesia de Grundtvig se erige como emblema de la Bygmesterskolen.
En el ámbito académico, se extienden los principios del *bygmester*, del maestro constructor, de la cultura edificadora y de la expresión honesta de los materiales de acuerdo con su naturaleza a través de Ivar Bentsen (1878-1934) y de Kaare Klint.
La Academia, frente a la revolucionaria abstracción geométrica que adopta la Bauhaus en 1923, se reconcilia con la belleza común de la arquitectura primitiva. Con el objeto de que entendieran la continuidad, Jensen-Klint planteó que los estudiantes debían "estudiar el paisaje de dólmenes, iglesias, feudos y granjas y, cuando hubieran comprendido todas esas manifestaciones arquitectónicas de sus ancestros, el estudiante podría volverlas a crear sin copiarlas, ya que, entonces, estaría dando algo de sí mismo". Frente a la revolucionaria escuela de Weimar, la Academia evoluciona conciliando la tradición con la modernidad. Entre sus maestros significativos figuran Kay Fisker (1893-1965) junto con Kaare Klint y Steen Eiler Rasmussen (1898-1990).
Para Kay Fisker, "aquello que Jensen-Klint nos ha enseñado es, sobre todo, la admiración por lo sencillo, por lo honesto, por la interacción escultórica entre volúmenes grandes, y por el valor de los materiales tal y como son".[1] En la Academia coinciden, antes de la guerra, los protagonistas de la arquitectura moderna de la década de 1950 en Dinamarca.

The interest in sculptural form and in the balancing of textures crystallised in the project for a national monument in 1907 which would make the reconciliation clear of the geometric elementariness of anonymous architecture with the vigorous juxtaposition of the monumental. The crystalline, Romantic forms of the national monument expressed the movement's idealist attitudes and have their high point in the Grundtvig Church in Copenhagen (1920-1940). A synthesis of the traditional model blown up to the size of a cathedral, the church is built with the artisanal precision of the master builder and uses brick as its sole material. Finished ten years after Klint's death by his son Kaare Klint (1888-1954), Grundtvig Church stands as an emblem of the Bygmesterskolen.
In the academic milieu the principles of the *bygmester*, the master builder, extended from the culture of building and from the honest expression of materials in accordance with their nature through the intermediary of Ivar Bentsen (1878-1934) and Kaare Klint.
In opposition to the revolutionary geometric abstraction that the Bauhaus adopted in 1923, the Academy became reconciled to the commonly shared beauty of primitive architecture. So as to understand continuity, Jensen-Klint ordered that the students were to "study the landscape of dolmens, churches, manor houses and farms, and, when they had understood all such architectural expressions of their ancestors, the students could go back to creating them without copying them, seeing as they would then be giving something of themselves."
In contrast to the revolutionary Weimar school, the Academy evolved by reconciling tradition and modernity. One of its important teachers was Kay Fisker (1893-1965), together with Kaare Klint and Steen Eiler Rasmussen (1898-1990).
For Kay Fisker, "what Jensen-Klint taught us first of all was an admiration for the simple, honest, sculptural interaction of large volumes, and for the value of materials as such."[1] Coinciding in the Academy before the war were the main protagonists of 1950s modern architecture in Denmark.

Jørn Utzon
Hijo de un ingeniero naval, Jørn Utzon nace en Copenhague el 9 de abril de 1918 y educa sus aptitudes artísticas en el entorno de una familia que transita desde la dirección de los astilleros de Aalborg, donde transcurre su infancia, hasta los astilleros de Elsinor. "Mi infancia transcurrió en astilleros. Mi padre era ingeniero naval. Construía grandes barcos de acero y yates. A mí me gustaba ir a los talleres. En principio, no había nada que no pudiera hacerse".[2] La producción artesanal, las maquetas y las plantillas forman parte del universo de su niñez, sobre el que forja el trabajo de su vida.
La visita familiar a la Exposición de Estocolmo de 1930 constituye un acontecimiento relevante en el ámbito familiar. Las fachadas acristaladas, las superficies blancas y las cubiertas planas anunciaban una revolución plástica e ideológica en la Exposición concebida por Erik Gunnar Asplund, donde la sociedad se reconcilia con el universo de la industria y de la máquina contemporánea en una propuesta caracterizada por la transparencia y la luminosidad. Este manifiesto estético y social, construido en Estocolmo y publicado en *Acceptera*, inaugura un nuevo tiempo en el que su familia restablece el hogar familiar bajo el canon internacional del espacio y la luz.

1937-1942 Academia
Sus dotes artísticas se desarrollan junto al pintor Carl Kylberg (1878-1952) cuya pintura íntima y desolada captura la luz esencial del paisaje escandinavo y acentúa su sensibilidad ante la naturaleza. La trascendencia de este aprendizaje le lleva a plantearse la posibilidad de convertirse en artista. Sin embargo, después de cursar los años preceptivos en la Katedralskole de Aalborg, la familia de Utzon se traslada a Elsinor en 1937, donde, con el apoyo del escultor y familiar Einar Utzon-Frank, profesor en la Real Academia de Bellas Artes de Copenhague, inicia los estudios de arquitectura a la edad de 19 años.
Educado en el humanismo de Steen Eiler Rasmussen y en el dogma funcional y constructivo de Kay Fisker, las enseñanzas que recibió en la Academia transitan desde la perfección artesanal del pabellón en Ålsgårde (1939), realizado en el tercer curso, al equilibrio entre clasicismo, modernidad y contexto desarrollados en la ampliación de la casa Leidersdorf (1941), cuya deuda a Erik Gunnar Asplund (1885-1940) se extiende a lo largo de toda su obra. Dos años después de la muerte de Asplund, a quien considera "el padre de la arquitectura moderna escandinava", Utzon se titula en 1942.

Jørn Utzon
Son of a naval engineer, Jørn Utzon was born in Copenhagen on 9 April 1918 and honed his artistic skills in the bosom of a family which made the move from running the shipyards in Aalborg, where his childhood occurred, to those of Elsinore. "My life as a boy was in shipyards. My father was a naval architect. He built big steel ships and yachts. And I liked to go in the workshops. In principle there was nothing that could not be done."[2] Artisanal production methods, models and work forces formed part of his childhood world, on which he forged his life's work.
The visit to the 1930 Stockholm Exhibition was a major event in the family milieu. The glazed facades, white surfaces and flat roof announced a visual and ideological revolution in the Exhibition devised by Erik Gunnar Asplund, in which society reconciled itself with the world of industry and of contemporary machinery in a scheme characterised by transparency and luminosity. This aesthetic and social manifesto, built in Stockholm and published in *Acceptera*, announced a new era in which Utzon's family re-established the family home according to the international tenets of space and light.

1937-1942 The Academy
Utzon's artistic skills developed alongside the painter Carl Kylberg (1878-1952), whose intimate, desolate painting captures the essential light of the Scandinavian landscape and accentuates individual sensibility in the presence of nature. The momentousness of this apprenticeship led Utzon to consider the possibility of becoming an artist. However, after doing the compulsory yearly courses at the Katedralskole in Aalborg, the Utzon family moved in 1937 to Elsinore, where with the support of his sculptor-relative Einar Utzon-Frank, a teacher at the Royal Academy of Fine Arts in Copenhagen, Utzon began his architecture studies at age 19.
Educated in the humanism of Steen Eiler Rasmussen and in the functional building dogma of Kay Fisker, the teaching Utzon received at the Academy extended from the artisanal perfection of the pavilion in Ålsgårde (1939), carried out on the third-year course, to the balance between classicism, modernisn and context developed in the extending of the Leidersdorf House (1941), whose debt to Asplund was to extend all through Utzon's oeuvre. Two years after the death of Asplund, whom he considered "the father of modern Scandinavian architecture," Utzon graduated in 1942.

Fotografías de Karl Blossfeldt (1865-1932) publicadas en *Urformen der Kunst*, 1928, y *Wunder in der Natur*, 1942.

Photograps by Karl Blossfeldt (1865-1932) published in *Urformen der Kunst*, 1928 and *Wunder in der Natur*, 1942.

1942-1945 Estocolmo

Las tropas alemanas invaden Dinamarca el 9 de abril de 1940. Tras titularse en la Academia, se traslada a Suecia, que saldrá indemne de las dos guerras mundiales. Estocolmo se convierte en una ciudad cosmopolita en la que se encuentran numerosos arquitectos daneses. En 1942 contrae matrimonio con Lis Fenger, y entre ese año y 1945 completa su formación trabajando con Hakon Ahlberg, quien acababa de publicar en 1943 un libro sobre Asplund, y a continuación con Paul Hedqvist, donde conoce al arquitecto noruego Arne Korsmo (1900-1968).

En este período en Estocolmo se suceden las visitas al pabellón del té, Zui Ki Tei, en los jardines del museo etnográfico de Estocolmo en Djurgården, el encuentro con la obra de Frank Lloyd Wright presentada en la exposición *America Bygger*, el hallazgo de la cultura china a través del sinólogo Osvald Sirén, el estudio sobre las tipologías de los monasterios budistas realizado por Johannes Prip-Møller y la observación de la naturaleza a través de los libros de Karl Blossfeldt, *Urformen der Kunst* (1928) o de D'Arcy Thompson, *Sobre el crecimiento y la forma* (1942). Al término de la contienda, hasta la rendición oficial del ejército alemán el 5 de mayo de 1945, realiza una propuesta para contribuir a la reconstrucción de las ciudades europeas de posguerra con unas viviendas provisionales en Holanda que suponen el inicio del desarrollo aditivo de su arquitectura. Mientras, con el proyecto para la Real Academia Danesa de Música, erigido sobre un podio fundacional, obtiene la Medalla de Oro de la Academia.

El 25 de octubre de 1945 inicia una breve colaboración con Alvar Aalto que finaliza el 5 de diciembre. Sin embargo, la síntesis entre tradición y modernidad desarrollada por Aalto y la influencia de Asplund se prolongan en la trayectoria de Utzon: "Estos fueron mis maestros".

1945-1947 Concursos

Desde Dinamarca, y con la colaboración de Tobias Faber, Utzon participa en varios concursos

1942-1945 Stockholm

German troops invaded Denmark on 9 April 1940. After graduating from the Academy, Utzon moved to Sweden, which was to emerge unscathed from two World Wars. Stockholm had turned into a cosmopolitan city where many Danish architects were found. In 1942 Utzon married Lis Fenger and between that same year and 1945 he completed his training by working with Hakon Ahlberg, who had recently published a book on Asplund (1943), and soon after with Paul Hedqvist, where he met the Norwegian architect Arne Korsmo (1900-1968). Following one another during this period in Stockholm were visits to the tea pavilion, Zui Ki Tei, in the gardens of the Stockholm Ethnographic Museum in Djurgården; an encounter with the work of Frank Lloyd Wright, shown in the exhibition *America Bygger*; the discovery of Chinese culture via the Sinologist Osvald Sirén, Johannes Prip-Møller's study of the typologies of Buddhist monasteries; and the observation of nature through the books of Karl Blossfeldt, *Urformen der Kunst* (1928) and D'Arcy Thompson, *On Growth and Form* (1942). Between the end of hostilities and the official surrender of the German army on 5 May 1945, Utzon created a scheme for contributing to the reconstruction of the postwar European city with temporary housing units in Holland, which mark the first step in the additive evolution of his architecture. In the meantime, he won the Academy's Gold Medal with his design for the Danish Royal Academy of Music set up on a foundational podium.

On 25 October 1945 he began a brief collaboration with Alvar Aalto, which ended on 5 December. Nevertheless, the synthesis between tradition and modernity developed by Aalto and the influence of Asplund were to be prolonged in the trajectory of Utzon: "These were my teachers."

1945-1947 Competitions

From Denmark and with the collaboration of Tobias Faber, Utzon intervened in various competitions for public buildings and housing complexes

para edificios públicos y conjuntos de viviendas cuya valoración geográfica extiende las propuestas al terreno del paisaje. La propuesta para el Crystal Palace, en Londres (1946) presenta las inquietudes plásticas que desarrollará a lo largo de toda su carrera: los pabellones se sitúan sobre un conjunto de plataformas que asumen las irregularidades del terreno, mientras que las analogías con los ámbitos del bosque se manifiestan en el interior de los pabellones, caracterizados por el desarrollo vigoroso de la estructura.
También con Tobias Faber realizó los concursos para el conjunto de viviendas en Viborg (1944) y en Bellahøj (1945), donde se ensayan los primeros modelos sobre la vivienda colectiva y el entorno paisajístico, que en su configuración unifamiliar se construyen posteriormente en Elsinor (1956) y Fredensborg (1959). Mientras, con el modelo de la torre, se anticipan los conjuntos propuestos en Borås (1947), Elineberg (1954), Frederiksberg (1959) y Elviria (1960).

1947-1949 Marruecos, Estados Unidos y México

En 1947, y durante una estancia en Marruecos destinada a proyectar una serie de fábricas, se inicia en la arquitectura islámica y descubre en la arquitectura anónima la sabiduría elemental de los pueblos, los detalles vernáculos y la unidad material del paisaje. A su regreso, el artículo publicado con Tobias Faber en *Arkitektur* y *Byggmästaren*, "Tendenser i nutidens arkitektur", presenta un conjunto de paisajes construidos por el tiempo, formas naturales y cinco ejemplos de la arquitectura de Frank Lloyd Wright y Alvar Aalto.
En 1949 obtiene una beca para viajar a Estados Unidos. La visita a Ray y Charles Eames en la casa de Pacific Palisades y la breve estancia en Taliesin East con Frank Lloyd Wright se suceden al encuentro con Mies van der Rohe en Chicago. El viaje continúa hasta México, donde las plataformas construidas por los mayas en la península de Yucatán, en los conjuntos de Uxmal y Chichén Itzá, se convierten en "una de las experiencias

Plataformas en Uxmal, México. PAGON: Proyecto para el centro urbano en Bergen, Noruega, hacia 1950.

whose geographical valorisation extended the schemes on the terrain of the landscape. The scheme for the Crystal Palace in London (1946) displayed the plastic preoccupations he developed throughout his career: the pavilions are set up on a range of platforms that take account of the irregularities of the terrain, while the analogies with the areas of woodland are manifested in the interior of the pavilions, typified by the vigorous development of the structure.
Also coming out of this professional relationship with Tobias Faber were the competition entries for the housing complex in Viborg (1944) and Bellahøj (1945), in which the first models are tried out as to communal housing and the landscaped environment, which in their one-family form were subsequently built in Elsinore (1956) and Fredensborg (1959). Meanwhile, with the model of the tower, the complexes planned in Borås (1947), Elineberg (1954), Frederiksberg (1959) and Elviria (1960) are anticipated.

1947-1949 Morocco, the USA and Mexico

In 1947, during a stay in Morocco meant for creating the design of a series of factories, Utzon was initiated into Islamic architecture and discovered in anonymous architecture the fundamental wisdom of common people, vernacular detailing and the material oneness of the landscape. On his return, the article published with Tobias Faber in *Arkitektur y Byggmästaren*, "Tendenser i nutidens arkitektur", presents a set of landscapes constructed by time, natural forms and five examples of the architecture of Frank Lloyd Wright and Alvar Aalto.
In 1949 Utzon received a grant to travel to the United States. A visit to Ray and Charles Eames in their Pacific Palisades house and a brief stay in Taliesin East with Frank Lloyd Wright followed a meeting with Mies van der Rohe in Chicago. The trip continued as far as Mexico, where the platforms built by the Mayans on the Yucatán peninsula in the complexes of Uxmal and Chichén Itzá turned into "one of the greatest architectural experiences of my life." Supported on ample

Platforms in Uxmal, Mexico. PAGON: Project for Bergen city centre, Norway, *c.* 1950.

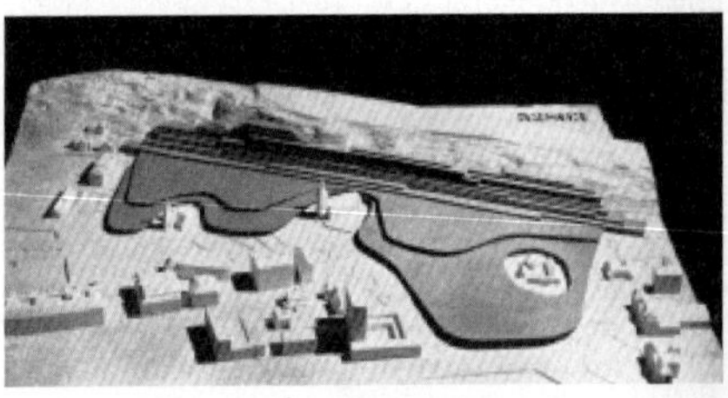

Imágenes del artículo "Tendenser i nutidens arkitektur", publicado en *Arkitekten* y *Byggmästaren* en 1947.

Images from the article "Tendenser i nutidens arkitektur" published in *Arkitekten y Byggmästaren*, 1947.

arquitectónicas más importantes de mi vida". La constitución de los templos apoyados sobre amplios planos horizontales que emergen sobre la densidad de la selva se presenta en el artículo titulado "Plataformas y mesetas: ideas de un arquitecto danés", y desarrollará su potencia plástica en los años sucesivos.

1950 Arne Korsmo y PAGON

A su regreso, los concursos realizados con Arne Korsmo consideran a la vez el tejido urbano y la pieza tipológica, en un desarrollo plástico que señala su "interés compartido por la percepción espacial". La colaboración con Arne Korsmo en los concursos para la estación central de ferrocarriles de Oslo (1947) y el conjunto de viviendas en el área central de Vestre Vika (1948), le llevan a colaborar con la sección noruega del CIAM, PAGON, Progressive Arkitekters Gruppe Oslo Norge, en el que participan Arne Korsmo, Christian Norberg-Schulz, Geir Grung y Sverre Fehn.
Como respuesta a la reconstrucción de la ciudad europea de la posguerra, el conjunto de viviendas propuesto en Armebråten (1951) se adapta a la acusada pendiente, extendiendo sobre el terreno las unidades residenciales en una composición paisajística que se desarrolla en el concurso de viviendas económicas en Escania (1953), posteriormente en las viviendas Kingo en Elsinor (1956) y en las viviendas de Fredensborg (1959). Mientras las unidades residenciales se apoyan en el muro de contención, el modelo reúne las características de los pabellones de la casa de los Eames que visitó el año anterior, y se prolonga en el muro de la casa del arquitecto en Hellebæk (1950).

horizontal planes, the constitution of the temples that emerged above the density of the jungle was presented in an article entitled "Platforms and plateaux: ideas of a Danish architect" and was to reach its plastic potential in the years to come.

1950 Arne Korsmo and PAGON

On Utzon's return, the competitions carried out with Arne Korsmo considered both the urban fabric and the typological building, in a visual development which denoted their "mutual pleasure in spatial perception." The collaboration with Arne Korsmo in the competitions for the Central Railway Station in Oslo (1947) and the housing complex in the centre of Vestre Vika (1948) led him to work with the Norwegian section of the CIAM, PAGON, Progressive Arkitekters Gruppe Oslo Norge, in which Arne Korsmo, Christian Norberg-Schulz, Geir Grung and Sverre Fehn participated.
As a response to the reconstruction of the postwar European city, the housing complex proposed in Armebråten (1951) adapts to the steep slope, extending the residential units over the terrain in a landscaped composition which is developed in the competition for low-cost housing in Scania (1953), and later in the Kingo houses in Elsinore (1956) and the Fredensborg dwellings (1959). While the residential units are supported on the retaining wall, the model combines the characteristics of the pavilions of the Eames's house, which Utzon visited the year before, and is prolonged in the wall of the architect's house in Hellebæk (1950).

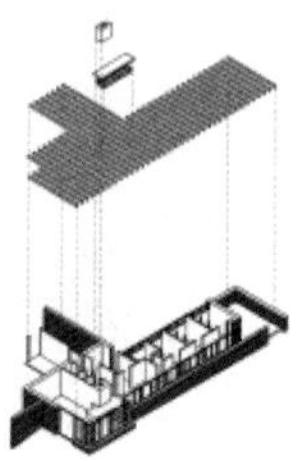

1

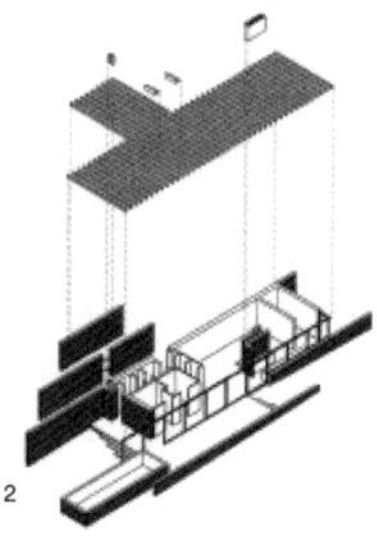

2

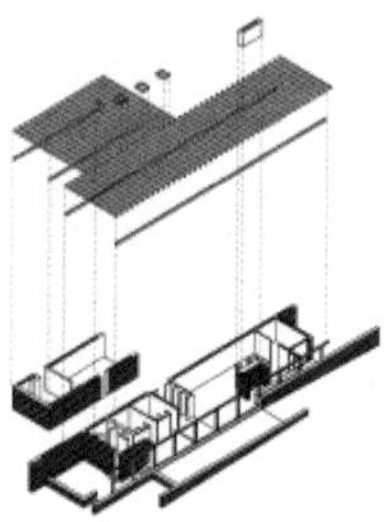

3

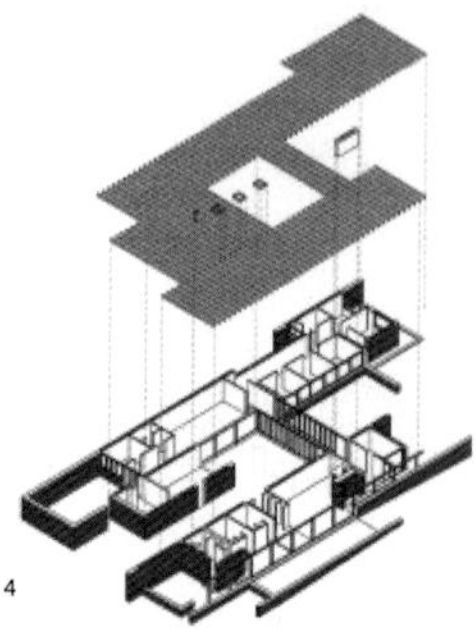

4

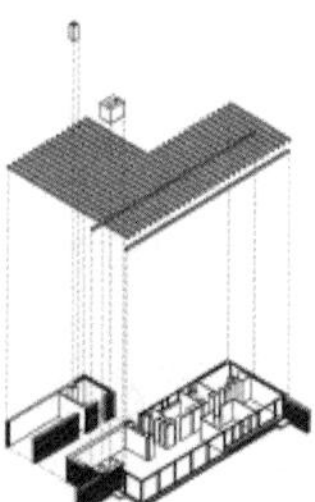

5

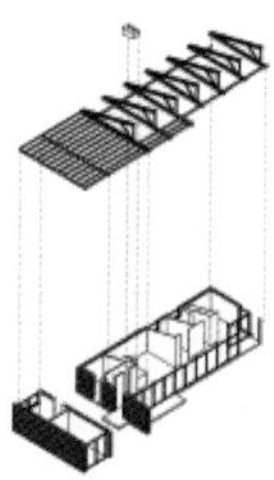

6

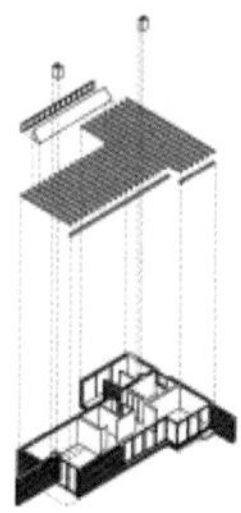

7

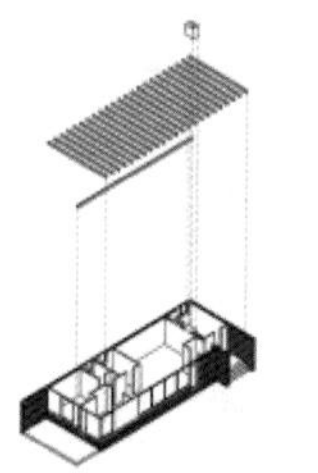

8

1952 La casa del arquitecto. Casas *utzonian*
Los amplios voladizos, los muros extendidos en el terreno, la fluidez de los espacios interiores, el hogar exento y el contacto con el paisaje circundante caracterizan la casa del arquitecto, cuyos rasgos se encuentran también en una serie de viviendas unifamiliares, *utzonian*, que aunque adaptadas a las condiciones locales, evocan el ideal suburbano y el desarrollo del modelo de las casas *usonian* de Wright, mientras que la disposición longitudinal de la casa, las alcobas y la adaptación al terreno natural aluden al conjunto de viviendas en Armebråten.[3]
La casa del arquitecto en Hellebæk, que introduce la planta libre en Dinamarca, y el conjunto de casas *utzonian* basan su construcción en la fábrica de ladrillo, la estructura de madera y el paisaje. Mientras, en la casa Middelboe (1953) se recurre a la prefabricación de la estructura para elevar la casa sobre el entorno de un lago.

1952 The architect's house. *Utzonian* houses
The broad cantilever, the walls extending across the terrain, the fluidity of the interior areas, the sticking-out fireplace and the contact with the surrounding landscape characterise the architect's house, the features of which are expounded in a series of one-family *Utzonian* houses, which, adapted to local conditions, evoke the suburban ideal and the development of Wright's *Usonian* model, while the longitudinal layout of the house, the bedrooms and the adaptation to the natural terrain allude to the housing complex in Armebråten.[3]
The architect's house in Hellebæk (which introduces the open-plan floor in Denmark) and the general run of Utzonian houses base the construction on brickwork, a wooden framework and the landscape. Meanwhile, in the Middelboe House (1953) recourse is had to the prefabrication of the structure in order to raise the house above the setting of a lake.

1-3. Casa del arquitecto (1950-1952). 4. Ampliación de la casa del arquitecto (1958). 5. Casa Herstad (1953). 6. Casa Andersen (1953). 7. Casa Rotzau-Larsen (1953). 8. Casa Lillesøe (1955). 9. Casa Middelboe (1953). 10. Casa Bille (1954). 11. Casa Banck (1958). 12. Casa Herneryd (1960). 13-14. Prototipo casa en Escania (1953). 15. Unidad casas Kingo (1956). 16. Unidad casas Fredensborg (1959).

1-3. Development of the architetct's house (1950-1952). 4. Extending of the architect's house (1958). 5. Herstad House (1953). 6. Andersen House (1953). 7. Rotzau-Larsen House (1953). 8. Lillesøe House (1955). 9. Middelboe House (1953). 10. Bille House (1954). 11. Banck House (1958). 12. Herneryd House (1960). 13-14. House prototype in Scania (1953). 15. Kingo housing unit (1956). 16. Fredensborg housing unit (1959).

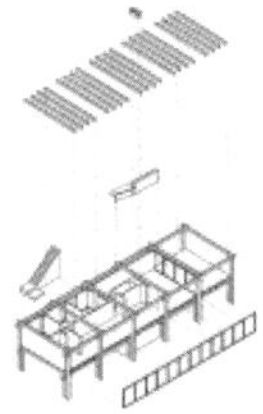

9

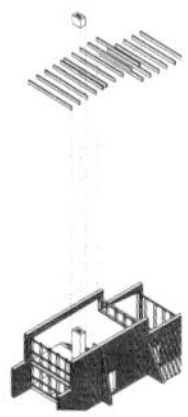

10

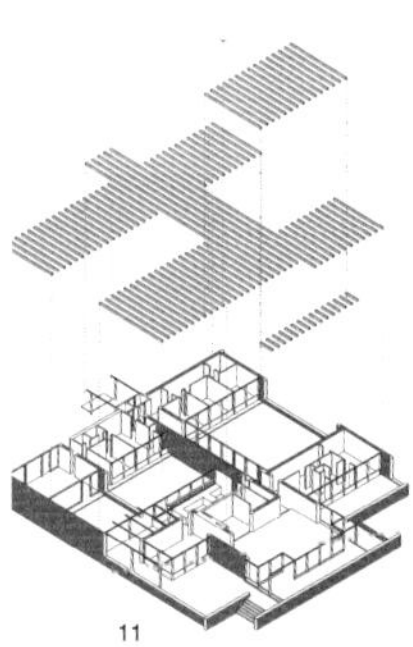

11

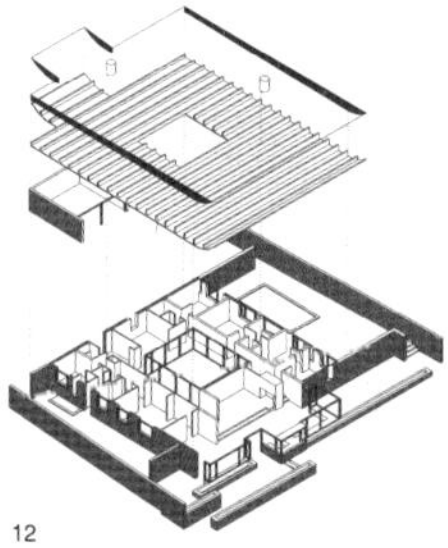

12

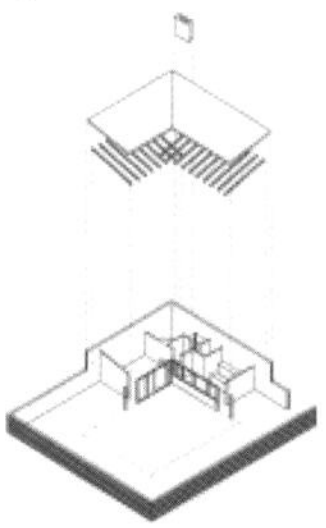

13

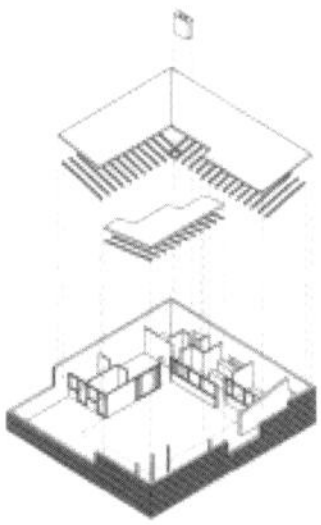

14

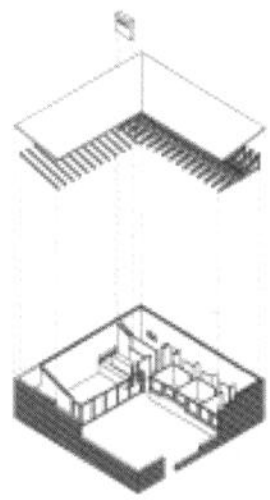

15

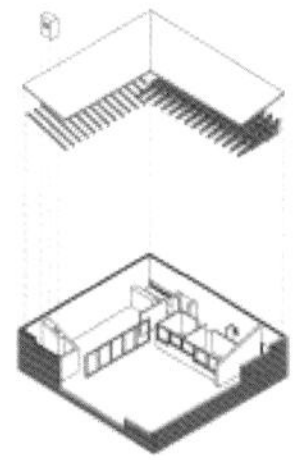

16

1953-1954 Conjuntos de viviendas

Esta etapa de intereses domésticos culmina con el concurso que ganó en 1953 para la construcción de viviendas económicas en Escania. La propuesta, concebida a partir del modelo tradicional de las granjas danesas desarrolladas en torno a un patio central protegido, alude al conjunto de viviendas en Pueblo Ribera de Rudolph M. Schindler (1923) o a las colonias jardín del paisajista C. Th. Sørensen, y concilia la individualidad del modo de habitar de cada familia con la valoración geográfica del entorno. Los conjuntos de viviendas en Elsinor (1956) y Fredensborg (1959), desarrollados en los años sucesivos, construyen una composición paisajística que responde a los principios establecidos en los primeros concursos: la separación completa entre circulaciones conflictivas, la vivienda unifamiliar de doble acceso, la adición de viviendas y la naturaleza como elemento continuo y central de la agrupación.
En la primera mitad de la década de 1950 inicia una relación profesional con el estudio sueco de Henry y Erik Andersson en Helsingborg, con quienes desarrolla los concursos para los conjuntos de viviendas en Marieberg y Elineberg de 1954. Concebidas a partir de una sucesión de torres emplazadas en el paisaje marítimo, las propuestas acentúan el extenso ámbito geográfico y fueron desarrolladas posteriormente en la "composición abstracta" de Frederiksberg (1959) y Elviria (1960).

1953-1954 Housing complexes

This stage of domestic concerns culminated with the competition won in 1953 for the building of low-cost housing in Scania. The scheme, conceived on the basis of the traditional model of Danish farmhouses set out around a sheltered central courtyard, alludes to Rudolph M. Schindler's housing complex in Pueblo Ribera (1923) and to the garden estates of the landscape designer C. Th. Sørensen, and reconciles the individuality of each family's form of occupancy with the geographical valorisation of the surroundings. Developed in the years ahead, the housing complexes in Elsinore (1956) and Fredensborg (1959) construct a landscaped composition that responds to the principles established in the early competitions: total separation between conflictive circulation systems, double access to the one-family house, aggregate units formed by the addition of dwellings, and nature as a continuous, central element of the grouping.
In the first half of the 1950s Utzon embarked on a professional relationship with the Swedish studio of Henry and Erik Andersson in Helsingborg, with whom he developed the 1954 competition entries for the housing complexes in Marieberg and Elineberg. Conceived on the basis of a succession of towers set up in the maritime landscape, the schemes accentuate the extended geographical area and were developed later in the "abstract composition" of Frederiksberg (1959) and Elviria (1960).

1954-1956 Hitos

Este período, que transita de la vivienda unifamiliar a la vivienda colectiva y el entorno paisajístico alcanza un carácter emblemático en una serie de proyectos públicos a los que convierte en hitos paisajísticos que destacan sobre la silueta de un entorno despojado y riguroso. El Crematorio propuesto en 1945, que alude a conjuntos de túmulos y dólmenes neolíticos, puntúa un paisaje de dilatación y ausencia. El trípode estructural del depósito de agua en Svaneke (1949) señala la costa en la isla de Bornholm. La torre para el pabellón Langelinie (1953) y el puente suspendido en el interior del fiordo de Oslo (1954) se establecen como referencia en un paisaje ilimitado, cuyo carácter iconográfico se desarrolla en el concurso para la Ópera de Sídney (1956-1973).

1956 Ópera de Sídney

En 1957, la propuesta de Utzon para la Ópera de Sídney obtiene el primer premio en una convocatoria internacional que, frente a los 232 proyectos presentados, elige la plataforma coronada por una sucesión de cáscaras ingrávidas. Emplazada en el interior de la bahía de Sídney, el carácter masivo de la plataforma y el valor iconográfico de las vigorosas cáscaras blancas aluden tanto a las plataformas precolombinas y orientales como a las ruinas clásicas y a los bastiones del castillo de Kronborg en Elsinor.

A los 38 años, la victoria de Utzon en esta convocatoria inaugura una etapa profesional intensa. La construcción de la primera fase, la plataforma, se inicia en marzo de 1959, mientras que el desarrollo geométrico y estructural de las cáscaras se extiende hasta 1961. Estas se conciben "desde una geometría muy simple", a partir de fragmentos de una misma esfera; su elocuencia plástica había aparecido inicialmente en las lámparas que proyectó para Nordisk Solar en la década de 1940.

1954-1956 Landmarks

This period, which witnessed the shift from one-family to communal housing and the landscaped environment, attained an emblematic character in a series of public projects, turning them into a landmark above the silhouette of a bare, rigorous country. The Crematorium proposed in 1945, which alludes to Neolithic tumuli and dolmens in general, punctuates a landscape of distension and absence. The structural tripod of the water tower in Svaneke (1949) denotes the coastline on the island of Bornholm. The tower for the Langelinie Building (1953) and the suspension bridge within the Oslo fjord (1954) go to form the reference in an unlimited landscape, whose iconographic character is developed in the competition for the Sydney Opera House (1956-1973).

1956 The Sydney Opera House

In 1957 Utzon's scheme for the Sydney Opera House won first prize in an international convocation, which from among the 232 projects presented chose the platform topped by a succession of weightless shells. Located within Sydney Harbour, the massive nature of the platform and the iconographic value of the vigorous white shells alluded to pre-Columbian and Oriental platforms as well as to classical ruins and the bulwarks of Kronborg Castle in Elsinore.

At 38, Utzon's victory in the competition heralded an intense period of professional activity.

The construction of the first phase, the platform, began in March 1959, while the geometric and structural development of the shells extended until 1961. The shells, whose visual eloquence had initially appeared in the lamps he designed for Nordisk Solar in the 1940s, were devised "from a very simple geometry" based on fragments of a single sphere.

Imágenes del centro urbano de Isfahan, Irán. Planta de los auditorios de la Ópera de Sídney (1956) sobre el emplazamiento del concurso.

Images of the urban centre of Isfahan, Iran. Plan of the auditoria of the Sydney Opera House (1956) on the competition location.

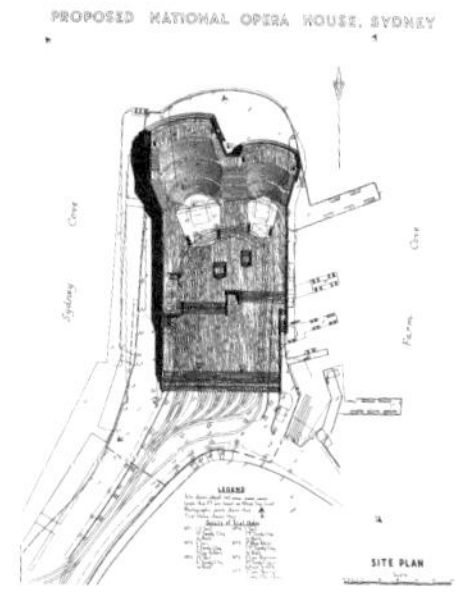

1958-1961 Sídney y los hallazgos formales
Al término de la década de 1950, Utzon añade en sus proyectos los hallazgos formales registrados durante los viajes a Sídney. Las plataformas y las cubiertas suspensas del mundo oriental, junto con las cubiertas polícromas y la estructura de los conjuntos urbanos del mundo islámico, cristalizan en una serie de proyectos que transitan desde la secuencia de lucernarios del Banco Melli en Irán (1959) a los conjuntos de plataformas propuestos en Berlín para la reconstrucción del centro urbano (1957), y en Copenhague, para la Exposición Internacional (1959). Asimismo, la propuesta para el instituto de enseñanza en Højstrup (1958), que obtiene el primer premio, desarrolla la cubierta ingrávida y el volumen de la torre frente al paisaje del Øresund sobre el ámbito de la plataforma, y las losas plegadas de la cubierta son una referencia a la *porte cochère* de la Ópera de Sídney. Sin embargo, el traslado a Sídney en 1962 lo aleja de su construcción.
En Sídney, el desafío de la racionalización de la construcción de las cáscaras se desarrolla a partir del modelo esférico. Este modelo, concebido para la ejecución de las cubiertas a través de segmentos prefabricados, junto con el refinamiento plástico de las cáscaras, revestidas con paneles prefabricados de losetas cerámicas, completan la realización de la segunda fase de la construcción de la Ópera.

1963-1964 Museo de Arte en Silkeborg y teatros en Zúrich y Wolfsburg
En la primera mitad de la década de 1960, durante el proceso de construcción de la Ópera y con la propuesta para el Museo de Arte en Silkeborg (1963), Utzon alcanza el hallazgo plástico de un paisaje sepultado entre los cuencos que arquean su sorda arquitectura de cripta y aparecen como resplandecientes esculturas cerámicas en una "pintura desviada" del fundador del grupo CoBrA, Asger Jorn. Síntesis de la tradición histórica en las cuevas de Tatung y de las referencias de la modernidad, el proyecto del museo alude a la cáscara hiperbólica del Palacio de la Asamblea

1958-1961 Sydney and its formal discoveries
The formal findings registered during Utzon's trips to Sydney were added at the end of the 1950s. The platforms and suspended roofs of the Oriental world, along with the polychrome roofs and structure of the urban complexes of the Islamic world, crystallise in a series of projects which extend from the sequence of skylights of the Melli Bank in Iran (1959) to the general run of platforms proposed in Berlin for the reconstruction of the urban centre (1957), and in Copenhagen, for the World Exhibition (1959). Likewise, the scheme for the High School in Højstrup (1958), which was awarded first prize, sets the weightless roof and the volume of the tower facing the landscape of the Øresund on the platform area and possesses, in the folded slabs of the roof, a reference to the *porte cochère* of the Sydney Opera House. However, the move in 1962 to Sydney was to distance him from its construction.
In Sydney the challenge of rationalising the construction of the shells was developed from the model of a sphere. This model, conceived for the execution of the roofs from prefabricated segments, plus the visual refinement of the shells faced with prefabricated panels of ceramic tiles completed the carrying out of the second phase of the building of the Opera House.

1963-1964 The Museum of Art in Silkeborg and theatres in Zurich and Wolfsburg
In the first half of the 1960s, during the building of the Opera House and with the scheme for the Museum of Art in Silkeborg (1963), Utzon arrived at the visual discovery of a landscape buried among the hollows, which arched their muted, crypt-like architecture and appeared as resplendent ceramic sculptures in a "detourned painting" by the founder of the CoBrA Group, Asger Jorn. A synthesis of the historic tradition of the Tatung Caves and modernist references, the project alluded to the hyperbolic shell of Le Corbusier's Assembly Building in Chandigarh (1961), to the *tholos* of Franco Albini's Museum of the Treasure of

de Chandigarh de Le Corbusier (1961), a los *tholos* del Museo del Tesoro de San Lorenzo en Génova, de Franco Albini (1956), o a las rampas de traza helicoidal del estanque para pingüinos que realiza Berthold Lubetkin en el zoológico de Londres (1934) con la colaboración de Ove Arup. Asimismo, los proyectos para los teatros de Zúrich (1964) y Wolfsburg (1965) se conciben a partir de la subordinación al entorno y la experiencia de Sídney, y culminan con el concurso para el centro universitario en Odense (1966), que resume una etapa de plataformas masivas y cubiertas leves.

1965-1966 Sídney: la tercera fase. Crisis

La perfección material, la precisión geométrica o la coherencia tectónica determinan la integridad de la construcción de la Ópera, que alude a los hallazgos constructivos del tratado chino *Ying zao fa shi,* donde se establece la codificación de los elementos constructivos de la arquitectura imperial.
Durante la construcción de las cáscaras se desarrolla la tercera fase de la Ópera, que contempla la ejecución de los auditorios y el detalle de los cerramientos. Tanto el muro cortina, generado por una sucesión de montantes articulados de madera laminada revestidos de bronce, que complementan la ingravidez de las cáscaras, como las vigas articuladas de madera laminada, que generan el perfil acústico de los auditorios, no se realizan. Tras el cambio de gobierno, la extraordinaria acogida se convierte en un largo proceso de desencuentros que producen el alejamiento de la obra y el nombramiento de un equipo de arquitectos para la construcción de la tercera fase. Utzon abandona Australia.
Desde Sídney viaja a Hawai y significativamente culmina en México una etapa ferviente.

1966- Arquitectura aditiva

Al término de la década de 1960, el desencanto de Sídney abre un proceso de reflexión que alcanza, con la denominada arquitectura aditiva, el inicio de un nuevo período caracterizado por la síntesis de geometría, modulación y producción estandarizada, consecuencia de las lecciones aprendidas en Sídney. "Sídney fue un lugar de pruebas".
Al término de la década, desarrolla un conjunto de propuestas basadas en el principio aditivo: el proyecto para el centro urbano de Farum (1966), que alude al bazar islámico; el estadio en Jeddah (1969), cuyos módulos prefabricados desarrollan la estructura del conjunto; y la segunda versión del Museo de Arte en Silkeborg (1969), concebido a partir de una serie de galerías extendidas sobre el paisaje. Asimismo, el sistema de construcción Espansiva plantea la lógica constructiva y los componentes de una serie flexible de viviendas unifamiliares.

San Lorenzo in Genoa (1956), or to the helicoidal ramps of the Penguin Pool that Berthold Lubetkin created at London Zoo (1934) with the collaboration of Ove Arup. Likewise, the designs for the theatres of Zurich (1964) and Wolfsburg (1965) were conceived on the basis of subordination to the environment and the experience of Sydney and culminated with the competition for the university centre in Odense (1966), which summed up a stage involving massive platforms and light roofs.

1965-1966 Sydney: the third phase. Crisis

Material perfection, geometric precision and tectonic coherence determined the integrity of the building of the Opera House, which alluded to the constructional discoveries of the Chinese treatise *Ying zao fa shi*, in which the codification of the building components of imperial architecture is set out.
During the constructing of the shells the third phase of the Opera House was undertaken, a phase which contemplated the execution of the auditoria and the detail of the outer skin. Neither the curtain wall, generated by a succession of articulated mullions of laminated wood faced with bronze which complemented the lightness of the shells, nor the articulated beams of laminated wood, which generated the acoustic profile of the auditoria, were carried out. The extraordinary reception was converted, following the change of government, into a long series of disencounters that led to Utzon's distancing from the work and the naming of a team of architects for the building of the third phase. Utzon quit Australia.
From Sydney he travelled to Hawaii and, significantly, ended up in Mexico–a fervent phase.

1966- Additive architecture

At the end of the 1960s the disenchantment of Sydney triggered a process of reflection that amounted, with so-called additive architecture, to the beginning of a new period characterised by the synthesis of geometry, modulation and standardised production that was evinced in the lessons of Sydney: "Sydney was a testing-place."
At the end of the decade Utzon developed a group of schemes based on the additive principle: the design for the town centre of Farum (1966), which alludes to the Islamic bazaar; the stadium in Jedda (1969), whose prefabricated modules develop the structure of the complex; and the second version of the Museum of Art in Silkeborg (1969), conceived on the basis of a series of galleries extending above the landscape. Similarly, the Espansiva building system resolved the construc tional logic and components of a flexible series of one-family houses.

Fábrica de papel en Marruecos (1947), Iglesia de Bagsværd (1968) y casa del arquitecto en Porto Petro, Mallorca (1971).

Paper factory in Morocco (1947), Bagsværd Church (1968) and the architect's house in Porto Petro, Majorca (1971).

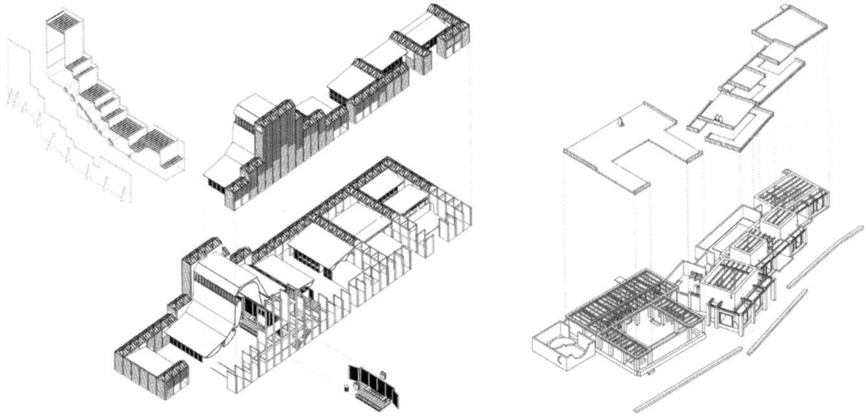

1973- Últimos proyectos

En 1973, y sin la presencia de Utzon, se inaugura la Ópera de Sídney, construcción emblemática que se constituye en símbolo de una ciudad y de un continente. Este acontecimiento coincide con el inicio de la construcción de la iglesia de Bagsværd (1968-1976), donde una trayectoria de nubes volubles apreciadas en Hawai se transforman en una sucesión de cáscaras que abarcan lo inconmensurable y extienden la trayectoria tenaz del arquitecto hacia un período que cristaliza en la Asamblea Nacional de Kuwait (1972-1984), cuya composición aditiva es una referencia a los bazares árabes, posteriormente desarrollada en los dos refugios insulares en Mallorca (1971-1994), que abren un proceso de distanciamiento y balance.

El reconocimiento público y la recuperación de su legado se superponen al encargo de las autoridades de Sídney para que participe, en colaboración con su hijo mayor Jan, en las propuestas de modernización de la Ópera.

La trayectoria de este arquitecto riguroso y amable, que se define como un "constructor", fluye sobre dos convicciones esenciales, la construcción y el paisaje, sobre las que levanta con la tradición material del *bygmester*, una arquitectura que concilia la sabiduría de la construcción vernácula con las arquitecturas de la Antigüedad.

1973- Final projects

In 1973, and without the presence of the architect, the Sydney Opera House was opened, an emblematic building which stands as the symbol of a city and a continent. This event coincided with the beginning of the construction of the church in Bagsværd (1968-1976), in which a changing bank of clouds admired in Hawaii is transformed into a succession of shells that embrace the incommensurable and extend the architect's tenacious trajectory in a period which crystallises in the Kuwait National Assembly (1972-1984), whose additive composition refers to Arab bazaars and is developed in the two island refuges on Majorca (1971-1994), which start off a process of distantiation and balance.

Public recognition of Utzon and the recovery of his legacy were added to the assignment from the Sydney authorities for him to participate, in collaboration with his eldest son Jan, on the proposals for modernising the Opera House.

The trajectory of this rigorous and gentle architect, who defines himself as a "builder," flows from two essential convictions, building and landscape, on which he erects, with the material tradition of the *bygmester*, an architecture which reconciles the wisdom of vernacular building methods with the architectures of Antiquity.

[1] Fisker, Kay: "Klint's Influence", *Arkitektur*, Copenhague, 1963.
[2] "Royal Gold Medallist 1978. Jørn Utzon", en *RIBA Journal*, octubre de 1978.
[3] Ferrer, Jaime J.: "Jørn Utzon. On earth", en *Proceedings. Utzon Symposium*, Aalborg Universitetsforlag, Aalborg, 2003.

[1] Fisker, Kay, "Klint's Influence", *Arkitektur*, Copenhagen, 1963.
[2] "Royal Gold Medallist, 1978. Jørn Utzon", *RIBA Journal*, October 1978.
[3] Ferrer, Jaime J., "Jørn Utzon. On Earth", in *Proceedings. Utzon Symposium*, Aalborg Universitetsforlag, Aalborg, 2003.

La esencia de la arquitectura

Ponemos todo en relación con nosotros mismos. Nuestros entornos nos influyen por su tamaño relativo, su luz, su sombra, su color, etc. Nuestro estado depende totalmente de si nos encontramos en una ciudad o en el campo, o de si el espacio donde estamos es grande o pequeño.
En un principio nuestras reacciones frente a tales circunstancias son inconscientes, y sólo caemos en la cuenta de ellas en ocasiones especiales como, por ejemplo, cuando gozamos de un detalle, o sentimos un particular vínculo con los alrededores o una acusada sensación de desagrado.
Pero nuestro punto de partida debería ser provocar nuestras reacciones inconscientes hasta que se hagan conscientes. Al cultivar nuestra capacidad de captar estas diferencias y el efecto que provocan en nosotros, al estar en contacto con nuestros entornos, encontramos nuestro camino hacia la esencia de la arquitectura.
Si queremos incrementar nuestros conocimientos en arquitectura, debemos entender que, de entre todos los cambios de las circunstancias, la expresión arquitectónica se crea en coalición con la estructura social. La verdadera esencia de la arquitectura puede compararse con las semillas, y algo del carácter inevitable que el principio de crecimiento tiene en la naturaleza debería ser también un concepto fundamental en arquitectura.
Si pensamos en las semillas que se convierten en plantas o árboles, vemos que todas las del mismo género se desarrollarían de la misma manera si los potenciales de crecimiento no fueran tan diferentes y si cada proceso de crecimiento poseyera en sí la capacidad de desarrollarse sin condicionantes. Bajo condiciones distintas, semillas similares se convierten en organismos muy distintos.
Nuestros entornos, el tiempo en que vivimos, son bastante diferentes de lo que fueron antaño, pero la esencia de la arquitectura, la semilla, es la misma. El estudio de la arquitectura existente debe consistir en dejarnos influenciar espontáneamente por ella y apreciar cómo las soluciones y los detalles dependían del tiempo en el que fueron creados. Para que el arquitecto trabaje con un control absoluto de sus medios debe experimentar, practicar —como lo hace un músico con sus escalas— con la masa, con los ritmos que

The innermost being of architecture

We put everything in relation to ourselves. Our surroundings influence us through their relative size, light, shade, colour etc. Our condition depends entirely on whether we are in a city or out in the countryside, on whether the space in which we find ourselves is large or small.
Our reactions to these circumstances are at first quite unconscious, and we only register them on memorable occasions, for instance in the sublime enjoyment of a detail or a happy alliance with the surroundings or by a pronounced feeling of distaste.
But to elicit our unconscious reactions until they become conscious to us ought to be our starting point. By rehearsing our ability to grasp these differences and their effect on us, by being in contact with our surroundings, we find our way in to architecture's innermost being.
If we want further to enhance our grasp of architecture, we must understand that amidst all changes in circumstances, the architectonic expression is created in an alliance with the social structure. The true innermost being of architecture can be compared with that of nature's seed, and something of the inevitability of nature's principle of growth ought to be a fundamental concept in architecture.
If we think of the seeds that turn into plants or trees, everything within the same genus would develop in the same way if the growth potentials were not so different and if each growth possessed within itself the ability to develop without compromise. On account of differing conditions, similar seeds turn into widely differing organisms.
Our surroundings, the time in which we live, are quite different from what they ever were before, but the innermost being of architecture, the seed, is the same. The study of already existing architecture must consist in letting ourselves be spontaneously influenced by it and appreciating the ways in which solutions and details were dependent on the time at which they were created.
For the architect to work in sovereign control of his means, he must experiment, practise in the manner of a musician playing his scales, practise with mass, with rhythms formed by masses grouped together by colour combinations, light and shade etc.; he must sense with fervent intensity and generally rehearse his shape-creating expertise.

forman las masas agrupadas en combinaciones de colores, luz y sombra, etc.; debe sentir con ferviente intensidad y ensayar su habilidad de crear formas.
Todo ello requiere estar muy familiarizado con los materiales: tenemos que ser capaces de entender la estructura de la madera, el peso y la dureza de la piedra, el carácter del vidrio; nuestros materiales y nosotros debemos convertirnos en una sola cosa, y debemos ser capaces de crear y utilizarlos de acuerdo con su constitución.
Si entendemos la naturaleza del material, dispondremos de su potencial de un modo mucho más tangible que si nos basamos en fórmulas matemáticas y formas artísticas. Las matemáticas ayudan al arquitecto a comprobar que lo que presupuso era correcto.
Todo ello implica entender la vida desde un saludable sentido común: un entendimiento del andar, del estar de pie, del sentarse y del estar tumbado cómodamente; del disfrutar del sol, de la sombra, del agua sobre nuestros cuerpos, de la tierra y de todas aquellas sensaciones más difícilmente definibles. Un deseo de bienestar debe ser fundamental en toda arquitectura si queremos lograr armonía entre los espacios que creamos y las actividades que se desarrollan en ellos. Es algo bastante sencillo y razonable.
Requiere una habilidad para crear armonía a partir de todos los requerimientos que genera la empresa, una habilidad para convencerlos de que crezcan juntos, para formar un todo nuevo, como en la naturaleza; la naturaleza no sabe de limitaciones, acepta todas las dificultades no como tales, simplemente como nuevos factores que, sin ninguna señal de conflicto, se desarrollan en un todo.
Entender toda inspiración presente en cada uno de los innumerables medios de expresión del Hombre, trabajar sobre la base de nuestras manos, nuestros ojos, pies, estómagos, sobre la base de nuestros movimientos y no sobre normas estadísticas y reglas creadas a partir del principio de lo que es más usual; éste es el camino hacia una arquitectura que sea tan variada como humana.
Es necesario estar en sintonía con la época y con el entorno, encontrar inspiración en la propia tarea si los requerimientos de esa tarea tienen que traducirse al lenguaje arquitectónico, para crear una unidad entre los diferentes factores.
Al mismo tiempo, el arquitecto debe tener la habilidad de imaginar y crear, una habilidad que a veces se llama fantasía, a veces sueños.

Jørn Utzon, 1948

This requires close familiarity with materials: we have to be able to understand the structure of wood, the weight and the hardness of stone, the character of glass; we must become one with our materials and be able to fashion and use them in accordance with their constitution.
If we understand the nature of the material, we have its potential close at hand and far more tangibly than if we base ourselves on mathematical formulae and art forms. To the architect, mathematics help him confirm that what he assumed was right.
It demands a good healthy common-sense understanding of life. An understanding of walking, standing, sitting and lying comfortably, of enjoying the sun, the shade, the water on our bodies, the earth and all the less easily defined sense impressions. A desire for wellbeing must be fundamental to all architecture if we are to achieve harmony between the spaces we create and the activities to be undertaken in them. This is quite simple and reasonable.
It requires an ability to create harmony from all the demands made by the undertaking, an ability to persuade them to grow together to form a new whole—as in nature; nature knows of no compromise, it accepts all difficulties, not as difficulties but merely as new factors which with no sign of conflict evolve into a whole.
To understand all the inspiration present in every one of Man's countless means of expression, to work on the basis of our hands, eyes, feet, stomachs, on the basis of our movements and not of statistical norms and rules created on the principle of what is most usual—this is the way forward to an architecture that is both varied and human.
It is necessary to be in tune with the age and with the surroundings, to see inspiration in the task itself, if the requirements of that task are to be translated into an architectonic language creating a unity of all the different factors.
At the same time the architect must have an ability to imagine and to create, an ability that is sometimes called fantasy, sometimes dreams.

Jørn Utzon, 1948

1939 Pabellón en Ålsgårde, Dinamarca

Durante los distintos cursos en la Academia, los estudiantes realizaban cuatro meses de prácticas en carpintería y albañilería para completar una formación vinculada con el conocimiento material y la práctica artesanal. En el tercer curso, Utzon realizó un pequeño pabellón. Situado en un terreno familiar en Ålsgårde, frente al Kattegat, el rectángulo de 8,24 x 3,9 m en el que se inscribe el pabellón se organiza en un único ambiente en el que destaca la posición de un gran ventanal abierto al mar y un ámbito deprimido frente a la chimenea, en la que se perfila un banco. Este nivel, excavado en el suelo del pabellón y conformado en hormigón, pertenece a la base junto a la chimenea que se separa de la estructura de madera del pabellón, formada por escuadrías de madera de 10 cm.

1939 Pavilion in Ålsgårde, Denmark

During the various courses at the Academy the students undertook four months of practical work in carpentry and bricklaying to complement a training concerned with material knowledge and artisanal practice. On the third-year course Utzon created a small pavilion. Situated on a plot of family land in Ålsgårde, opposite the Kattegat, the 8.24 x 3.9-metre rectangle in which the pavilion is inscribed is organised In a single room in which the position is notable of a big picture window giving onto the sea and a sunken area in front of the chimney in which a bench appears. Excavated in the pavilion floor and fashioned in concrete, this level pertains to the base beside the chimney which is separate from the wooden framework of the pavilion, formed with 10-centimetre scantlings of wood.

Emplazamiento, planta, alzados y secciones del pabellón.

Location, plan, elevations and sections of the pavilion.

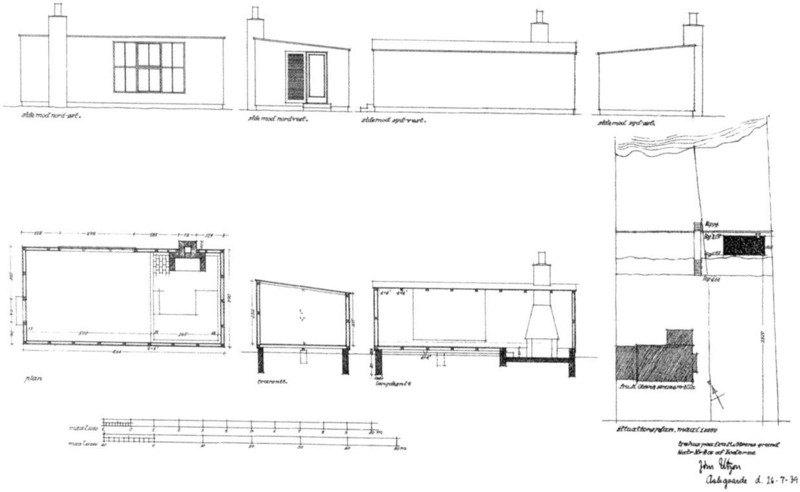

1941 Ampliación de la casa Leidersdorf, Lyngby, Dinamarca

Realizada durante los estudios en la Academia, la ampliación de la casa Leidersdorf constituye el inicio de la actividad profesional de Utzon. Situada al norte de Copenhague, en la carretera de la costa, Strandvejen, la casa se prolonga al este frente al Øresund y al norte sobre el extenso paraje de Eremitagen. La ampliación, inscrita sobre un cuadrado de 8,66 x 8,66 m, extiende el carácter de la casa existente sobre el extremo norte.
En el volumen propuesto la puerta se coloca como gozne en el límite de ambas construcciones, estableciendo una composición que abarca la totalidad de la edificación. Frente a la yuxtaposición de las puertas entoldadas en la fachada de acceso, el desplazamiento de las pequeñas aberturas en el ámbito de los huecos desplaza la composición hacia la ampliación caracterizada por la terraza hundida en la esquina del volumen. Las dualidades y simetrías de las puertas de acceso, el orden de las aberturas y el ajuste en los distintos ritmos de los huecos establecidos en las fachadas como marcos compositivos, manifiestan la tensión y el equilibrio de la composición de las distintas partes. Con la misma dimensión que la Villa Snellman en Djursholm, Utzon se refiere a la obra de Asplund en una de sus primeras realizaciones arquitectónicas.

Alzado este y oeste.

østside

vestside

1941 Extending of the Leidersdorf House, Lyngby, Denmark

Undertaken during his studies at the Academy, the extending of the Leidersdorf house constitutes the beginning of Utzon's professional practice. Situated to the north of Copenhagen on the coast road, Strandvejen, the house is prolonged to the east facing the Øresund and to the north above the spacious location of Eremitagen. Inscribed on an 8.66 x 8.66-metre square, the extension prolongs the character of the existing house on the northern edge. In the volume proposed, the doorway is positioned as a hinge at the boundary of the two structures, thus setting up a composition which takes in the whole of the building. In contrast to the juxtaposition of the awning-covered doorways in the entrance facade, the slippage of the small window spaces vis-à-vis the frame displaces the composition towards the extension characterised by the sunken terrace in the corner of the volume. The dualities and symmetries of the access doorways, the order of the window spaces and the adjustment to the different rhythms of the window spaces set up on the facades as compositional frames reveal the tension and the balance of the composition of the various parts. Of the same size as the Villa Snellman in Djursholm, Utzon refers to Asplund's work in one of his first architectural creations.

East and west elevations.

Østfacade maal 1:100

Vestfacade maal 1:100

Emplazamiento, plantas, alzado norte y secciones de la ampliación. Jørn Utzon frente a la casa antes de la ampliación.

Location, plans, north elevation and sections of the extension. Jørn Utzon in front of the house prior to the extending of it.

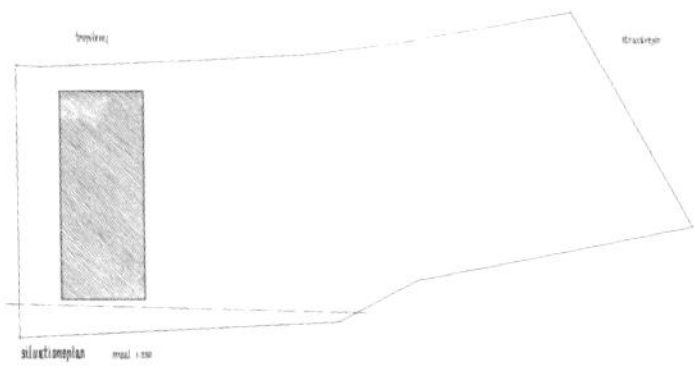

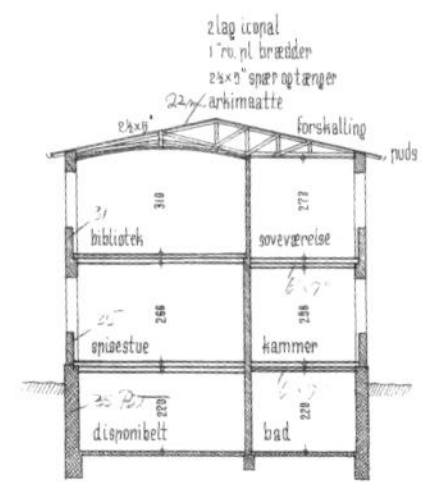

tværsnit

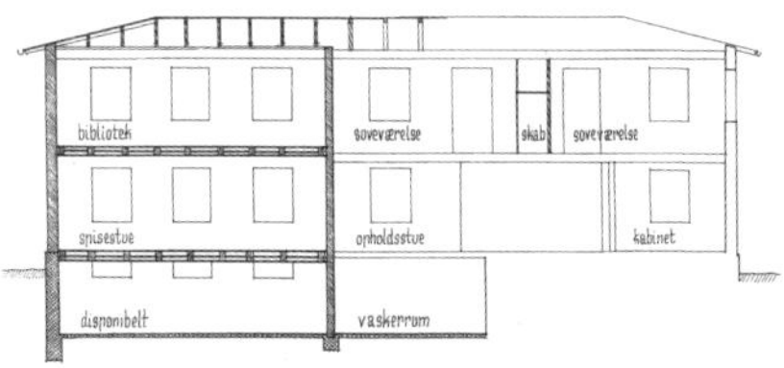

langsnit

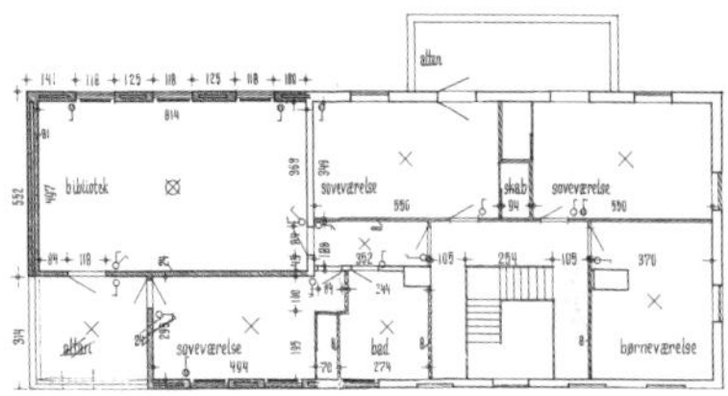

1 sals plan

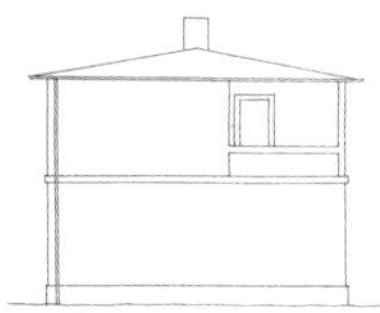

nordside

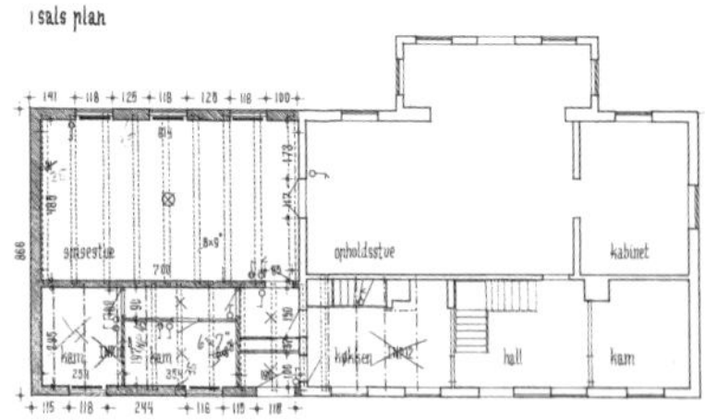

stueplan

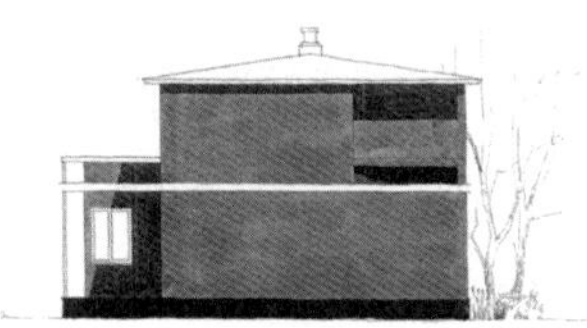

Nordfacade maal 1:100

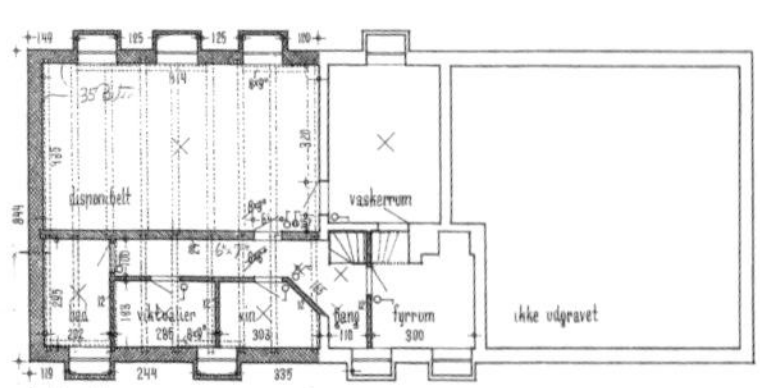

kælderplan

ombygning i taarbæk
for gross. Leidersdorf
planer maal 1:200 - 1:100
arkitekt jørn utzon.

1944-1945 Real Academia Danesa de Música, Copenhague, Dinamarca

La propuesta que obtiene la Medalla de Oro de la Academia, otorgada a través de un concurso anual para arquitectos menores de 35 años, emplaza el proyecto para la Academia Danesa de Música al norte de la ciudad en el terreno del legendario cementerio Garnisons. Realizada durante su estancia en Estocolmo, con la colaboración de Tobias Faber, la propuesta se sitúa sobre un podio que eleva el programa sobre el ámbito del camposanto convertido en un parque. El podio establece un suelo, separado del terreno, donde el contenido del programa de aulas y la sala de conciertos se desarrolla sobreelevado en el medio natural del parque. Las rampas talladas en la base del edificio subrayan su constitución estereotómica de dependencia a la tierra y extienden el camino, gradualmente, hacia lo alto del podio. Complementario al podio elevado, la posición del estanque permite un ámbito de mediación entre el parque y el edificio que acentúa el carácter de dominio desde el lugar sobreelevado generando un frente protegido y aislado. El plano base modulado de 1,2 x 1,2 metros de la Academia establece la pauta donde emplazar los cuerpos que se desarrollan sobre el podio. El módulo estructural, de 3,6 x 3,6 m, refleja el papel crucial que desde el inicio desempeña la modulación en los proyectos de Utzon como instrumento de economía y rigor formal. Las aulas de música, la sala de cámara, las salas de ensayo y las dependencias auxiliares se resuelven mediante una serie de piezas organizadas en forma de H que abrazan el cuerpo de la sala de conciertos. En el interior, la sala de conciertos, con acceso independiente desde la marquesina de ingreso, está concebida como una forma acústica, que Utzon recoge del auditorio de la Casa de la Radio (1934-1945) de Vilhelm Lauritzen y que desarrolla en el concurso del Crystal Palace (1946) en Londres.

1944-1945 Danish Royal Academy of Music, Copenhagen, Denmark

The scheme which won the Academy's Gold Medal, awarded after an annual competition for architects of 35 and under, sited the design for the Danish Academy of Music to the north of Copenhagen on land belonging to the famous Garnisons Cemetery. Created during Utzon's time in Stockholm, and with the collaboration of Tobias Faber, the scheme is set up on a podium intended to raise the programme above the confines of the graveyard converted into a park. The podium is meant to establish a floor, separated from the terrain, in which the content of the programme of classrooms and concert hall unfolds high above the natural environment of the park. The ramps carved in the base of the building emphasise its stereotomic constitution of dependency on the earth, and gradually extend the walkway towards the upper part of the podium. Complementary to the raised podium, the position of the pool allows for an area of mediation between park and building that accentuates the feeling of dominion from the elevated location, generating a protected and isolated frontage. The Academy's 1.2 x 1.2-metre modulated base plane establishes the norm for placing the bodies that are deployed on the podium. The structural module of 3.6 x 3.6 metres reflects the crucial role that modulation plays from the first in Utzon's designs as an instrument of economy and formal rigour. The music classrooms, the chamber music hall, the rehearsal rooms and the auxiliary annexes are resolved by means of a series of entities organised in the shape of an 'H' that embrace the body of the concert hall. Inside, the concert hall, with independent access from the entrance porch, is conceived as an acoustic form that Utzon takes over from the auditorium of Vilhelm Lauritzen's Radio Hall (1934-1945), and which he develops in the competition for the Crystal Palace (1946) in London.

Emplazamiento de la Academia en Østerbrogade y Kristianiagade.

The Academy's location on Østerbrogade and Kristianiagade.

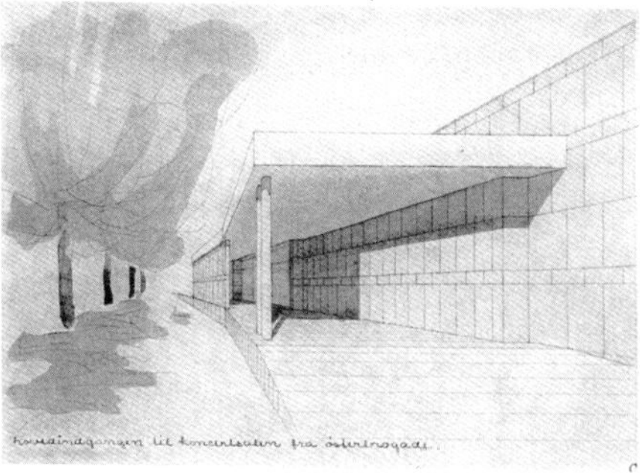

La marquesina de ingreso y el podio frente al estanque.

The entrance porch and the podium facing the pool.

Alzados oeste, este, secciones longitudinal y transversal. El patio de acceso a la escuela y el auditorio.

West and east elevations, longitudinal and cross-sections. The access courtyard to the school and the auditorium.

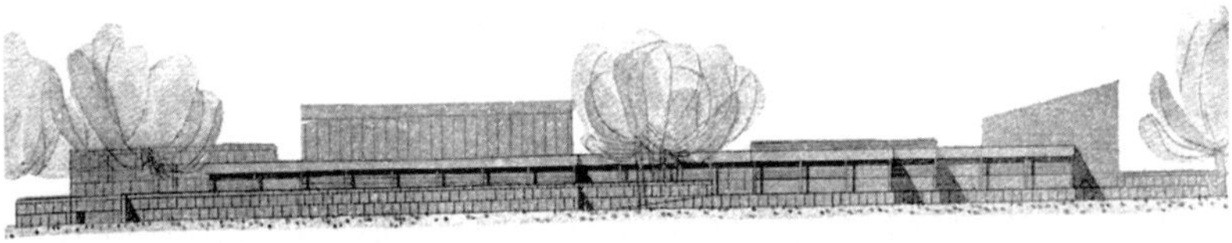

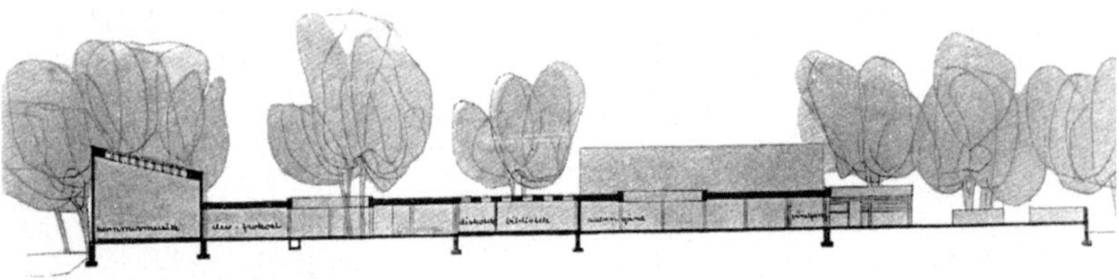

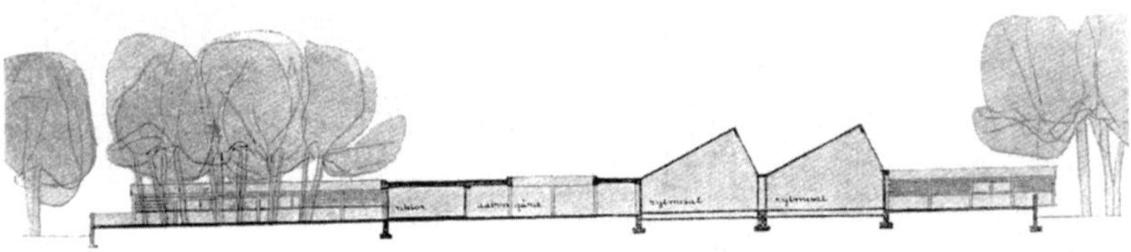

Alzados norte, sur y planta baja.

North and south elevations and ground floor.

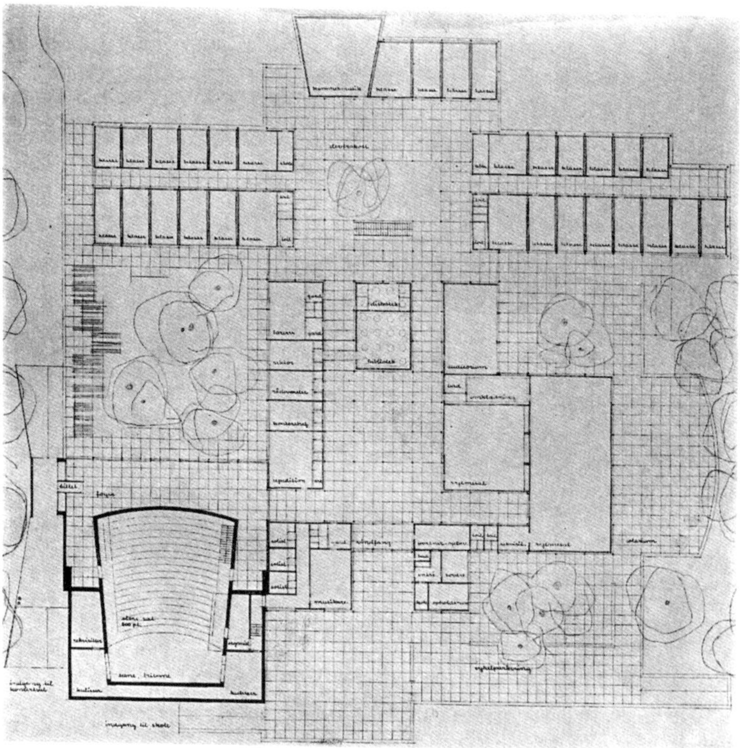

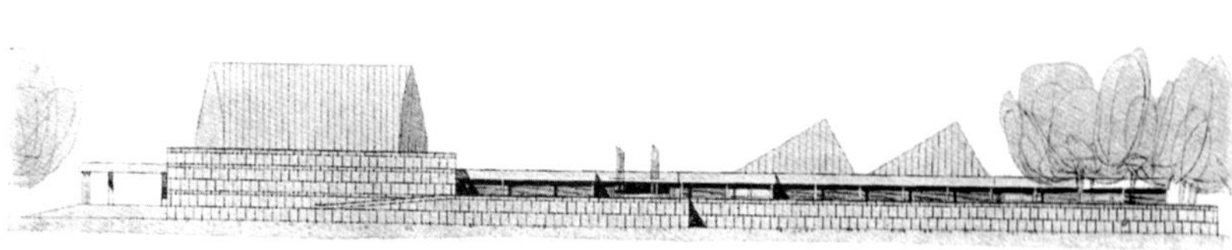

1944 Concurso de viviendas en Viborg, Dinamarca

Situado en la localidad de Viborg, en Jutlandia, el área de Brostrøms Toft está caracterizada por la fuerte pendiente del terreno y las vistas sobre el lago Nørresø. El proyecto, que recibió una mención en el concurso, supone uno de los primeros ensayos sobre la vivienda colectiva y el entorno paisajístico desarrollados por Utzon en colaboración con Tobias Faber. En la propuesta se encuentran dos conceptos tipológicos: la ordenación sistemática de los bloques plurifamiliares, de carácter más urbano, que evoca el conjunto de viviendas de Ivar Bentsen en Hellerup (1933), y las viviendas unifamiliares en hilera, que adoptan una relación más intensa con el área natural de uso colectivo. La formalización de los espacios urbanos a través de la oblicuidad y el desplazamiento de los bloques, los vínculos con los elementos naturales de la vaguada, las inflexiones del viario que acentúan la disposición de las unidades en las hileras, la vivienda unifamiliar planteada sobre el muro de contención de la calle y el patio como elemento de mediación constituyen las características que se desarrollan en el proyecto llevado a cabo con el colectivo PAGON en el conjunto de Armebråten (1951), y alcanzan su construcción a través del concurso de viviendas en Escania (1953), en los conjuntos de Elsinor, Fredensborg, Lund y Bjuv. Mientras, las dotaciones colectivas propuestas, formadas por la adición de hexágonos, se extienden en el concurso de viviendas en Bellahøj, cristalizan en la propuesta para el Palacio de Congresos de Aalborg (1945) y componen los principios de la arquitectura aditiva desarrollada posteriormente.

1944 Housing competition in Viborg, Denmark

Situated in the small town of Viborg in Jutland, the Brostrøms Toft area is characterised by the strong slope of the land and the views of Lake Nørresø. The project, which received a mention in the competition, presupposes one of the first attempts at communal housing and landscaping undertaken by Utzon in collaboration with Tobias Faber. Two typological conceptions are found in the scheme: the systematic arrangement of the more urban multi-family blocks, which evoke Ivar Bentsen's housing complex in Hellerup (1933), and the one-family terraced houses which assume a more intense relationship with the natural area of communal use. The formalisation of the urban spaces via the obliquity and displacement of the blocks, the links with the natural features of the slope, the inflections of the road system which accentuate the layout of the terraced units, the one-family housing set out on the retaining wall of the street and the patio as a mediating element constitute the features developed in the project carried out with the PAGON collective in the Armebråten complex (1951) and manage to get built via the housing competition in Scania (1953), and in the Elsinore, Fredensborg, Lund and Bjuv complexes. In the meantime, the communal facilities proposed, formed by the adding of hexagons, are extended in the housing competition in Bellahøj, crystallise in the scheme for the Convention Centre in Aalborg (1945), and go to form the principles of additive architecture developed later on.

La oblicuidad y el desplazamiento de los bloques plurifamiliares y la secuencia de unidades residenciales.

The obliquity and displacement of the multi-family blocks, the sequence of residential units.

Perspectiva del conjunto de viviendas unifamiliares.
Planta y alzado general de la propuesta
y perspectiva axonométrica.

Perspective of the group of one-family houses. Ground plan and general elevation of the scheme, and axonometric perspective.

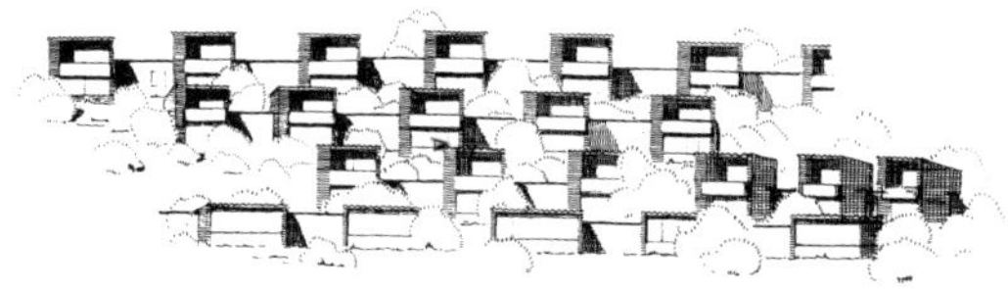

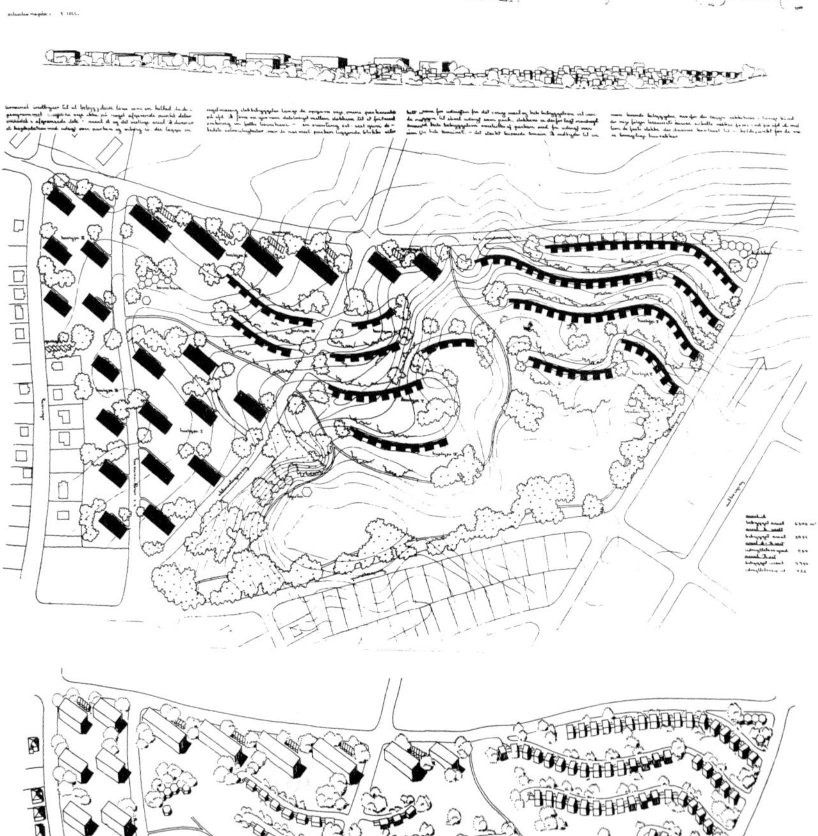

1945 Concurso de viviendas en Bellahøj, Copenhague, Dinamarca

Convocado por la ciudad de Copenhague, el concurso para el desarrollo del área de Bellahøj concilia el valor histórico de los edificios existentes con el valor estratégico del emplazamiento, caracterizado por la visión dominante sobre la ciudad. El proyecto, realizado en colaboración con Tobias Faber, se establece sobre dos extremos tipológicos: la torre, dispuesta en grupos que puntúan la geografía del entorno, y a la serie de bloques quebrados por el desnivel. La repetición y el desplazamiento de la unidad residencial sobre las extensas áreas libres y los elementos paisajísticos ofrecen una variedad de configuraciones espaciales en cada serie, provocando la individualidad de cada grupo. La propuesta, que recibe una mención en la convocatoria, se materializa en los conjuntos de viviendas en Elsinor (1956) y Fredensborg (1959), mientras que los haces de torres se construyen en Elineberg (1954) y se proponen en Frederiksberg (1959) o Elviria (1960).

Planta general y perspectiva axonométrica de la propuesta.

1945 Housing competition in Bellahøj, Copenhagen, Denmark

Convoked by the city of Copenhagen, the competition for the development of the Bellahøj area reconciles the historical value of the existing buildings with the strategic value of a site characterised by its commanding view over the city. The project, carried out in collaboration with Tobias Faber, is based upon two typological extremes: the tower blocks set out in groups that punctuate the surrounding geography as opposed to the series of blocks broken up by the change in level. The repetition and displacement of the housing unit over the extensive open areas and the landscaped elements provide a variety of spatial configurations in each series, thus leading to the individuality of each group. The scheme, which gets a mention in the call for submissions, is given material form in the housing complexes in Elsinore (1956) and Fredensborg (1959), while the bunches of towers are built in Elineberg (1954) and proposed in Frederiksberg (1959) and Elviria (1960).

Overall plan and axonometric perspective of the scheme.

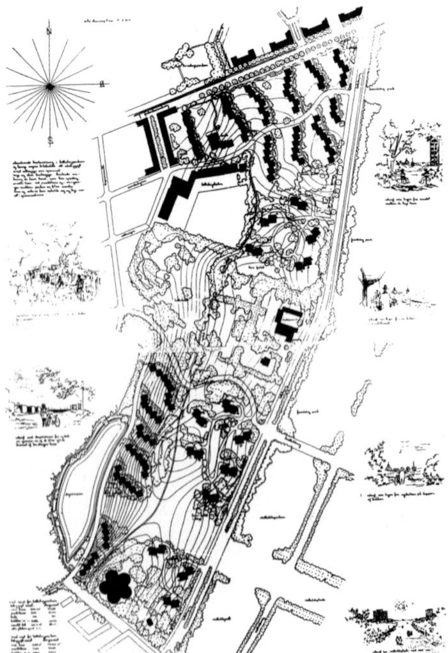

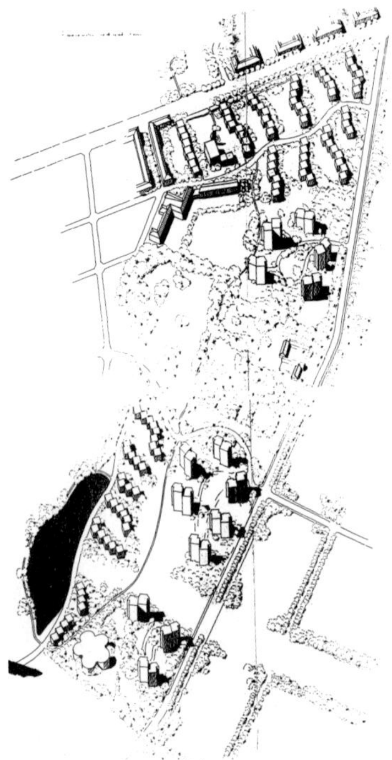

El conjunto de edificios en el paisaje. Desarrollo de la torre y detalle del conjunto frente al lago.

The group of buildings in the landscape. Development of the tower and detail of the complex facing the lake.

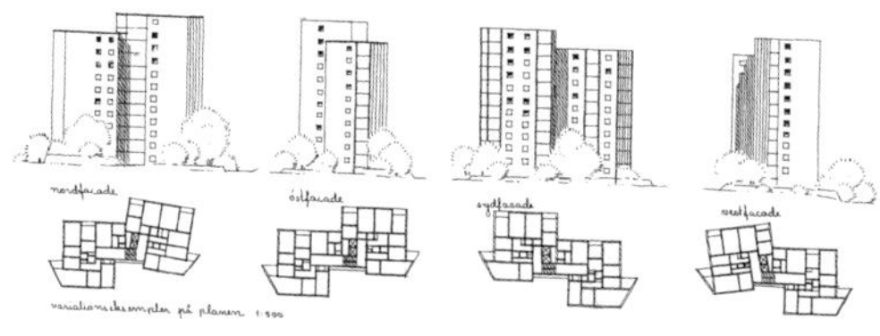

1945 Concurso para el Palacio de Congresos de Aalborg, Dinamarca

El concurso, convocado por la ciudad de Aalborg, emplaza el nuevo pabellón en el límite del parque Kildeparken, para consolidar el carácter público frente a la estructura heterogénea de los edificios existentes, sobre la arteria urbana, Vestebro, y frente a la playa de vías de la estación de ferrocarril. La propuesta, realizada en colaboración con Tobias Faber, propone un emplazamiento alternativo sobre una calle contigua, Kong Christians Allé, que circunda la ciudad al pie de un promontorio. Como cristalizaciones de una estructura ilimitada, la propuesta se concibe sobre un sistema ordenador configurado sobre la trama hexagonal y la uniformidad material. En el nuevo terreno elegido, la sala principal y el volumen de la caja escénica se sitúan en el vértice del conjunto, como cabecera de los diversos cuerpos que se desarrollan encadenadamente a lo largo de la vía urbana. Frente a la escala abstracta que el conjunto adquiere, la edificación propuesta se pliega en caras continuas que envuelven la factura material de los volúmenes encadenados, en una compacidad basada en la geometría hexagonal de la materia inerte.

Perspectiva axonométrica de la propuesta en el emplazamiento alternativo de Kong Christians Allé.

1945 Competition for the Aalborg Convention Centre, Denmark

The competition, convoked by the town of Aalborg, sites the new pavilion on the edge of Kildeparken, in order to consolidate its public character in contrast to the heterogeneous structure of the existing buildings on the urban artery, Vestebro, and opposite the area of track from the rail station. The scheme, carried out in collaboration with Tobias Faber, proposes an alternative location on an adjacent thoroughfare, Kong Christians Allé, which goes around the town at the foot of a promontory. As crystallisations of an unlimited structure, the scheme is based upon an organisational system configured on both a hexagonal grid and material uniformity. On the new terrain chosen, the main hall and the volume of the box-like stage are situated in the vertex of the complex as the upper end of the various bodies that unfold in an interconnected manner along the urban thoroughfare. In contrast to the abstract scale the complex acquires, the proposed pavilion is angled in continuous faces that encase the material facture of the concatenated volumes in a compactness set up on the hexagonal geometry of the inert matter.

Axonometric perspective of the scheme on the alternative Kong Christians Allé site.

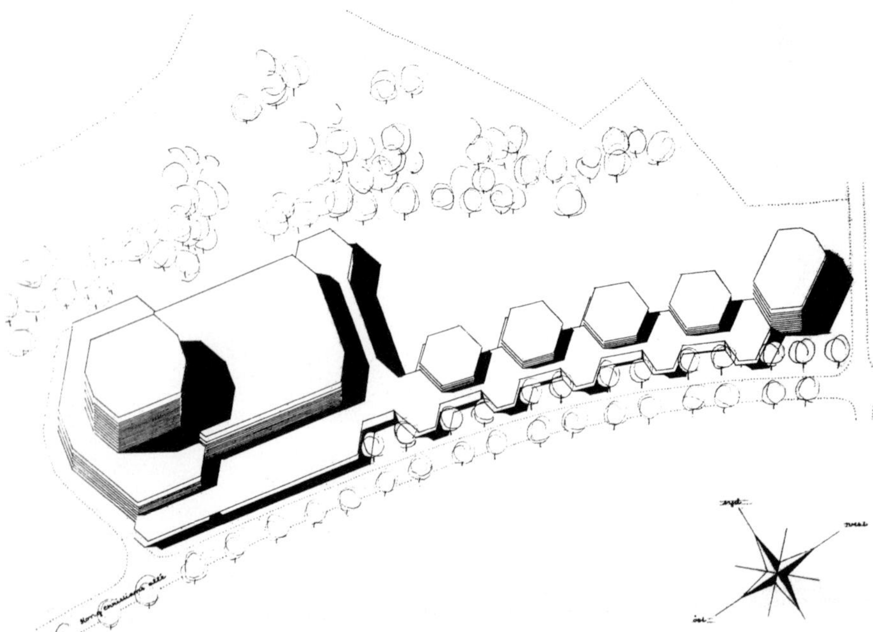

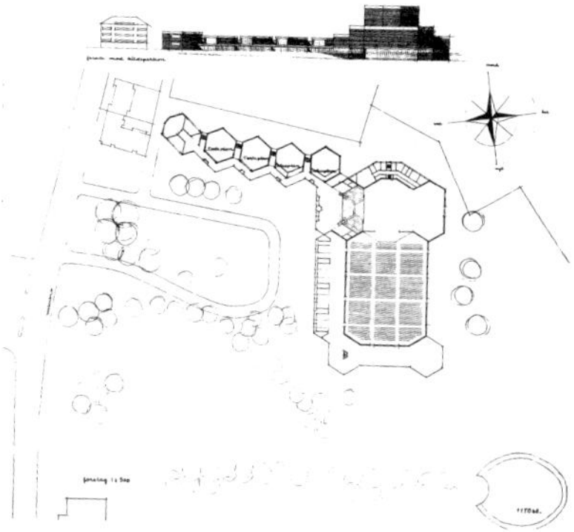

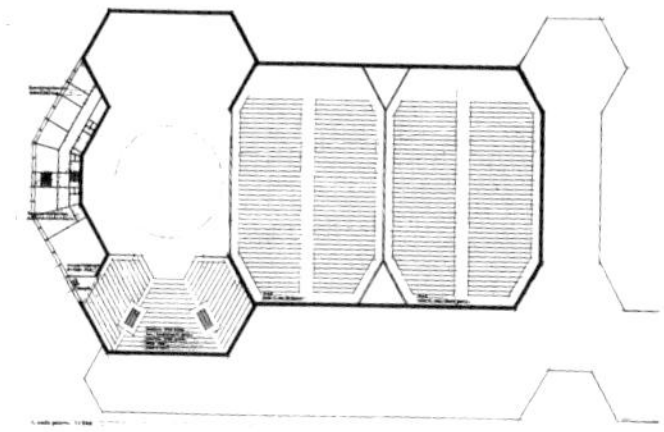

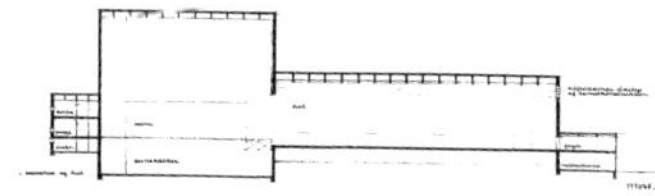

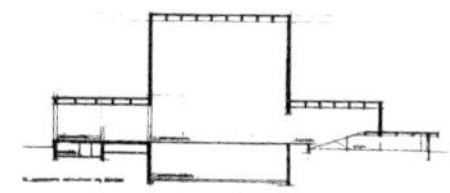

Emplazamiento de la convocatoria en Kildeparken.
Planta, alzados y secciones en el emplazamiento alternativo.

The competition location in Kildeparken.
Plan, elevations and sections in the alternative location.

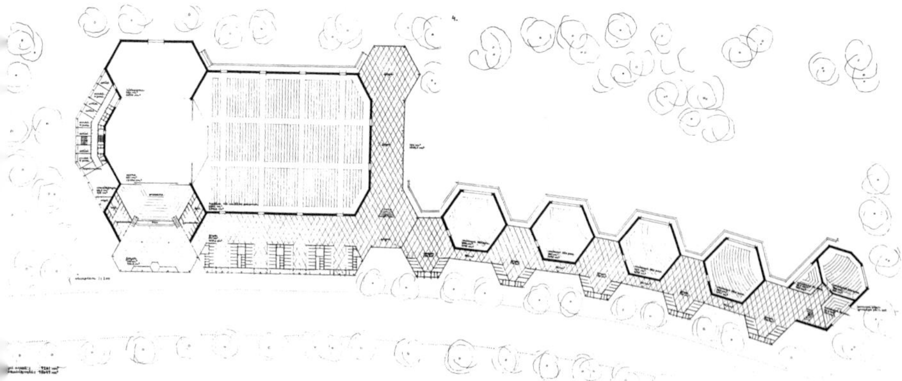

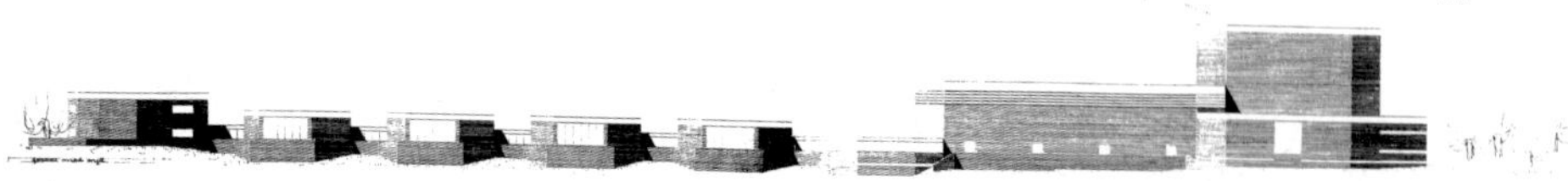

1945 Anteproyecto para un crematorio, Dinamarca

Emplazado en el punto más alto de un paisaje ondulado, la propuesta realizada para la Academia de Arte enclava los servicios auxiliares en la tierra, desde donde emerge una chimenea aislada del conjunto de cubiertas de las tres capillas que se convierten en señal de identidad del crematorio. La topografía, la evocación y el recuerdo se funden en este proyecto con las alusiones a los túmulos y dólmenes neolíticos que aparecen en el territorio danés como símbolos en el paisaje. Planteada en estrecha relación con la tierra, la propuesta se extiende centrífugamente alrededor de las tres capillas, a través de un conjunto de muros de ladrillo que, como columbarios, contienen en su interior las urnas con las cenizas, destinando un ladrillo a cada fallecido. En el lento transcurrir del tiempo, el crematorio, como el entorno, materializa las fuerzas de la tierra en constante evolución. En el recorrido de aproximación, la idea de ascenso y descenso sobre la masa de tierra del promontorio tiene su contrapunto en el interior, donde en cada una de las pulsaciones de las capillas se aúna el recogimiento y la abertura al paisaje lejano de la vida. Los muros registran los incidentes de la topografía y abarcan el ámbito de las capillas sobre el suelo tallado en la cumbre de la colina. El perfil abierto de las cubiertas sobre el conjunto de muros, materializa los límites espaciales de la capilla y subrayan el carácter profundo de un crematorio concebido como monumento sepulcral.

El crematorio, situado en la cima de la colina, caracteriza el territorio simbólico de los lugares de enterramiento.

1945 Preliminary design for a crematorium, Denmark

Sited on the uppermost point of an undulating landscape, the scheme created for the Academy of Art embeds the auxiliary services in the earth, from where there emerges a chimney isolated from the group of roofs of the three chapels that become a sign of the crematorium's identity, in a design in which topography, evocation and memory combine with allusions to the Neolithic tumuli and dolmens that appear as symbols in the Danish landscape. Posited in an intimate relationship with the ground, the scheme extends centrifugally around the three chapels by means of a group of brick walls that, like dovecotes, contain in their interior the urns and their ashes, a brick being assigned to each deceased person. With the slow passing of time the crematorium, like its surroundings, gives material form to the constantly evolving forces of the earth. In its approach the idea of ascent and descent over the promontory's mass of earth has its counterpart within, where, with each pulsation of the chapels, quietude and openness is combined with the distant landscape of life. Registering the incidents of the topography, the walls extend over the area of the chapels on the ground carved out on the top of the hill. The open profile of the roofs resting on the set of walls gives material form to the spatial boundaries of the chapel and emphasises the profound nature of the crematorium conceived as a sepulchral monument.

The hilltop crematorium typifies the symbolic territory of burial places.

Croquis del conjunto con indicación de la capacidad de las capillas: 200, 80 y 60 personas.

Sketch of the complex with indication of the capacity of the chapels, for 200, 80 and 60 people.

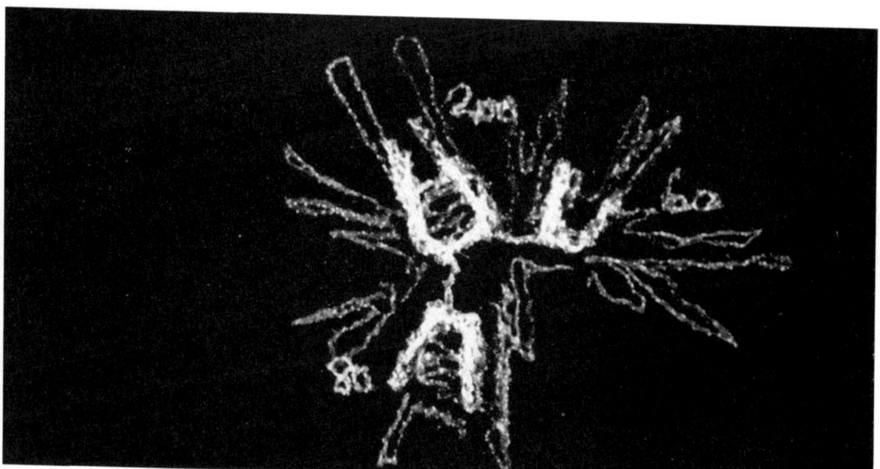

1945 Viviendas provisionales en Holanda

Realizado en colaboración con Volmer Sufzkyewicz, esta propuesta, planteada para contribuir a la reconstrucción de las ciudades holandesas de posguerra, establece un sistema de pabellones transportables como vagones que permiten desarrollar centros de ayuda en Holanda. El desarrollo de los distintos pabellones como unidades de estancia, de trabajo, médicas, de instalaciones y de servicios ofrece, en sus distintas combinaciones, la organización de pequeños hospitales y centros de atención a la población. La unidad está configurada por un prisma de 5 x 2,4 m de base y 2 m de altura erigido sobre dos ejes de ruedas. Las relaciones entre las unidades A, con una cubierta inclinada, y B, con una cubierta a dos aguas, permiten agrupar las unidades de distintos modos y garantizar la adecuación a los distintos requerimientos del entorno o del programa, así como conformar cuerpos mayores por medio de la unión de las unidades o intercalando las unidades en series A-B-A. La concepción de esta propuesta supuso el inicio de la arquitectura aditiva que Utzon desarrolló a partir de 1970.

1945 Temporary housing in Holland

Carried out in collaboration with Volmer Sufzkyewicz, the proposed scheme for contributing to the reconstruction of Dutch postwar towns establishes a system of huts transportable as wagons that enable aid centres to be set up. The development of the different huts as habitable, work, medical, installation and service units provides, in their various combinations, for the organisation of small hospitals and attention centres for the public. The unit is configured by a two-metre-high prism with a 5 x 2.4-metre base erected on two axles. The relationship between units A, with a leaning roof, and B, with a ridge roof, permit them to be grouped in different ways, thus guaranteeing their adaptability to the different requirements of the surroundings or of the programme, and forming larger bodies when linking the units together or intercalating them in A-B-A series. The scheme conceived here implies the beginning of the additive architecture Utzon develops after 1970.

Las unidades transportables y el desarrollo de un hospital.

The transportable units and the assembly of a hospital.

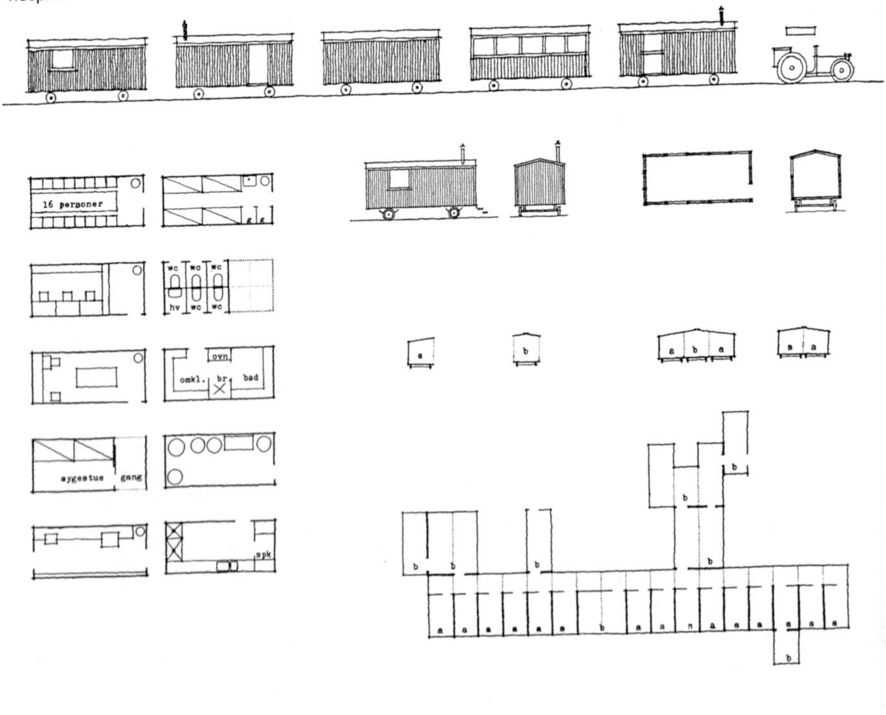

1946 Concurso para la ordenación del conjunto de instalaciones deportivas en Næstved, Dinamarca

En un área delimitada por algunos edificios aislados en el sureste de la localidad, el proyecto explora las condiciones naturales en las que emplazar los nuevos equipamientos. Concebido como un paisaje abierto en el medio edificado, la intervención define ámbitos abiertos en la masa vegetal donde se ordenan las zonas deportivas, amparadas en el arbolado y deprimidas en la tierra, donde se tallan las gradas del estadio, el velódromo o la pista principal de tenis. Del mismo modo que la vegetación circunda los ámbitos deportivos, un muro frente a la calle Rolighedsvej sustituye al arbolado en la creación de los límites y recintos para la práctica deportiva. Esta parte del proyecto incorpora dicho muro como elemento común, destinado a servicios auxiliares, al que se adosan los tres pabellones; longitudinalmente, la piscina, vinculada al perfil acuoso de la zona de baños exterior, y, transversalmente, los pabellones de gimnasia y tenis. La propuesta, realizada en colaboración con Tobias Faber, obtiene un tercer premio, otorgado por un jurado compuesto por Arne Jacobsen y Carl Theodor Sørensen.

1946 Competition for the development of a set of sports facilities in Næstved, Denmark

In an area delimited by a number of free-standing buildings to the southeast of the location, the project explores the natural conditions in which to place the new facilities. Conceived as an open landscape in the built environment, the intervention defines open areas in the plant mass where the sports zones are laid out beneath the tree cover and sunken into the ground, the stadium seating, cycle track and main tennis court being carved into it. Just as vegetation surrounds the sports area, so opposite Rolighedsvej Street a wall stands in for the tree cover in the creation of the boundaries and enclosures for practising sport in. This part of the design incorporates said wall as a common feature intended for auxiliary services, onto which abut the three halls; longitudinally, the swimming pool linked to the watery outline of the outdoor baths area, and transversally, the gym and tennis halls. Carried out in collaboration with Tobias Faber, the scheme wins third prize, awarded by a jury consisting of Arne Jacobsen and Carl Theodor Sørensen.

El conjunto de la propuesta presentada al concurso.

The entire scheme, as presented to the competition.

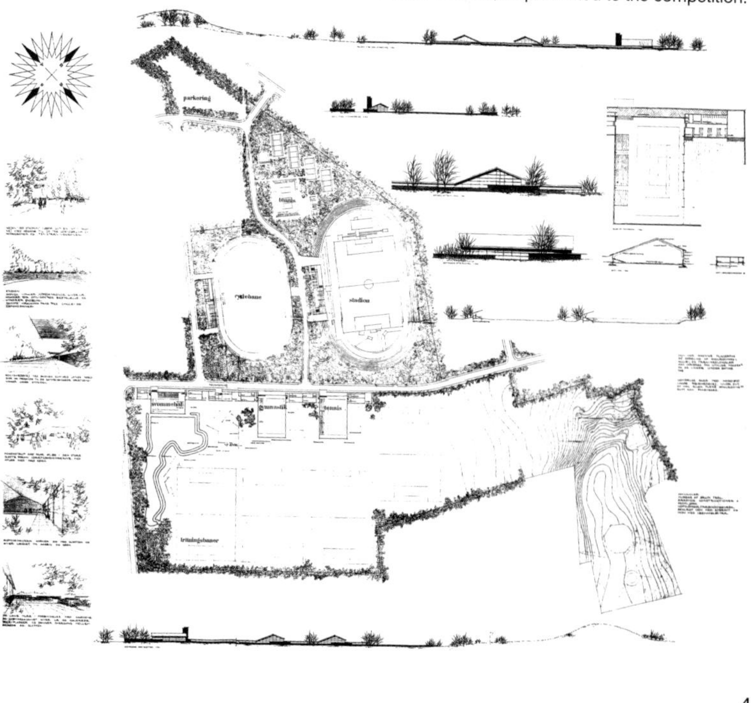

1946 Concurso para el pabellón en el bosque de Hobro, Dinamarca

Sobre unas suaves laderas que se extienden hacia el cauce del fiordo Mariager, la excepcional geografía del entorno convoca el carácter del pabellón, emplazado en un frondoso bosque al sureste de la ciudad de Hobro. El programa demandaba una sala polivalente con un aforo de 400 plazas, un amplio restaurante, un área administrativa y los servicios complementarios en el suave desnivel del terreno que desciende hacia el fiordo. La propuesta, realizada en colaboración con Tobias Faber y que obtuvo una mención, está planteada a partir de una serie de cuerpos que, sobre una trama rectangular de 2,4 x 1 m, se desarrollan centrífugamente en torno al volumen de la chimenea, descendiendo en distintos niveles sobre la pendiente del terreno. El deslizamiento de los cuerpos alrededor de la chimenea otorga una comunicación interior fluida, mientras que los distintos niveles organizan el pabellón en diferentes sectores intercomunidados, definidos por las diversas cubiertas y la visión dominante hacia el fiordo. Los muros bajo la cubierta establecen la implantación del pabellón en el terreno, donde el volumen de la chimenea se contrapone a la horizontalidad dominante del conjunto. El incipiente desarrollo de la arquitectura hacia el entorno natural caracteriza la organización del pabellón en el bosque, donde lo construido despliega sus propiedades en el medio natural. En los vínculos establecidos con la naturaleza, en la composición de los cuerpos alrededor del volumen de la chimenea y en la planta libre, el pabellón de Hobro evoca la configuración de la casa H. F. Johnson en Wisconsin (1937), de Frank Lloyd Wright, cuya chimenea fija la posición de las distintas alas.

1946 Competition for the forest pavilion in Hobro Wood, Denmark

The exceptional geography of the setting convokes, on the gentle slopes that extend towards the waters of the Mariager Fjord, the character of the pavilion located in a verdant wood to the southeast of the town of Hobro. The programme called for the siting of a multi-use hall with a capacity of 400, a spacious restaurant, an administrative area and complementary services on the gently uneven ground that descends towards the fjord. The scheme, carried out in collaboration with Tobias Faber and which obtained a mention, is conceived as a series of bodies which, on a rectangular grid of 2.4 x 1 m, unfold centrifugally around the chimney volume descending in different levels down the slope of the terrain. The slippage of the bodies around the chimney provides for continuous and fluid interior communication, while the diverse levels structure the pavilion into different intercommunicating sectors determined by the various roofs and the commanding view towards the fjord. The walls extending beneath the roof establish the pavilion's implantation in the terrain, in which the chimney volume contrasts with the predominant horizontality of the complex. The incipient gesturing of the architecture towards the natural environment defines the composition of the pavilion in the wood, in which the built displays its special qualities in the natural setting. In the links established with nature and in the composition of the bodies around the chimney volume and the open floor plan the Hobro pavilion evokes the layout of Frank Lloyd Wright's H. F. Johnson House in Wisconsin (1937), the chimney of which fixes the position of the different wings.

Planta del nivel inferior.

Plan of the pavilion's lower level.

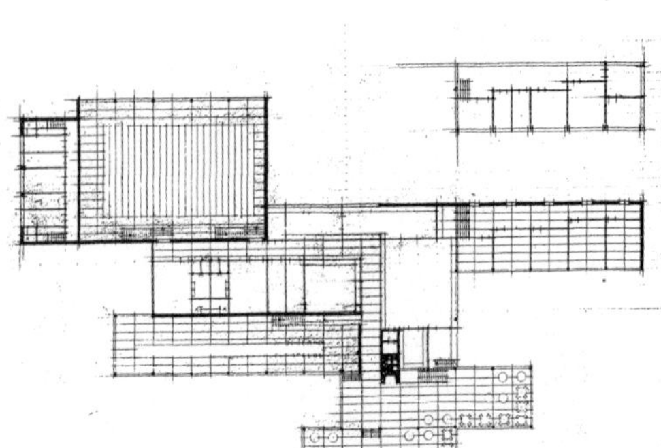

Alzado sur, planta baja y alzado este.

South elevation, ground floor and east elevation.

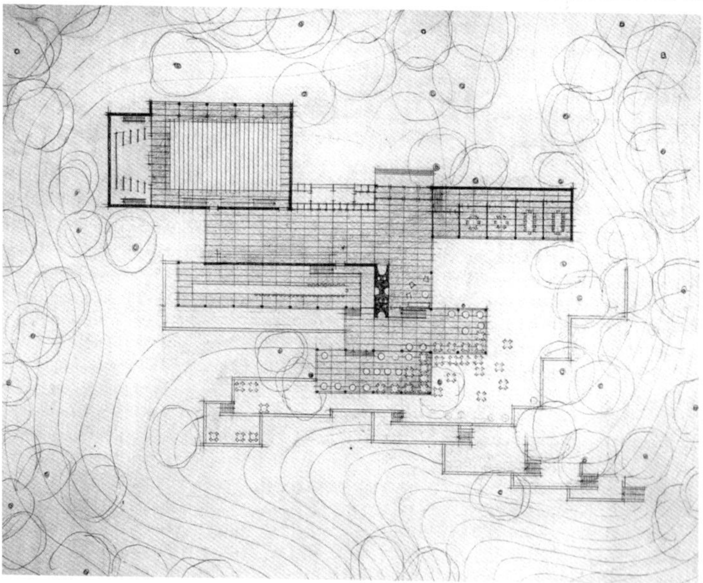

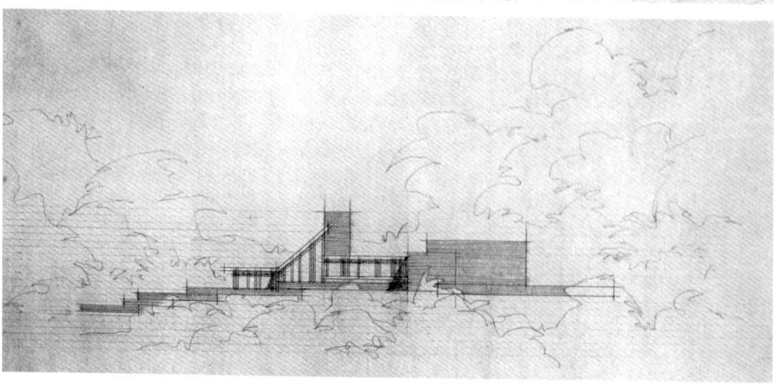

1946 Concurso para el Crystal Palace, Londres, Reino Unido

La propuesta, realizada en colaboración con Tobias Faber y Mogens Irming, que obtuvo una mención, fue presentada al concurso internacional para el desarrollo del área que ocupaba el Crystal Palace de Joseph Paxton en Sydenham, destruido por el fuego en 1936. El programa debía crear "un complejo formado por un área expositiva, un grupo de teatros, una zona de instalaciones deportivas, un estadio y centro de ocio con un parque dividido en una zona de parque público y otra de jardines. El edificio para exposiciones está ubicado en el centro del complejo, con uno de sus lados orientado hacia la Crystal Palace Parade y el otro directamente hacia el parque. Un espacio expositivo debería poseer una forma lo más libre y flexible posible para posibilitar la modificación del tamaño de las salas; sin embargo, un edificio tan enorme como el deseado podría convertirse en algo interminable, incómodo y de aspecto monótono. Para conseguir una escala más humana y lograr al mismo tiempo que la exposición pueda contemplarse en las mejores condiciones, hemos imaginado los edificios de la siguiente forma: una gran sala basada en un sistema regular de pilares con paredes exteriores de vidrio. El interior está formado por pequeños patios abiertos aquí y allá. La cubierta se sitúa a diferentes alturas, el número de plantas varía en las distintas partes de la sala, gracias a los balcones desmontables que, al igual que las particiones y escaleras, pueden situarse donde uno desee. La división del espacio es completamente libre gracias a la utilización de este sistema, y, al caminar a través de la zona expositiva, los visitantes tienen la sensación de que atraviesen las zonas umbrías de un bosque que se transforman en claros descubiertos". Los dos teatros y las dos salas de conciertos se acomodan entre los dos niveles de la estación de ferrocarril, en Anerley Hill. "Los cuatro edificios, que están ubicados juntos ya que sus funciones están relacionadas, son un detalle festivo dentro del complejo. Cada uno se levanta sobre su plataforma siguiendo los cambios de nivel del terreno. La caja escénica y el podio están orientados a la calle, todos los vestíbulos dan al parque". El anfiteatro y los pabellones deportivos se sitúan en el Crystal Palace Park Road. "Al igual que desde los teatros, los espectadores disfrutan de vistas del parque, mientras que el estadio para 100.000 espectadores, situado junto a la zona recreativa, ha sido moldeado a partir del terreno, adoptando la forma de una gran concha; la mayor parte de los espectadores están ubicados en el lado este". Asimismo, la ligera torre de la radio con tres soportes, precedente del depósito de agua en Svaneke, ocupa la parte inferior de la plataforma.

1946 Competition for the Crystal Palace, London, United Kingdom

Carried out in collaboration with Tobias Faber and Mogens Irming, the scheme, which got a mention, was presented at the international competition for developing the area that Joseph Paxton's Crystal Palace occupied in Sydenham, the building having been destroyed by fire in 1936. The programme was meant to create "a complex consisting of an exhibition area, a group of theatres, a sports buildings area, stadium and amusement centre within a park area divided into a public park and grounds. The exhibition building, which is the main part of the complex, is situated centrally and has one facade giving onto the street and the other onto the park. An exhibition hall ought to be as free and adaptable in its form as possible, with the maximum number of possibilities for changing the size of the rooms, but an enormous building like the one desired might very easily turn out to look unvaried, interminable and uncomfortable. To obtain a more human scale and at the same time to make the exhibition as surveyable as possible we have imagined the buildings as follows: one big hall based on a regular pillar system with outside glass walls. The inside consists here and there of small open courts. The roof of the hall is levelled in different heights, the number of floor changes in the different parts of the hall being made possible through detachable balconies which just like the detached partitions and staircases can be placed whenever and wherever you might want them. As to the division of the hall you are completely independent by using this system, and, walking through the exhibition area, the visitors get the feeling of going through a forest with shady spots changing into open glades." The two theatres and the two concert halls are accommodated between the two levels of the station on Anerley Hill. "The four buildings, which are placed together according to their related functions, form a festive detail in the complex as a whole. Each building stands on its plateau following the changing levels of the grounds. The box-like stage and the podium turn towards the street, all foyers open onto the park." The amphitheatre and the sports halls are situated in Crystal Palace Park Road. "Just as in the theatres, the audience has a beautiful view to the park from here," while the stadium for 100,000 spectators, located next to the recreational area,"has been moulded out of the ground and shaped like a big shell with by far the greater part of the audience placed on the eastern side." Similarly, the lightweight radio mast with three supports, a precedent for the water tower in Svaneke, occupies the lower part of the platform.

Alzado oeste y planta general de la propuesta.

West elevation and overall plan of the scheme.

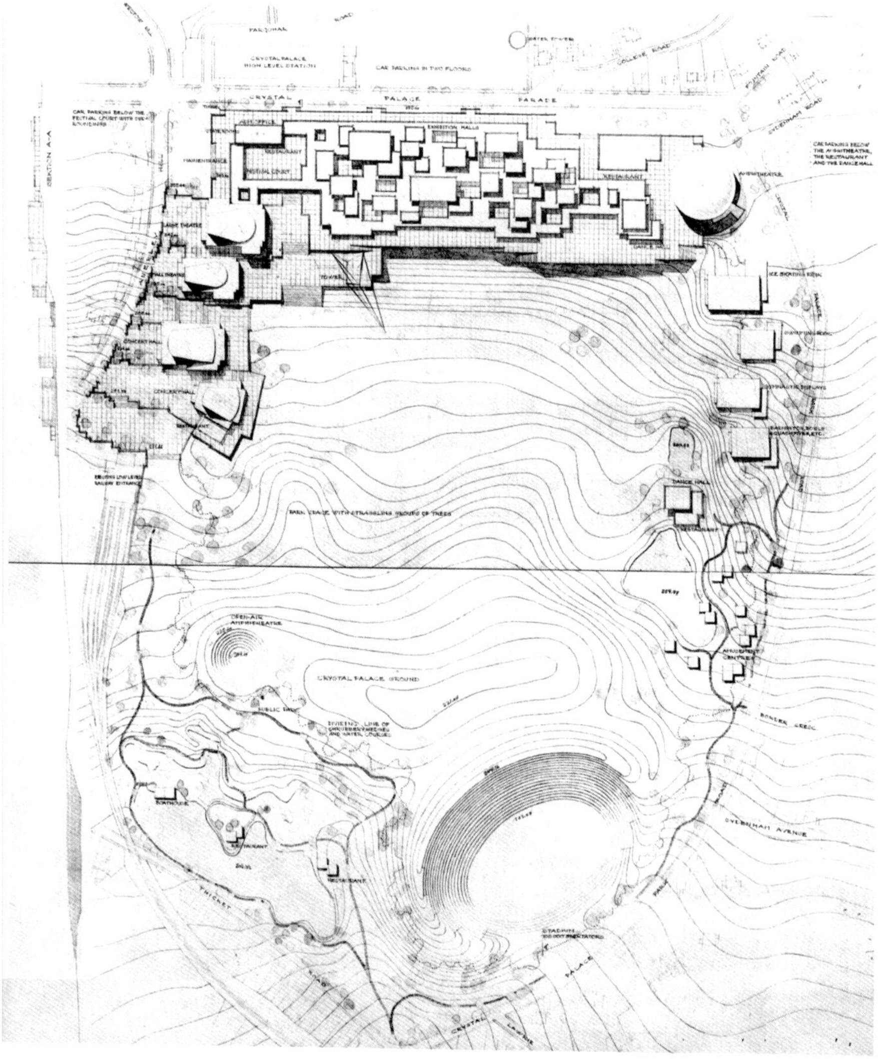

"Los visitantes entran a la exposición por la escalera que parte de la Crystal Palace Parade".

"The visitors enter the exhibition by the staircase leading from the Crystal Palace Parade."

"La terraza frente a la sala de exposiciones".

"The terrace in front of the exhibition hall."

"Un estrecho paso entre la sala de conciertos y el teatro que se abre al vasto parque".

"A narrow passage between the concert hall and theatre opening out to the spacious park."

"Varias escaleras interconectan las plantas, de forma que la percepción de la exposición es viva y en constante transformación".

"Several staircases link the floors with each other and thereby give the visitors the impression of a constantly changing and living exhibition."

"Varias escaleras conducen desde la terraza al parque situado más abajo".

"Several staircases leading down to the park from the terrace."

"Vista desde el vestíbulo de la sala de conciertos pequeña a través del follaje".

"View from the foyer of the small concert hall through the foliage."

"Vista del parque bajo la cubierta a través de los pilares".

"View from under the roof to the park through the pillars."

"Bajo la sombra de los árboles, los visitantes disfrutan de la vista y de la amplitud del parque".

"From the shadow of the trees the visitors enjoy the view and the wide expanse of parkland."

"Pabellones deportivos con vistas al parque".

"Sports halls with open views of the park."

"Vista del parque desde la cubierta".

"View of the park from the terrace."

"Los senderos y plazas se iluminan por la noche con lámparas que parecen flores de los árboles".

"Pathways and squares are illuminated at night by lamps like flowers in the trees."

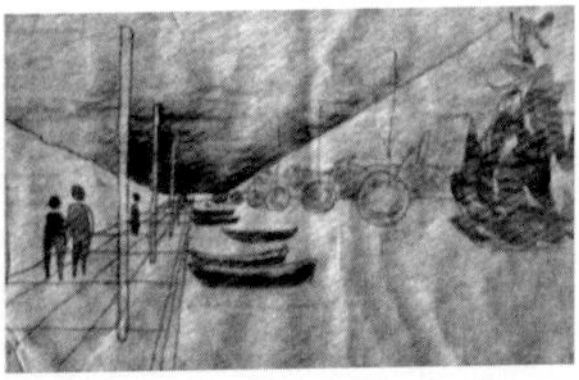

"Embarcadero en el lago con muelle cubierto".

"Boat house at the lake with covered bridge."

Alzados noreste, suroeste y planta del conjunto.

Northeast and southwest elevations, and plan of the whole.

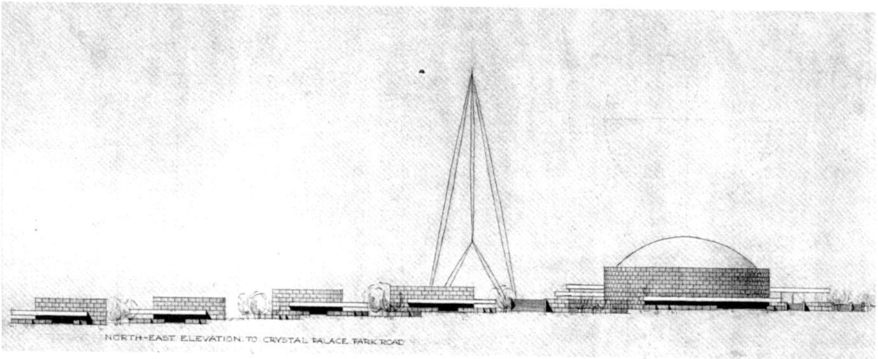

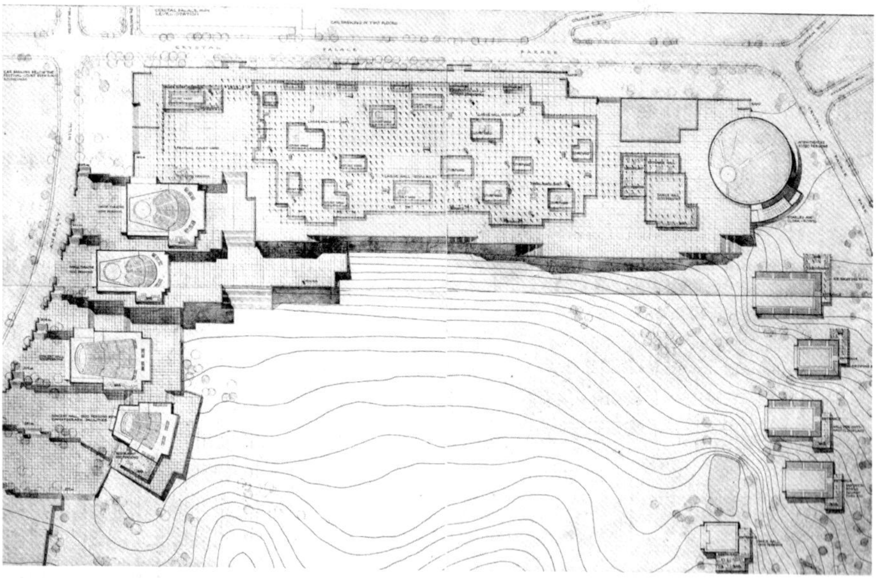

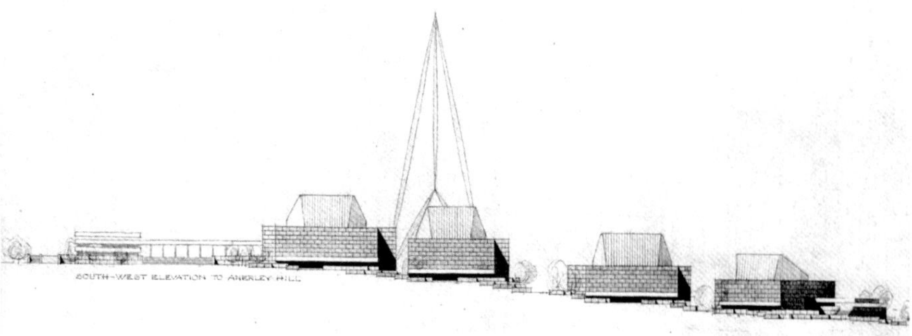

1946 Silla. Concurso Diseño para Mobiliario Moderno. The Museum of Modern Art, Nueva York, EE UU

Presentada al concurso organizado por el MoMA y realizada en colaboración con Arne Korsmo, la silla obtiene una mención y se incluye en el catálogo de la convocatoria: *Designs for Modern Furniture*. La silla consiste en un armazón continuo realizado con finas hebras de madera, sobre el que se establece el tejido que genera el asiento ajustado al cuerpo humano. La estructura del bastidor está compuesta por una sucesión de fibras de madera encoladas entre sí, formando una estructura maleable y resistente que permite conseguir perfiles que pueden adoptar distintas curvaturas. Como una materia viva, originada por el crecimiento de las vetas, los perfiles de madera que generan el bastidor de la silla se convierten en una experiencia táctil cuyos haces imbricados y superpuestos y la vibración plástica de la flexibilidad material adquieren el perfil voluptuoso de una silla cuya referencia es la naturaleza misma.

1946 Chair. *Designs for Modern Furniture* competition. The Museum of Modern Art, New York, USA

Presented to the competition organised by the MoMA and carried out in collaboration with Arne Korsmo, the chair gained a mention and was included in the catalogue of the convocation, *Designs for Modern Furniture*. The chair consists of a continuous frame made of fine strands of wood upon which is set the fabric that generates the seat adapted to the human body. The structure of the framework is made up of a series of wood fibres glued together to form a malleable and resistant structure which enables profiles to be arrived at that can adopt different curvatures. As a living material originating in the growth of the grain, the wooden profiles which generate the framework of the chair are turned into a tactile experience that has, in its imbricated, superposed surfaces and the plastic vibrancy of its material flexibility, the voluptuous profile of a chair which has its chief reference in nature itself.

Alzado del armazón de la silla.

Elevation of the chair frame.

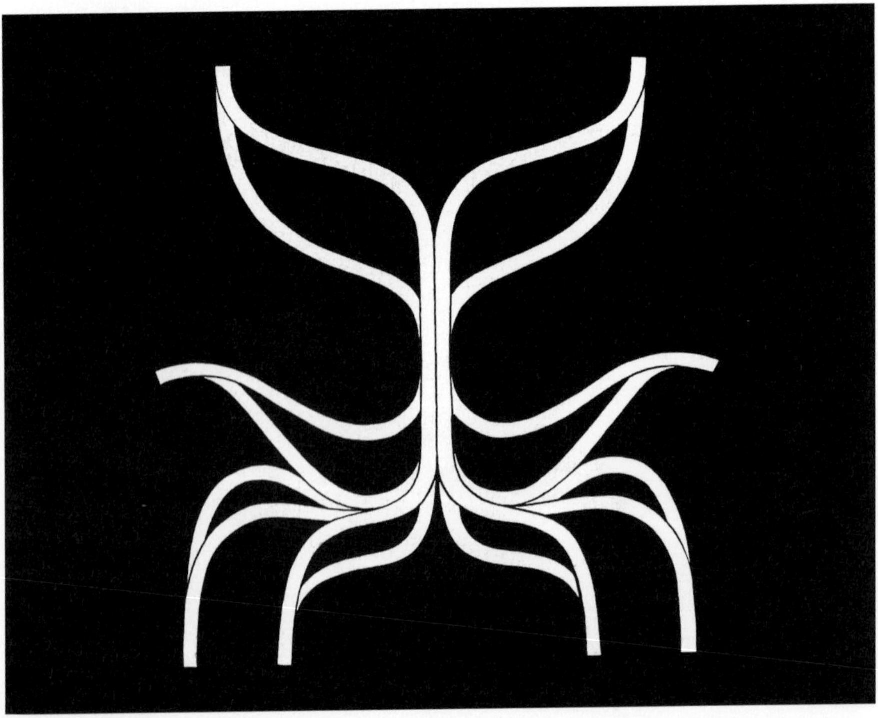

Planta de la estructura del bastidor, asiento de la silla y alzado.

Plan of the structure of the framework, seat of the chair and elevation.

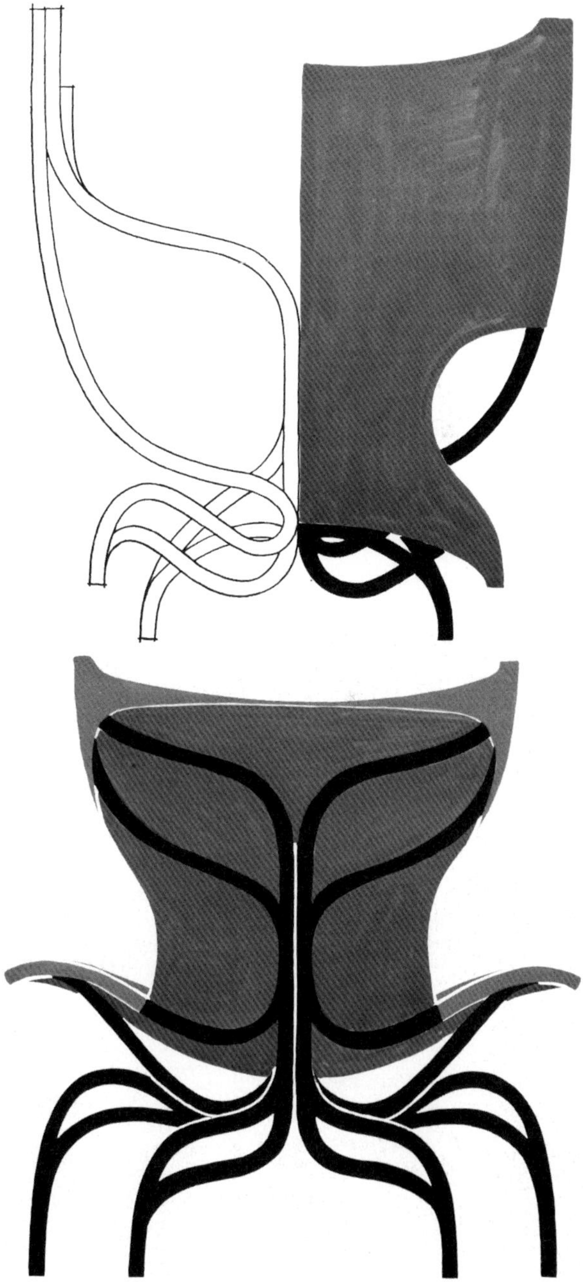

1947 Concurso para la ampliación del estadio de Aarhus, Dinamarca

El proyecto de ordenación y ampliación del conjunto deportivo se emplaza sobre el extenso parque Marselisborg. Realizado en colaboración con Tobias Faber, la propuesta desarrolla las condiciones paisajísticas del entorno natural, donde establece los planteamientos ensayados en el concurso para las instalaciones deportivas en Næstved (1946). Los ámbitos deportivos se circunscriben en los claros abiertos en la vegetación, las gradas se excavan en el terreno y los muros se extienden en torno a las instalaciones deportivas. El conjunto de pabellones se desarrolla sobre el modelo propuesto para el Palacio de Congresos en Aalborg (1945), caracterizado por la trama romboidal y por la sección de la pista deprimida en el terreno que evoca los lugares públicos de asamblea y prolonga la relación visual con el entorno. Entre la densa vegetación, las cubiertas de los distintos pabellones gravitan sobre el valor delimitador de los muros.

Alzado oeste del conjunto de pabellones. Perspectivas de la propuesta y ordenación general del conjunto.

1947 Competition for the extending of the stadium in Aarhus, Denmark

The project for developing and extending the sports complex is sited over the broad expanse of Marselisborg Park. Carried out in collaboration with Tobias Faber, the scheme develops the landscape qualities of the natural environment, in which it institutes the kinds of approach tried out in the competition for the sports facilities in Næstved (1946). The sports areas are circumscribed in the open clearings in the vegetation, the rows of seating are excavated in the ground, and the walls are extended around the sports installations. The set of pavilions is based on the model proposed for the convention centre in Aalborg (1945), typified by the rhomboidal grid pattern and by the section of the track set into the ground, which evokes public places for assembling in and prolongs the visual rapport with the surroundings. Amidst the dense vegetation the roofs of the different pavilions gravitate above the delimiting value of the walls.

West elevation of the pavilion complex. Perspectives of the scheme and general layout of the whole.

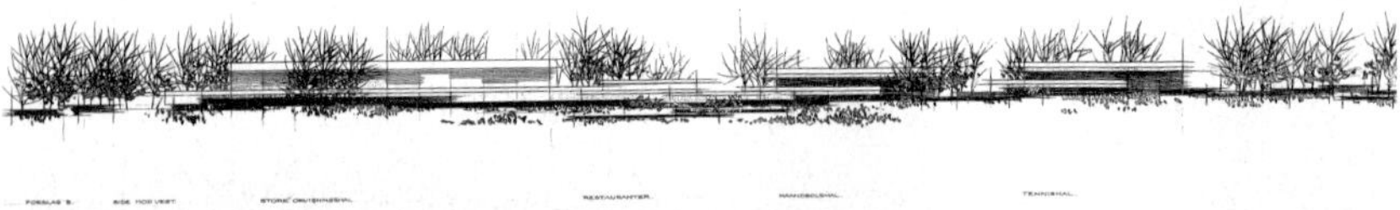

CYKLESTADION
FODBOLD
STADION
TRIBUNE
TRÆNING
HÅNDBOLD
FODBOLD
ATLETIK
TRAVBANE
RESTAURANT
N

1947 Concurso para el teatro en Randers, Dinamarca

La propuesta presentada al concurso, realizada con Tobias Faber, organiza el programa del teatro y los espacios auxiliares en torno a un espacio abierto en el tejido urbano, al servicio de toda la ciudad. Flanqueado por un edificio existente, que se convierte en fachada publicitaria, el teatro se extiende sobre una plaza interior que contribuye a definir su carácter público. El podio sobre el que se erige prepara el terreno para su emplazamiento a través de rampas y escaleras. El cuerpo del teatro, que adapta el volumen al trazado de las calles, envuelve la sala con un espacio fluido que se despliega entre su propio cerramiento y el de la fachada. La propuesta se organiza a partir de una sala que reúne las virtudes de visibilidad y acústica del modelo tradicional de teatro. En este proyecto se configura como un anfiteatro tallado en el terreno cuya cubierta responde a la acústica de la sala ensayada en la propuesta para la Real Academia Danesa de Música en Copenhague (1944) o para la sala de conciertos y el teatro planteado en el concurso del Crystal Palace (1946), donde la caja escénica se incorpora en el volumen de la cubierta de la sala que emerge del cuerpo principal.

Secciones del teatro, perspectiva del ámbito de acceso y del interior de la sala.

1947 Competition for the theatre in Randers, Denmark

The scheme presented to the competition together with Tobias Faber organises the programme of the theatre and its auxiliary spaces around an open area in the urban fabric at the service of the entire town. Flanked by a pre-existing building, which is converted into an advertising facade, the theatre extends over an inner courtyard that helps define its public character. The podium on which it is erected prepares the terrain for the emplacement by means of ramps and stairs. The body of the theatre, which adapts the volume to the layout of the streets, wraps the auditorium with a fluid space that opens out between its own outer wall and that of the facade. The scheme is organised on the basis of an auditorium that has all the virtues of visibility and acoustics of the traditional model of theatre. In this project it is configured as an amphitheatre carved out in the ground and whose ceiling responds to the acoustics of the concert hall tried out in the scheme for the Danish Royal Academy of Music in Copenhagen (1944) or for the concert hall and theatre posited in the Crystal Palace competition (1946), in which the scenic box is accommodated in the volume of the roof of the auditorium that emerges from the main body.

Sections of the theatre, perspective of the entrance area and of the interior of the auditorium.

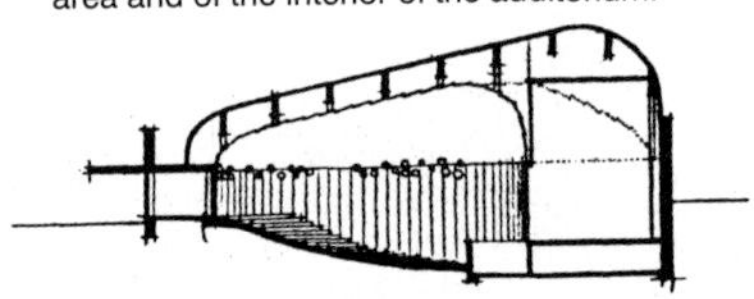

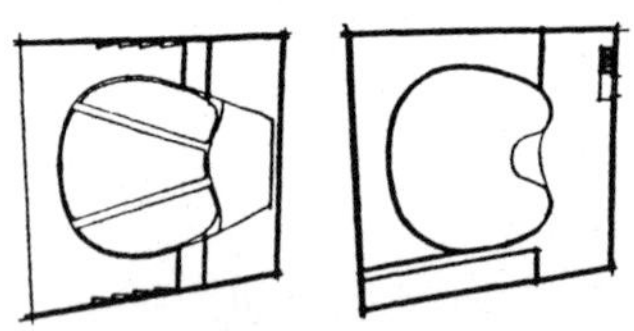

Alzados oeste y sur, y planta baja.

West and south elevations and ground floor.

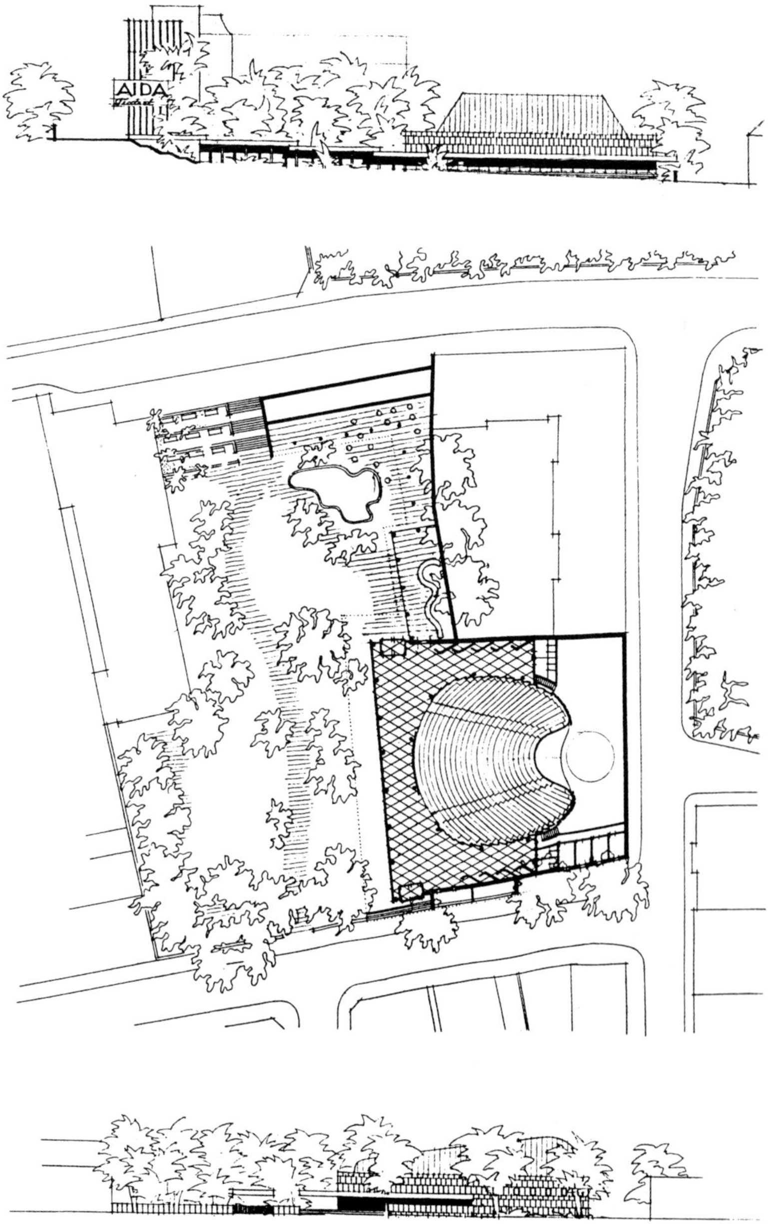

1947 Concurso de viviendas en Borås, Suecia

La pequeña ciudad de Borås, al este de Gotemburgo, convocó un concurso para la reordenación del área de Annelundsparken, adquirida por el municipio en 1945. Situada sobre un promontorio que domina la ciudad, la cima, con marcados accidentes topográficos, presenta un conjunto de ruinas que determina el carácter de la intervención debido al valor estratégico e histórico de su emplazamiento. El proyecto, realizado en colaboración con Tobias Faber y que recibió una mención del concurso, se desarrolla a partir de un mecanismo ensayado en la propuesta de Bellahøj, basado en dos extremos tipológicos, la torre, emplazada en grupos, y los bloques, quebrados por el desnivel. Con el lema *Kontrapunkt*, el perfil del conjunto de las torres se establece como elemento de referencia en el paisaje abstracto de la ciudad, y contribuye a la caracterización de este espacio urbano. El conjunto de seis torres convoca, junto a las ruinas que dominan la cima, la memoria colectiva de la ciudad, mientras que los cuatro bloques alargados se fragmentan en función de las características topográficas del terreno. Con la voluntad de adaptación al entorno natural, la condición discontinua del bloque atiende a la singularidad, la variación y el ritmo del terreno. La configuración del bloque evoca la disposición en abanico de Alvar Aalto en las viviendas para ingenieros de la papelera de Sunila (1936-1937). Las torres ofrecen, por el lado norte en el que se desarrolla la ciudad, un aspecto masivo que contribuye al carácter urbano del proyecto, mientras que, en la orientación sur, las viviendas se abren al paisaje limítrofe de la ciudad. El perfil quebrado de la torre se desarrollará también en el conjunto de viviendas en Marruecos (1947) y, posteriormente, en Marieberg (1954), Elineberg (1954), Frederiksberg (1959) y Elviria (1960).

1947 Competition for housing in Borås, Sweden

The little town of Borås, to the east of Göteborg, convoked a competition for the redevelopment of the Annelundsparken area acquired by the municipality in 1945. Situated on a promontory overlooking the town, the summit, with its pronounced topographical bumps, exhibits a set of ruins which determine the nature of the intervention, due to the strategic and historical value of its emplacement. The project, carried out in collaboration with Tobias Faber, receives a mention in the competition and develops on the basis of a device tried out in the scheme for Bellahøj and founded on two typological extremes, the tower block laid out in groups and the blocks broken up by the change of level. Under the motto of *Kontrapunkt*, the profile of the set of towers is established as a referential element in the abstraction of the landscape of the city and contributes to the characterisation of this urban space. The set of six tower blocks beside the ruins that dominate the top of the promontory convokes the town's collective memory, while the four elongated blocks are fragmented according to the topographic characteristics of the terrain. With the aim of adapting to the natural setting, the discontinuous state of the block pays attention to the singularity, variation and rhythm of the terrain. The configuration of the block evokes Alvar Aalto's fan-shaped layout in the housing for the engineers of the Sunila Paperworks (1936-1937). The towers have, on the north side where the town unfolds, a massive appearance which contributes to the urban nature of project, while on the south-facing side the apartments give onto the landscape bordering the town. The irregular profile of the tower is developed in the housing complex in Morocco (1947), and later in Marieberg (1954), Elineberg (1954), Frederiksberg (1959) and Elviria (1960).

Situación de la propuesta en Annelundsparken.

Location of the scheme in Annelundsparken.

Planta general de la intervención. Alzados sur, este, oeste y norte.

Overall plan of the intervention. South, east, west and north elevations.

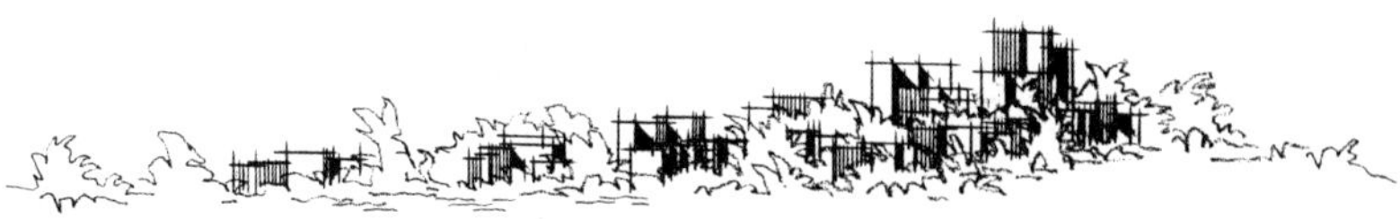

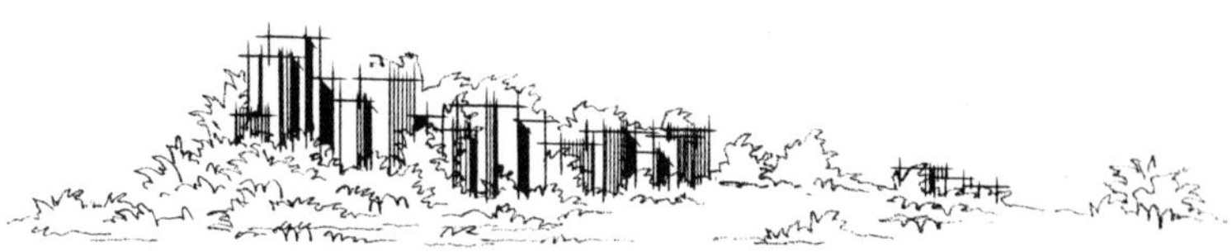

Detalle de la torre. Plantas y alzados de la misma.

Detail of the tower block. Plans and elevations of the tower.

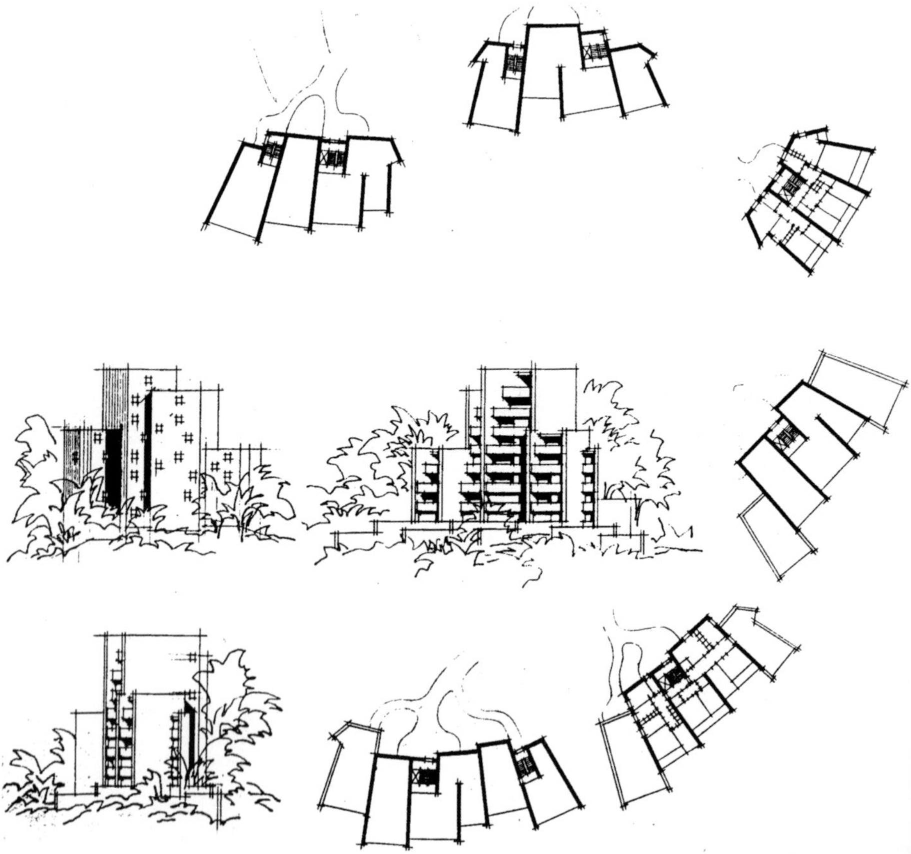

Sección transversal del bloque, alzados norte y sur, y planta tipo del bloque. Los muros medianeros se transforman en grandes paños ciegos que resguardan el ámbito de las profundas terrazas y constituyen el principal elemento plástico que se prolonga en el terreno.

Cross-section of the block, north and south elevations, and standard floor plan of the block. The party walls are transformed into huge blind surfaces that protect the area of the deep terraces and constitute the main plastic element prolonged on the ground.

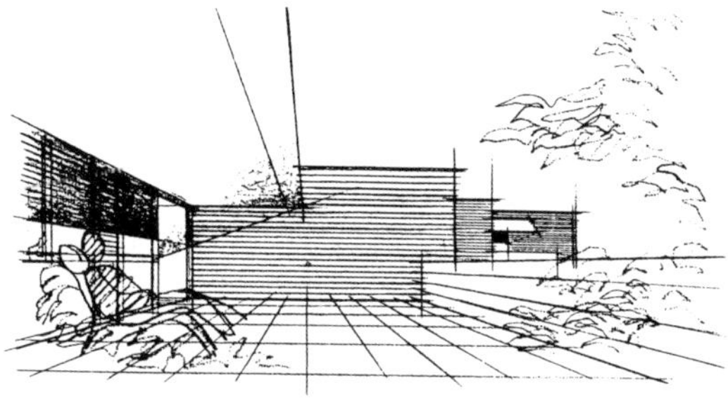

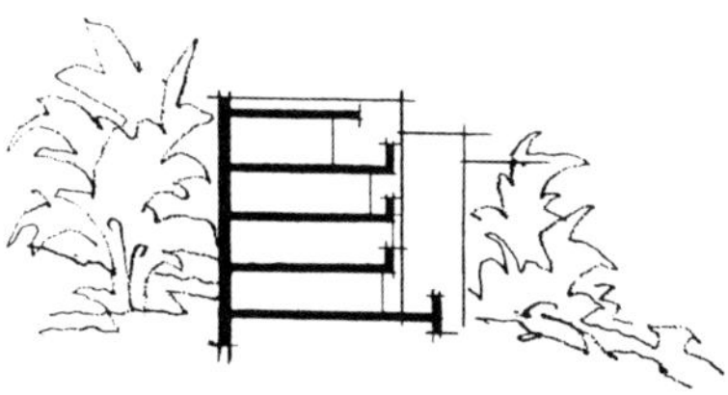

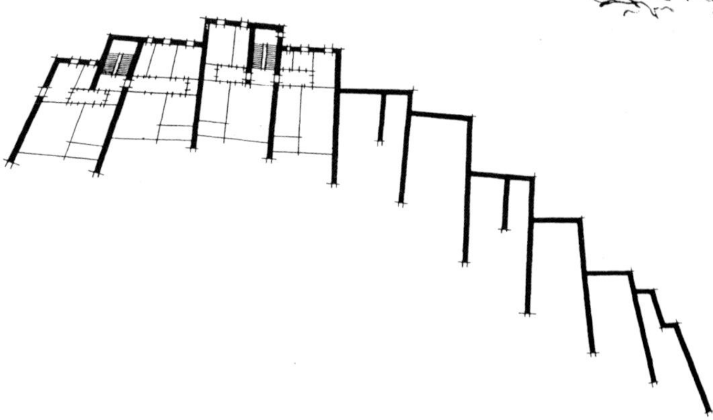

1947 Fábrica de papel en Marruecos

La propuesta, concebida durante su estancia en Marruecos, se desarrolla a partir de la geometría quebrada que impone el entorno natural y de los requisitos que exigen las dimensiones y el desarrollo de las distintas funciones, todo ello resuelto con los mínimos recursos. Compuesto sobre un rectángulo de proporciones 1:6, el marcado desnivel del entorno se aprovecha para desarrollar el proceso de fabricación por gravedad. En el interior, los saltos de la cubierta nervada y los haces enlazados de conductos en cascada subrayan las escaleras continuas que enlazan los abruptos cambios de nivel. Mientras, en el exterior, los contrafuertes acentúan el perímetro ciego de los muros escalonados.
El perfil curvo de los dispositivos industriales evoca, frente al contorno quebrado de la envolvente de los muros, el planteamiento compositivo de la iglesia de Bagsværd (1968). Las bandas ondulantes del interior recogen la maleabilidad de la silla realizada con Arne Korsmo (1946).

1947 Paper factory in Morocco

The scheme, conceived during Utzon's stay in Morocco, unfolds on the figuration of the geometry, rendered uneven by the natural setting, and of the measured, wrapped function using minimum resources. Created on a rectangle with a proportion of 1:6, the marked height difference of the setting is used to carry out the manufacturing process through gravity. Inside, the sudden shifts of the ribbed roof and the intertwined bunches of tiered ducts underline the continuous stairs which interconnect the abrupt change of level. Meanwhile, on the outside the buttresses accentuate the blind perimeter of the irregular walls. The curved profile of the industrial machines evokes, in contrast to the irregular outline of the wrap-around walls, the compositional approach of the Bagsværd Church (1968). The undulating bands of the interior pick up on the malleability of the chair created with Arne Korsmo (1946).

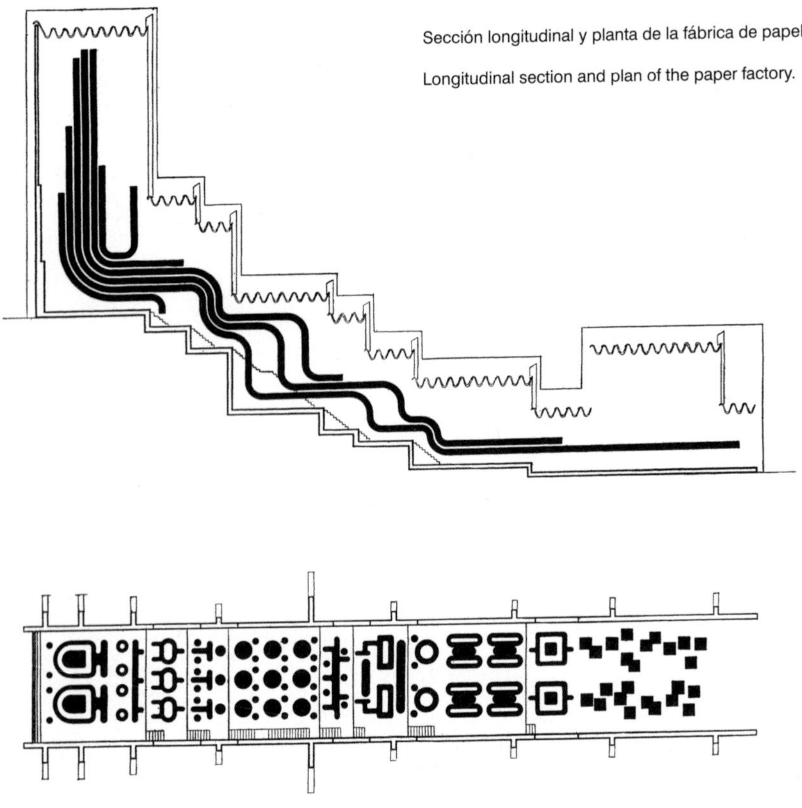

Sección longitudinal y planta de la fábrica de papel.

Longitudinal section and plan of the paper factory.

1947 Conjunto de viviendas en Marruecos

El conjunto de viviendas, que desarrolla las características de la torre avanzadas en Borås (1947), se despliega en el paisaje. El sistema de escaleras, muretes y terrazas planteado sobre el paisaje, el entorno, el clima y el programa de viviendas alude a la arquitectura vernácula, cuyos muros cobijan la profunda sombra de las terrazas en un sistema fragmentado de estancias compuestas.

Planta y alzado del conjunto de viviendas.

1947 Housing complex in Morocco

The housing complex, which develops the features of the tower put forward in Borås (1947), stretches forth on the landscape. The system of steps, low walls and terraces set up on top of the landscape, the setting, the climate and the housing programme allude to the vernacular architecture whose walls harbour the deep shadow of the terraces in a fragmented system of composite dwellings.

Plan and elevation of the housing complex.

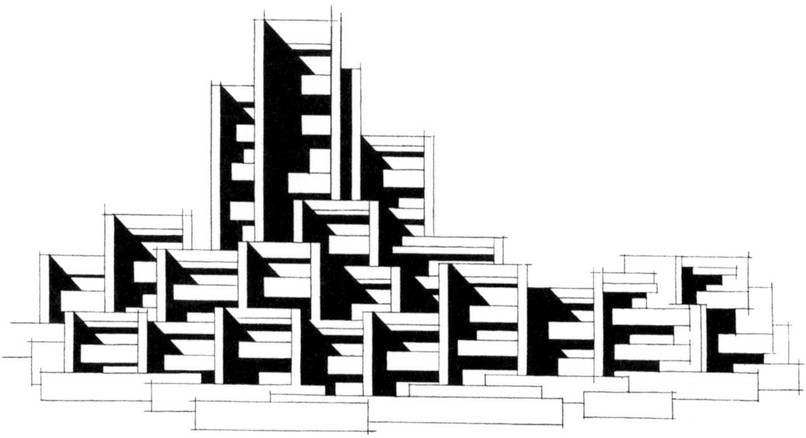

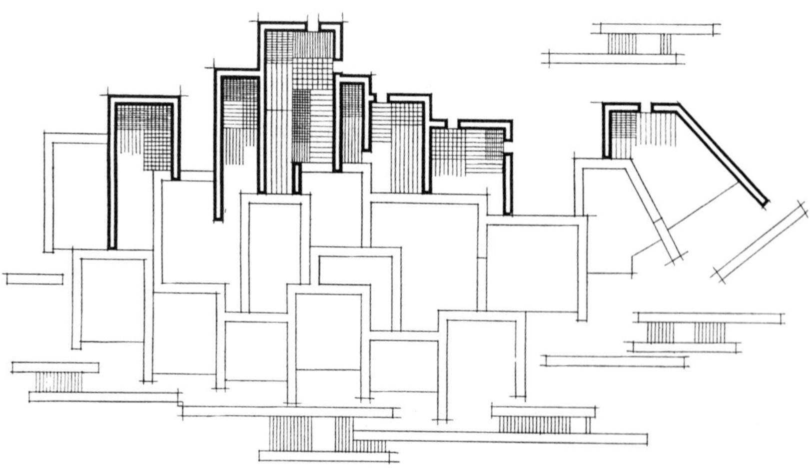

1947 Concurso para la estación central de ferrocarriles, Oslo, Noruega

En 1926, Arne Korsmo había presentado como proyecto final de carrera una propuesta para la estación central de ferrocarriles en Oslo. La transición desde la formación clasicista y la colaboración con Utzon en el concurso de 1947 contribuyeron a concebir una propuesta comprometida por completo con la modernidad. De la monumentalidad espacial característica de las antiguas estaciones ferroviarias, la propuesta retoma los temas de la escala urbana. Con el lema *Kontrapunkt* y presentado a la convocatoria fuera de plazo, el proyecto queda determinado por el contrapunto que establece entre los dos cuerpos fundamentales del conjunto de la estación, la torre de oficinas y el vestíbulo del edificio terminal. El volumen opaco de la estación, iluminado cenitalmente, reúne el vestíbulo principal frente a la plaza Jernbanetorget, al servicio de toda la ciudad, y se separa de la torre mediante una cubierta continua. Con un sencillo mecanismo de cuerpos desplazados, el programa administrativo abraza el ámbito de las vías y reconstruye el tránsito de las calles.

1947 Competition for the Central Railway Station, Oslo, Norway

In 1926 Arne Korsmo had presented a scheme for the Central Railway Station in Oslo as a final course project. The transition from classical training and the collaboration with Utzon on the 1947 competition contributed to the conceiving of a scheme totally committed to modernity. From the spatial monumentality typical of old railway stations the scheme takes up the theme of urban scale. Under the motto of *Kontrapunkt* and presented outside the time period of the competition, the design is determined by the counterpoint established between the two basic bodies of the station complex, the office tower block and the concourse of the terminus building. The opaque volume of the station, lit from above, links the main concourse facing Jernbanetorget Square at the service of the entire city and is separated from the tower by a continuous canopy. Using a simple device of off-centre bodies, the administrative programme takes in the track area and reconstructs the road layout.

Perspectiva axonométrica de la estación.

Axonometric perspective of the station.

Sección longitudinal. El volumen opaco de la estación como contrapunto a la torre de oficinas que domina el centro urbano.

Longitudinal section. The opaque volume of the station as a counterpoint to the office tower block that dominates the urban centre.

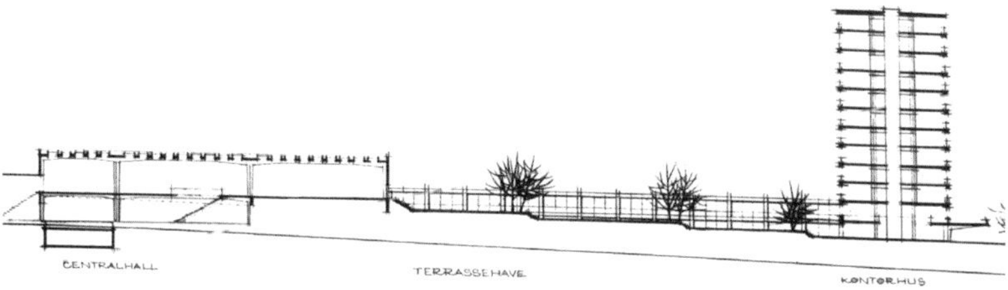

Detalle de los puentes de acceso, conexión y control del vestíbulo a los andenes. Nivel inferior de la estación.

Detail of the concourse's access, connection and control bridges to the platforms. Lower level of the station.

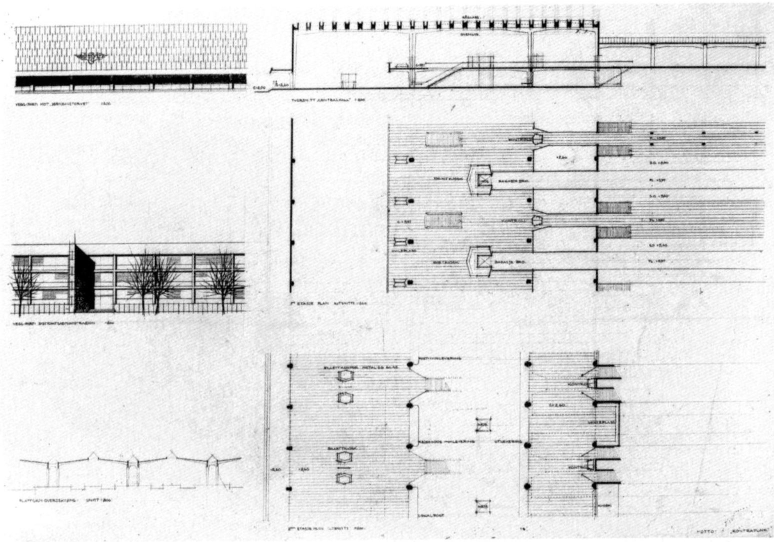

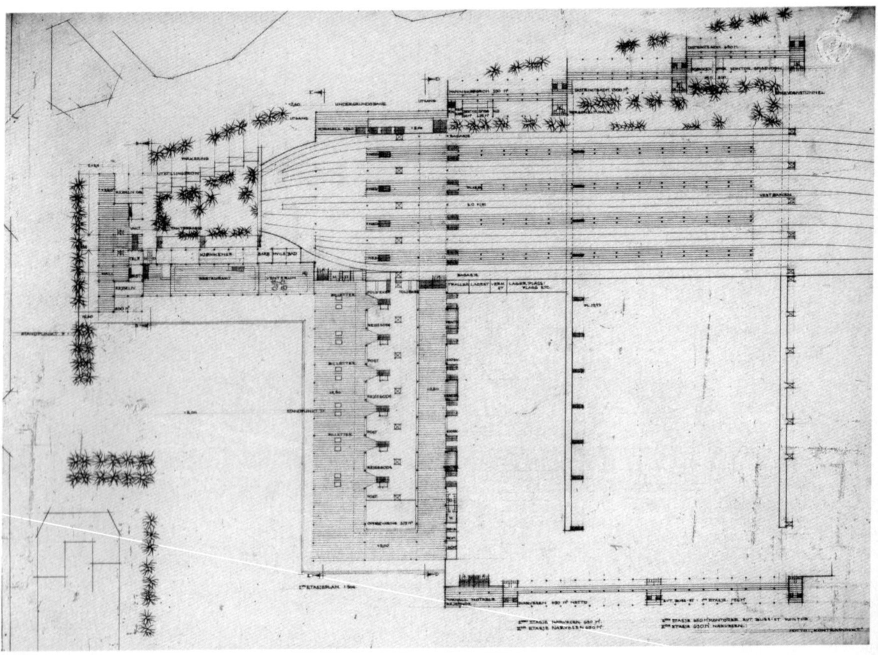

Alzado oeste a la plaza Jernbanetorget, alzado sur y planta baja.

West elevation to Jernbanetorget Square, south elevation and ground floor.

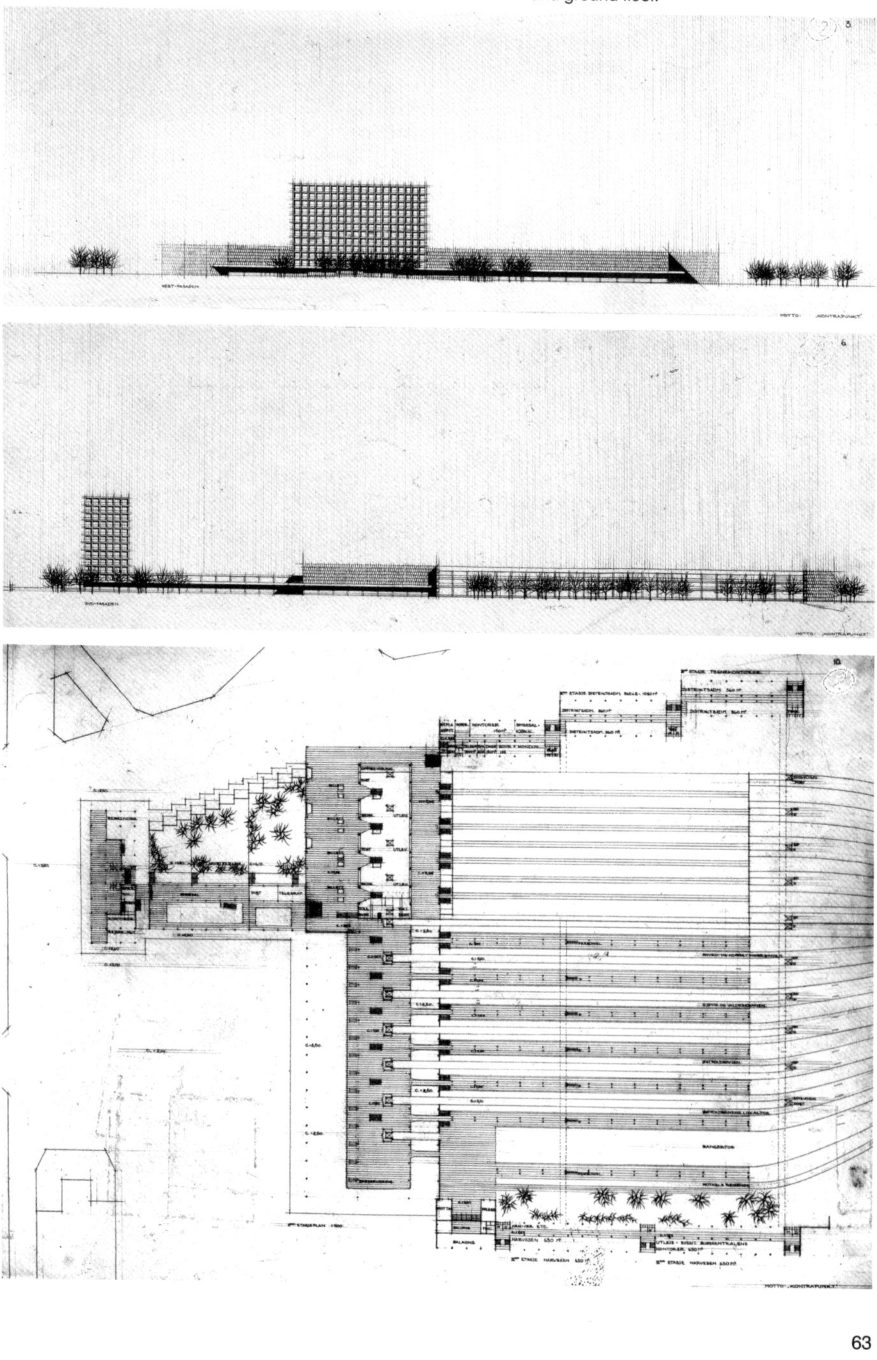

1948 Concurso para la Escuela de Comercio en Gotemburgo, Suecia

El proyecto, realizado en colaboración con Arne Korsmo, combina dos extremos de la escala tipológica, la torre y el bloque de baja altura, y se desarrolla sobre los principios ensayados en la estación central de ferrocarriles en Oslo (1947), que volverá a plantear en la escuela en Højstrup (1958). Con el lema *Le commerce*, el cuerpo bajo, destinado a los espacios servidores, ofrece el contrapunto al volumen compacto de la torre que, alternando opacidad y transparencia, alberga los departamentos y los seminarios. La propuesta se emplaza al sur de la ciudad de Gotemburgo, sobre la arteria urbana Vasastaden y abierta por el norte a un extenso jardín. El tenue desnivel del entorno requiere la preparación del terreno para el asentamiento, sobreelevándolo con un podio que se destina a fijar un nuevo suelo cuya organización interior gravita en torno a un patio. Este podio se vincula a la estructura urbana para recoger los accesos a la escuela, por medio de las escaleras y las rampas bajo la marquesina.

Exposición del proyecto en el Kunstindustrimuseet, Trondheim, 1948. Emplazamiento y alzado norte, planta baja y alzado oeste.

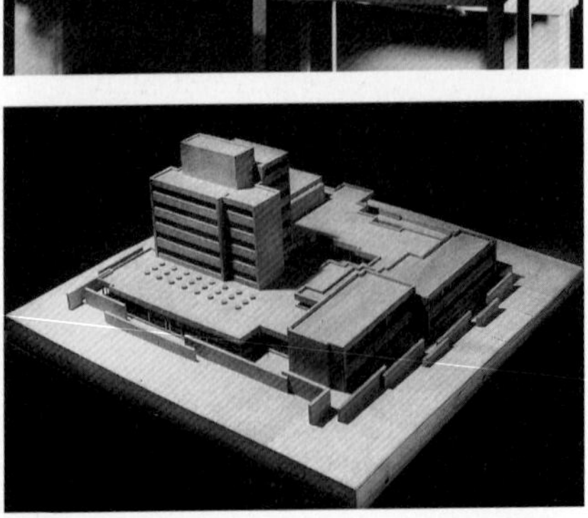

1948 Competition for the Business School in Göteborg, Sweden

Carried out in collaboration with Arne Korsmo, the project combines two extremes of typological scale, the tower and the low-rise block, and is undertaken on the principles tried out in the Central Railway Station in Oslo (1947), which Utzon emphasises in the school in Højstrup (1958). With the motto *Le commerce*, the low body, intended for service spaces, forms a counterpoint to the compact volume of the tower, which, alternating opacity and transparency, houses the teaching departments and seminar rooms. The scheme is sited to the south of the city of Göteborg, on the Vasastaden urban artery, and opens on the north side onto an extensive garden. The slight change of level requires the terrain to be prepared for the emplacement by surmounting it with a podium that is designed to anchor a new ground surface whose interior organisation gravitates around a courtyard. This podium is linked to the urban structure and embraces, by means of stairways and ramps beneath the porch, the entrances to the school.

Exhibition of the project design in the Kunstindustrimuseet, Trondheim, 1948. Location and north elevation, ground floor and west elevation.

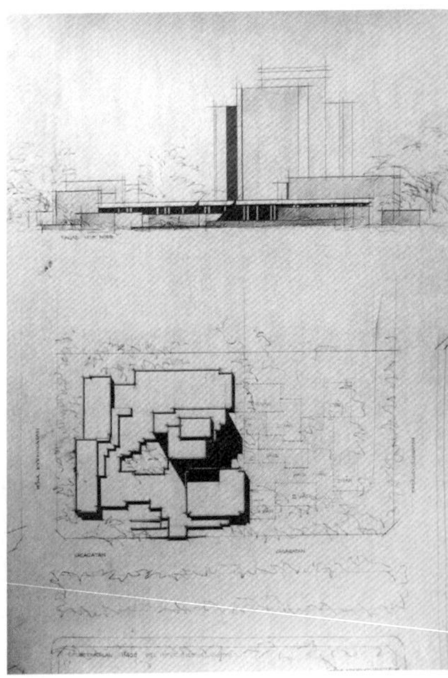

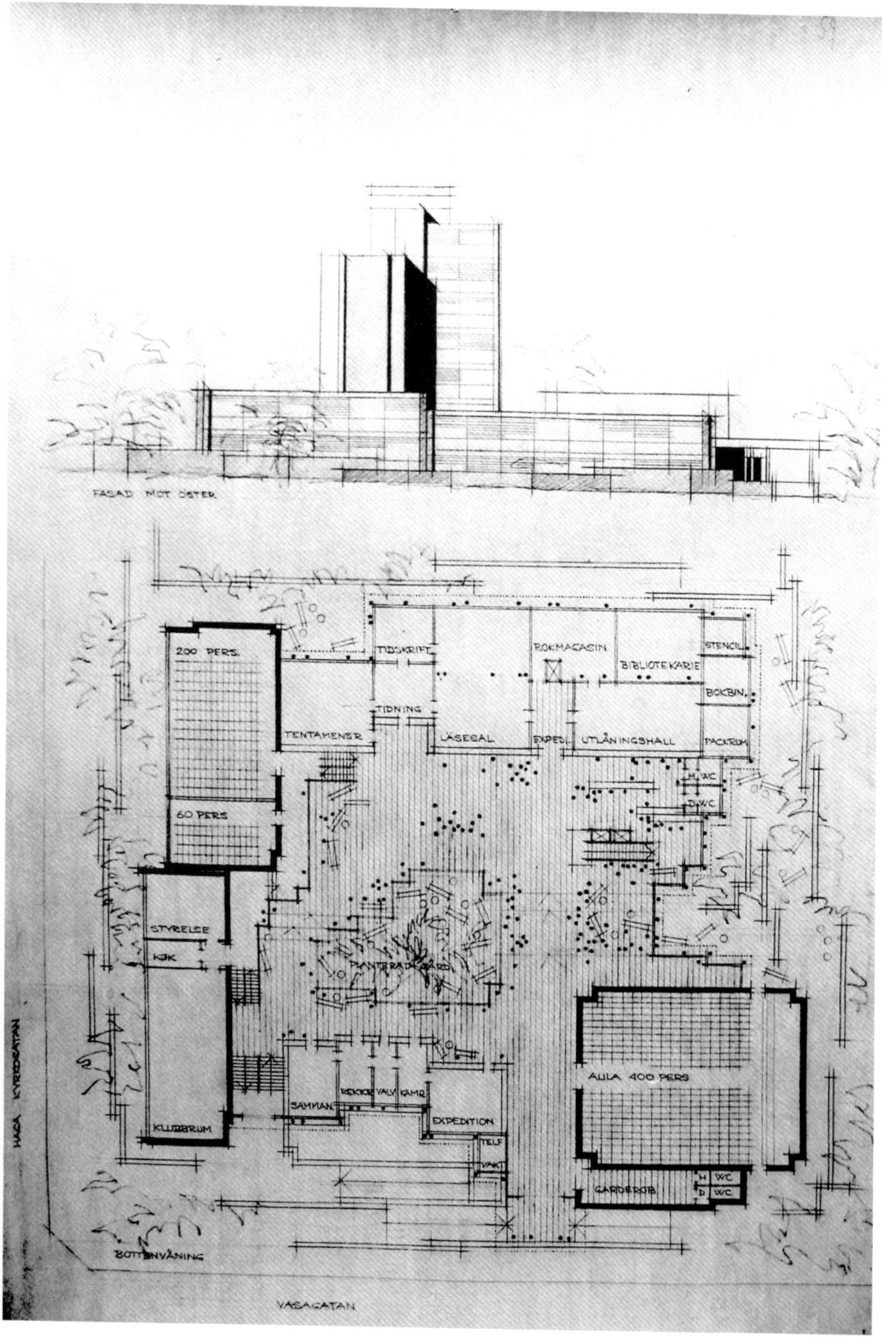
FASAD MOT ÖSTER
200 PERS.
60 PERS
TIDSKRIFT
TIDNING
TENTAMENSR
LÄSESAL
BOKMAGASIN
BIBLIOTEKARIE
STENCIL
BOKBIN.
EXPED.
UTLÅNINGSHALL
PACKRUM
H. WC
D. WC
STYRELSE
KÖK
PLANTERAD GÅRD
AULA 400 PERS
SAMMAN
REKTOR
VALV
KAMR
EXPEDITION
TELF
VAKT
KLUBBRUM
GARDEROB
H WC
D WC
HAGA KYRKOGATAN
BOTTENVÅNING
VASAGATAN

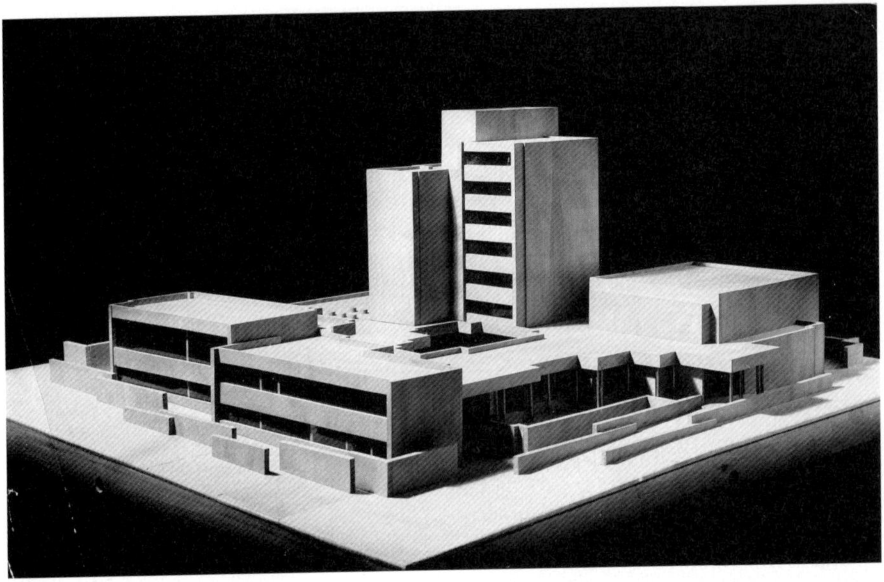

El mecanismo de acceso a los edificios contribuye a generar, en el área protegida de entrada, una sensación de profundidad y recogimiento.

The access structure to the buildings helps generate an impression of depth and seclusion in the sheltered entrance area.

Secciones del conjunto; alzado sur y basamento; alzado este y desarrollo de las plantas de la torre.

Sections of the complex; south elevation and base; east elevation and complete range of tower floors.

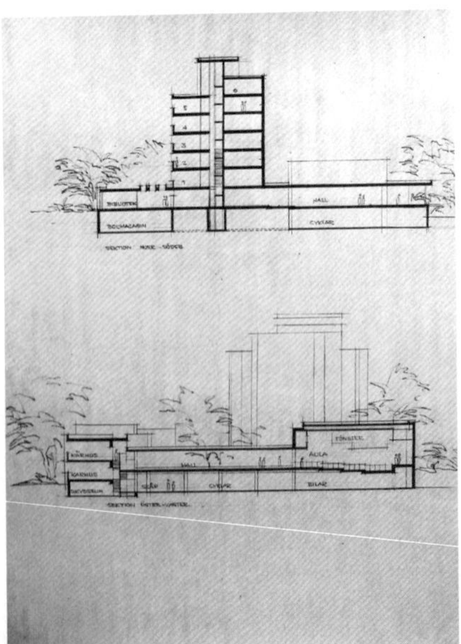

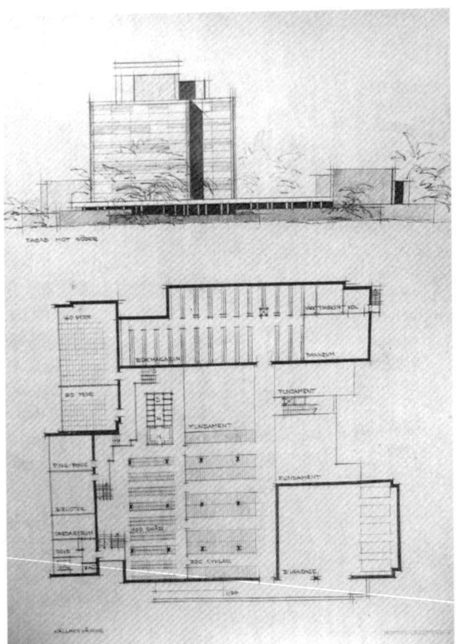

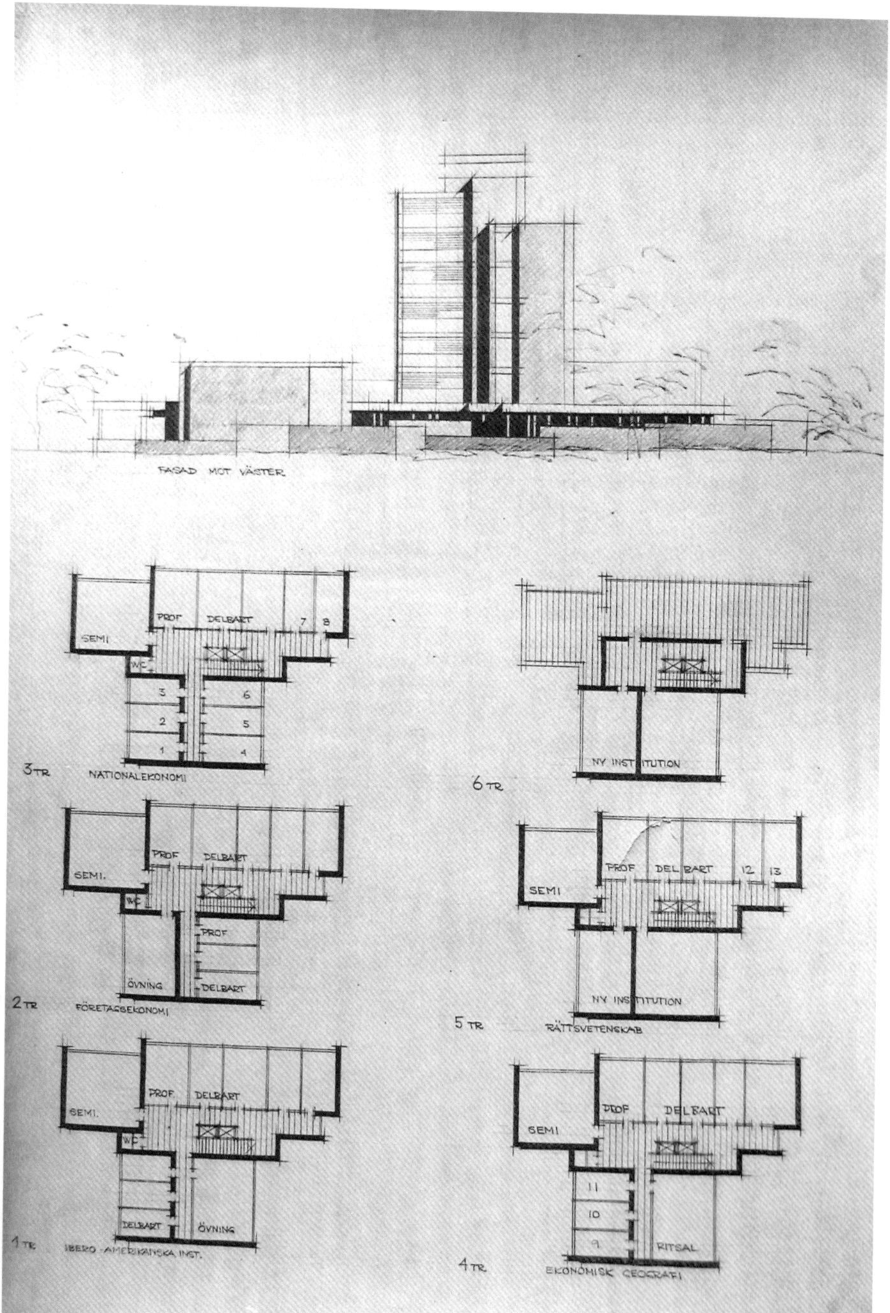
FASAD MOT VÄSTER
SEMI
PROF
DELBART
7
8
WC
3
2
1
6
5
4
3 TR
NATIONALEKONOMI
NY INSTITUTION
6 TR
SEMI.
PROF
DELBART
WC
PROF
ÖVNING
DELBART
2 TR
FÖRETAGSEKONOMI
SEMI
PROF
DEL BART
12
13
NY INSTITUTION
5 TR
RÄTTSVETENSKAB
SEMI.
PROF
DELBART
WC
DELBART
ÖVNING
1 TR
IBERO-AMERIKANSKA INST.
SEMI
PROF
DELBART
11
10
9
RITSAL
4 TR
EKONOMISK GEOGRAFI

1948 Concurso para la ordenación de Vestre Vika, Oslo, Noruega

La propuesta, con el lema *Borger-det er din by* y realizada en colaboración con Arne Korsmo, no se presentó al concurso. Utzon explica: "Arne no vino a verme a Copenhague con el programa hasta el día en que debía entregarse la propuesta, algo que quizá ilustra a la perfección su concentración en los problemas arquitectónicos, independientemente de que pudieran llevarse a cabo o no". En la propuesta, los jardines Slottsparken del Palacio Real que se desarrollan hasta el edificio del Parlamento, Stortinget, se extienden hasta la estación central de ferrocarriles, objeto del anterior concurso. Los edificios más representativos de la ciudad se disponen ahora a lo largo de un nuevo salón urbano.
El criterio básico de la ordenación de Vestre Vika es la separación entre el tráfico rodado y el peatonal, aislando el conjunto en una red de caminos peatonales con pequeñas dotaciones. En el extremo oriental, junto al ayuntamiento, se sitúan el centro cívico y los edificios singulares, la Ópera, el Auditorio y el Teatro. Mientras, en la pendiente que desciende hacia el fiordo, se emplazan los bloques con vistas al mismo. Asimismo, las calles existentes se mantienen libres de la nueva edificación propuesta para compatibilizar las fases de la intervención.
El proceso de renovación urbano en Vestre Vika se plantea como desarrollo de una estrategia para la selección de los materiales, la importancia de los módulos y la incorporación de nuevas unidades. "Basamos nuestro proyecto de Vestre Vika en el principio de demolición de las viviendas insalubres y solucionamos el problema mediante edificios donde los materiales, los módulos y la interacción de los colores permitiesen que distintos arquitectos agregasen nuevas unidades desarrolladas en bloques y, en caso de desearse, en altura". Esta primera propuesta de arquitectura aditiva se aplica a la reordenación de un fragmento de ciudad, al añadir elementos en función de las necesidades y del entorno: "Los desniveles del terreno y el ritmo del paisaje de Oslo fueron los que condujeron fundamentalmente a este principio."

El interior del recinto y la calle perimetral.

1948 Competition for the development of Vestre Vika, Oslo, Norway

Under the motto *Borger-det er din by*, the scheme, carried out in collaboration with Arne Korsmo, was not presented to the competition. Utzon explains: "The fact that Arne did not come down to me in Copenhagen with the programme until the day the proposal was to be turned in perhaps best illustrates his total absorption in architectonic problems, regardless of whether they could be realised or not." In the scheme, the Royal Palace's Slottsparken Gardens, which stretch as far as the Parliament building, Stortinget, are extended to the Central Railway Station, the subject of an earlier competition. The city's most representative buildings are now set out along a new urban public space. The basic criterion of the Vestre Vika development is the separation of wheeled and pedestrian traffic by isolating the complex in a network of pedestrian walkways with modest facilities. At the eastern end, next to the City Hall, are the civic centre and singular buildings like the Opera House, the Concert Hall and the Theatre. In the meantime, disbursed upon the slope descending down to the fjord are the blocks that extend over the commanding view of the water. Similarly, the existing streets are kept free of the proposed new building in order to bring the phases of the intervention into line. The process of urban renewal in Vestre Vika is posited as the development of a strategy for the selecting of materials, the importance of modules and the incorporation of new units. "We based our Vestre Vika project on a slum-clearance principle, and solved the problem by using building units in which the materials, modules and interplay of colours would allow different architects to build onto it lengthwise and if desired, in height terms." This early scheme for additive architecture is applied to the redevelopment of a fragment of city by adding elements in accordance with particular needs and with the surroundings: "It is the rising and falling terrain, the rhythm of the Olso landscape in particular, that led to this principle."

The interior of the enclave and the perimetral street.

El fiordo de Oslo entre los bloques de la intervención. Perspectiva del conjunto en relación con las torres del ayuntamiento. La ordenación de Vestre Vika en el contexto del centro de Olso.

Oslo's fjord between the blocks of the intervention. Perspective view of the whole in relation to the City Hall towers. The Vestre Vika development in the context of the centre of Oslo.

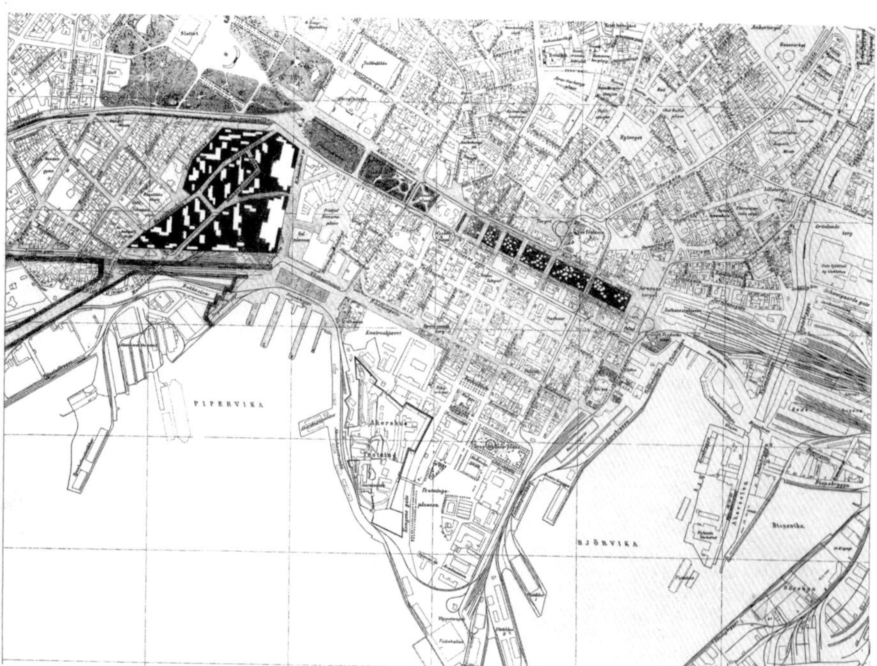

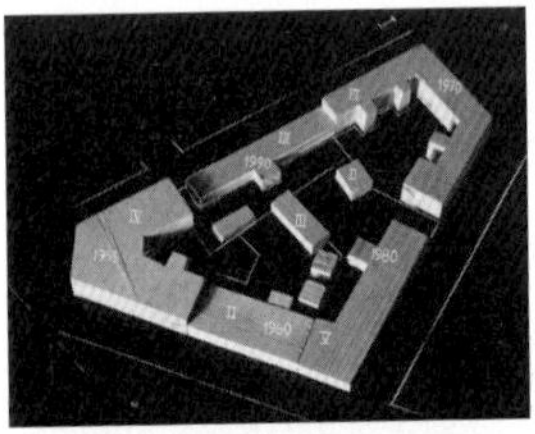

1. Estado actual. Current state.

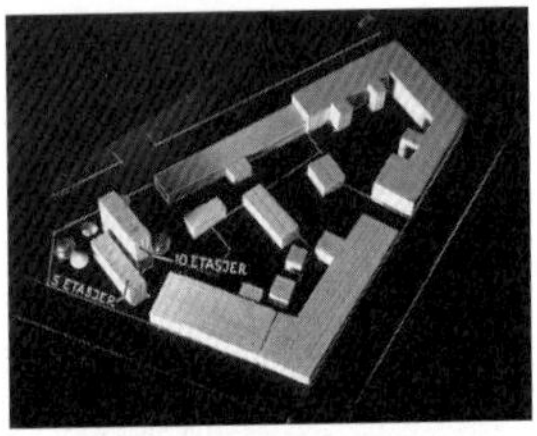

2. Primera fase. First phase.

3. 1950.

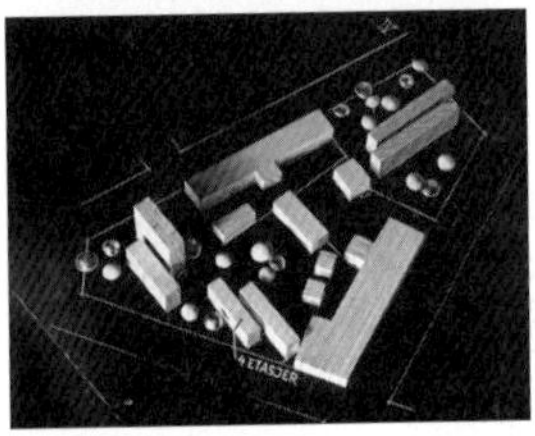

4. 1960.

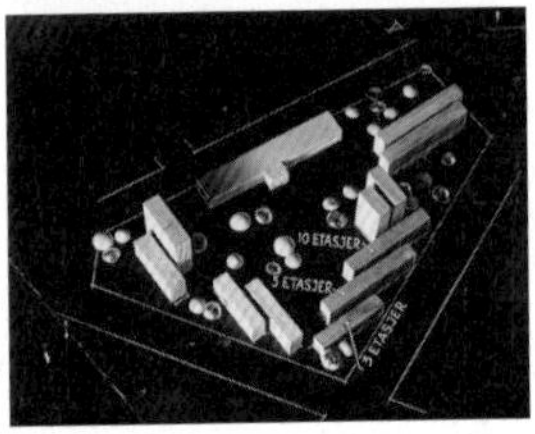

5. 1980.

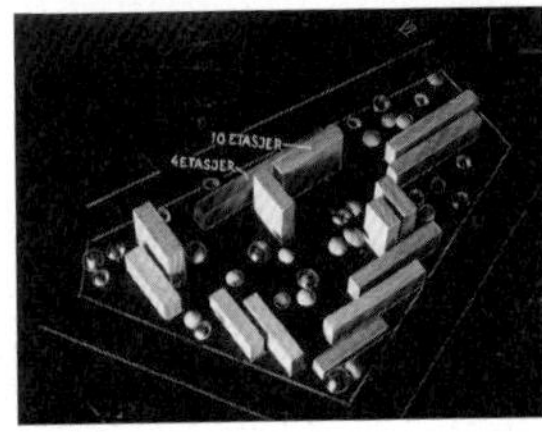

6. 1990.

"1955-1960, etc. Fechas de la renovación, es decir, el momento en el que las casas están listas para la renovación. Como en muchas ciudades, entre el momento en el que la renovación es económicamente viable y el momento en el que se reconstruyen las casas pasan varios años.
Las casas tienen muchos propietarios y es necesario demolerlas en momentos distintos. Las casas nuevas deben construirse sin molestar al resto de las casas; en cada caso sólo es posible construir dentro de un solar concreto. En 1990 el barrio constituirá una imagen completa y estará conectado por un nuevo sistema de calles. En el futuro habrá un edificio de oficinas en cada solar. Actualmente, los apartamentos, las oficinas y los talleres están mezclados. Distintos arquitectos realizarán los proyectos para los diversos solares. Se exige el mismo grado de utilización. 1990. 'Vika' muestra pendientes pronunciadas en la renovación propuesta. En 1990 el proceso de renovación ha concluido y el nuevo sistema de calles se encuentra en funcionamiento".

"1955-1960 etc. Renewal dates, that means when the houses are renewal-ripe. As in many cities there are years between the time the renovation is economically ready and the time the houses are rebuild.
The houses have many owners and have to be knocked down at different times. New houses have to be built without disturbing the other houses; in each case it is only possible to build within a given plot. In 1990 the image of the area will be complete and be connected by a new system of streets. In the future there will be an office building on each plot of land. Right now, the apartments, offices and workshops are mixed. It is foreseen that different architects will work on different plots. The same degree of use is called for. 1990. 'Vika' shows pronounced slopes in the proposed renovation. In 1990 the renovation process is over and the new system of streets is functioning."

Ordenación de la propuesta sobre el tejido existente.

Organisation of the scheme on the existing fabric.

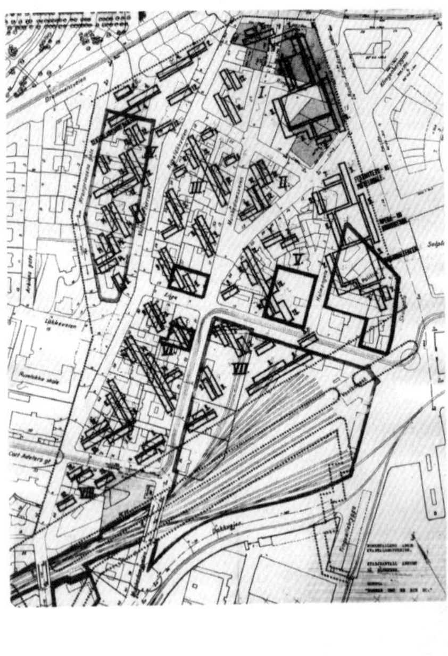

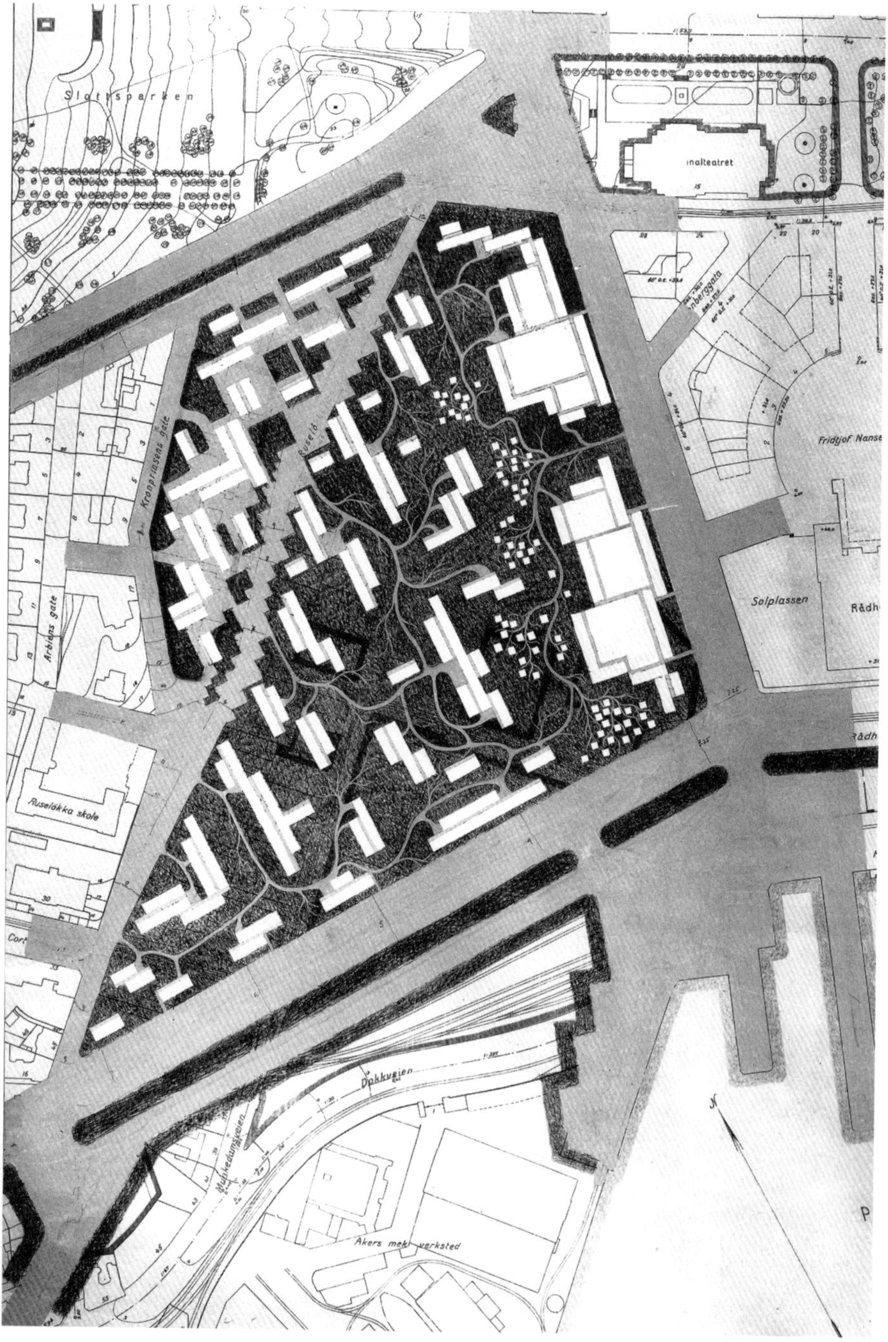
Slottsparken
Kronprinsens gate
Arbiens gate
Ruseløkka skole
Ruselö
Solplassen
Fridtjof Nanse
Rådh
Dokkveien
Munkedamsveien
Akers mek. verksted

1949-1951 Depósito de agua en Svaneke, Bornholm, Dinamarca

Iniciada con anterioridad, la torre se emplaza en el ámbito marítimo de la pequeña localidad de Svaneke, al este de la isla de Bornholm, en el mar Báltico. El gran trípode estructural, que evoca la torre de la radio planteada en el Crystal Palace (1946) y alude a la propuesta para la Torre de Estocolmo de Asplund (1935), se erige como una referencia excepcional en el paisaje acentuado por los molinos y los faros situados en la costa. Realizada en colaboración con los ingenieros Jørn Klindt-Jensen y Preben C. Wistisen, los tres pilares de 100 x 50 centímetros y de 30 metros de altura sostienen en la parte superior la pirámide truncada que forma los muros del depósito de aguas. Un esbelto mástil hexagonal, vacío, se sitúa en el centro de la planta y permite la circulación de agua y la disposición de la escalera que asciende a través del depósito a la plataforma superior. Desde la "plataforma" elevada, como la denomina el propio Utzon, se alcanzan visualmente los límites de la isla.

El valor iconográfico de la torre en el ámbito geográfico de la isla.

1949-1951 Water tower in Svaneke, Bornholm, Denmark

Begun somewhat earlier, the tower is sited in the maritime area of the small town of Svaneke, to the east of Bornholm Island in the Baltic Sea. The great structural tripod, which evokes the radio mast planned for the Crystal Palace (1946) and alludes to Asplund's proposal for the Stockholm Tower (1935), stands as an exceptional reference in a landscape accentuated by the windmills and lighthouses situated on the coast. Carried out in collaboration with the engineers Jørn Klindt-Jensen and Preben C. Wistisen, in their upper reaches the three 100 x 50-centimetre pillars, thirty metres high, support the truncated pyramid which forms the walls of the water tank. A slender, hexagonal, hollow mast is situated in the centre of the footprint and permits the circulation of water and the installing of the stairway which ascends through the tank to the upper platform. From the raised "platform," as Utzon himself calls it, the boundaries of the island are visually encompassed.

The iconographic value of the tower in the geographical ambit of the island.

Planta y sección del depósito de aguas y detalles de la escalera. La torre de aguas en construcción.

Plan and section of the water tank and details of the stairway. The water tower under construction.

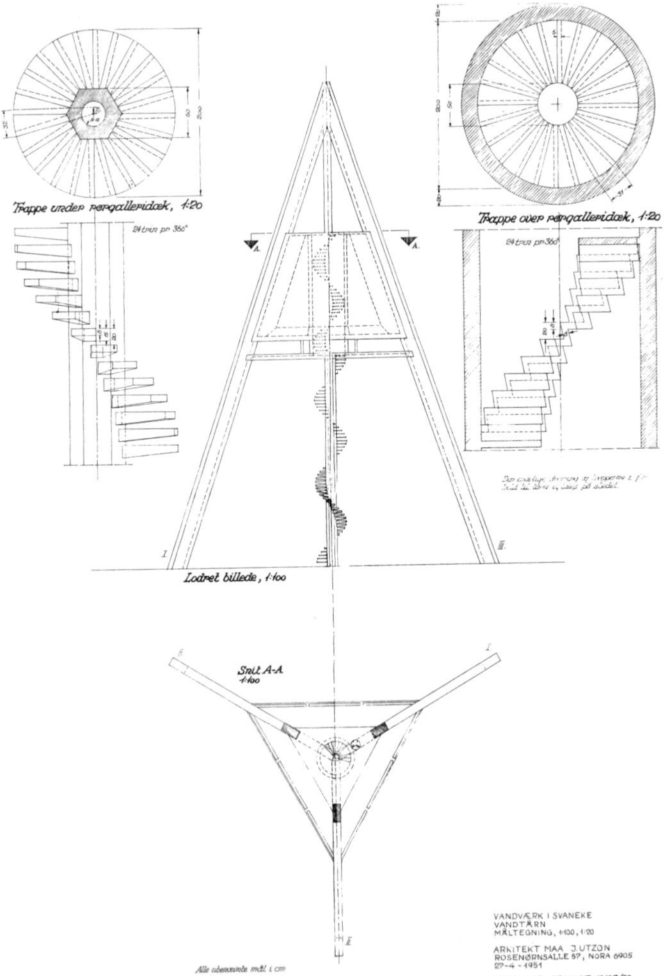

Sección estructural y constructiva del depósito de aguas.

Structural and constructional section of the water tank.

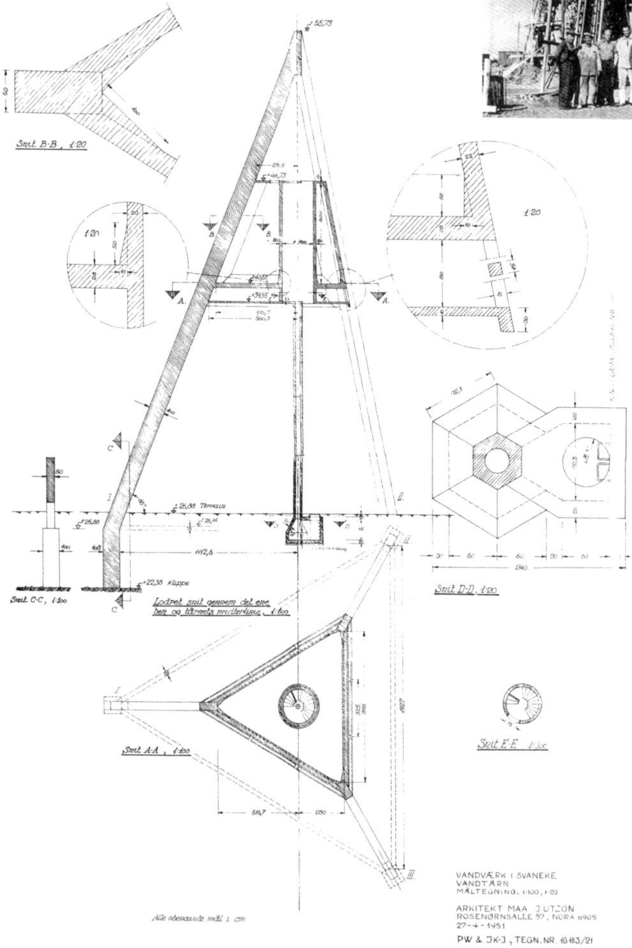

Detalle de la arqueta de ventilación. Este dispositivo no construido, hexagonal y con perfil de pagoda, se construirá posteriormente en la planta de impulsión de agua en Farum (1950).

Detail of the ventilation chamber. Hexagonal and with the outline of a pagoda, this unbuilt contrivance is constructed in the water pumping station in Farum (1950).

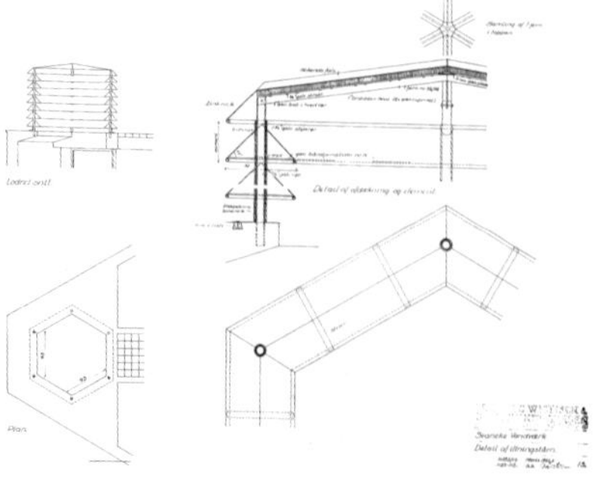

1951 Conjunto de viviendas en Armebråten, Oslo, Noruega

La sección noruega del CIAM, PAGON, Progressive Arkitekters Gruppe Oslo Norge, se fundó en 1950. Formaban parte de ella, entre otros, Arne Korsmo, Christian Norberg-Schulz, Geir Grung, Sverre Fehn y Jørn Utzon como miembro invitado. En junio de 1951 realizan una propuesta como respuesta a la reconstrucción de la ciudad europea de la posguerra. Situado en un área periférica al oeste de Oslo, el terreno desciende en una constante pendiente hacia el bosque. El proyecto disponía de un presupuesto muy reducido y aprovecha la construcción del muro de contención de la nueva calle de acceso al conjunto para apoyar las viviendas. Este muro contiene los servicios de la agrupación, en un intento por concentrar todas las instalaciones. En la ladera, un curso de agua y una inflexión de la calle esparcen las viviendas en una serie de racimos. Cegadas al norte y a la calle, y abiertas por entero al sur y al entorno natural, las viviendas se desarrollan longitudinalmente en distintos niveles adaptándose al entorno, y se organizan en función del espacio estancia-comedor-estudio y las diferentes relaciones visuales de todas las piezas con el exterior. Las habitaciones prolongan su uso en el interior de la casa hasta la terraza. Todos los espacios servidores se localizan en la pieza central y se iluminan cenitalmente. Desde la calle, el muro de contención y los lucernarios indican la disposición de las viviendas, cuyos distintos tipos de una y de tres habitaciones se agrupan de forma continua. La adición y el desarrollo de las unidades sobre la valoración geográfica del entorno, ensayadas en el proyecto de viviendas en Viborg (1944) y Bellahøj (1945), inaugura algunas de los características que identifican los proyectos residenciales a partir de entonces. La separación entre el tráfico rodado y el peatonal, la disposición en la naturaleza de las unidades, la relación con los elementos naturales o la composición de la casa apoyada en un muro se reunirán en los conjuntos de viviendas en Elsinor (1956), Fredensborg (1959), Lund (1956) y Bjuv (1956), pero también en la casa del arquitecto en Hellebæk (1952) o en la Villa Dalsgaard (1956). En 1952, dos unidades de estas viviendas, de 40 y 80 m², fueron construidas por Arne Korsmo en el National College of Art, Craft and Design en Oslo.

1951 Housing complex in Armebråten, Oslo, Norway

Under the acronym PAGON, Progressive Arkitekters Gruppe Oslo Norge, the Norwegian section of the CIAM was founded in 1950. Among others, Arne Korsmo, Christian Norberg-Schulz, Geir Grung and Sverre Fehn formed part of it, Jørn Utzon acting as an invited member. In June 1951 they carried out this scheme in response to the reconstruction of the postwar European city. Situated in an outlying area to the west of Oslo, the terrain descends in a consistent slope towards the wood. The project had a very small budget and takes advantage of the construction of the retaining wall of the new access street to the complex in order to support the dwellings. This wall contains the services of the group, in an attempt to concentrate all the installations in the one place. On the hillside, a watercourse and a bend in the street spread the dwellings out in a series of clusters. Blocked off to the north and from the street and entirely open to the south and to the natural environment, the dwellings extend longitudinally on different levels, thus adapting to the surroundings. They are organised according to the living/eating/studio space and the differing visual relationships of all the rooms with the outside. As sleeping areas the rooms extend their usage inside the house as far as the terrace. All the serving spaces are located in the overhead-lit central room. From the street the presence of the retaining wall and the skylights indicate the layout of these dwellings, the different one- and three-room types being grouped in sequence. The addition and the evolution of the units on the geographical valorisation of the surroundings, tried out in the housing scheme in Viborg (1944) and Bellahøj (1945), announces some of the features that will henceforth identify Utzon's residential projects. The separation between wheeled and pedestrian traffic, the positioning in nature of the units, the relationship with natural elements and the composition of the house supported on a wall will be convoked in the housing complexes in Elsinore (1956), Fredensborg (1959), Lund (1956) and Bjuv (1956), but also in the architect's house in Hellebæk (1952) or in the Villa Dalsgaard (1956). In 1952, two of these housing units of 40 and 80 m² were built by Arne Korsmo at the National College of Art, Craft and Design in Oslo.

Planta, sección y alzado de la unidad de vivienda de 40 y 80 m². Detalle de la maqueta y emplazamiento general.

Plan, section and elevation of the 40 and 80 m² housing units. Detail of the model and general location.

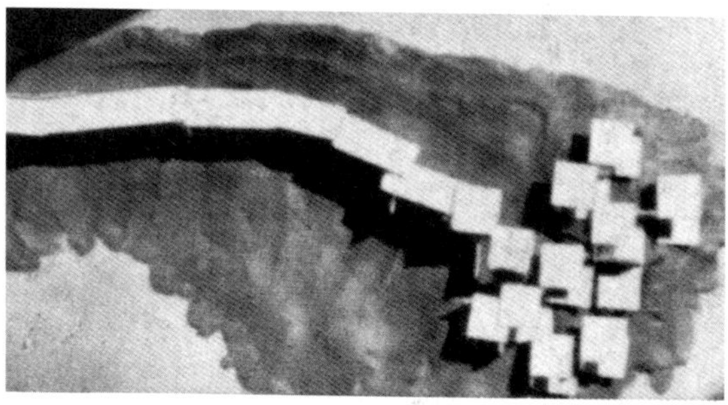

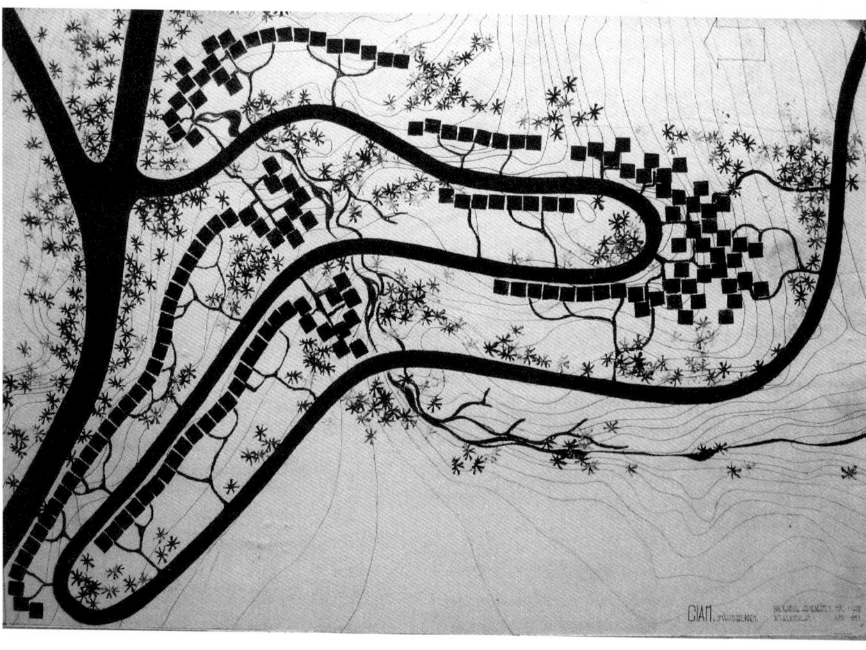

1950-1952 Casa del arquitecto en Hellebæk, Dinamarca

"La vida sencilla y primitiva del campo, los viajes a las montañas con esquís o escopetas, los viajes en velero, algunas semanas junto a los árabes en las montañas y el desierto, un viaje a Norteamérica y México, la vida de los indios..., todo esto ha constituido la base del tipo de vida que mi mujer y yo hemos querido llevar y, por lo tanto, del proyecto de la casa", escribe Utzon. La casa del arquitecto se emplaza en el frondoso bosque de Hammermolle que se extiende en torno a un conjunto de lagos al norte de Elsinor. La propuesta inicial (1950) plantea sobre el declive gradual del terreno los distintos niveles de la casa, que tratan de unificarse con la naturaleza del entorno y se prolongan en las terrazas bajo los amplios aleros, mientras que el cuerpo transversal de acceso y garaje divide el programa doméstico y tiene en el núcleo del hogar la articulación sobre cuyo gozne giran los rasgos del modelo *usonian* de Wright en la casa Rosenbaum (1939). La siguiente propuesta (1951) se plantea a partir del camino que cruza la parcela y tiene en los muros dispuestos sobre el terreno, en la fluidez de los ámbitos interiores y en el contacto con el paisaje circundante las características que se desarrollan en la propuesta construida. La posición del núcleo de servicios, el basamento que aloja las instalaciones y la piscina, se modifican sobre el módulo establecido de 1,2 x 1,2 m, disponiendo en la propuesta definitiva las instalaciones en el cuerpo del garaje y fijando la posición de las alcobas sobre el muro. "Empezamos con un par de maquetas a tamaño natural hechas con lona y cartones que nos dieron una idea de nuestros 130 m^2 y de las posibilidades que existían de contacto con la naturaleza del entorno: el sol, las vistas, la protección, etcétera. El resultado de los experimentos con las maquetas condujo a un principio basado en una fachada norte completamente cerrada y una pared de vidrio al sur-suroeste". La casa, que alude a la configuración del conjunto de viviendas en Armebråten (1951), tiene en la fluidez espacial, la simplicidad geométrica, la precisión constructiva y la perfección artesanal de la fábrica de ladrillo, la síntesis de la escuela de Jensen-Klint con los planteamientos de la modernidad, cuyo modelo desarrolla en las denominadas casas *utzonian*. La ampliación realizada en 1958 contempla la ejecución de una ala en el extremo norte de la casa, que convierte el antepatio que delimita la zona de acceso en un patio que reúne a través del corredor transversal el programa doméstico de la misma y cristaliza en el esquema binuclear de la Villa Banck (1958).

1950-1952 The architect's house in Hellebæk, Denmark

"The simple, primitive life in the country, trips in the mountains with skis or guns, sailing trips, a few weeks together with Arabs in the mountains and the desert, a trip to North America and Mexico, the life of the Indians—all this has formed the basis for the way of life my wife and I have wanted to lead, and thus for the design of the house," writes Utzon. The architect's house is sited in the verdant woodland of Hammermolle that extends around a group of lakes to the north of Elsinore. The initial proposal (1950) posits, atop the gradual variation of the terrain, the different levels of the house, which attempt to be at one with the natural landscape of the surroundings and extend in terraces beneath the wide eaves, while the transverse point-of-entry and garage body divides the domestic programme and has, in the chimney core, the articulation on whose hinge there pivots the traits of Wright's Usonian model in the Rosenbaum House (1939). The subsequent scheme (1951) is conceived on the basis of the pathway which crosses the land and has, in the walls laid out on the terrain, in the fluidity of the interior areas and in the contact with the surrounding landscape, the characteristics that unfold in the built scheme. The position of the service core, the base which accommodates the installations and the swimming pool are transformed on the established module of 1.2 x 1.2 m, thus arranging the installations in the garage body and fixing the position of the bedrooms resting on the wall in the final scheme. "We started with a couple of full-size models made of canvas and boards, which gave us an impression of our 130 m^2 and the possibilities that existed for contact with the surrounding nature: sun, view, shelter and so on. The results of the experiments with the models led to a principle based on a completely closed north facade and a open glass wall to the south-southwest." The house, which alludes to the layout of the housing complex in Armebråten (1951), displays, in its spatial fluidity, geometric simplicity, constructional precision and the artisanal perfection of its brickwork, the synthesis of Jensen-Klint's school and modernist approaches whose model evolves into the so-called Utzonian houses. The extension created in 1958 posits the execution of a wing on the northern end of the house that converts the forecourt delimiting the entrance area into a courtyard which subsumes the house's domestic programme along the tranverse corridor and crystallises in the binuclear scheme of the Villa Banck (1958).

Emplazamiento, alzados oeste y sur, y planta baja de la propuesta inicial de 1950.

Location, west and south elevations and ground floor of the initial 1950 scheme.

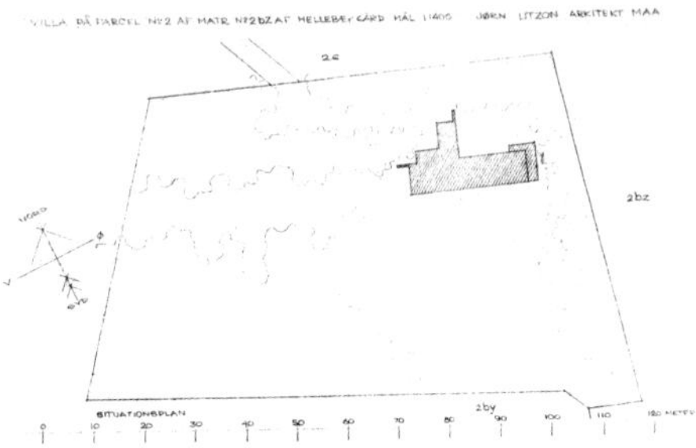

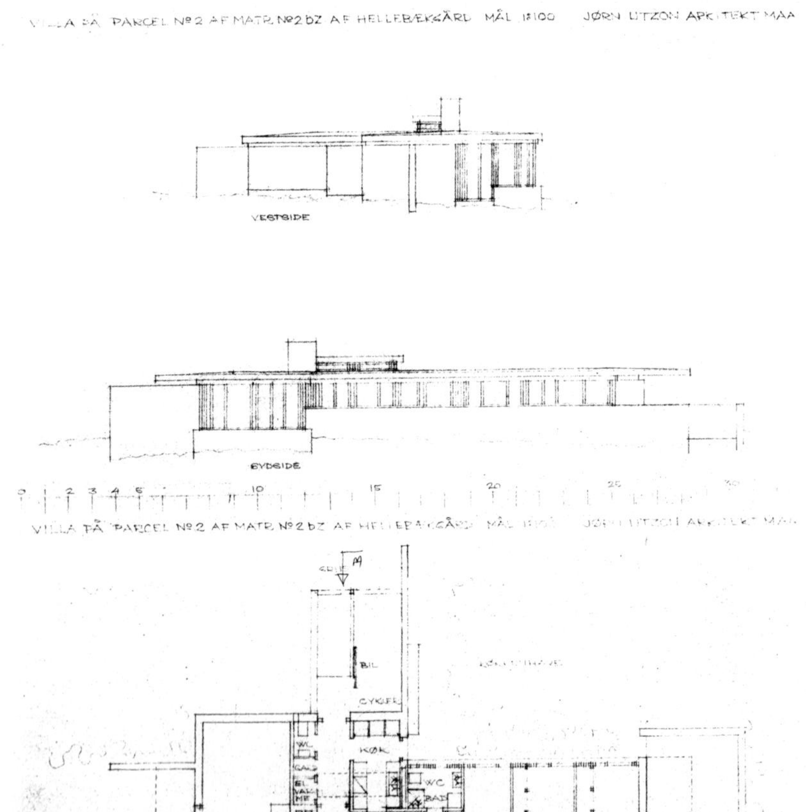

Emplazamiento, alzado sur y planta baja de la propuesta de 1951.

Location, south elevation and ground floor of the 1951 scheme.

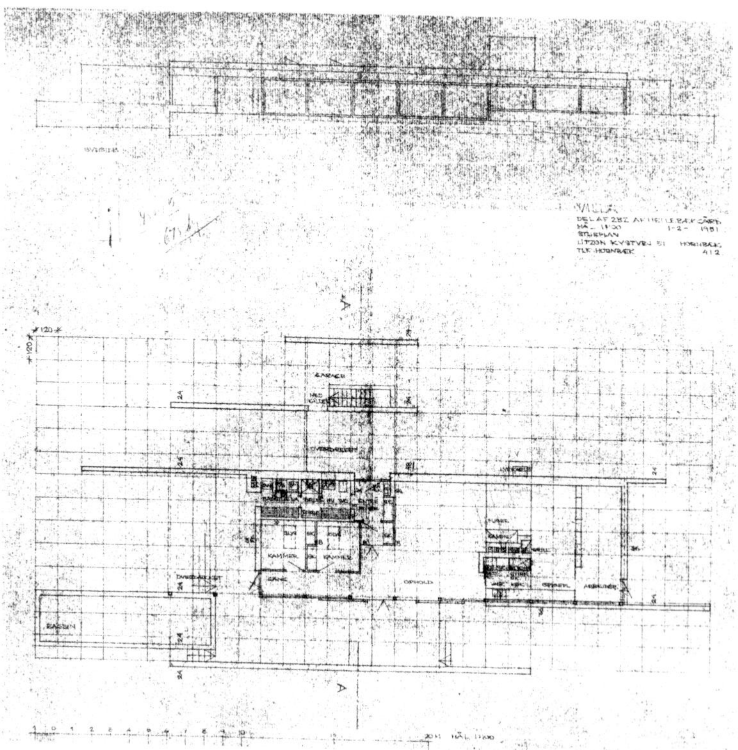

"Lo más importante para mí es que la actitud arquitectónica o el sistema de la casa no limiten las funciones de esa casa y, con ello, la vida dentro de ella".
Planta y alzado de la casa del arquitecto.

"What is most important to me is that the architectonic stance or the system in a house should not limit the functions of that house and thereby the life lived in it."
Plan and elevation of the architect's house.

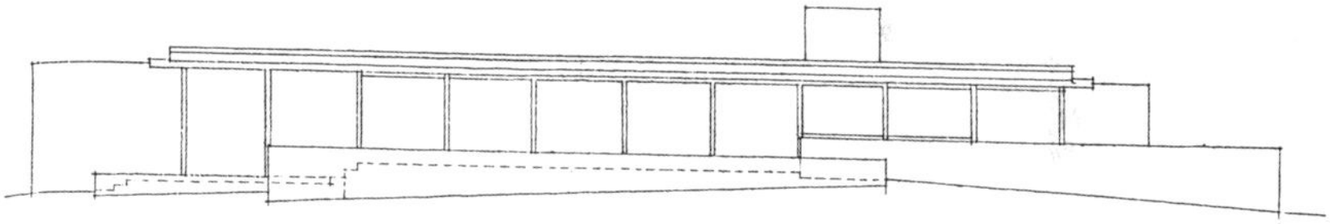

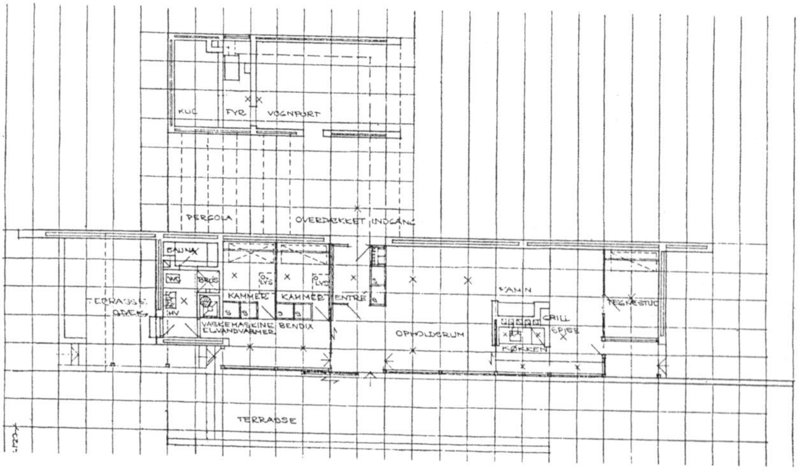

Ampliación de la casa en 1958. “En una casa europea, uno quiere sentarse junto a la pared”. En el interior, el banco apoyado en el muro frente las dos sillas Safaristol de Kaare Klint.

The extending of the house in 1958. “In a European house one wants to sit next to the wall.” Inside, the seat backing onto the wall and facing the two Safaristol chairs by Kaare Klint.

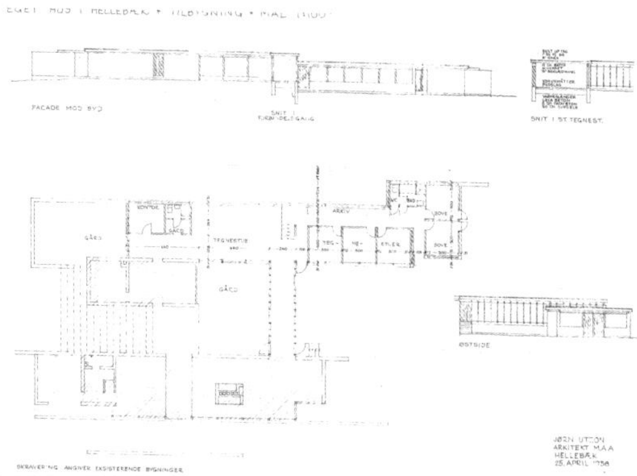

1952 Concurso de viviendas en Skøyen-Oppsal, Oslo, Noruega

Con el lema *Milieu,* la propuesta, realizada en colaboración con Arne Korsmo, está concebida como un extenso bloque lineal continuo, de ocho metros de profundidad y cuatro plantas de altura, sometido a una deformación para adecuarlo a las condiciones del emplazamiento. La imagen de muralla perimetral cede ante valores compositivos como la continuidad, la curvatura, la interrupción y el desplazamiento que dan forma final al conjunto. El bloque genera un recinto interior que se convierte en el lugar central, colectivo y representativo de las viviendas, y extiende el concepto general a las dotaciones colectivas de menor escala. Formado por la superposición de células unifamiliares de dos plantas con acceso por corredor en la planta baja y en la tercera planta, la adecuada posición de las escaleras, los servicios y su relación con la estructura portante permiten variaciones tipológicas en las unidades. El proyecto presenta dos fachadas diferenciadas que reflejan la organización interior. La fachada sur ofrece un gran paño de cuatro alturas, continuo y estrictamente plano, que engloba la sucesión continua de las estancias principales, mientras, la fachada norte se presenta como un conjunto dominado por las escaleras, los corredores y los pequeños huecos. Las células superpuestas, el acceso por corredor y la colectivización de los servicios son los aspectos recogidos de la modernidad, encerrados en un conjunto cuyo perfil evoca las líneas sinuosas de los vasos o la residencia de estudiantes, Baker House, en Massachusetts (1949) de Alvar Aalto, y el proyecto de urbanización de la ciudad de Argel de Le Corbusier (1930).

El bloque residencial en el entorno.

1952 Competition for housing in Skøyen-Oppsal, Oslo, Norway

Under the motto of *Milieu,* the scheme, carried out in collaboration with Arne Korsmo, is conceived as an extended, continuous, linear block 8 metres deep and 4 storeys high subject to a deformation in order to accommodate it to the particular condition of the site. The image of a perimetral wall yields before compositional values such as continuity, curvature, interruption and displacement, which give a final shape to the whole. The block generates an inner compound which is transformed into the communal and representative central area of the dwellings and extends the overall conception at a lesser scale in the collective amenities. Formed by the superposing of one-family cells of two storeys with access via a passageway on the ground and third floor, the appropriate positioning of the stairs and services, and their relation to the load-bearing structure, allows for typological variations in the units. The design presents two distinct facades, which reflect the interior organisation. The south facade has a huge, uninterrupted and rigorously flat length of wall which takes in the ongoing succession of main rooms, while the north facade is presented as an entity dominated by the stairs, passageways and small window spaces. The superposed cells, corridor access and collectivisation of the services are features drawn from modernism, enclosed within a complex whose profile evokes the sinuous lines of vases or Aalto's student's dormitory, Baker House in Massachusetts (1949) and Le Corbusier's urbanisation project for the city of Algiers (1930).

The residential block in its surroundings.

Planta general y sección de la propuesta.

General plan and section of the scheme.

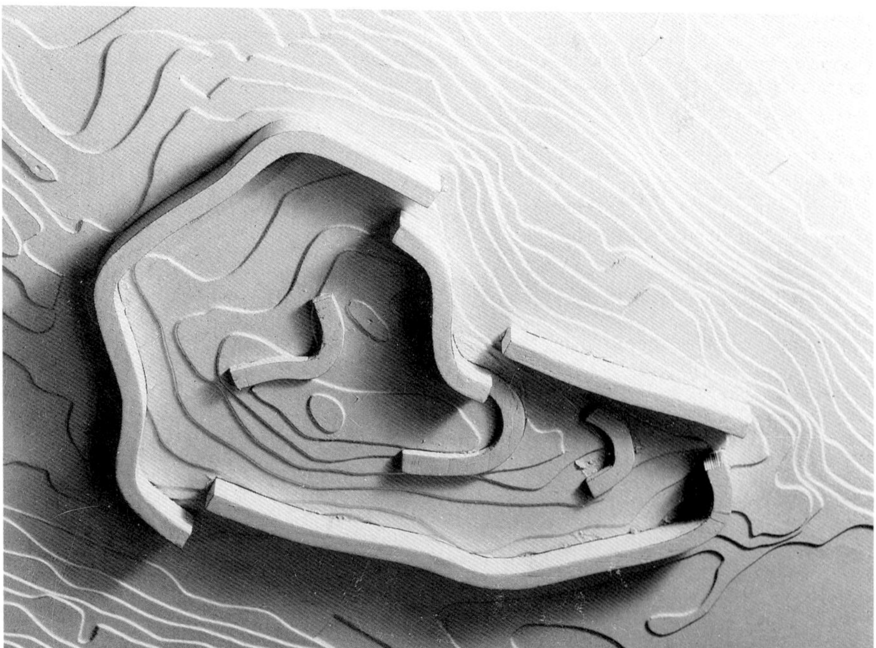

El corredor y el interior del recinto. Alzado norte, planta general con indicación de los distintos niveles y alzado sur.

The passageway and the interior of the compound. North elevation, general plan with indication of the different levels and south elevation.

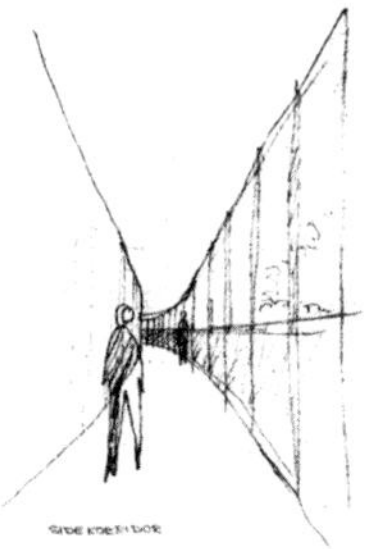

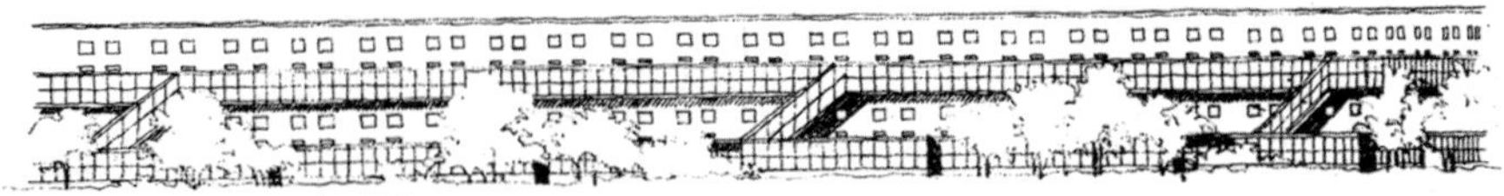

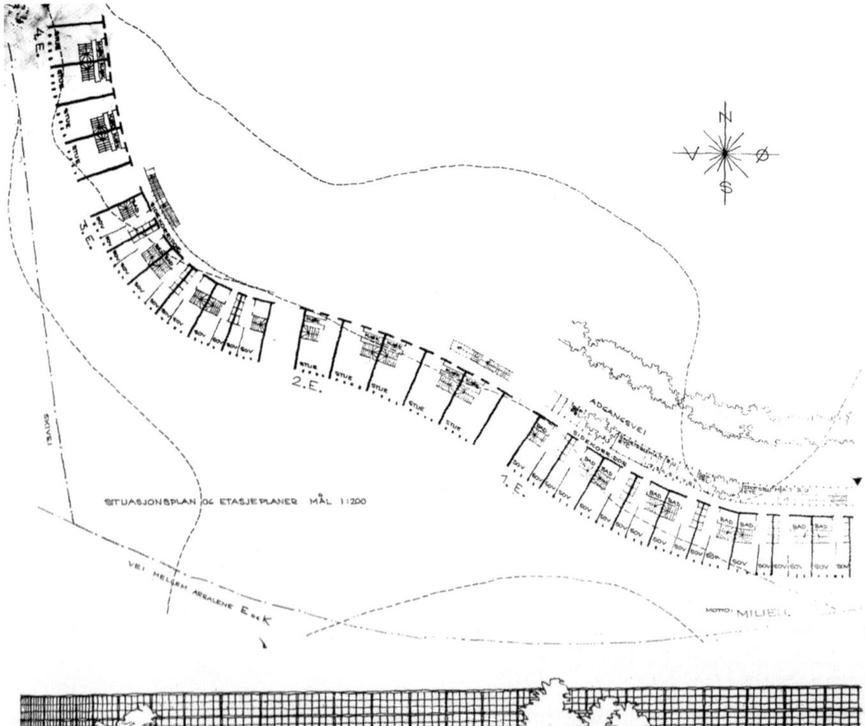

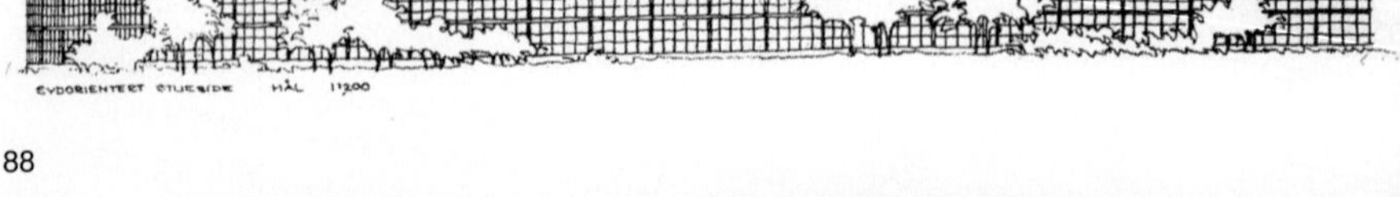

La unidad residencial. Plantas del conjunto de viviendas. Detalle de los alzados norte y sur y sección transversal.

The residential unit. Plans of the housing complex. Detail of the north and south elevations and cross-section.

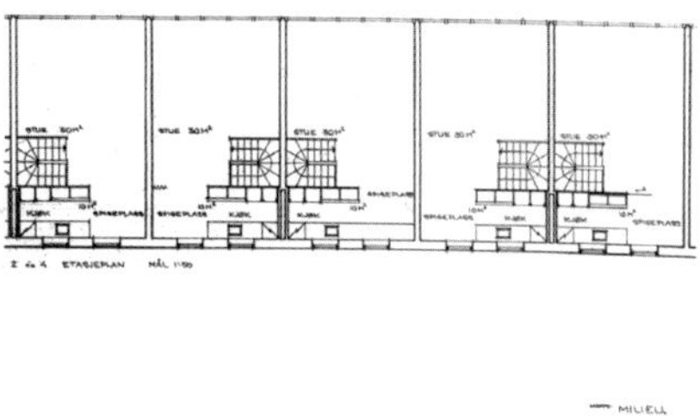

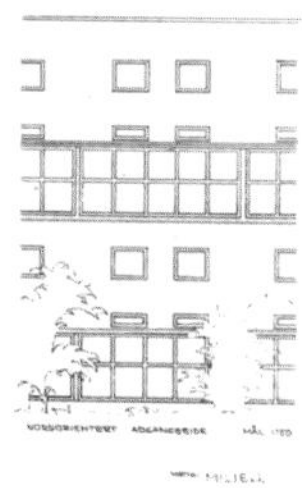

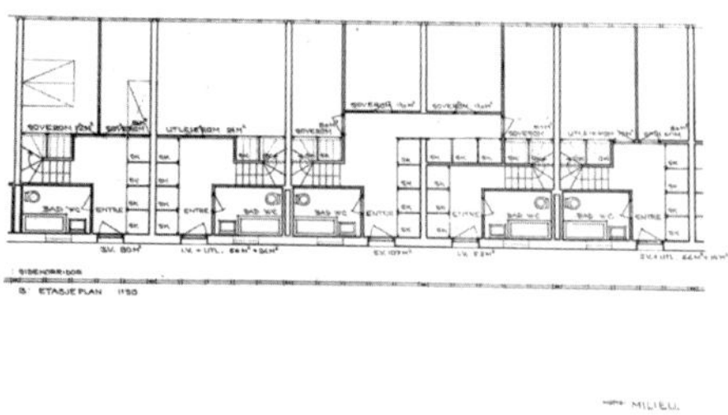

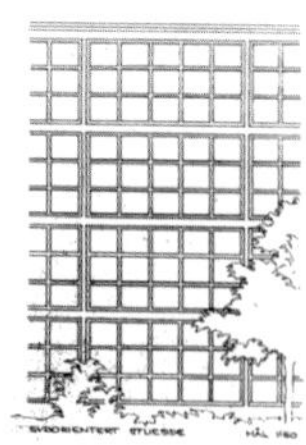

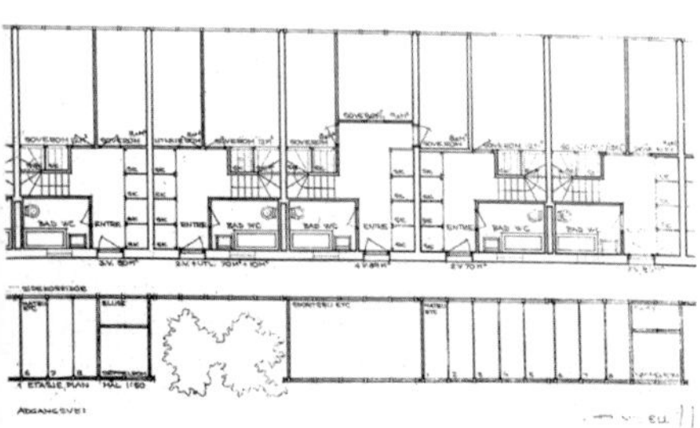

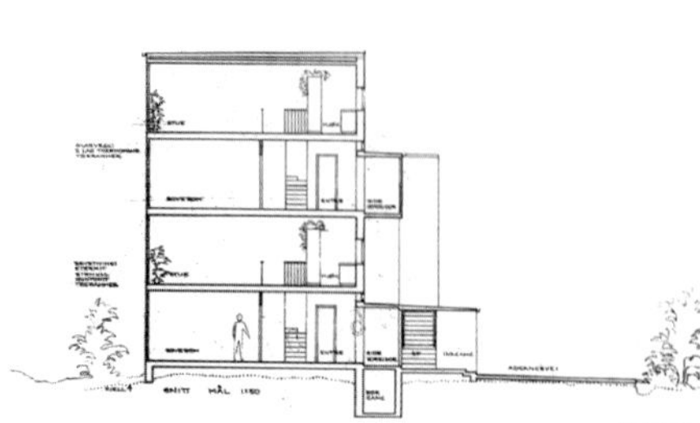

1953 Concurso para el pabellón Langelinie, Copenhague, Dinamarca

La propuesta, que obtiene una mención en el concurso convocado en 1953, y del que formaban parte del jurado Arne Jacobsen y Mogens Lassen, se emplaza en el conjunto de fosos ajardinados y recintos amurallados de la ciudadela de Copenhague, y tiene, en el despliegue panorámico al entorno portuario y en el núcleo central que evoca la torre de Wright para la compañía Johnson & Son en Wisconsin, la condición de vigía de la fortificación y el valor iconográfico establecido sobre el conjunto de torres y campanarios de la ciudad. Sobre el podio, que se adapta a la geometría del entorno y asume la condición de zócalo que modela los itinerarios y acoge los servicios, se levanta el perfil progresivo y radiante de la torre, cuyo modelado escultórico emerge sobre el paisaje de ámbitos y plataformas transitables del zócalo y de la ciudadela. Sobre el núcleo central se desarrollan los niveles en voladizo que tienen, en la levedad de los forjados y en la delgadez ahusada de los niveles, la materialización de los esfuerzos estructurales de la torre. La generación radiante de los niveles de la torre evoca la voluntad iconográfica establecida en la modesta torre de aguas emplazada en el paisaje marítimo de la isla de Bornholm (1949-1951). El pabellón Langelinie aspira a cristalizar, con sensibilidad paisajística, la imagen emblemática del ámbito portuario de la ciudad.

La torre se erige sobre un podio destinado a los servicios, la cocina, el almacén y las áreas administrativas.

1953 Competition for the Langelinie Pavilion, Copenhagen, Denmark

The scheme, which obtained a mention in the competition convoked in 1953, on the jury of which sat Arne Jacobsen and Mogens Lassen, is located in the general run of landscaped moats and walled compounds of Copenhagen's fortress and has, in its panoramic spread to the port area and in its central core, which evokes Wright's tower for the Johnson & Son Company in Wisconsin, the status of a lookout post of the fortifications and of the iconographic value established over the city's towers and belfries as a whole. On the podium, which adapts to the geometry of the surroundings and becomes a sort of plinth which models all the itineraries and accommodates the services, there stands the progressively radiating profile of the tower, whose sculptural modelling emerges above the landscape of transitable areas and platforms of the plinth and fortress. Unfolding above the central core are the jutting levels of the tower, which has, in the lightness of the decks and in the tapering slimness of the different levels, the materialisation of the tower's structural stresses. The radiating generation of the levels of the tower evokes the iconographic ambition conferred upon the modest water tower sited in the seaside landscape of the island of Bornholm (1949-1951). The Langelinie Pavilion aims to crystallise, with sensitivity towards the landscape, the emblematic image of the city's port area.

The tower stands on a podium meant for the services, kitchen, warehouse and administration areas.

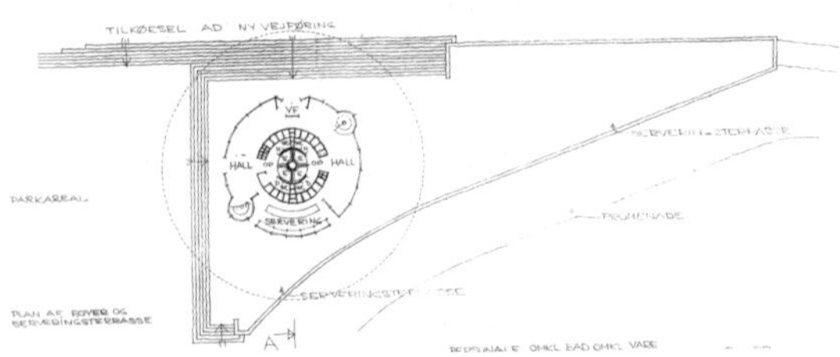

Emplazamiento. El hito del pabellón en el ámbito portuario.

Location. The pavilion as a landmark in the port area.

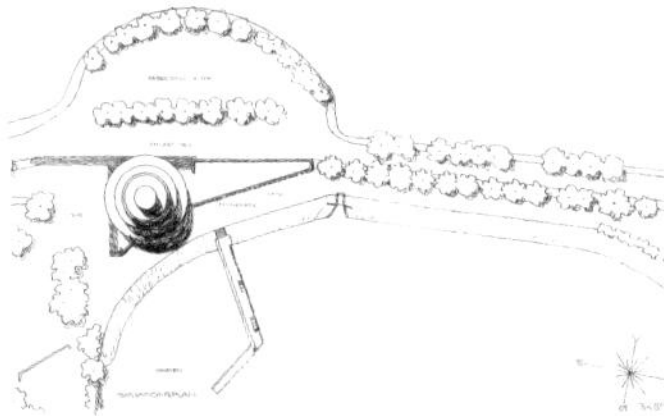

El hogar abierto en el núcleo central polariza el ámbito de reunión. Alzados oeste, sur y este, y sección transversal.

The open hearth in the central core polarises the meeting area. West, south and east elevation and cross-section.

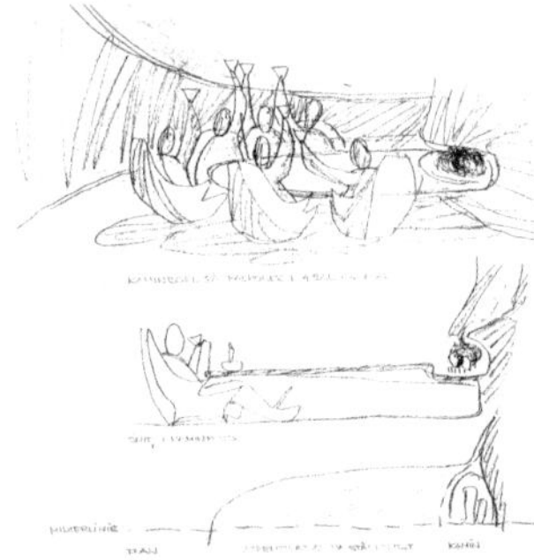

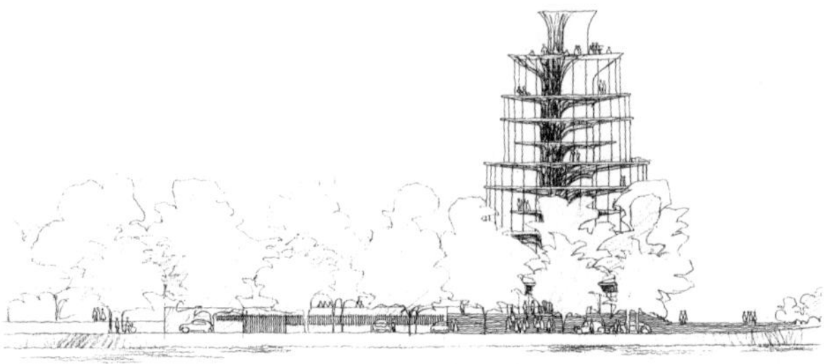

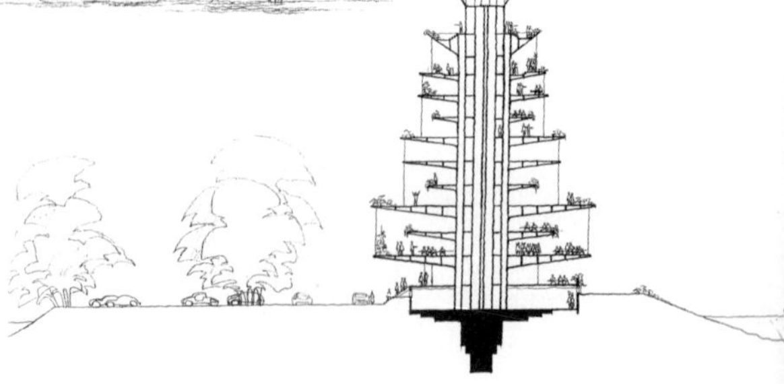

La continuidad visual sobre el ámbito geográfico. Sección transversal del núcleo central, fotografía de Karl Blossfeldt presentada en el concurso. Detalle de los estratos concéntricos del núcleo hueco. Desarrollo de las plantas.

Visual continuity above the geographical expanse. Cross-section of a stem, photograph by Karl Blossfeldt presented in the competition. Detail of the concentric strata of the hollow core. Evolution of the floors.

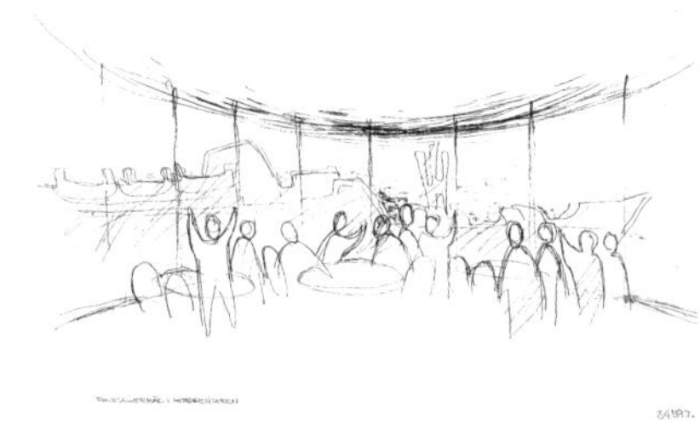

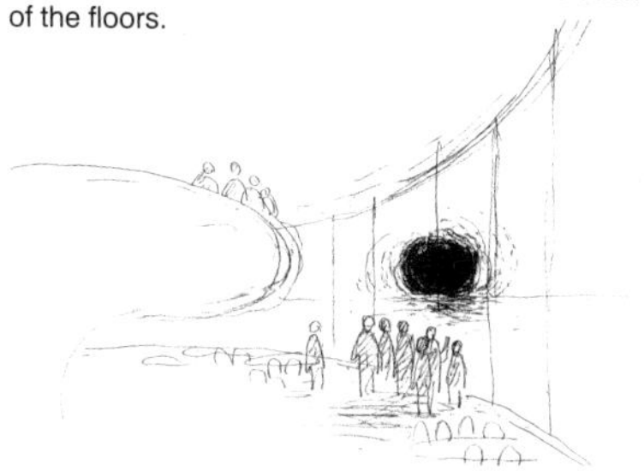

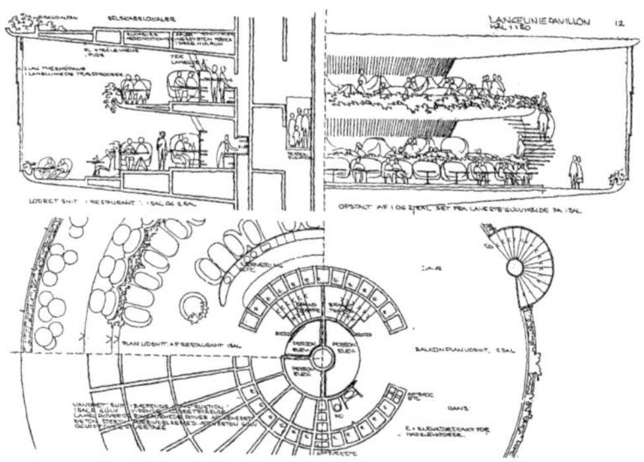

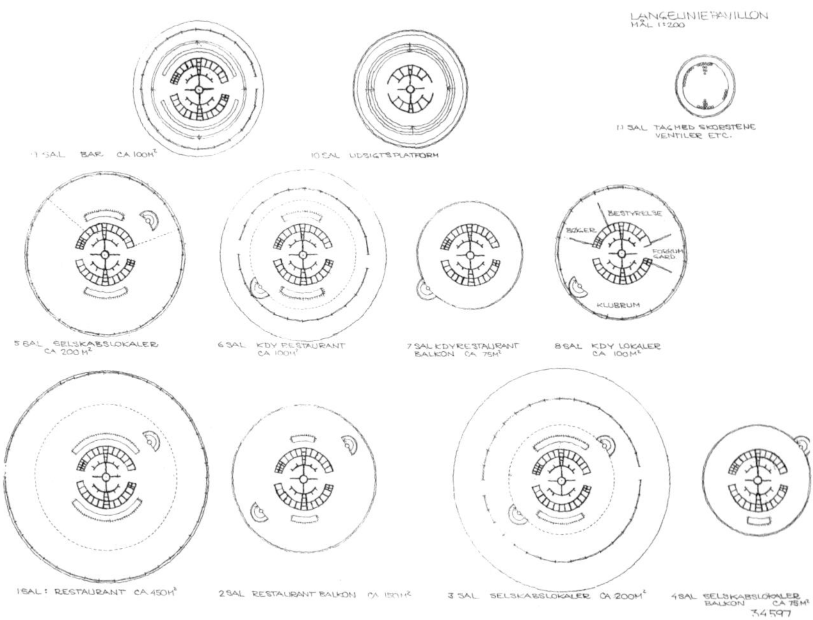

1953-1955 Casa Middelboe, Holte, Dinamarca

La casa se emplaza en un terreno deprimido frente al lago Furesø, junto a un transitado canal. Para dominar el espacio exterior del lago y proteger la privacidad, la casa se concibe como una casa mirador y se eleva una planta. En el jardín, la planta inferior cubierta tiene la cualidad receptiva de un ámbito de ingreso a la casa, y el núcleo de servicios incorpora la escalera que asciende a la plataforma superior, un mirador separado del terreno. Construida sobre dos parcelas, la casa se orienta longitudinalmente según la dirección norte-sur, y se abre, a través de un cerramiento transparente, sobre la visión panorámica del lago Furesø. La planta libre y la comunicación fluida y continua se desarrolla a través del núcleo de servicios exento, de modo que el espacio interior se proyecta sin límites hacia el lago. Mientras la cocina y los servicios se concentran en el volumen de servicios, el conjunto de las habitaciones se desarrolla en el extremo norte y sobre la cara este. Del mismo modo, el ámbito del comedor y el hogar apoyado en el núcleo dividen la estancia en diferentes sectores continuos entre sí. En la dirección longitudinal, la casa se prolonga sobre la terraza abierta que ocupa un módulo de estructura sin cubierta y permite el uso de un espacio libre, contenido en la casa. Trazada sobre una retícula de 1,5 x 1,5 m, la casa se establece a través de cinco módulos de 6 x 4,5 m que componen la estructura, resuelta con elementos prefabricados de hormigón y realizada en colaboración con el ingeniero Svend Agger. El pilar rectangular de 68 x 15 cm sereduce en la primera planta a una sección de 30 x 15 cm.

Emplazamiento inicial de dos casas en las parcelas y situación de la construida.

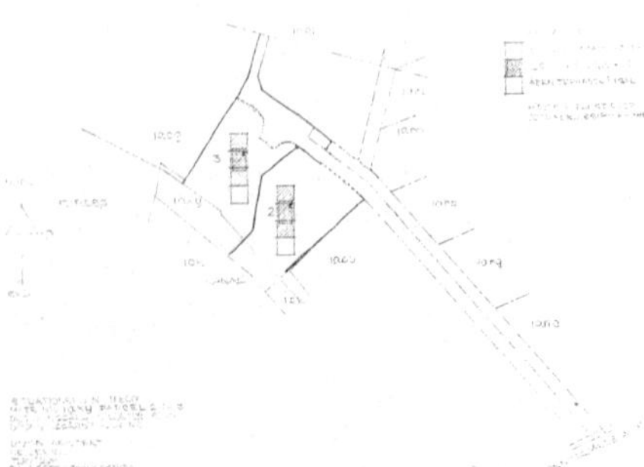

1953-1955 Middelboe House, Holte, Denmark

The house is sited on a low-lying bit of land opposite Lake Furesø, beside a busy canal. In order to dominate the external space of the lake and to guarantee privacy the house is conceived as a mirador-house and is raised a floor. In the garden the sheltered part has the receptive quality of an entrance area to the house and the service core incorporates the stairway that ascends to an upper mirador platform separated from the terrain. Set out on two plots of land, the house is longitudinally oriented north-south and extends forth by means of a transparent outer wall over the panoramic view of Lake Furesø. The open floor plan and fluid, continuous communication evolves, via the freestanding service core, in such a way that the interior space projects uninterruptedly towards the lake. While the kitchen and services are concentrated above the service volume, the set of rooms unfolds at the northern end and on the east face. Similarly, the dining and hearth areas supported on the core divide the living quarters into different ongoing, interlinked sectors. Longitudinally, the house extends over the open terrace which occupies a module framework *sans* roof and permits an open space, contained in the house, to be used. Designed on a grid of 1.5 x 1.5 m, the house is established by means of five 6 x 4.5-metre modules that go to form the proposed structure using prefabricated concrete components and realised in collaboration with the engineer Svend Agger. The rectangular 68 x 15-cm pillar is reduced on the first floor to a section of 30 x 15 cm.

Initial location of two houses on the plots of land and situation of the built one.

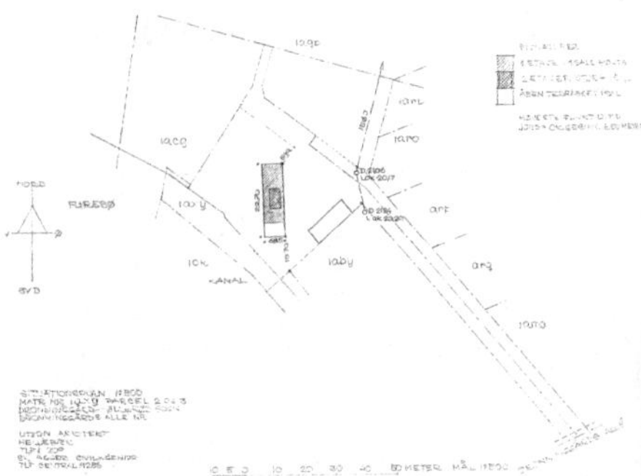

Axonométrica de la estructura. Detalle del ámbito de la terraza y alzado este con indicaciones sobre los materiales.

Axonometric perspective of the structure. Detail of the terrace area and east elevation with indications as to materials.

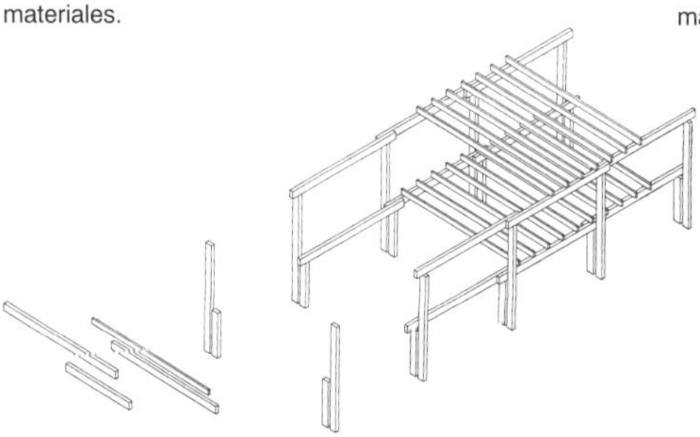

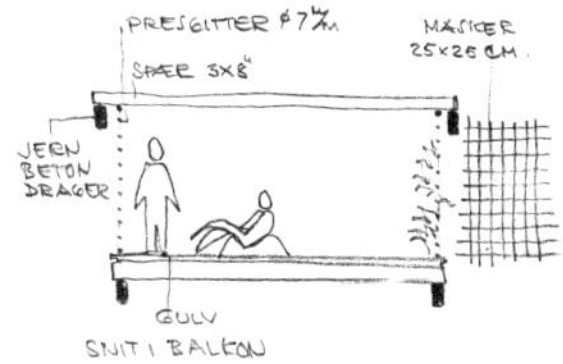

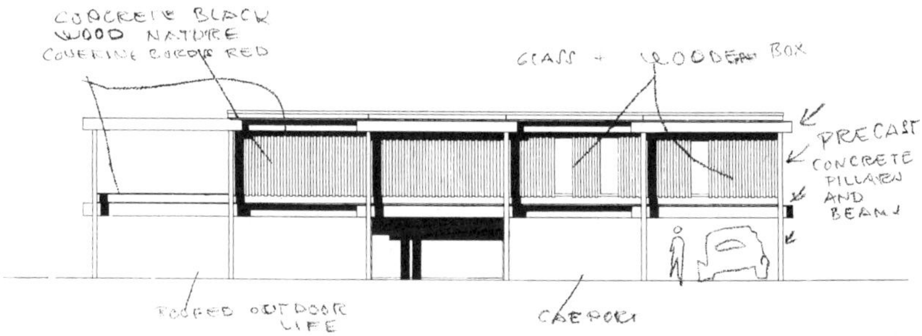

Plantas, alzados, secciones y detalle de la estructura.

La casa Middelboe se realiza con un total de 12 pilares y 20 vigas, junto con un armazón de madera. Esta serie de elementos se jerarquiza con el color, negro para los elementos portantes de hormigón y rojo para la madera de la estructura secundaria y los cerramientos. “En la arquitectura tradicional china, la estructura es toda ella evidente; los elementos se dividen en masculino, portante, y femenino, soportado, y esta clasificación se expresa también en el uso del color”.

Plans, elevations, sections and detail of the structure

The Middelboe House is built with a total of twelve pillars and twenty beams, along with a wood frame. This set of elements is given a hierarchical ranking using colour: black for the load-bearing elements and red for the wood of the secondary framework and the outher walls. “In traditional Chinese architecture, the constructions are all visible, the elements have been divided up into male, bearing, and female, borne, and this system is also carried through in the treatment of colour.”

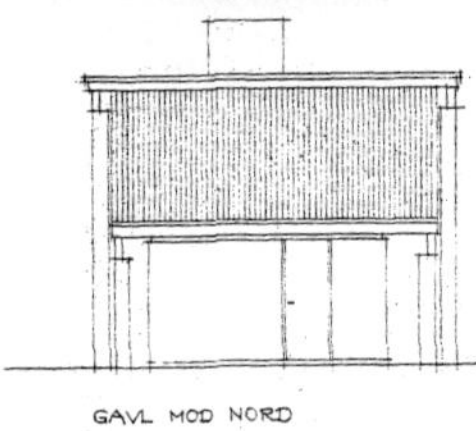

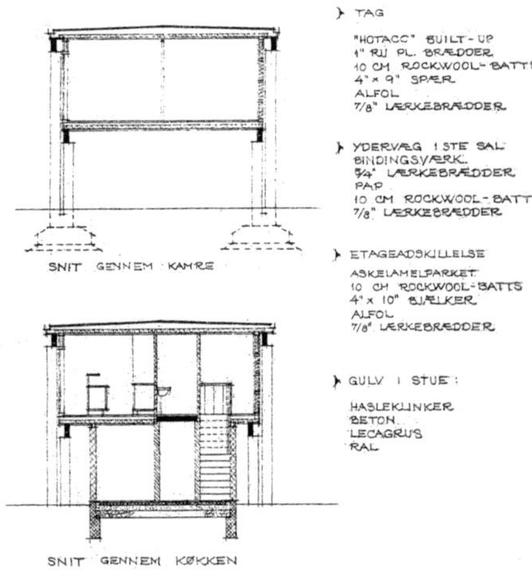

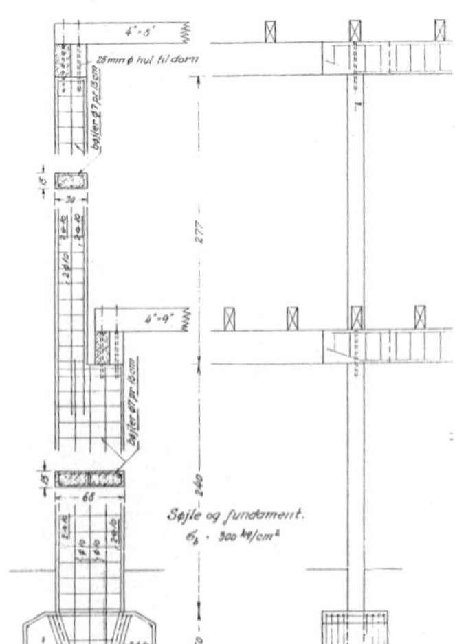

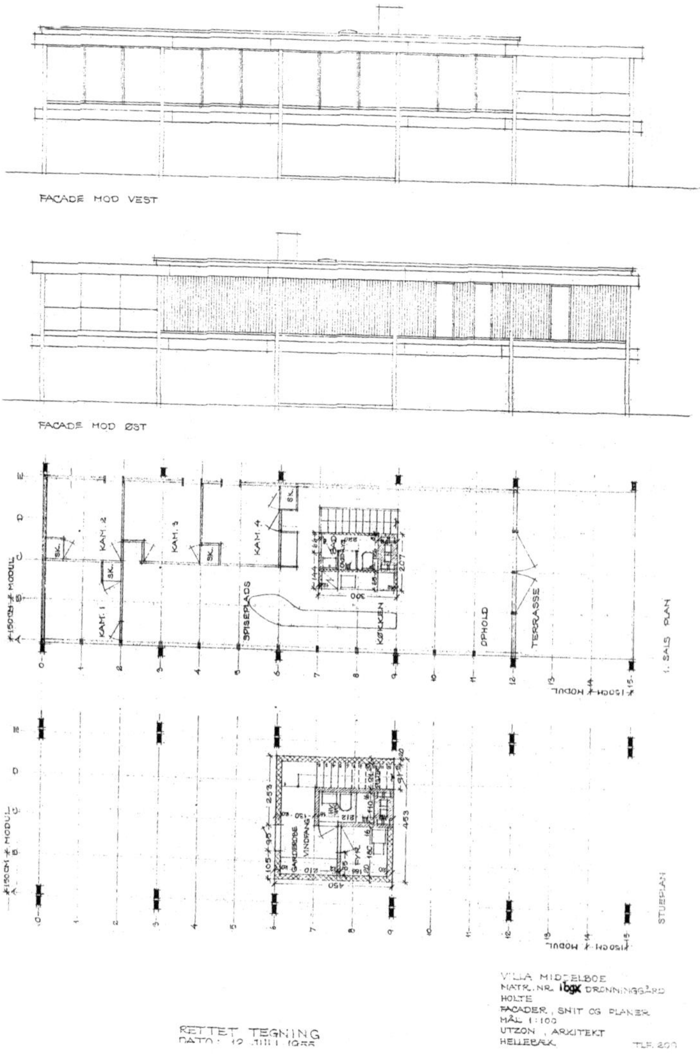
FACADE MOD VEST
FACADE MOD ØST
KAM. 1
KAM. 2
KAM. 3
KAM. 4
SK.
SPISEPLADS
KØKKEN
OPHOLD
TERRASSE
1. SALS PLAN
GARDEROBE
VINDFANG
FYR
STUEPLAN
150CM ✕ MODUL
RETTET TEGNING
VILLA MIDDELBOE
MATR. NR. 1bgx DRONNINGGÅRD
HOLTE
FACADER, SNIT OG PLANER
MÅL 1:100
UTZON, ARKITEKT
HELLEBÆK

1953-1954 Casa Herstad, Rungsted, Dinamarca

Situada en una parcela en Rungsted y planteada con los mismos principios que la casa del arquitecto, el programa doméstico queda protegido por los muros que cierran la casa al norte, donde el cuerpo del garaje, enlazado a través de una pérgola de acceso, y los muros que se extienden desde el hogar caracterizan el desarrollo de las denominadas casas *utzonian*. La cubierta se prolonga hasta el volumen del garaje generando un acceso tangencial y progresivo hacia el interior de la casa a través de la pérgola que define el ámbito de ingreso. Este acceso, flanqueado por los muros, acentúa la profundidad y la dimensión de la casa, y la pérgola prolonga la transición desde el camino a la casa. Configurada sobre un módulo de 65 x 65 centímetros, la casa se divide longitudinalmente en dos crujías de 2,6 m y 3,9 m que reducen la fluidez y la continuidad establecida en la casa del arquitecto. Asimismo, la disposición de las habitaciones frente al jardín, el hogar y la cocina abierta situada junto al muro de acceso le proporcionan su carácter. Mientras, en el exterior, los muros se prolongan hacia el jardín y permiten el uso de un espacio protegido, contenido en el ámbito propio de la casa.

1953-1954 Herstad House, Rungsted, Denmark

Situated on a plot of land in Rungsted, with the same constituent elements as the architect's house, the domestic programme is safeguarded by the walls which close off the house to the north, where the body of the garage conjoined via an entrance pergola and the walls extending from the fireplace characterise the evolution of the so-called Utzonian houses. The roof extends as far as the garage volume, thus generating a tangential, progressive approach towards the inside of the house through the access pergola that spans the point of entry. Flanked by walls, the entrance accentuates the depth and size of the house and the pergola prolongs the transition from pathway to house. Configured on a module of 65 x 65 centimetres, the house is divided longitudinally in two bays of 2.6 and 3.9 m, which reduce the fluidity and continuity established in the architect's house. Similarly, the layout of the rooms facing the garden, the hearth and the open kitchen situated next to the access wall typify the house. Meanwhile, on the outside, the walls are prolonged into the garden, allowing use to be made of a sheltered space contained within the house's own confines.

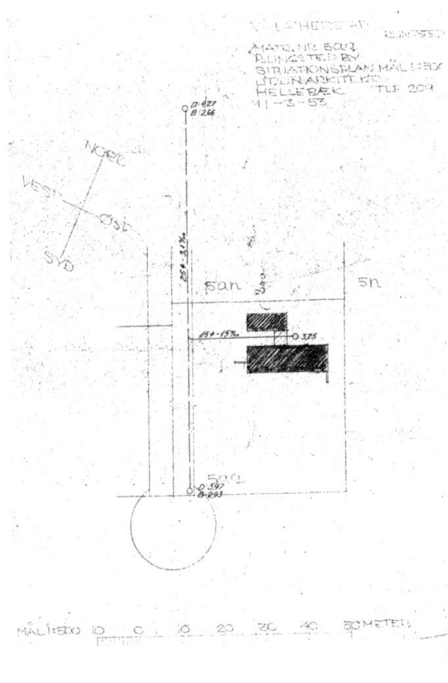

Emplazamiento.

Location.

Emplazamiento, planta, alzados y sección transversal. Location, plan, elevations and cross-section.

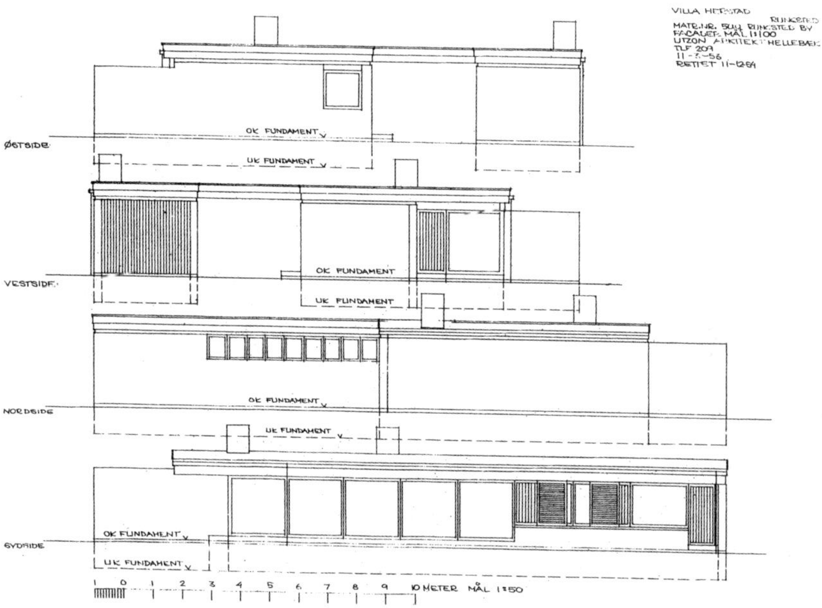

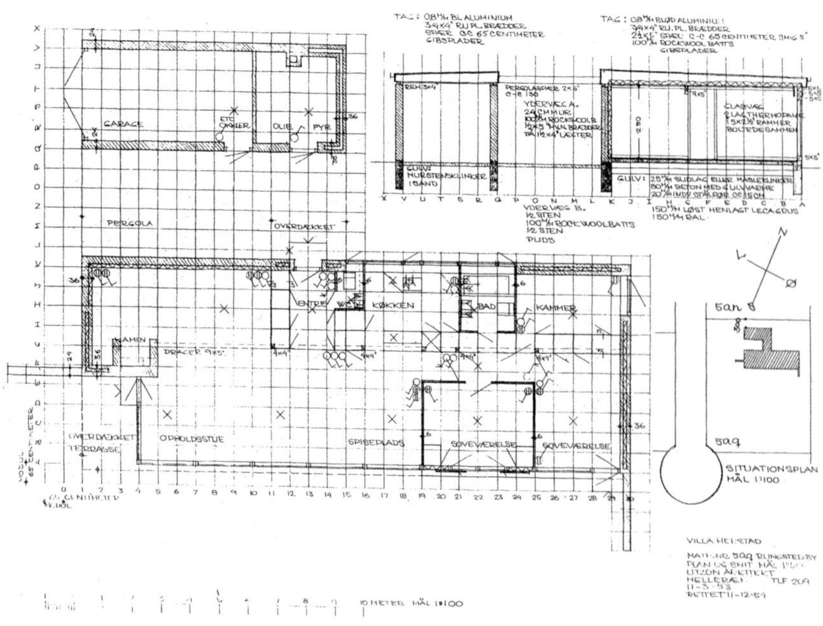

1953-1954 Casa Rotzau-Larsen, Rungsted, Dinamarca

La casa estudio para los artistas Rotzau-Larsen se sitúa junto a la casa Herstad, en una parcela en esquina. La disposición del estudio, la ausencia del garaje y la adaptación al desnivel del terreno determinan la aplicación de los principios del modelo de las casas *utzonian*. El cuerpo del garaje, convertido en un volumen de servicios, se adosa a la casa y define un ámbito de ingreso que formaliza el recorrido quebrado hacia la entrada de la casa estudio. Compuesta sobre un módulo de 64 x 64 centímetros, la casa se desarrolla sobre una crujía de 5,12 m, dividida longitudinalmente en una sucesión de ámbitos que se extienden hacia el jardín. Mientras el vestíbulo distribuidor se desarrolla en transversal respecto al jardín, el comedor establece el lugar central de la casa, desde donde se prolonga al exterior y se ensancha en sentido longitudinal hacia la estancia y el estudio, hundido 30 cm para adaptarlo al terreno natural. Un lucernario abierto en el límite de la cubierta ilumina tanto el estudio como el interior de la cocina y el núcleo de servicios, tal y como había ensayado en los lucernarios de la casa del arquitecto (1950-1952) o en las viviendas en Armebråten (1951). De este modo, el muro continuo al norte se presenta compacto y ciego frente al acceso.

Secciones transversal y longitudinal.

1953-1954 Rotzau-Larsen House, Rungsted, Denmark

The studio-house for the artists Rotzau-Larsen is located next to the Herstad House on a corner plot. The layout of the studio, the lack of a garage and the change of level of the terrain determine the application of the principles of the model of the Utzonian houses. Converted into a service volume, the garage body backs onto the house, upon which it establishes a point of entry by formalising the path perpendicular to the entrance of the studio-house. Constituted on a module of 64 x 64 centimetres, the house unfolds upon a 5.12-metre bay divided longitudinally in a succession of areas that extend in relations to the garden. While the hall-cum-reception area evolves transversally in relation to the garden, the dining room constitutes the central location of the house, from where it is prolonged towards the outside and spreads longitudinally towards the living quarters and the studio, sunken some 30 centimetres in order to adapt to the natural terrain. A skylight let into the edge of the roof illuminates the studio as well as the interior of the kitchen and the service core, as Utzon tries out in the skylights of his own house (1950-1952) or in the dwellings in Armebråten (1951). Like this, the continuous wall to the north shows itself to be compact and blind opposite the entrance.

Cross- and longitudinal sections.

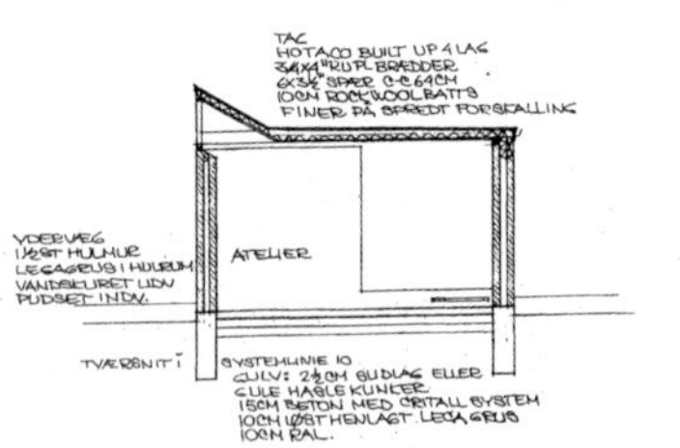

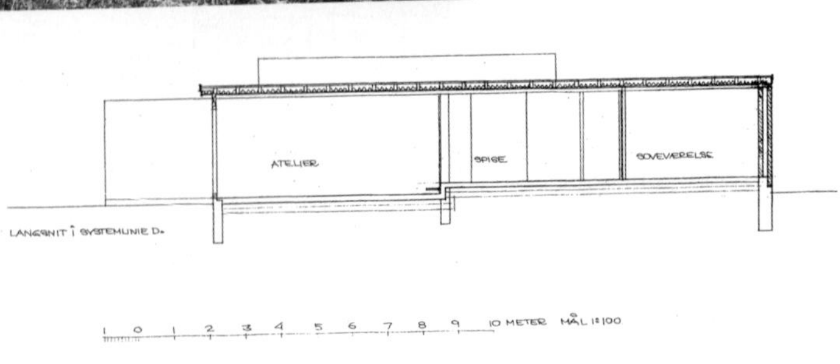

Emplazamiento, planta y alzados de la casa.

Location, plan and elevations of the house.

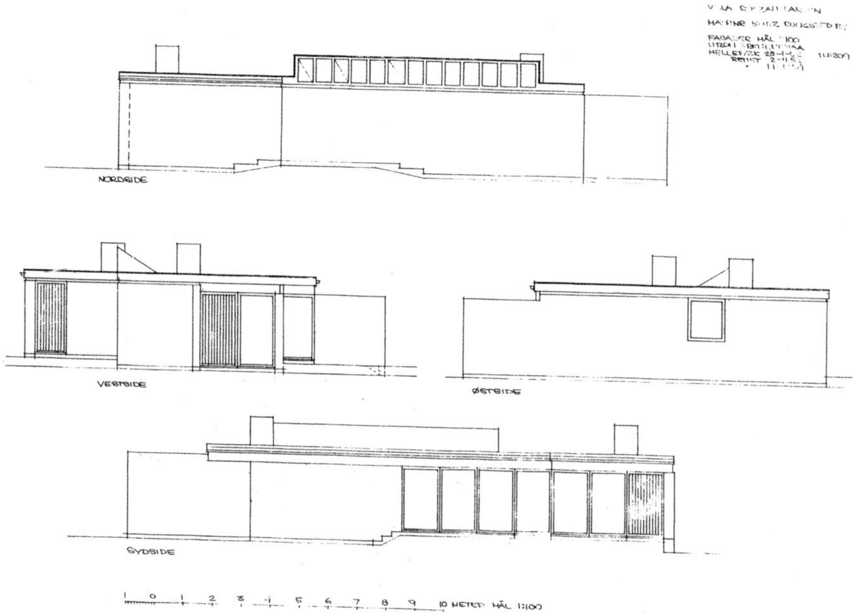

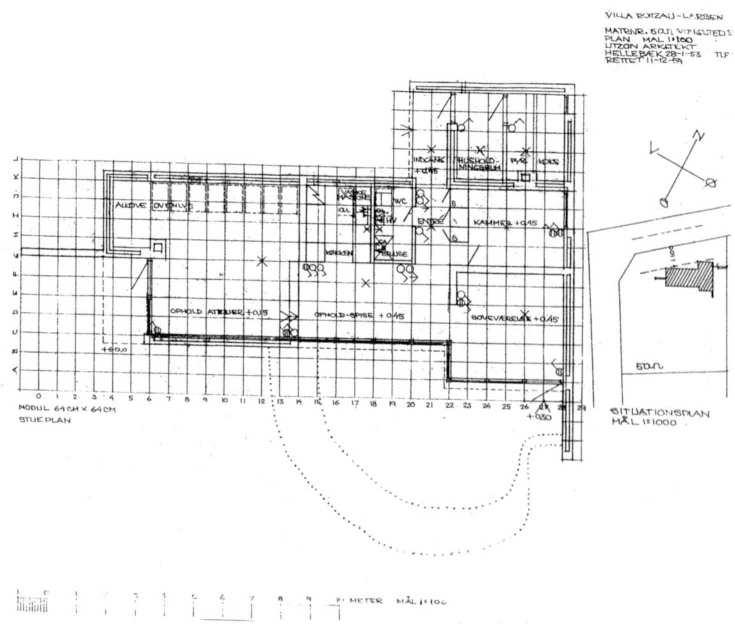

1953 Casa Andersen, Hillerød, Dinamarca

Situada en una parcela junto al parque Præstevang, la casa está ubicada en el límite de la propiedad, al norte, para aprovechar el terreno abierto frente a ella, donde coinciden la buena orientación y el acceso. Para adaptar el modelo al entorno, el cuerpo del garaje se dispone en perpendicular al límite del terreno, frente al cuerpo de la casa; la pérgola protege el acceso entre ambos volúmenes. Los muros, la terraza bajo la cubierta y el desarrollo de la casa contenida en la compacidad de dichos muros caracterizan los principios de las casas *utzonian*, ampliados en el perfil de la cubierta característica del prototipo de las casas patio (Skånska Hustyper). Compuesta sobre una trama de 65 x 250 centímetros y dividida transversalmente en nueve módulos, el ámbito de ingreso configurado sobre dos módulos media entre el cuerpo del garaje, dispuesto sobre un módulo, y el programa doméstico de la casa, sobre seis módulos. La estructura de la cubierta está resuelta con siete cerchas de 6 m de luz, apoyadas sobre el muro perimetral, que se integran en el cerramiento de la fachada del jardín y generan una pérgola continua por la que se extiende la vegetación. En el interior, la estructura permanece vista y acentúa el desarrollo longitudinal de la casa.

1953 Andersen House, Hillerød, Denmark

Situated on a plot of land next to Præstevang Park, the house is established at the northern boundary of the property so as to take advantage of the open terrain in front of the house where the excellent orientation and the driveway coincide. As an adaptation of the model to the surroundings, the body of the garage is set out transversally on the edge of the terrain facing the body of the house, with the entrance pergola between both volumes. The walls, the terrace beneath the roof and the development of the house contained in the compactness of said walls define the main principles of Utzonian houses, principles elaborated in the outline of the roof typical of the patio-house prototype (Skånska Hustyper). Composed on a grid of 65 x 250 centimetres and divided transversally into nine modules, the entrance area configured on two units is in between the body of the garage set out on one module and the domestic programme of the house on six. Supported on the outer wall of the house are the seven trusses that span a space of 6 m and go to form the structure of the roof, being integrated in the walling of the garden facade and generating a continuous pergola through which the vegetation extends. Inside, the structure is permanently visible and accentuates the longitudinal development of the house.

Sección estructural de la cubierta. Emplazamiento, sección transversal, alzados y planta.

Structural section of the roof. Location, cross-section, elevations and plan.

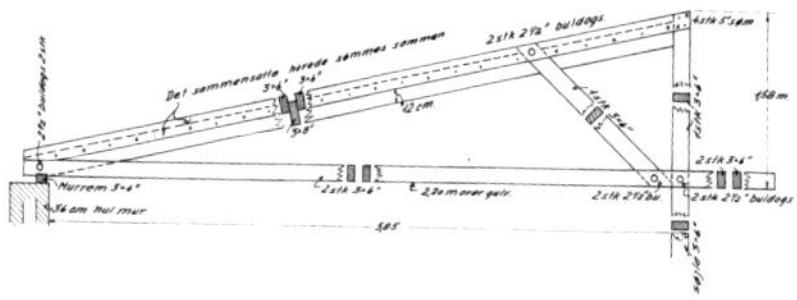

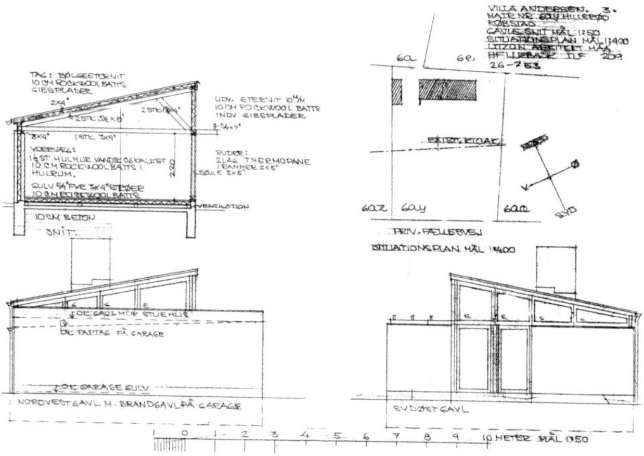

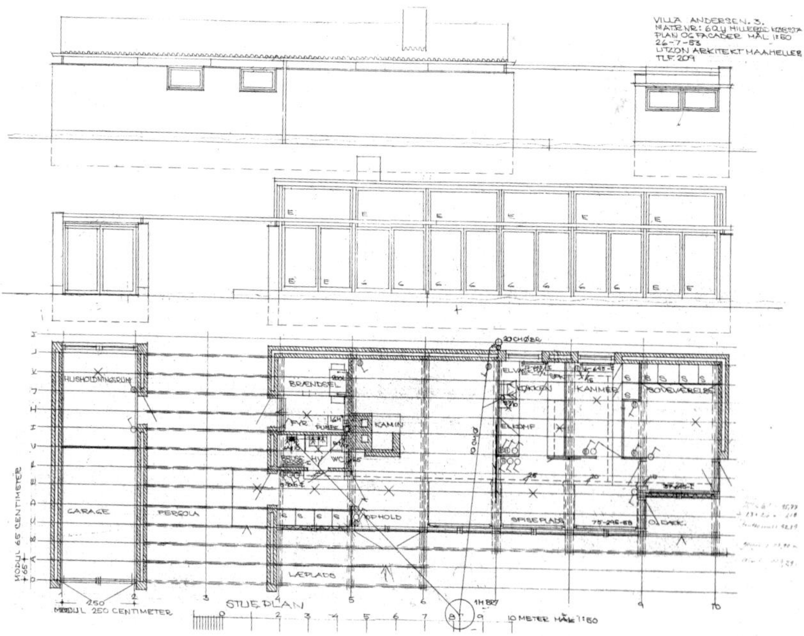

1953-1954 Casa Milling, Hillerød, Dinamarca

La casa para Poul Milling se emplaza en el límite de una zona residencial que se extiende sobre el parque Lille Dyrehave. El volumen de la casa queda determinado por la privacidad del programa doméstico y por la proyección del habitáculo sobre el medio continuo. Frente a la vía de acceso, el cuerpo del garaje del modelo *utzonian* se adosa a la casa y se convierte en un volumen de servicios donde se sitúa un ámbito protegido de acceso que acentúa la secuencia progresiva y gradual de ingreso, determinada en el avance frontal por la vigorosa sucesión de las cubiertas y por la iluminación cenital. La configuración de la casa, que alude a la casa estudio Rotzau-Larsen (1953), se eleva sobre el tenue desnivel del terreno y se desarrolla sobre un módulo de 1,3 x 1,5 m, donde los distintos sectores funcionales se ciñen con precisión al módulo. La secuencia perceptiva fluye en un interior caracterizado por el desarrollo longitudinal, la articulación del núcleo de la chimenea, la variación gradual de la cubierta y la proyección hacia el exterior de la vida doméstica, en un ámbito contenido por la casa y caracterizado por la pérgola. Esta expansión de lo doméstico hacia el exterior y la apertura al paisaje, junto con la simplicidad geométrica, la precisión constructiva y la fluidez espacial, constituyen las características esenciales del modelo de las casas *utzonian*.
En 2001, la casa fue ampliada por Kim Utzon.

1953-1954 Milling House, Hillerød, Denmark

The house for Poul Milling is located on the edge of a residential area that extends over Lille Dyrehave Park. The body of the house is determined by the privacy of the domestic programme and by the jutting of the dwelling above the ongoing environment. Facing the driveway, the body of the garage of the Utzonian model backs onto the house and is converted into a service volume in which a sheltered access area is set up that accentuates the progressive and gradual sequence of entry as one advances head-on through the vigorous succession of roofs and the overhead lighting. Alluding to the Rotzau-Larsen studio-house (1953), the configuration of the house rises above the slight change of level of the terrain and unfolds on a 1.3 x 1.5 module in which the different functional sectors keep precisely to the module. The perceptual sequence flows in an interior characterised by its longitudinal expansion, the articulation of the fireplace core, the gradual variation of the roof and the exterior jutting of the domestic experience in an area contained by the house and typified by the pergola. The house's geometric simplicity, constructional precision and spatial fluidity, together with the expansion of the domestic area over the outside environment and its openness to the landscape, constitute the essential characteristics of the model of the Utzonian houses. In 2001 the house was extended by Kim Utzon.

Emplazamiento y sección transversal por el acceso.

Location and cross-section through the entrance area.

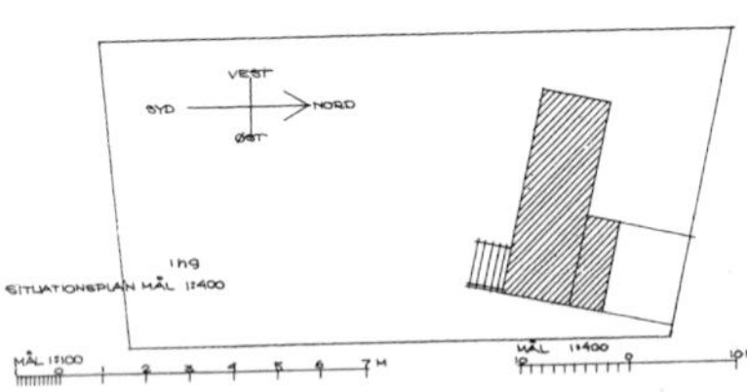

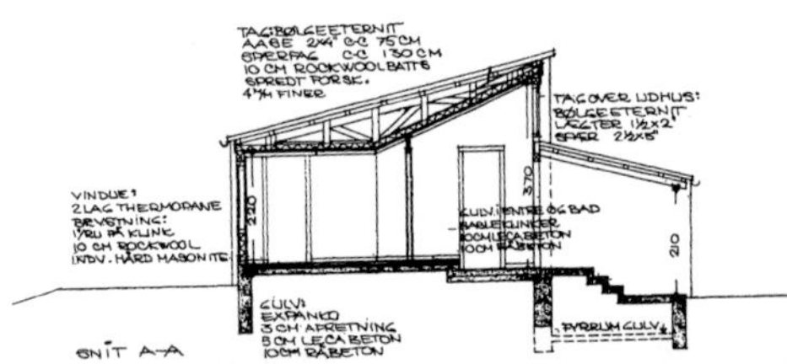

Alzados oeste, este, norte y sur, y planta baja.

West, east, north and south elevations and ground floor.

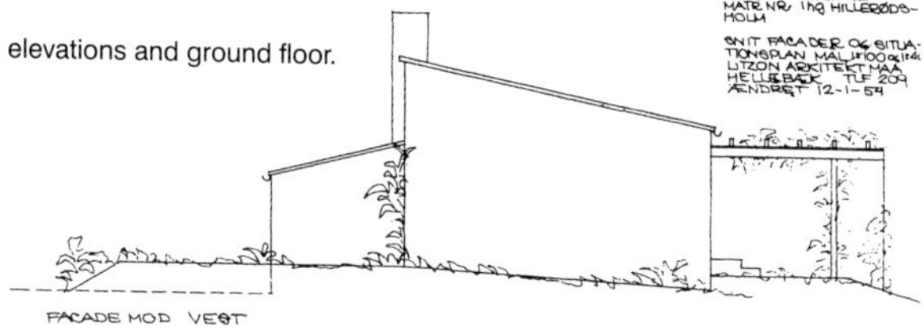

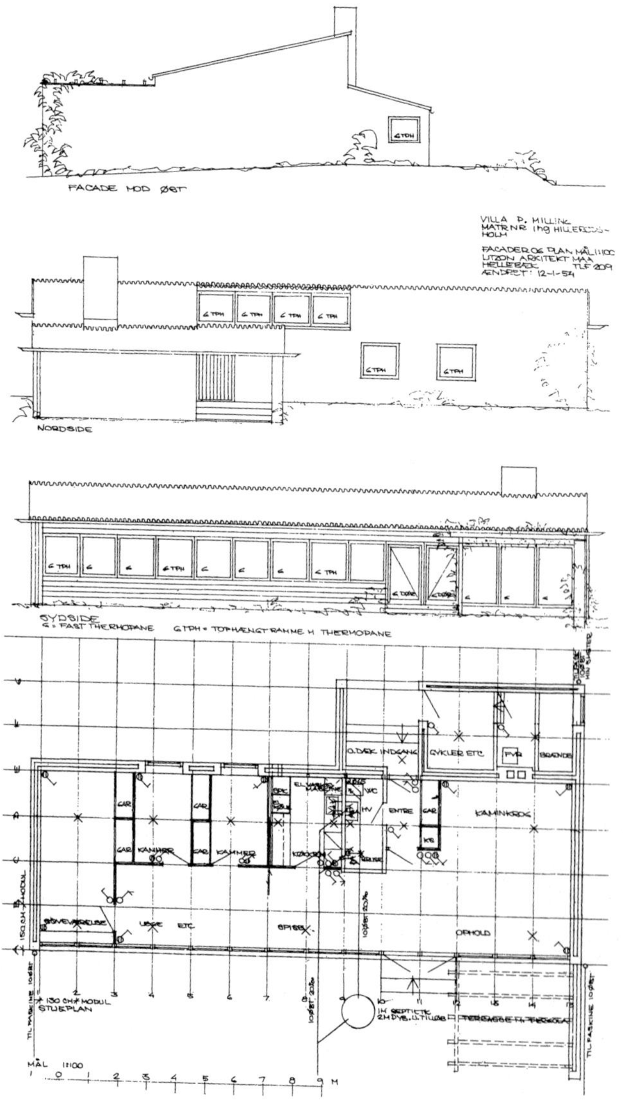

1953 Concurso de viviendas económicas, Skånska Hustyper, Escania, Suecia

La propuesta, presentada con el lema *Private life* y realizada en colaboración con Ib Møgelvang, obtuvo el primer premio en una convocatoria para la construcción de viviendas económicas en la región de Escania, caracterizada por los vientos dominantes. La propuesta, que evoca las granjas tradicionales danesas, compuestas alrededor de un patio central protegido, concibe la unidad residencial según el modelo de casa patio. Emplazada en un recinto cuadrado de 20 x 20 m, la vivienda se establece sobre una crujía de 4,5 m en torno al patio central y se desarrolla en función de las necesidades familiares. El proyecto concilia la individualidad del modo de habitar de cada familia con la uniformidad establecida en el conjunto de las unidades. La casa, que gravita hacia el interior del recinto acotado y protegido por un muro que abriga las actividades y subraya el límite de las unidades, se desarrolla en distintos tipos para atender a la diversidad social. El modo de habitar y lo cotidiano se reflejan en las distintas propuestas presentadas, donde se ilustra la vida desarrollada en el marco de la identidad familiar y del bienestar social. Así, comenta Utzon, "este hecho ilustra lo más importante: que eres capaz de imaginar una vida vivida por las personas antes de que empieces a proyectar la casa". Cada familia dispone de un ámbito del medio natural continuo de 20 x 20 m, cercado por un muro de 3 metros de alto en el que se acondiciona un fragmento de la naturaleza para ser habitado. Protegida de los vientos, la privacidad de la vida doméstica se desarrolla en la singularidad de los elementos representados en el jardín, donde la vida en la naturaleza y las actividades manuales complementan el lema del proyecto *Private life*. El modelo propuesto, síntesis de las granjas tradicionales danesas y de las ancestrales unidades residenciales orientales, tiene en las granjas vernáculas de la región de Vaucluse, en el sur de Francia, la referencia a una arquitectura tradicional y vernácula como modelo de una propuesta que acomoda el concepto nórdico de bienestar social. La propuesta, que a pesar de obtener el primer premio no consigue ningún encargo en Suecia, se desarrolla en el conjunto de viviendas Kingo en Elsinor (1956). Con posterioridad, Utzon construirá los conjuntos de viviendas en Suecia, en Bjuv (1956) y en Planetstaden, Lund (1957), basados en estos planteamientos.

1953 Skånska Hustyper competition for low-cost housing, Scania, Sweden

The scheme, presented under the motto of *Private Life* and carried out in collaboration with Ib Møgelvang, won first prize in a call for submissions set up for the building of low-cost housing in the Scania region, characterised by its prevailing winds. The scheme, which evokes traditional Danish farmhouses set up around a sheltered central courtyard, conceives the residential unit on the model of the patio-house. Developed on a 20 x 20-metre square, the dwelling is set up on a 4.5-metre bay around a central patio and unfolds according to family needs. The design reconciles the individuality of each family's *modus vivendi* with the uniformity established in the units as a whole. Enclosed by a wall that shelters the activities represented, the house, which gravitates towards the interior of the delimited, protected area, sets out different models in order to attend to the social diversification within walls that emphasise the boundary of the units. Both *modus vivendi* and everyday life are reflected in the varying schemes presented, in which the life unfolding within the framework of family identity and of social wellbeing is illustrated. Thus, comments Utzon, "this illustrates the most important thing of all, which is that you are able to imagine a life lived by people before you begin to design a house." Each family has an patch of the ongoing natural environment measuring 20 x 20 m surrounded by a wall 3 metres high in which a bit of nature is made suitable for living in. Sheltered from the winds, the privacy of domestic life unfolds in the singularity of the elements represented in the garden, where life in nature and manual activities complement the project slogan of *Private life*. A synthesis of traditional Danish farmhouses and of ancient residential units from the East, the proposed model has in the vernacular farmhouses of the Vaucluse region of southern France its main reference to a traditional, vernacular architecture as a model scheme that accommodates the Nordic concept of social wellbeing. Despite obtaining first prize, the scheme did not lead to any commission in Sweden, due to which Utzon promoted the development of the model in the Kingo housing complex in Elsinore (1956). Some time later he carried out the housing complexes in Sweden, in Bjuv (1956) and in Planetstaden, Lund (1957) based on these ideas.

Catálogo del concurso. Emplazamiento del conjunto de las unidades y planta de una vivienda.

Catalogue of the results of the competition. Location of the housing complex and plan of a house.

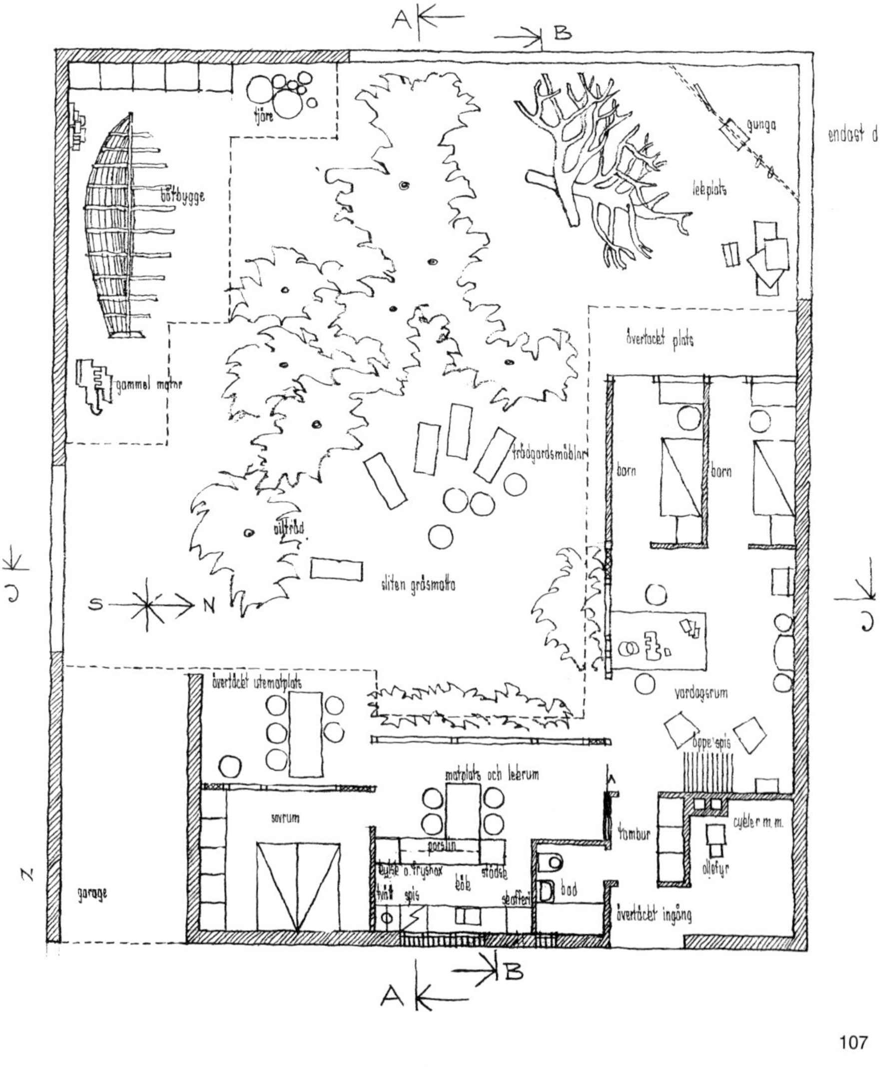

Secciones, alzado y perspectiva axonométrica de la unidad.

Sections, elevation and axonometric perspective of the unit.

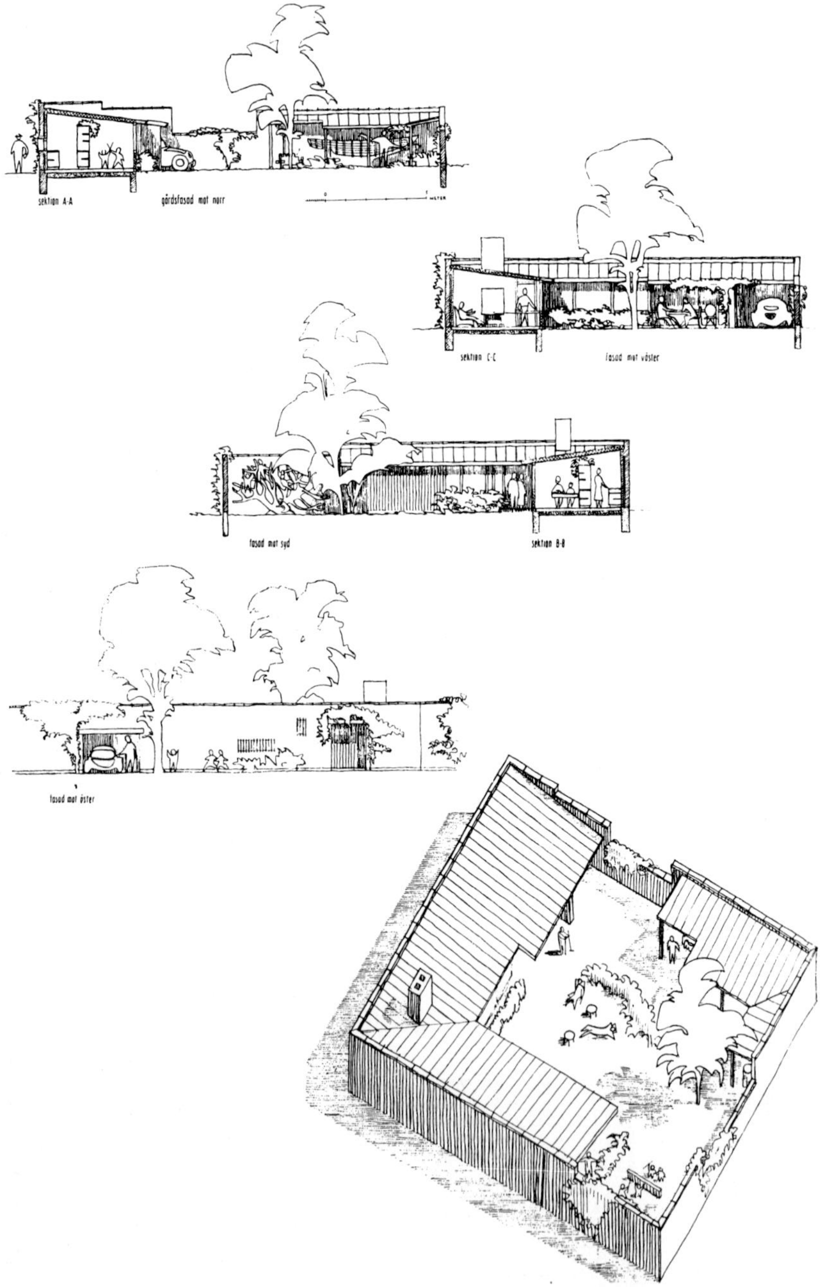

Unidad inicial de la casa patio y variaciones.

Initial unit of the patio-house and variations.

1954-1956 Viviendas en hilera en Skjern, Dinamarca

El conjunto, realizado en colaboración con Bent Alstrup, se sitúa en una pequeña localidad al oeste de Jutlandia. Las viviendas ocupan la parcela en dos grupos de 10 unidades separadas por un pasaje y flanqueadas por las calles transversales a través de un ámbito de jardín abierto junto a los testeros. La continuidad es el aspecto dominante del conjunto, únicamente interrumpido por la presencia del pabellón exento que define el antepatio y el acceso a la vivienda. De este modo se garantiza que la singularidad de cada vivienda no se diluya en la unidad de la hilera. La individualización del ámbito del jardín, abierto a la calle frente a la casa, constituye un ensayo del recinto utilizado en las casas patio en Escania. La pieza exenta de servicios, de 3 x 4 m, unida a la casa a través de la pérgola, delimita los usos del jardín, define el camino de ingreso a la casa y se extiende transversalmente en el interior hasta la puerta de acceso al jardín posterior. La configuración simétrica de la cubierta a dos aguas asume la posición de la crujía desplazada del eje de la cubierta, y el armazón asimétrico se proyecta hacia el interior de la casa.

1954-1956 Terraced houses in Skjern, Denmark

The complex, carried out in collaboration with Bent Alstrup, is situated in a small town to the west of Jutland. The houses occupy the plot of land in two groups of ten units each, separated by an alleyway and flanked by cross streets across an area of open garden next to the end walls. Continuity is the dominant feature of the complex, interrupted but once by the presence of the free-standing outbuilding which defines the forecourt and the point of entry to the house. Thus it is guarenteed that the singularity of each dwelling is not watered down in the oneness of the terrace. The individualisation of the garden area, open to the street in front of the house, is a tryout of the enclosure used in the patio-houses in Scania. The free-standing, 3 x 4-metre service unit, linked to the house via the pergola, delimits the uses of the garden, defines the entrance path to the house and extends transversally inside to the access gate to the rear garden. The symmetrical configuration of the ridge roof takes on the position of the bay displaced from the axis of the roof and the asymmetrical frame projects towards the inside of the house.

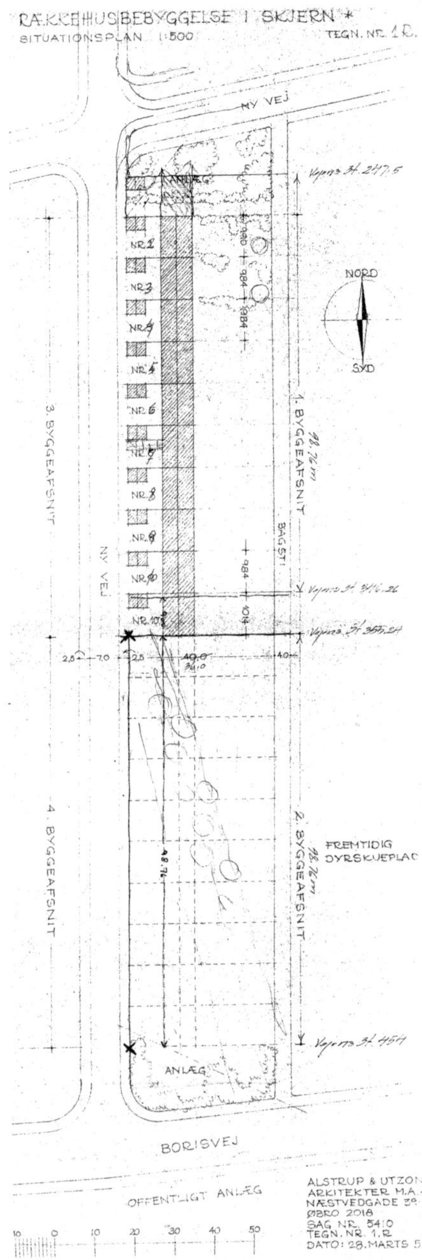

Emplazamiento. Primera fase. Location. First phase.

Planta, alzados y sección de la unidad de vivienda.

Plan, elevations and section of the housing unit.

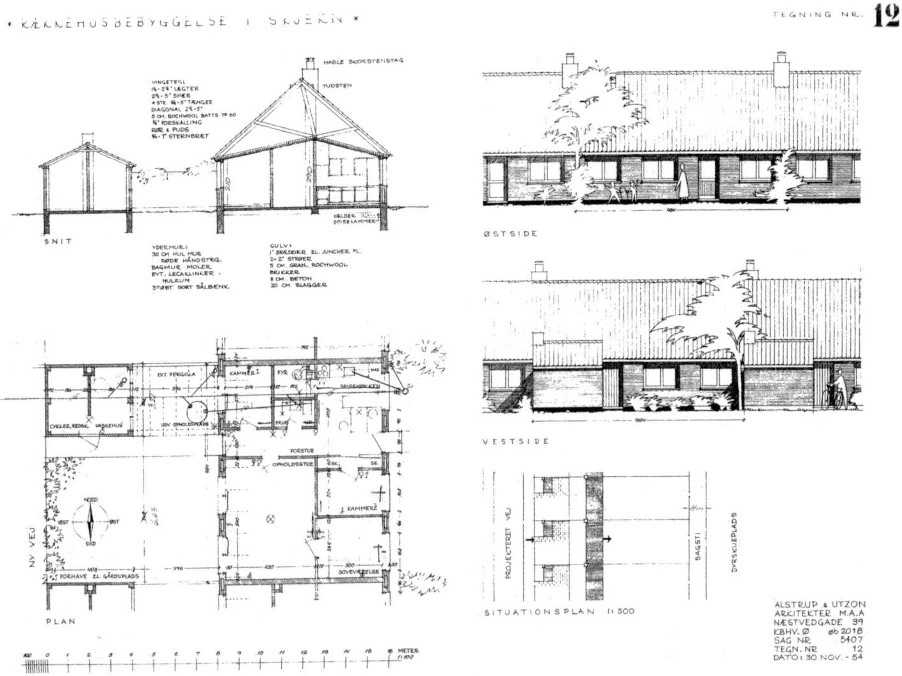

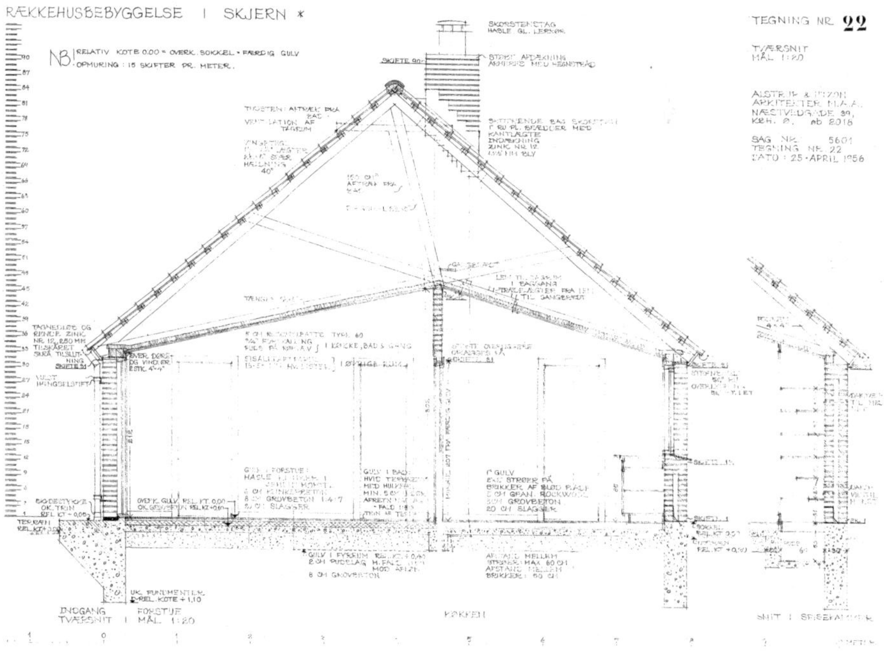

Sección constructiva de la vivienda.

Constructional section of the dwelling.

1954 Concurso de viviendas en Växjö, Suecia

La ciudad de Växjö, capital de la frondosa región de Kronoberg, convocó un concurso para la ordenación del área de Själakorsgärdet. Situada en un amplio terreno de moderada pendiente, la propuesta, con el lema *I skog – på mark*, presenta un conjunto de edificios jerarquizados en torno a una retícula incompleta y articulados mediante la configuración de los espacios libres y de circulación. El proyecto, realizado en colaboración con Erik y Henry Andersson, recibe una mención del concurso y se desarrolla a partir de dos propuestas tipológicas: por una parte, el bloque de tres plantas formado por la repetición de unidades de vivienda, de 6,5 x 10 m de profundidad, con acceso por un corredor, que se ordenan sobre una planta baja destinada a los espacios colectivos; y, por otra, las viviendas unifamiliares en hilera, que plantean de nuevo el antepatio del conjunto de Skjern (1954) para individualizar un ámbito de jardín propio frente a la casa que se construirá en la casa Bille (1954) y en las casas en hilera en Fredensborg (1959).

Maqueta de la propuesta presentada al concurso. Bloque de viviendas, con acceso por corredor, viviendas en hilera y alzado sureste del conjunto.

1954 Competition for housing in Växjö, Sweden

The town of Växjö, capital of the verdant region of Kronoberg, convoked a competition for developing the Själakorsgärdet area. Situated on a wide plot of land with a moderate slope, the scheme, under the motto of *I skog – på mark*, presents a set of buildings ranked in order of importance around an incomplete grid and articulated by means of the layout of open spaces and those for traffic. The project, carried out in collaboration with Erik and Henry Andersson, got a mention in the competition and unfolds on the basis of two typological schemes: the triple-height block formed by the repetition of units, of 6.5 x 10 metres in depth, with access via a corridor, which is set out on a floor intended for communal facilities; and secondly, the one-family terraced houses which again posit the forecourt developed in the Skjern complex (1954), and individualise a private garden area in front of the house as built in the Bille House (1954) and in the terraced housing in Fredensborg (1959).

Model of the scheme presented in the competition. Block of apartments with corridor access; terraced housing and southeast elevation of the complex.

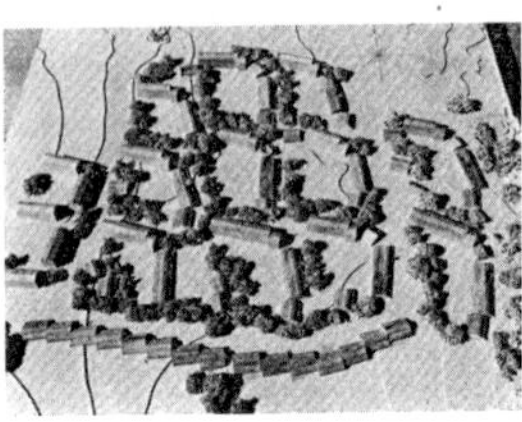

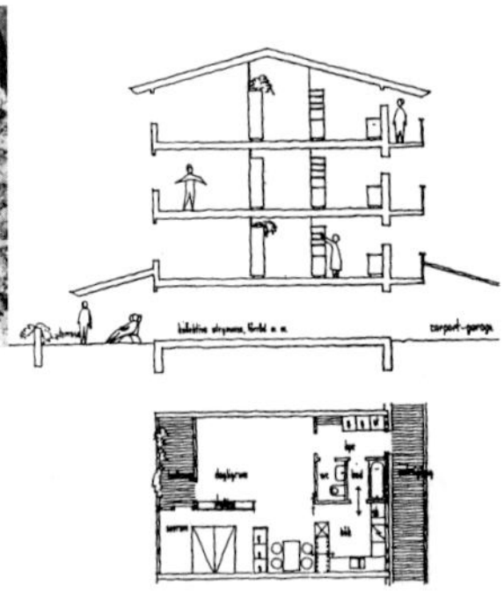

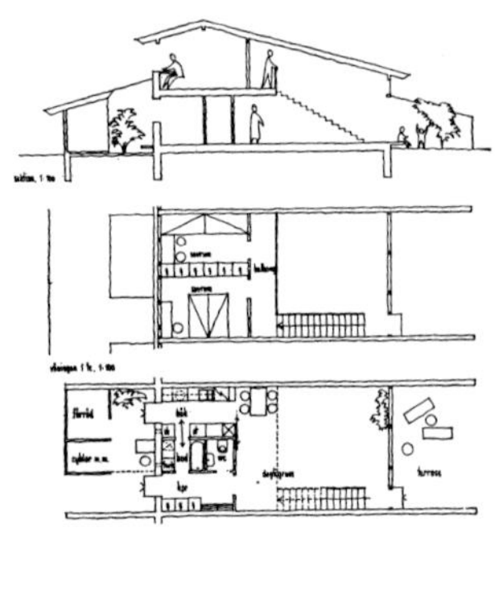

1954 Puente en Oslo, Noruega

Desde su proyecto final de carrera para la Estación Central en 1926, Arne Korsmo sigue con interés el desarrollo de la ciudad de Oslo. Los concursos realizados en colaboración con Utzon para la estación central de ferrocarriles en 1947 y la ordenación de Vestre Vika en 1948 culminan en 1954 con la propuesta de un plan para Oslo llamado Fiord Ring. La península Nesoddlandet, en el interior del fiordo, se enlaza por un conjunto de puentes suspendidos. El puente, de forma asimétrica, comenta Utzon, "sitúa el pilar junto a la ciudad y extiende los cables hacia el entorno natural". El puente, como el depósito de agua en Svaneke (1949), acentúa el perfil del extenso ámbito geográfico. Los croquis del puente y las variaciones son las últimas muestras del trabajo conjunto de Arne Korsmo, Folke Bjørk y Jørn Utzon.

El puente y el sol como referencia simbólica en el interior del fiordo.

1954 Bridge in Oslo, Norway

Ever since his end-of-course project for the Central Station in 1926 Arne Korsmo followed the development of the city of Oslo with interest. The competition entries created in collaboration with Utzon for the Central Railway Station in 1947 and the development of Vestre Vika in 1948 culminate in 1954 with the proposal for a plan for Oslo called Fiord Ring. The Nesoddlandet peninsula within the fjord is linked by a set of suspension bridges. Asymmetrical in shape, the bridge, Utzon observes, "locates the pillar next to the city and extends the cables towards the natural environment." The bridge, like the water tower in Svaneke (1949), accentuates the profile of the extensive geographical area. The sketches of the bridge and its variations are the last examples of the teamwork of Arne Korsmo, Folke Bjørk and Jørn Utzon.

Bridge and sun as a symbolic reference within the fjord.

1954 Concurso para un centro administrativo y conjunto de viviendas en Marieberg, Estocolmo, Suecia

Con el lema *Sol,* la propuesta, situada en la isla Kungsholmen, al noroeste de la ciudad, presentada al concurso con Erik y Henry Andersson, contempla un centro administrativo compuesto sobre una serie de bloques abiertos en torno a un ámbito propio, una corona edificada que aloja el archivo y un conjunto de viviendas que descienden por el terreno hacia la orilla. La propuesta, que desarrolla el planteamiento ensayado en el concurso de viviendas en Viborg (1944), concilia el carácter urbano del conjunto administrativo, determinado por la organización sistemática de los bloques, con la valoración geográfica del entorno del conjunto de viviendas emplazadas sobre el desnivel del terreno. La vaguada, que divide el terreno, forma un área libre sobre la que se relacionan el centro administrativo y el archivo. Sobre la hondonada, en el punto más alto, el archivo se presenta como un gran paño, continuo, sin aristas, encajado en el vértice del desnivel. El jurado, compuesto por Sven Markelius y Sven Backström, destaca los valores arquitectónicos de la propuesta pese a no cumplir con todas las exigencias del programa. La disposición de los edificios residenciales, adaptándose al entorno, los bloques administrativos en su orientación hacia el paisaje o la sección escalonada de las viviendas aluden a las pequeñas piezas ensayadas en Borås (1947) y Armebråten (1951), y a la línea sinuosa de Skøyen-Oppsal (1952) en la configuración del archivo.

1954 Competition for an administration centre and housing complex in Marieberg, Stockholm, Sweden

Under the motto of *Sol*, the scheme, situated on Kungsholmen Island to the northeast of Stockholm, and presented to the competition with Erik and Henry Andersson, contemplates an administration centre laid out on a series of open blocks around an area of their own, a built crown that houses the archive and a housing complex which descends across the terrain towards the shore. The scheme, which develops the approach tried out in the housing competition in Viborg (1944), reconciles the urban character of the administrative complex, determined by the systematic organisation of the blocks, with the geographical valorisation of the surroundings, in which the housing as a whole is sited on the sloping ground. The watercourse, which divides the terrain, forms an open area on which the administration centre and the archive relate to one another. On the dip, at the uppermost point, the archive looms up as a great stretch of continuous walling, without arrises, slotted into the top of the slope. The jury, consisting of Sven Markelius and Sven Backström, emphasised the architectonic values of the scheme, despite its not fulfilling all the demands of the programme. The arrangement of the residential buildings, adapting to the surroundings, the administrative blocks in their orientation towards the landscape and the staggered section of the dwellings allude to the small buildings tried out in Borås (1947) and Armebråten (1951), and to the sinuous line of Skøyen-Oppsal (1952) in the configuring of the archive.

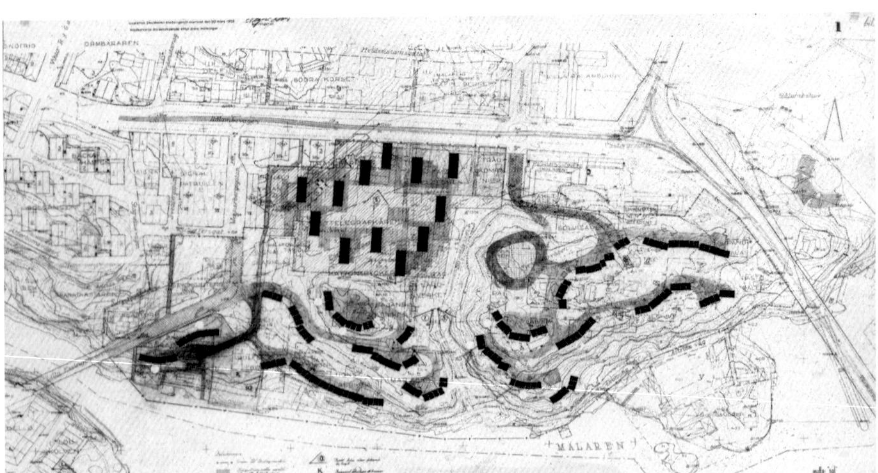

Ordenación general de la propuesta. El centro administrativo, sección del conjunto de viviendas y detalle del archivo.

General arrangement of the scheme. The administration centre, section of the housing complex and detail of the archive.

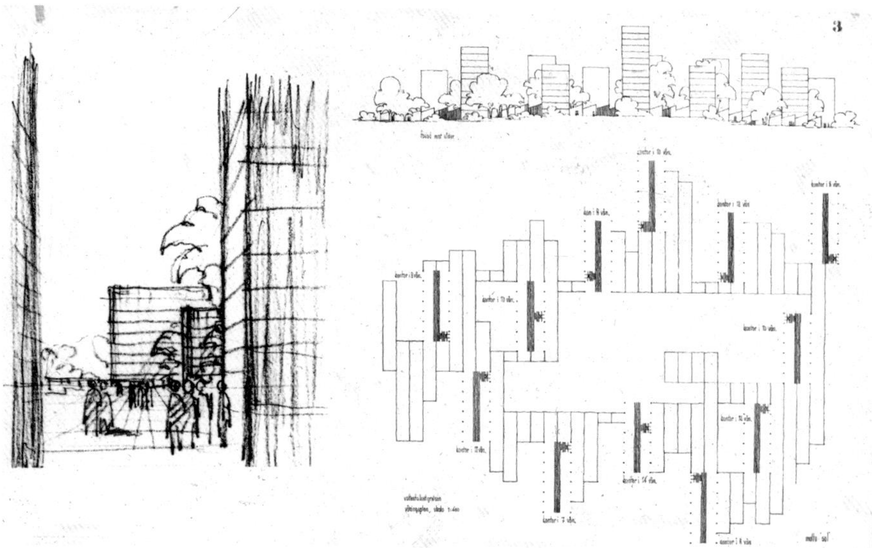

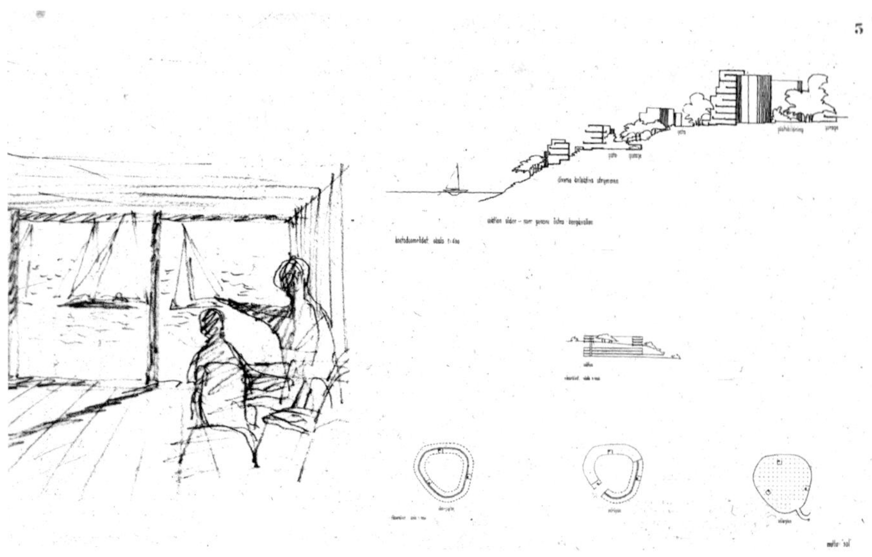

1954-1966 Concurso de viviendas en Elineberg, Helsingborg, Suecia

El conjunto, situado en el límite de la ciudad de Helsingborg, se orienta sobre la visión panorámica del Øresund, al borde de un pronunciado desnivel. En una primera fase del concurso, la propuesta, presentada con Erik y Henry Andersson, distribuye el programa en un edificio continuo de ocho plantas, en una evolución del proyecto realizado en Skøyen-Oppsal. En la segunda fase, el proyecto, que evita bloquear las vistas del área posterior, se fragmenta en una serie de torres dispuestas en el desnivel sobre un podio. Según Utzon: "Al redactar el planeamiento a partir de la unidad más pequeña posible, es decir, un apartamento, y al combinarlos entre sí, este grupo de torres llenas de vida confieren significado a cada uno de los apartamentos. El conjunto de torres crea un espacio donde las siluetas y el sol y la sombra interpretan una rica melodía a lo largo de todo el día. No se trata de una caja de bordes duros con una triste zona umbría al norte para 364 familias infelices. La disposición de las torres faceteadas sigue el borde de la pendiente desde el paisaje llano. Esta posición se ve subrayada aún más por el podio bajo que da la espalda a la plaza y que, en los otros dos lados, está situada frente a una escuela y un centro comercial". Sobre el podio, una plataforma menor reconoce el acceso a la torre. "La sección muestra de forma clara un intento de ver algo más que el cielo gris nórdico desde los apartamentos de la planta 5 a la 14. El cielo gris nórdico es lo que de hecho se ve cuando existen un antepecho y un balcón con barandillas normales. En este caso, los forjados están escalonados —a más altura, los peldaños salvan más desnivel— de forma que se puede estar en la planta 14 y ver el hermoso océano que se encuentra a 2 kilómetros de distancia. El antepecho y la barandilla del balcón están al mismo nivel que tus pies. La fachada abalconada en estos edificios de hormigón (encofrado deslizante), con fachadas norte, este y oeste bastante cerradas, está construida con elementos de hormigón parecidos a montantes entrelazados, tal y como se aprecia en el alzado. El edificio se transforma verticalmente. La sensación de vértigo en las plantas superiores se reduce mediante elementos de protección vertical sobre los que crecerán plantas". El conjunto, como describe Jörgen Michelsen, debía construirse con muros de hormigón con encofrado deslizante. Sin embargo, se recurre a una estructura convencional, mientras, las unidades de los extremos se amplían para alojar un mayor número de habitaciones.

1954-1966 Competition for housing in Elineberg, Helsingborg, Sweden

The complex, located on the edge of the town of Helsingborg, faces the panoramic view of the Øresund and is located at one end of a steep slope. During the first phase of the competition, the scheme presented with Erik and Henry Andersson distributes the programme in a continuous eight-storey building, in a development of the one created in Skøyen-Oppsal. During the second phase of the competition, the project, which avoids blocking the views of the area behind, is fragmented in a series of towers set out on the slope on top of a podium. In Utzon's words, "By building up the town-plan from the smallest possible unit, namely a flat, and combining it with itself, this living group of towers gives significance to each flat. Together, the towers create a space where silhouettes and sun and shade play a rich melody the whole day through. This is not a box with a sad northern shadow and hard edges for 364 unhappy families. The arrangement of the faceted towers follows the edge of a slope from a flat landscape. This position is emphasised, furthermore, by a low plateau, turning its back on a square, which on the other two sides again faces a school and a shopping centre." On the podium, a lesser platform identifies the access to the tower. "The section clearly shows an attempt to see more than the grey Nordic sky from the flats from floors 5-14. The grey Nordic sky is what you see when you have the normal window sill and balcony balustrade. Here, the floors are terraced—the higher, the steeper the steps—so you can stand on the 14th floor and see the beautiful sea two kilometres away. The window sill and the balcony balustrade are at the same level as your feet. The facade with balconies in these concrete houses (sliding-form) with rather closed northern, eastern and western fronts is constructed of concrete elements like sticks woven together, as seen in elevation. The house changes vertically. The dizzy feeling on the top floors has been reduced by protecting vertical elements, and greenery will grow on them."
As described by Jörgen Michelsen, the complex was to have been built using concrete walls with slip-form. All the same, a conventional structure is used, while the units at the end are extended to accommodate a greater number of rooms.

Emplazamiento, planta tipo de los apartamentos, alzado al Øresund y sección transversal.

Location, standard floor plan of the apartments, elevation to the Øresund and cross-section.

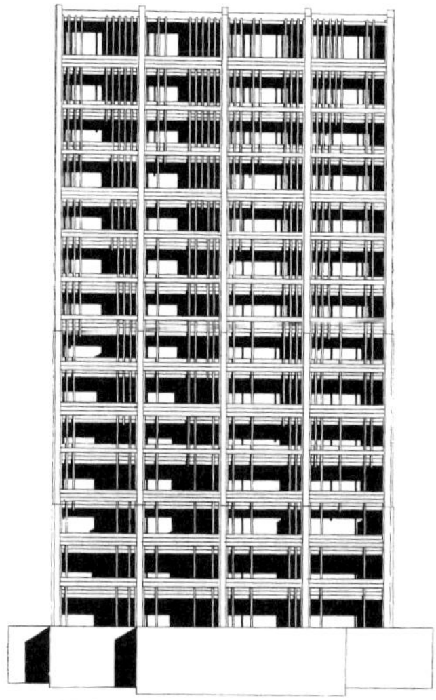

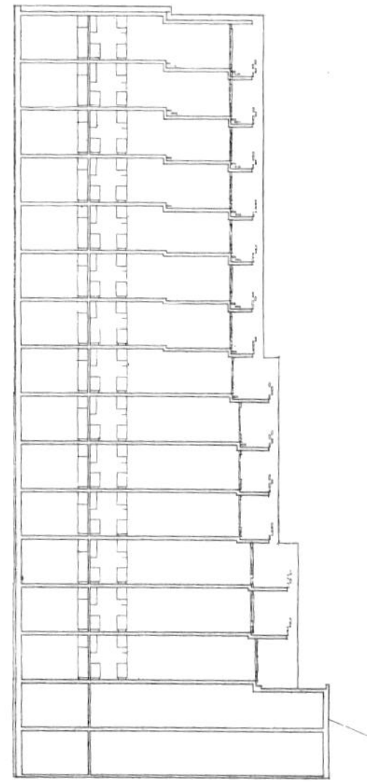

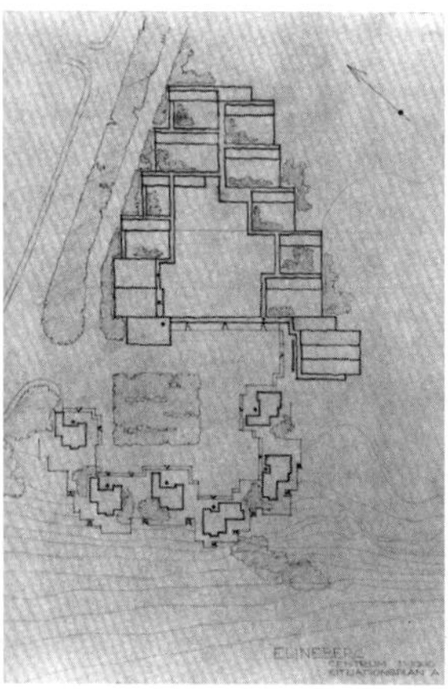

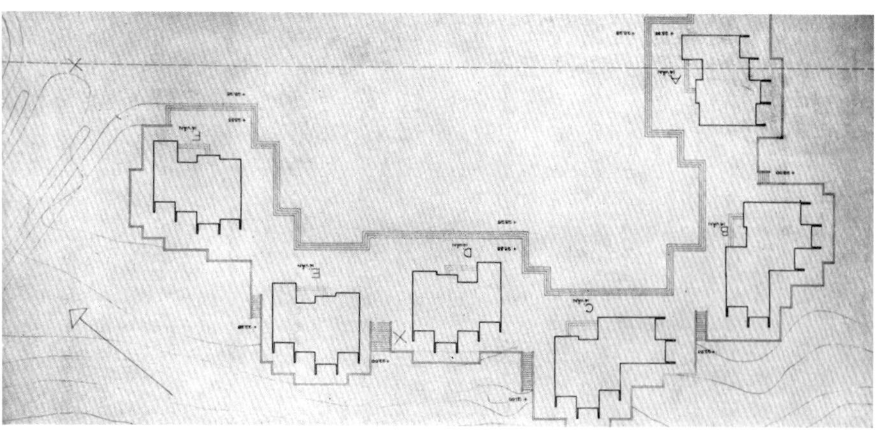

1954-1955 Casa Bille, Vejby Strand, Dinamarca

Esta pequeña casa, realizada con Ib Møgelvang y construida para los artistas Agnete Therkildsen y Ejler Bille, del grupo CoBrA, constituye una evasión hacia un entorno natural apartado al oeste de Selandia. El estudio se desarrolla en un ámbito introvertido, aislado del exterior, que fortalece la idea básica de la casa estudio entre muros. Este proyecto evoca la vivienda en hilera propuesta en Växjö (1954) y determina el incipiente desarrollo de los proyectos planteados en el ámbito de dos muros, como el Banco Melli (1959), el teatro de Wolfsburg (1965), las viviendas en hilera en Fredensborg (1959) o la iglesia de Bagsværd (1968). En el exterior, la presencia de los contrafuertes acentúa la estabilidad formal del proyecto, que conceptualmente transitan entre la fábrica de papel en Marruecos (1947) y los muros iniciales de la Asamblea Nacional de Kuwait (1972) o la propuesta para el Museo de Arte Moderno en Fredensborg (1988). Agnete Therkildsen y Ejler Bille habitan la casa hasta 1969. En 1983 fue ampliada por Peter Karpf.

Planta, alzados y sección de la casa estudio.

1954-1955 Bille House, Vejby Strand, Denmark

This small house, carried out with Ib Møgelvang and built for the artists Agnete Therkildsen and Ejler Bille of the CoBrA Group, adds up to an escape attempt in the direction of an isolated natural environment to the west of Zealand. The studio is set in an introverted area isolated from the outside in which the basic idea of the intramural studio-house becomes stronger. This project evokes the terraced housing proposed in Växjö (1954) gives rise to the incipient development of such designs built within the confines of two walls as the Melli Bank (1959), the Wolfsburg Theatre (1965), the terraced housing in Fredensborg (1959) and Bagsvaerd Church (1968). On the outside the presence of buttresses accentuates the formal stability of the design which conceptually migrate from the paper factory in Morocco (1947) to the initial walls of the Kuwait National Assembly (1972), or to the scheme for the Museum of Modern Art in Fredensborg (1988). Agnete Therkildsen and Ejler Bille lived in the house until 1969. In 1983 it was extended by Peter Karpf.

Plan, elevations and section of the studio-house.

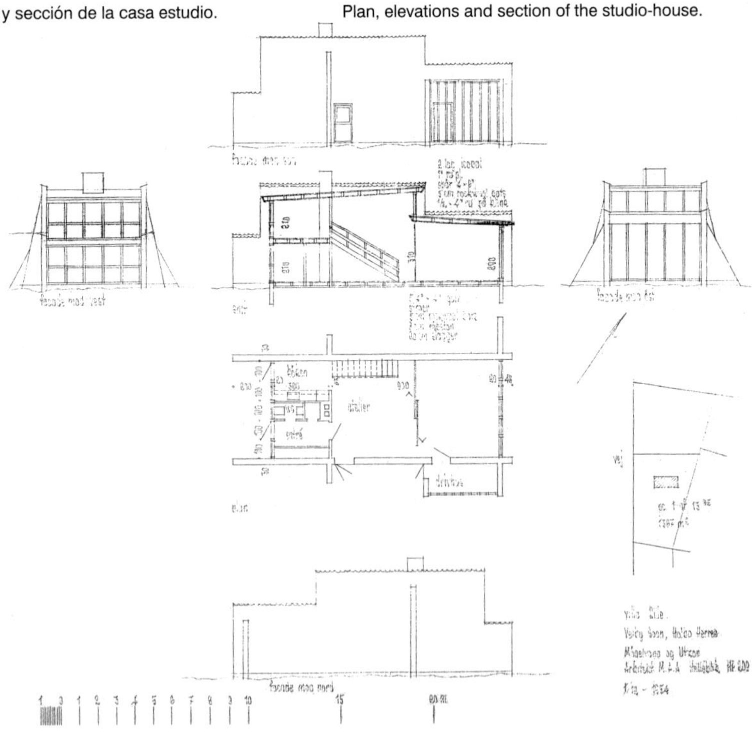

1955 Casa Lillesøe, Holte, Dinamarca

Construida en una reducida parcela aislada, junto a la casa Middelboe (1953), la casa Lillesøe se sitúa en el límite de la propiedad para conciliar el jardín abierto frente a la casa con la orientación y el acceso. Sobre un terreno deprimido junto al lago Furesø, la casa se eleva 60 cm sobre un podio, destinado a preparar un nuevo suelo en el medio natural para asentar el programa, mientras que en la casa Middelboe, junto a un canal, la casa mirador se erige para dominar la vistas al lago. El cuerpo del garaje de las casas *utzonian*, transformado en un bloque de servicios, se adosa a la casa transversalmente. Contenido en este cuerpo de servicios y erigido sobre el podio, el ámbito de ingreso conforma el recorrido quebrado hacia la entrada de la casa. Realizada en colaboración con Ib Møgelvang y Bent Alstrup, está configurada sobre un módulo de 1,5 x 1,5 metros y dividida longitudinalmente en dos crujías de 3 m que desarrollan el programa doméstico. La casa fue destruida por un incendio.

Planta y alzado suroeste.

1955 Lillesøe House, Holte, Denmark

Built on a confined, isolated plot of land next to the Middelboe House (1953), the Lillesøe villa stands at the edge of the property in order to reconcile the open garden in front of the house with the orientation and the driveway. On low-lying terrain beside Lake Furesø, the house is raised 60 cm on a podium meant to prepare a new ground surface in the natural environment to anchor the programme on, while in the Middelboe House, next to a canal, the mirador-house is set up so as to command the views of the lake. Transformed into a services block, the garage body of the Utzonian houses backs transversally onto the house. Contained in the services body and erected on the podium, the point of entry area shapes the ninety-degree turn towards the entrance to the house. Carried out in collaboration with Ib Møgelvang and Bent Alstrup, the house is configured on a module of 1.5 x 1.5 m and divided longitudinally in two three-metre bays which carry out the domestic programme. The house was destroyed in a fire.

Plan and southwest elevation of the house.

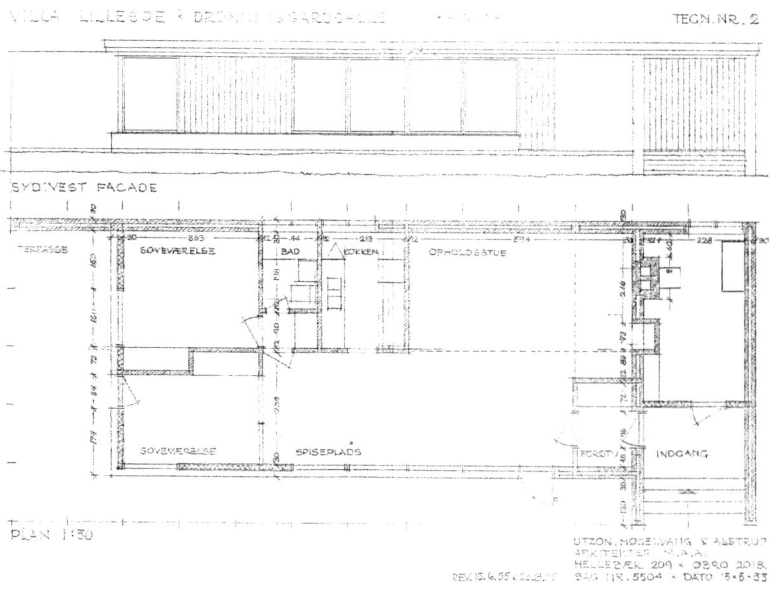

1956 Casa Frank, Vedbæk, Dinamarca

La casa del escritor Hjalmar Frank, hijo del escultor Einar Utzon Frank, se sitúa en la costa de Vedbæk. Realizada en colaboración con Bent Alstrup, la casa se emplaza sobre un amplio terreno, donde el desnivel existente entre el jardín y la playa se atenúa. Generada por el deslizamiento de los cuerpos que alojan el programa de la vivienda y configuran un ámbito protegido, la casa concilia la visión panorámica frente al Øresund con la orientación adecuada para el programa doméstico frente al jardín posterior. La articulación y el movimiento de los cuerpos producen una comunicación interior continua y fluida que genera un sistema de transparencias buscando la visión panorámica del Øresund y la orientación favorable del jardín posterior. La chimenea desplazada se incorpora al plano exterior de la casa, y el ala de las habitaciones se extiende sobre el jardín protegido y acotado. Como evolución de las cerchas planteadas en la casa Andersen (1953), las cubiertas aluden a la geometría de los planos envolventes que registra en la visita a Wright en Taliesin. La plasticidad de los cerramientos y los huecos quebrados componen e incrementan la densidad de la casa, acentuada por la factura de las esculturas de Einar Utzon Frank y por la presencia de una vegetación extraordinaria y lejana, que acentúa el deslizamiento de los volúmenes y aluden a la propuesta para el pabellón en el bosque de Hobro (1946).

1956 Villa Frank, Vedbæk, Denmark

The house of the writer Hjalmar Frank, son of the sculptor Einar Utzon Frank, is situated on the coast of Vedbæk. Carried out in collaboration with Bent Alstrup, the house is sited on an ample stretch of ground in which the height difference existing between the garden and the beach is attenuated. Generated by the slippage of the bodies which accommodate the programme of the dwelling and define a sheltered area, the house reconciles the panoramic view facing the Øresund with the orientation suited to the domestic programme facing the rear garden. The articulation and movement of the bodies produces a continuous, fluid interior communication that provides a system of transparencies which projects itself towards the panoramic view of the Øresund and adapts to the favourable orientation of the back garden. The displaced fireplace is incorporated in the outside plane of the house and the wing with the bedrooms extends over the sheltered, enclosed garden. As a development of the trusses proposed in the Andersen House (1953), the roofs allude to the geometry of the all-embracing planes that Utzon witnessed on his visit to Wright in Taliesin. The plasticity of the outer walls and the irregular window spaces constitute and augment the density of the house, accentuated by the facture of the Einar Utzon Frank sculptures and by the composition of an extraordinary, far-off vegetation that emphasises the slippage of volumes which evoke the scheme for the forest pavilion in Hobro Wood (1946).

Emplazamiento. Location.

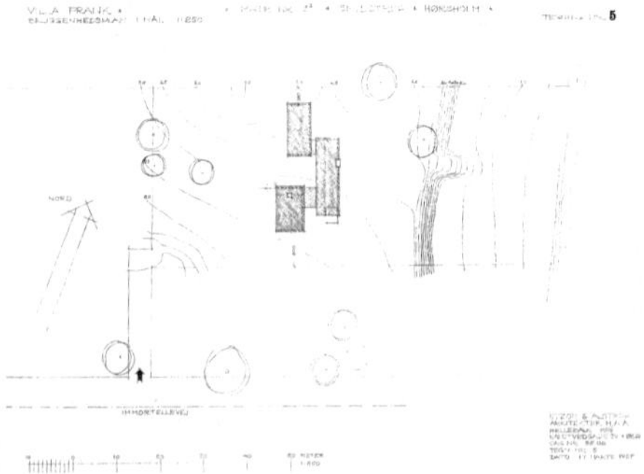

Alzados noroeste y sureste, y secciones transversales.

Northwest and southeast elevations and cross-sections.

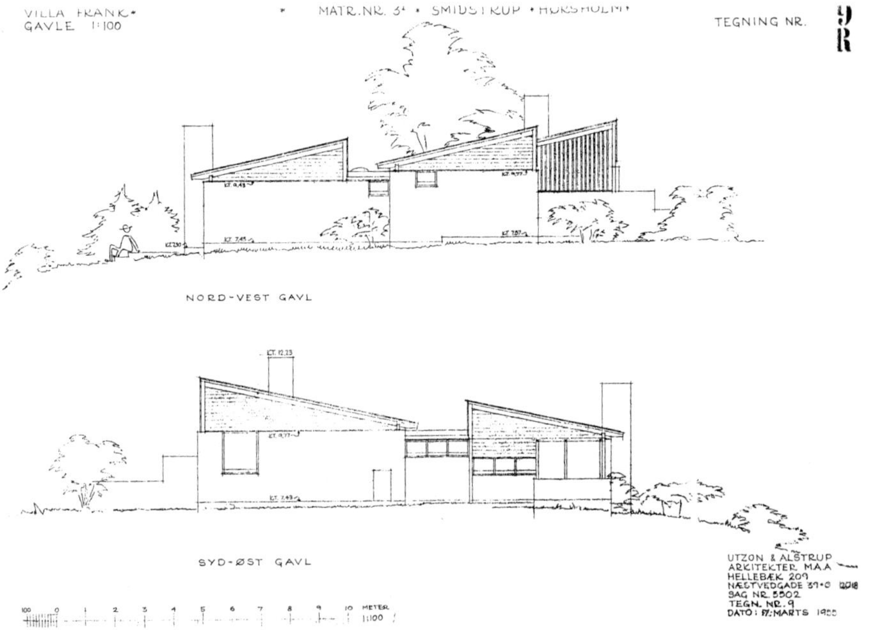

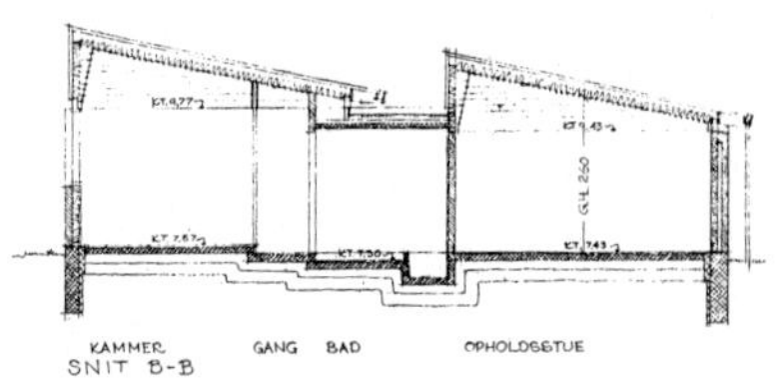

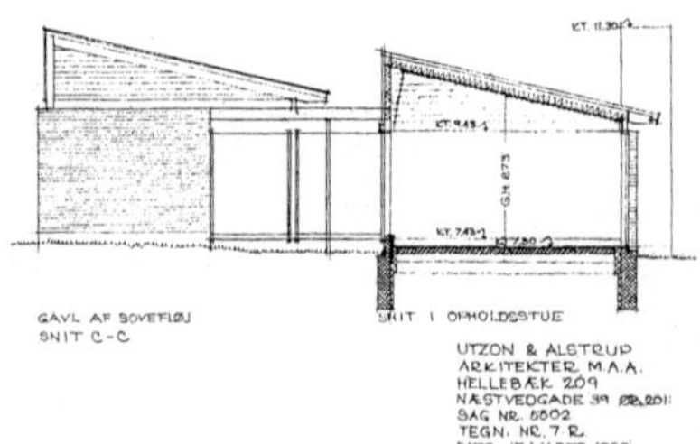

Alzados noreste y suroeste, y planta baja.

Northeast and southwest elevations and ground floor.

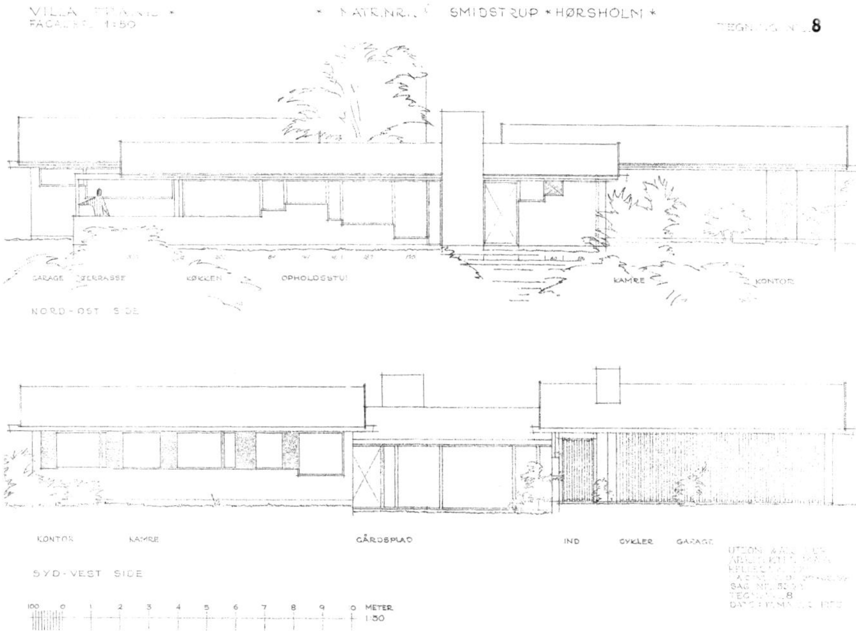

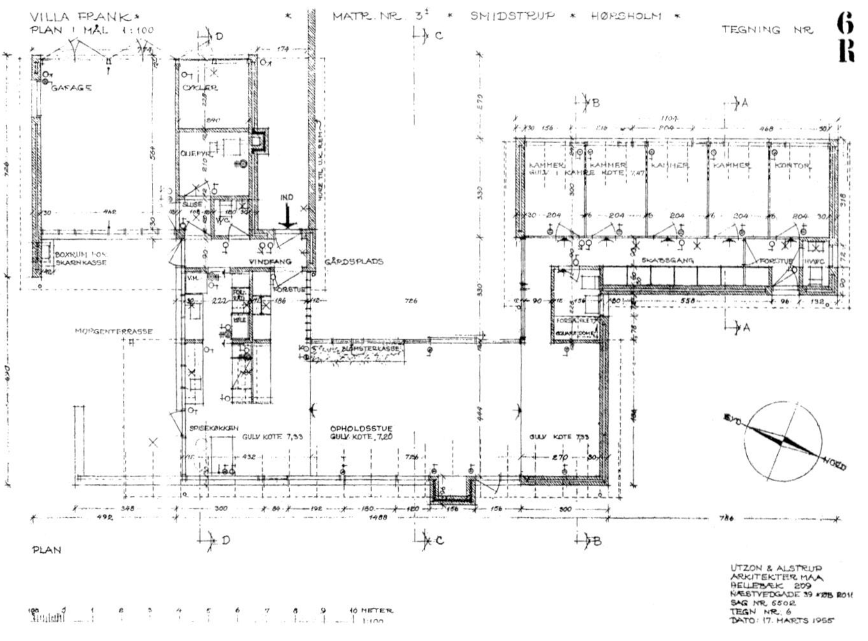

1956 Casa Dalsgaard, Holte, Dinamarca

Concebida como una casa mirador, situada en un terreno elevado en pendiente y con una visión panorámica del lago Furesø, el programa doméstico se resguarda al amparo de un muro ciego a norte y se proyecta hacia el exterior a través de un cerramiento transparente. La variación gradual del terreno se recoge longitudinalmente en los distintos niveles del plano del suelo y de la cubierta. La casa construida, que concentra la propuesta inicial e invierte la posición de la estancia respecto a las habitaciones, desarrolla los rasgos significativos de los proyectos residenciales de Utzon. La disposición longitudinal de la casa y la importancia de la chimenea evocan a la casa del arquitecto (1952), pero también a la adaptación al terreno del conjunto de viviendas en Armebråten (1951) y, en su versión definitiva, a la apariencia de las casas Kingo (1956).

1956 Villa Dalsgaard, Holte, Denmark

Conceived as a mirador-house, and located on a high, sloping stretch of ground with a panoramic view of Lake Furesø, the domestic programme is shielded by a blind wall to the north and sticks out towards the exterior environment through a transparent outer wall. The gradual variation of the terrain is absorbed on the distinctive levels of the ground plane and that of the roof. The built house inverts the position of the living quarters vis-à-vis the bedrooms and sets out the significant features of Utzon's residential designs. The longitudinal layout of the house and the role of the fireplace evoke the architect's house (1952), but also the adaptation to the terrain of the housing complex in Armebråten (1951) and, in its definitive version, the appearance of the Kingo houses (1956).

Emplazamiento, planta, alzados y secciones de la primera versión, abril de 1956.

Location, plan, elevations and sections of the first version, April 1956.

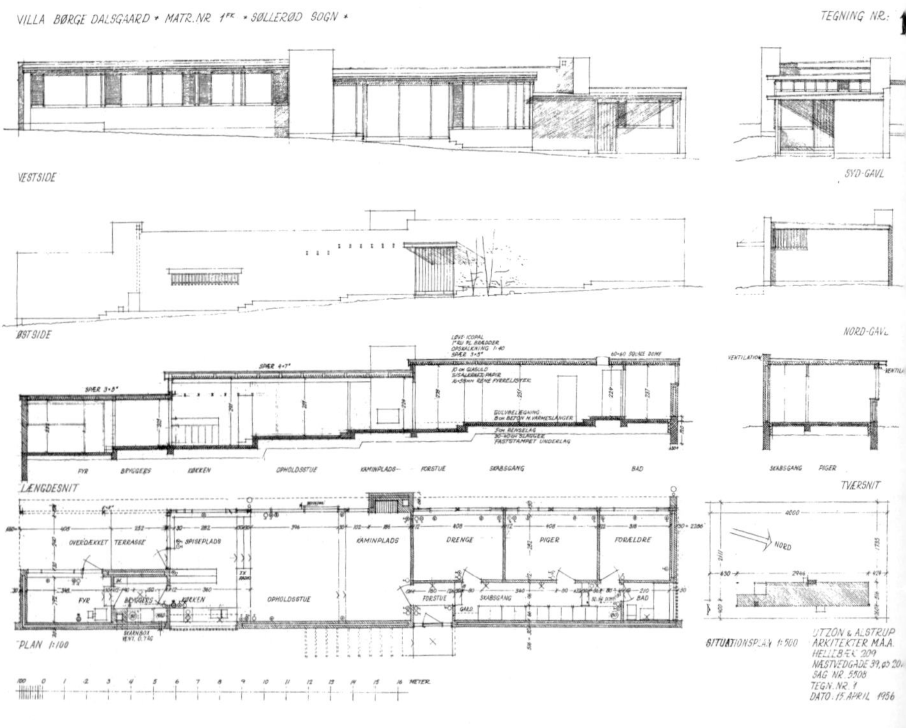

Sección constructiva. Planta, alzados y secciones de la versión definitiva, junio de 1956.

Constructional section. Plan, elevations and sections of the definitive version, June 1956.

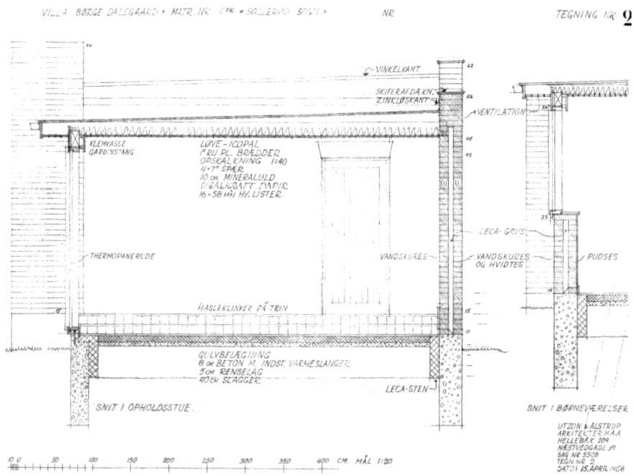

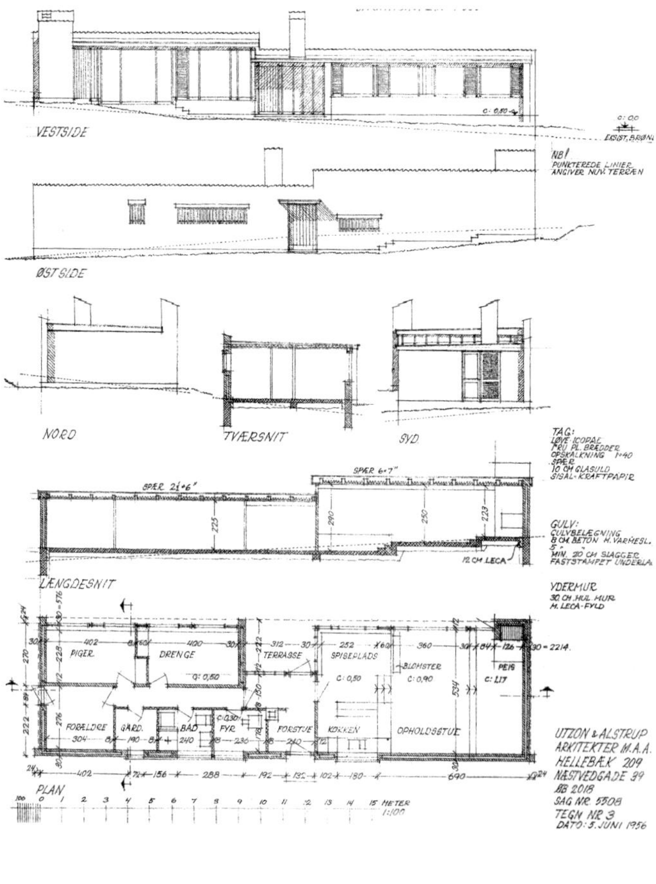

1956 Casa Arnung, Nærum, Dinamarca

Realizada en colaboración con Bent Alstrup, esta casa, con cubierta a dos aguas, se caracteriza por la introducción de una planta semisótano en la composición del programa doméstico y en su organización. La topografía le obliga a recurrir a este elemento para implantar la casa en el desnivel del terreno. Esta planta semisótano, que absorbe la pendiente del terreno, divide el programa en dos partes, un ámbito cerrado destinado a los espacios servidores y la zona principal de la casa desarrollada en continuidad con el jardín posterior. La planta semisótano, que contiene el garaje, el estudio y los espacios servidores, se ilumina a través de unos huecos abiertos en la fachada de ladrillo y caracterizados por la celosía de madera. La planta principal, sobre la que gravitan las pendientes comunes de la cubierta, se organiza en función de las diferentes relaciones físicas y visuales con el jardín. La escalera que media entre el ámbito de la sala y el ala de habitaciones queda determinada por el acceso tangencial y progresivo caracterizado por la continuidad de la cubierta. El ingreso, síntesis de la *porte còchere* de los edificios públicos y de la pérgola de acceso de las casas *utzonian* se convierte, como prolongación de la cubierta, en un faldón que protege el cuerpo de la doble puerta cuya prominencia amplía la profundidad del umbral, en un rasgo característico de la escuela de P. V. Jensen-Klint. La superposición de filtros, la plasticidad de las franjas de ladrillos y la vibración cromática de la cubierta con las tejas de colores caracterizan la densidad y la riqueza táctil de esta casa para el constructor Arnung.

1956 Arnung House, Nærum, Denmark

Carried out in collaboration with Bent Alstrup, the house and its ridge roof is characterised by the striking introduction of the semi-basement floor in the composition of the domestic programme and in the organisation of the house. The topographical bumpiness obliges the architect to have recourse to this element in order to erect the house on the uneven terrain. The semi-basement, which takes account of the inclination of the ground, divides the domestic programme into two parts: a closed area intended for the serving spaces and the main area of the house evolving in continuity with the rear garden. The semi-basement, which contains the garage, studio and serving spaces, is illuminated by window spaces opened in the expanse of brick and given character by the wooden lattice. The main floor, where the common inclines of the roof gravitate, is organised in accordance with the varying physical and visual relationships with the garden. The set of steps, which mediates between the living area and the bedroom wing, is determined by the tangential and progressive entrance area, typified by the continuity of the roof. The point of entry, a synthesis of the *porte cochère* of public buildings and of the access pergola of the Utzonian houses is, as a prolongation of the roof, converted into a gable protecting the body of the double door whose sticking-out quality extends the depth of the threshold in a feature typical of the P. V. Jensen-Klint school. The superimposing of filters, the plasticity of the bands of brick and the chromatic vibrancy of the roof with its coloured tiles, characterise the density and tactile richness of this house for the builder Arnung.

Emplazamiento de la casa sobre el desnivel.

The house's location on the uneven ground.

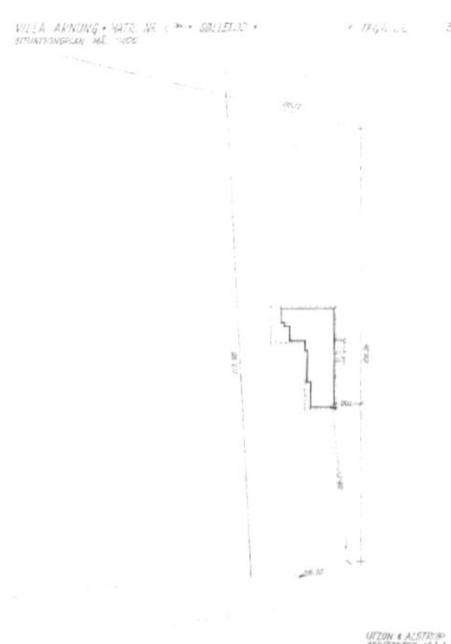

Secciones transversales por la sala y por el ala de habitaciones. Alzado noreste y planta semisótano.

Cross-sections through the living quarters and the bedroom wing. Northeast elevation and plan of the lower-ground floor.

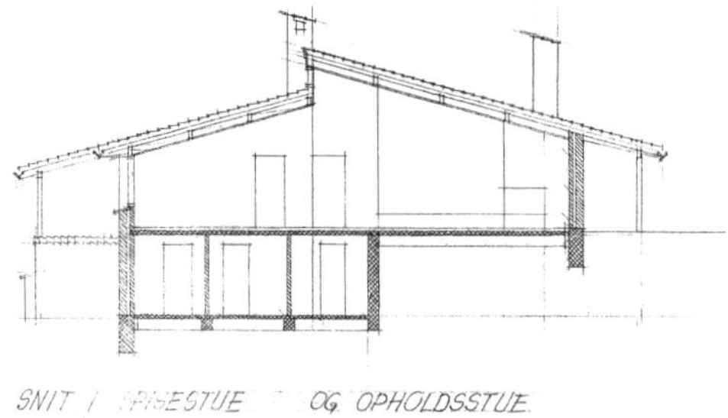

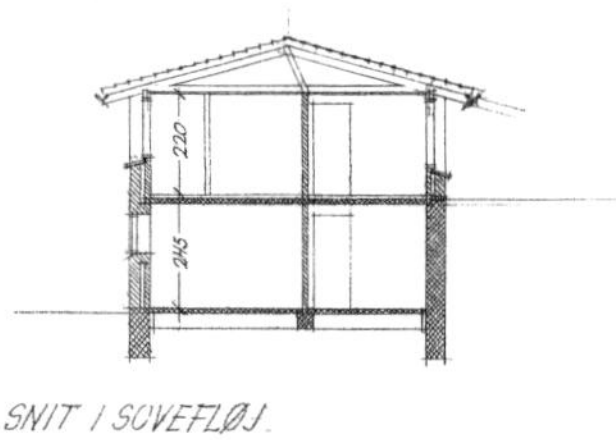

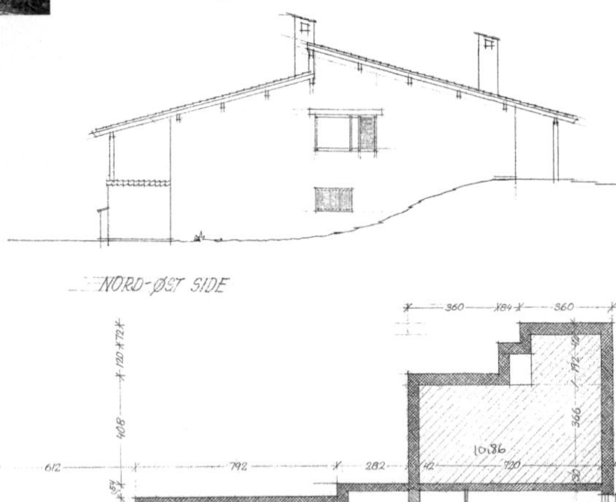

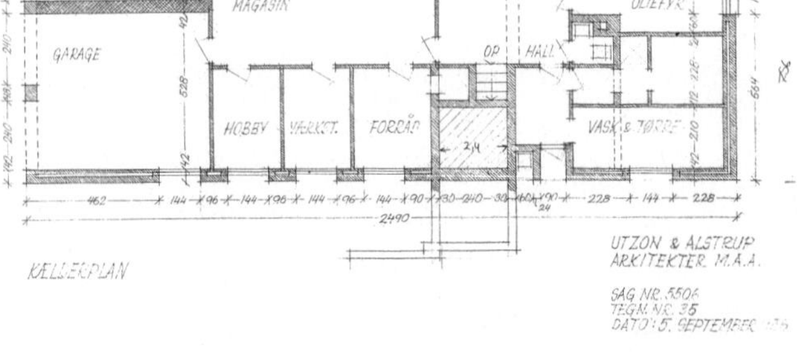

Alzados sureste, noroeste, suroeste y planta baja.

Southeast, northwest and southwest elevations and ground floor.

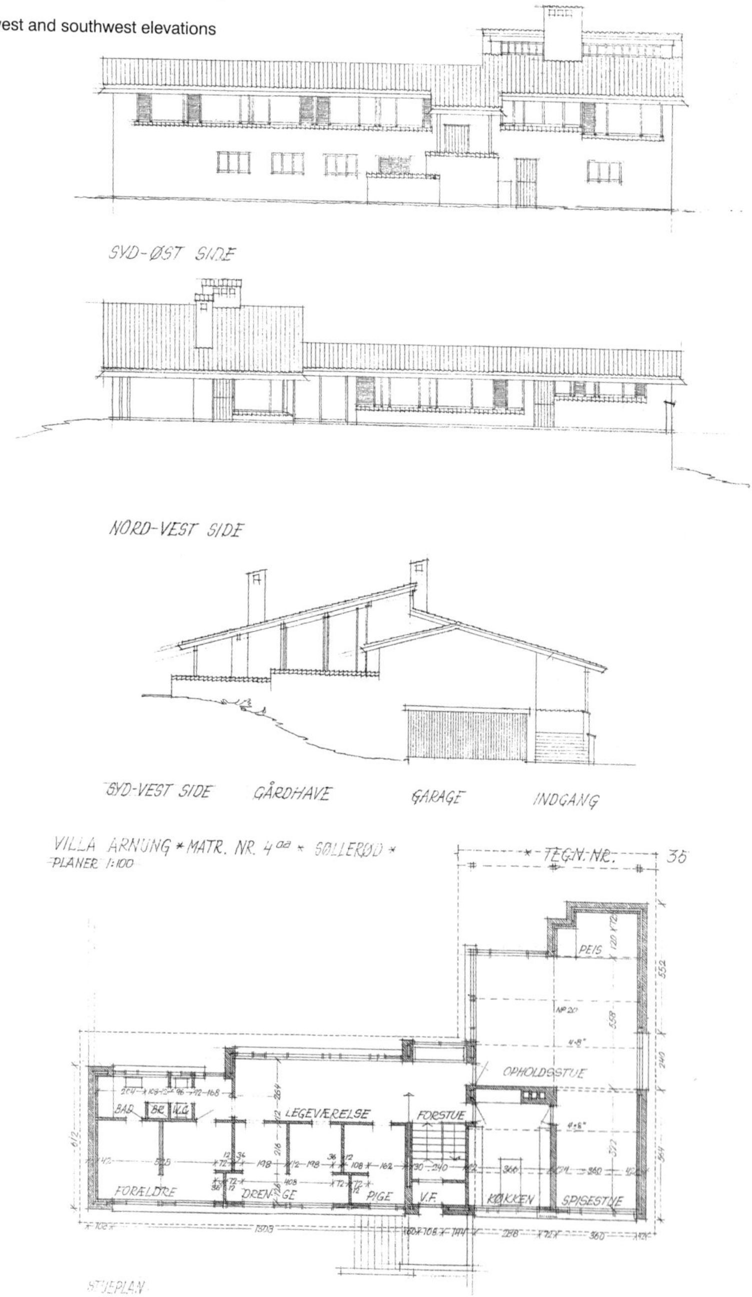

1956 Conjunto de viviendas Kingo, Elsinor, Dinamarca

Tras el concurso de viviendas económicas en Escania (1953), Utzon propone al municipio de Elsinor el desarrollo de la propuesta planteada en dicha convocatoria. El prototipo de casa patio proyectado permite incorporar el deseo de un lugar para desarrollar las habilidades y de disponer de un jardín como ideal del gran número de trabajadores de los astilleros de Elsinor. El sistema de subsidios estatales caracterizado por los bajos intereses contribuye al desarrollo de la propuesta. Las ayudas se establecen sobre el modelo de vivienda de tres habitaciones y hasta un máximo de 110 m^2. El primer prototipo que se construye genera una gran aceptación, y durante el primer fin de semana se venden 17 unidades. Para reducir los costes de la construcción y acogerse a los subsidios estatales, los contratistas acuerdan que se ocuparán de las casas patio durante su tiempo libre, por lo que la construcción del conjunto se dilata. La propuesta se emplaza en un amplio terreno al oeste de la ciudad, caracterizado por un lago donde convergen los marcados accidentes topográficos que se prolongan hacia el bosque de Montebello. Las unidades residenciales se desarrollan sobre la valoración geográfica del entorno, donde la orientación, las vistas o la privacidad respecto a las unidades contiguas establecen una composición paisajística que caracteriza, junto al lago, las zonas libres del interior. La variación simétrica de las unidades, desde el tipo A al tipo E, y su yuxtaposición discontinua permiten la adecuación a las vías especializadas de acceso, las vistas desde los patios y la relación con las viviendas contiguas. El muro que subraya el límite de las unidades se interrumpe y el patio se utiliza como elemento de mediación con la naturaleza circundante. El conjunto se resuelve con una paleta de materiales limitada: la fábrica de ladrillo, la estructura de madera y la cerámica de la cubierta. La armonía con el paisaje reside en la materialidad de las casas y en la naturaleza de los componentes extraídos del entorno: la tierra y la madera.

1956 Kingo housing complex, Elsinore, Denmark

Following the competition for low-cost housing in Scania (1953), Utzon suggested to the city council of Elsinore that be developed the scheme proposed in said call for submissions. The prototype patio-house imagined enabled the skills and ideals of the garden of the many Elsinore shipyard workers to be accommodated. The system of state subsidies fixed by the low interest rates contributed to the development of the project. The grants were established on the model of a house with three bedrooms and up to a maximum 110 m^2. The first prototype built met with wide approval and during the first weekend seventeen units were sold. In order to reduce building costs and to accede to the state subsidies the contractors agreed to concern themselves with the patio-houses during their free time, thus prolonging the construction of the complex. The scheme is sited on an ample stretch of land to the west of the city and characterised by a lake where the pronounced topographical variations which are prolonged towards the Montebello Forest converge. The residential units extend over the geographical valorisation of the surroundings, in which the orientation, views and privacy vis-à-vis the adjacent units establish a landscape composition that typifies, along with the lake, the open areas of the interior. The symmetrical variation of the units, from type A to type E, and their discontinuous succession allow for adaptation to the specialised access roads, the views from the patios and the relationship with the next-door dwellings. The wall that emphasises the boundary line of the units is interrupted and the patio is used as an element of mediation with the surrounding nature. The patio-houses of the complex are conceived with a limited set of materials: brickwork, wood frame and ceramic roof tiles. The harmony with the landscape resides in the materiality of the houses and in the nature of the components drawn from the immediate surroundings: earth and wood.

Emplazamiento preliminar del conjunto.

Initial location of the scheme.

Plantas, alzados y secciones de las unidades de vivienda A y B.

Plans, elevations and sections of A and B housing units.

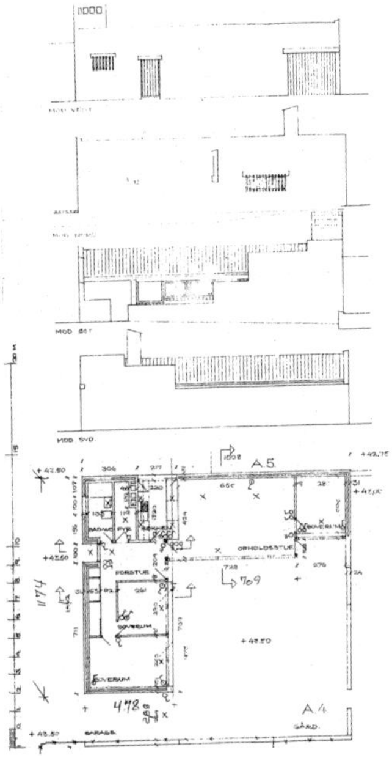

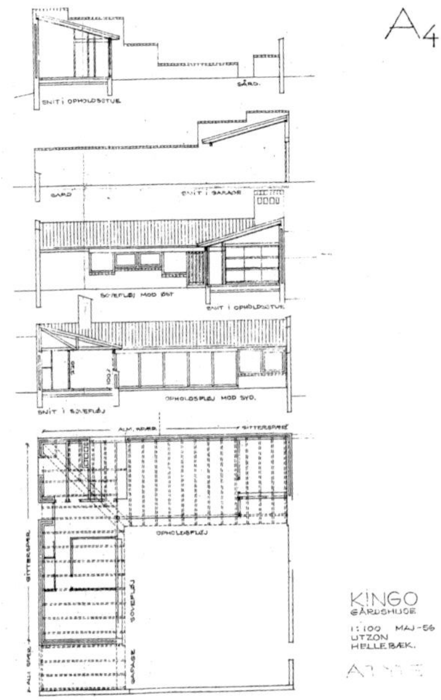

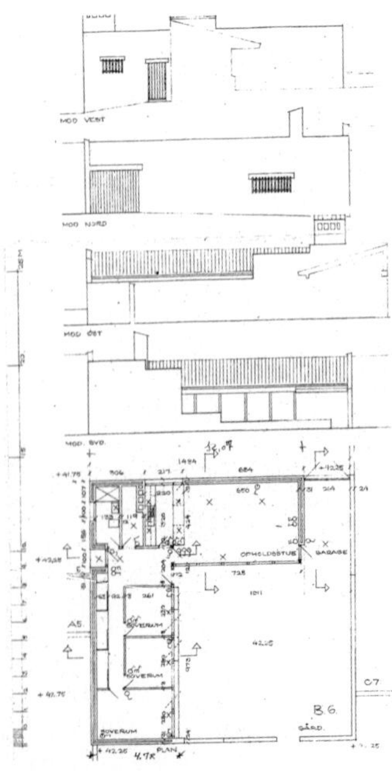

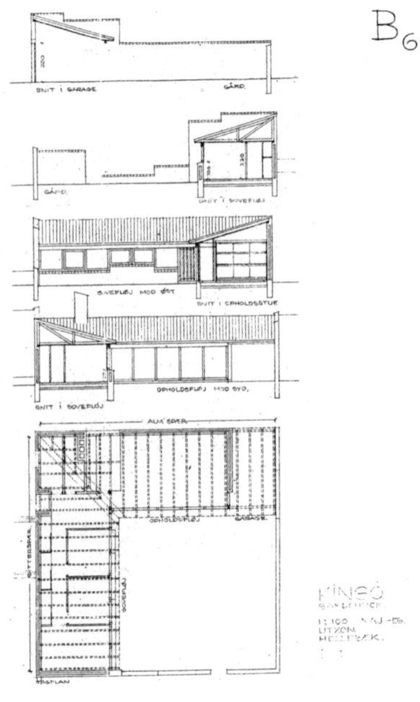

Plantas, alzados y secciones de las unidades de vivienda C y D.

Plans, elevations and sections of C and D housing units.

Plantas, alzados y secciones de la unidad de vivienda E. Sección constructiva del forjado.

Plans, elevations and sections of E housing unit. Constructional section of the floor of the houses.

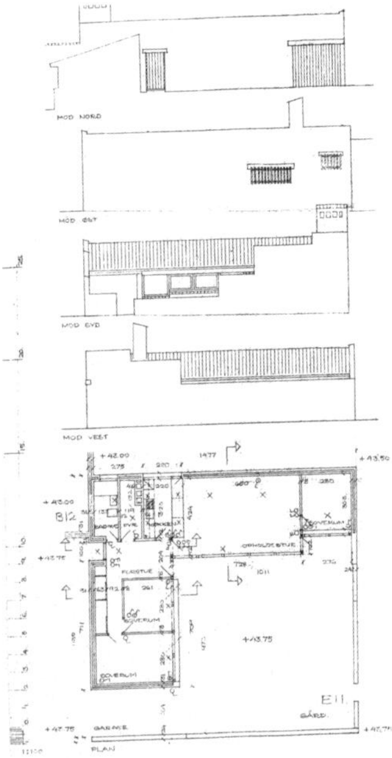

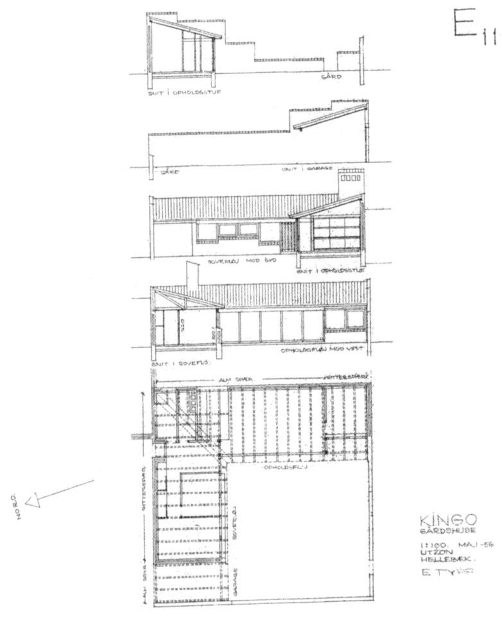

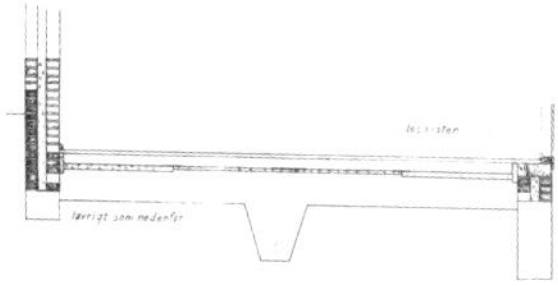

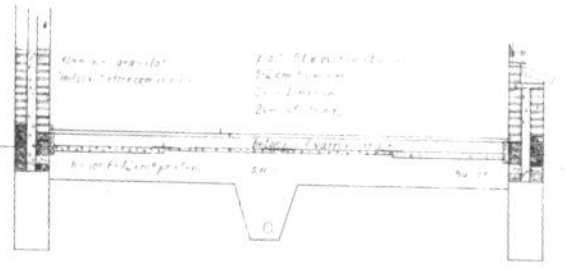

1956 Conjunto de viviendas en Bjuv, Suecia

El conjunto de viviendas se emplaza al sureste de la localidad de Bjuv, en un amplio terreno llano que se extiende junto al cementerio, frente a la trama urbana adyacente a la arteria principal, Södra Storgatan. Las 45 casas patio desarrollan los principios y los mecanismos de adaptación al entorno de las casas proyectadas en Escania (1953). El conjunto está constituido por tres grupos que, al igual que en las viviendas Kingo, no se subordinan al sistema viario, sino que se disponen a partir de la oblicuidad y el desplazamiento. De este modo, la referencia al sistema viario es puntual y abierta, mientras que la secuencia es gradual y continua. Los tres grupos se desarrollan en torno a vías especializadas de calles sin salida, definidas por la sucesión de casas patio que se acomodan en el parque, establecido como elemento continuo y central de la intervención. Asimismo, las casas patio, de doble acceso, transitan desde el ámbito discontinuo de la zona de acceso, al parque abierto y continuo. La variación simétrica de los tipos planteados y el desplazamiento de las unidades provocan la individualidad de cada grupo. No obstante, la fragmentación del ámbito de acceso se contrapone al carácter continuo de la fábrica de ladrillo, las tejas uniformes que delimitan el pretil de los muros y a la unidad de los huecos abiertos que permiten subrayar la continuidad del conjunto. Sin embargo, la propuesta construida por Erik y Henry Andersson, carece del detalle otorgado a los conjuntos de Elsinor (1956) y Fredensborg (1959).

Plantas, alzados y secciones de las unidades de vivienda A y B.

1956 Housing complex in Bjuv, Sweden

The entire group of houses is sited to the southeast of the town of Bjuv, on a spacious, levelled stretch of ground next to the cemetery and facing the urban weave which juts out over the main thoroughfare, Södra Storgatan. The 45 patio-houses develop the principles and mechanisms of adaptation to the environment of the houses planned in Scania (1953). The complex is made up of three groups which, just as in the Kingo houses, are not subordinated to the road system but are established on the basis of obliquity and displacement. In this way the reference to the road system is precise and open, while the sequence is gradual and continuous. The three extend around specialised roadways in a cul-de-sac defined by the succession of patio-houses accommodated in the park, which is established as a continuous, central ingredient of the intervention. In like manner, the patio-houses, with dual access, extend from the discontinuous area of the entry to the open and continuous park. The symmetrical variation of the proposed types and the displacement of the units lead to the individuality of each group. All the same, the fragmentation of the access area contrasts with the continuous nature of the brickwork, the uniform roof tiles which delimit the parapet of the walls and the unity of the open window spaces which permit the continuity of the whole to be emphasised. For all that, the scheme built by Erik and Henry Andersson lacks the detail bestowed upon the complexes in Elsinore (1956) and Fredensborg (1959).

Plans, elevations and sections of A and B housing units.

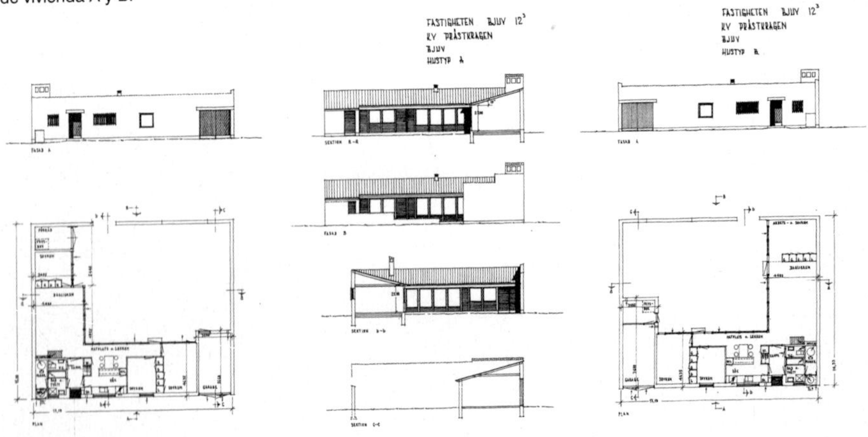

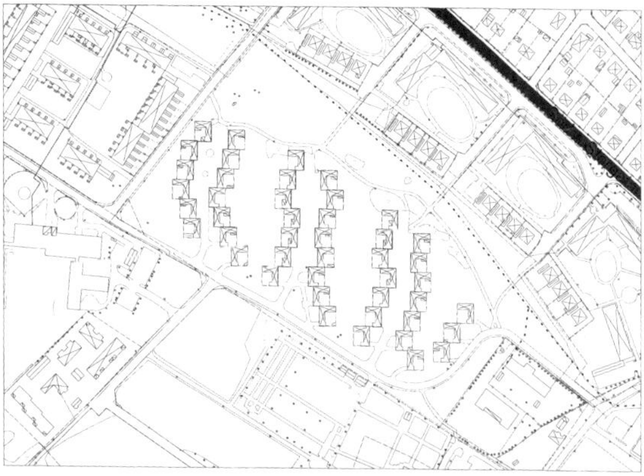

Emplazamiento del conjunto de viviendas.

Location of the housing complex.

1956-1957 Conjunto de viviendas Planetstaden, Lund, Suecia

El conjunto de viviendas Planetstaden se sitúa al este de la ciudad de Lund. Construidas por Erik y Henry Andersson, las 45 casas patio desarrollan los principios del concurso de viviendas en Escania (1953). El conjunto se sitúa entre dos vías perimetrales, Planetgatan y Stjärngatan, que discurren longitudinalmente en la orientación este-oeste. Apoyadas en el sistema viario y con un mecanismo de cuerpos desplazados, las casas patio se cierran a la calle y se extienden sobre el jardín continuo que envuelve el conjunto. Flanqueadas por el viario perimetral, tres vías secundarias determinan, transversalmente, las áreas edificadas. Sobre éstas se desarrolla una sucesión discontinua de unidades caracterizada por los ámbitos de acceso junto a las vías transversales y por la concatenación de los espacios libres abiertos entre los grupos de viviendas. La continuidad de las viviendas sobre la curvatura del viario, la interrupción del grupo y el desplazamiento de las unidades son las características que determinan el perímetro del conjunto, donde el amplio espacio libre sobre la calle se convierte en un lugar colectivo y representativo de las viviendas.

1956-1957 Planetstaden housing complex, Lund, Sweden

Planetstaden housing complex is situated to the east of the city of Lund. Built by Erik and Henry Andersson, the 45 patio-houses develop the constituent elements of the competition for housing in Scania (1953). The complex is set up on two perimetral roadways, Planetgatan and Stjärngatan, which proceed longitudinally in an east-west direction. On the perimental roadways and using the device of displaced bodies, the patio-houses are closed off on the street side and extend over the continuous garden surrounding the complex. Flanked by the perimetral roadway, three secondary roads define, transversally so, the built-up areas. Set out on these secondary roads is a discontinuous succession of units determined by the access areas the transverse roads and the concatenation of open spaces between the groups of dwellings. The continuity of the houses on the curvature of the road system, the interruption of the group and the displacement of the units are the features which go to form the perimeter of the complex, in which the ample open space giving onto the street is converted into a communal and representative location for the dwellings.

Las unidades de vivienda B y C.

Housing units B and C.

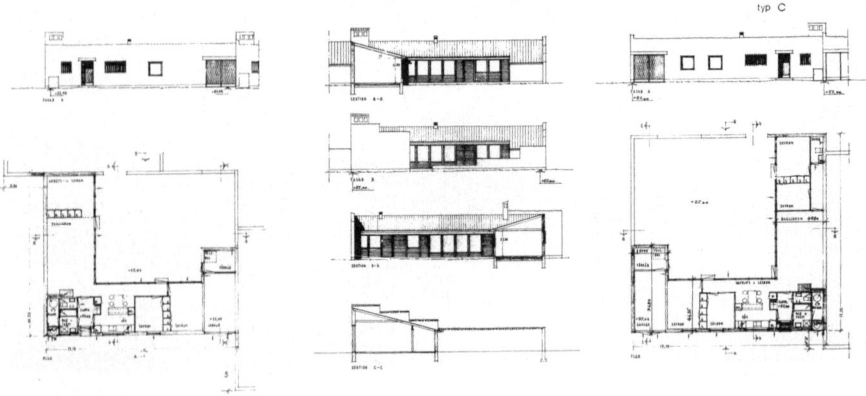

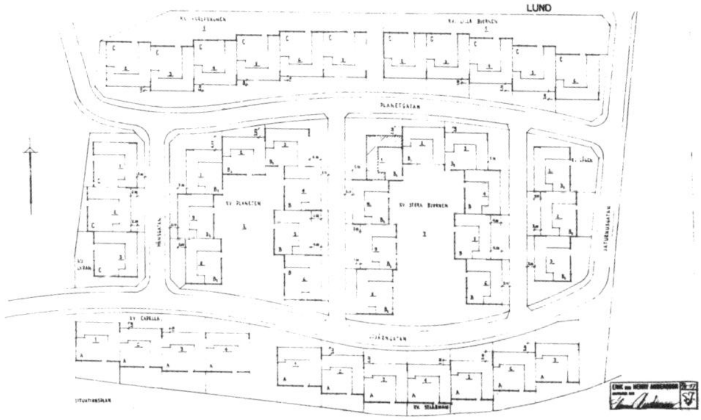

Emplazamiento del conjunto de viviendas y variación tipológica.

Location of the housing complex and typological variation.

Plataformas y mesetas: ideas de un arquitecto danés

La plataforma como elemento arquitectónico resulta algo fascinante. Me enamoré por primera vez de ella en México, durante un viaje de estudios que hice en 1949. Allí encontré muchas variantes, tanto en tamaño como en concepto; muchas de ellas se encuentran aisladas, sin nada más alrededor que la naturaleza.
En México, todas las plataformas fueron situadas y conformadas con una gran sensibilidad hacia el entorno natural y siempre con una profunda idea detrás. Una gran fuerza irradia de ellas. Sientes bajo tus pies la misma sensación de firmeza que cuando estás sobre una gran roca.
Permitidme que ponga dos ejemplos de la brillantez de la idea que yace tras estas plataformas. En Uxmal y en Chichén Itzá, Yucatán, se siguió el mismo principio basado en entornos naturales idénticos. Yucatán ocupa unas tierras bajas cubiertas por una jungla impenetrable que crece hasta una altura uniforme y definida. Los mayas vivían allí en sus poblados con pequeñas parcelas de terreno despejadas para el cultivo; su entorno, tanto el fondo como el techo, era la verde jungla calurosa y húmeda. No había vistas lejanas, ni movimientos hacia arriba o hacia abajo.
Al introducir la plataforma con su nivel superior a la misma altura que las copas de los árboles, esas gentes consiguieron de repente una nueva dimensión de la vida, digna de la devoción a sus dioses. Sobre estas plataformas elevadas —muchas de la cuales alcanzan los 100 m de longitud— construyeron sus templos. Desde allí tenían acceso al cielo, las nubes y la brisa, y, de repente, el techo de la selva se convirtió en una gran llanura abierta. Mediante este truco arquitectónico modificaron completamente el paisaje y dotaron a su experiencia visual de una grandeza acorde con la de sus dioses.
Todavía hoy puede experimentarse esta maravillosa variación de sensaciones que se produce

Platforms and plateaus: Ideas of a Danish architect

The platform as an architectural element is a fascinating feature. I first fell in love with it in Mexico on a study trip in 1949, where I found many variations, both in size and idea of the platform, and where many of the platforms are alone without anything but the surrounding nature.
All the platforms in Mexico were positioned and formed with great sensitivity to the natural surroundings and always with a deep idea behind. A great strength radiates from them. The feeling under your feet is the same as the firmness you experience when standing on a large rock.
Let me give you two examples of the brilliance of the idea behind. In Yucatán, in Uxmal and Chichén-Itzá, the same principle is followed, based on identical natural surroundings. Yucatán is a flat lowland covered with an inaccessible jungle, which grows to a certain uniform defined height. In this jungle the Mayans lived in their villages with small pieces of land cleared for cultivation, and their surrounding, background as well as roof, was the hot, damp, green jungle. No large views, no up and down movements.
By introducing the platform with its level at the same height as the jungle top, these people had suddenly obtained a new dimension of life, worthy of their devotion to their Gods. On these high platforms—many of them as long as 100 metres—they built their temples. They had from here the sky, the clouds and the breeze, and suddenly the jungle roof had been converted into a great open plain. By this architectural trick they had completely changed the landscape and supplied their visual life with a greatness corresponding to the greatness of their Gods.
Today you can still experience this wonderful variation in feeling from the closeness in the jungle to the vast openness on the platform top. It is parallel to the relief you feel here in Scandinavia when after weeks of rain, clouds and darkness,

Plataformas, Yucatán, México.

Platforms, Yucatán, Mexico.

al pasar de la tupida jungla cerrada al vasto espacio abierto de la cima de la plataforma. Es un sentimiento similar al que se siente en Escandinavia cuando, tras semanas de lluvia, nubes y oscuridad, de repente todo ello pasa y el sol aparece de nuevo.
En la India y en Oriente, sin olvidar la Acrópolis de Atenas y Oriente Próximo, numerosas y maravillosas plataformas de diferentes tipos constituyen la espina dorsal de composiciones arquitectónicas, todas ellas basadas en un gran concepto.
Unos pocos ejemplos: la gran mezquita de Delhi es un ejemplo excepcional; está rodeada por los edificios de los mercados y del bazar, entre una barahúnda de tráfico, gente, animales, ruido y edificios bulliciosos. Elevada entre unos tres y cinco metros, constituye una enorme plataforma de arenisca roja rodeada por unas arcadas en sus bordes exteriores. Estas arcadas están cerradas con muros en tres de los lados de la plataforma, de forma que sólo puede verse a través del cuarto lado y, desde ahí, mirando hacia abajo, entrar en contacto con la vida y el desorden de la ciudad. Sobre esta plaza o plataforma se experimenta una profunda sensación de lejanía y una calma total. Con escasos medios se ha obtenido un efecto que ningún cliente o arquitecto hubiera podido soñar de antemano.

you suddenly come through all this, out into the sunshine again.
In India and the East, not forgetting the Acropolis and the Middle East, many wonderful platforms of various kinds are the backbone of architectural compositions and all of them based on a great concept.
A few examples: the big mosque in Old Delhi is an outstanding one. It is surrounded by the markets and the bazaar buildings, placed in a pell-mell of traffic, people, animals, noise and nervous buildings. Here, raised approximately 3 to 5 metres above this is an enormous red sandstone platform surrounded by arcades on the outer contours of the platform. These arcades are closed by walls on three sides of the platform, so that you can look through only at the fourth side, and here, from above, have contact to the life and disorder of the town. On this square of platform, you have a strong feeling of remoteness and complete calmness. An effect no client or architect would have dreamed possible in advance has been achieved with so very few means.
Chinese houses and temples owe much of their feeling of firmness and security to the fact that they stand on a platform with the same outline as that of the roof or sometimes even of larger size, depending upon the importance of the build-

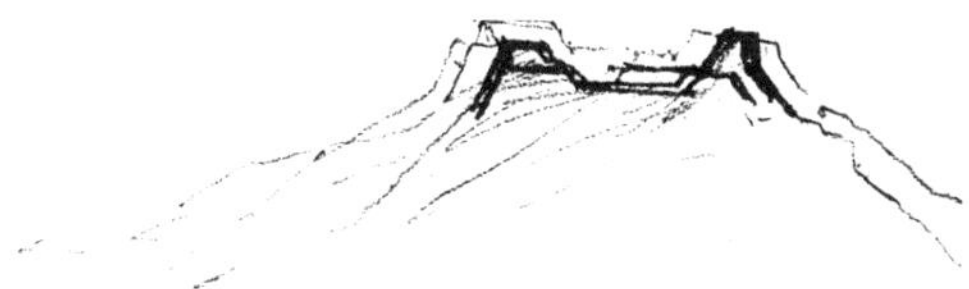

Imágenes y croquis de Monte Albán, México.

Images and sketches of Monte Albán, Mexico.

sensación de lejanía y de paz. Con medios tan escasos se obtuvo un efecto que ningún arquitecto o cliente podría haber soñado de antemano.
Las viviendas y los templos chinos deben gran parte de la sensación de firmeza y seguridad que transmiten al hecho de que se apoyan sobre una plataforma, elemento que suele tener las mismas dimensiones que el techo, o a veces mayores, de acuerdo con la importancia del edificio.
El juego entre la cubierta y la plataforma produce un efecto mágico.
En las casas tradicionales japonesas, el piso es una delicada plataforma tratada como si fuera un puente. Es algo así como la superficie de una mesa, y uno no camina por encima de esta superficie. Es un mueble. En las casas japonesas nos atraen los pisos, así como en las casa europeas nos atraen las paredes. En una casa europea uno quiere sentarse junto a la pared; en el Japón desea sentarse sobre el piso, más que caminar sobre él.
La vida en los hogares japoneses se expresa en los movimientos de sentarse, recostarse o caminar casi a gatas. Contrariamente a la sólida sensación de roca que brindan las plataformas mexicanas, aquí uno se siente como si estuviera parado sobre un pequeño puente de madera, dimensionado sólo para sostener nuestro peso y ni una brizna más.
Un refinamiento que se agrega a la expresividad

ing. There is magic in the play between roof and platform.
The floor in a traditional Japanese house is a delicate bridge-like platform. This Japanese platform is like a tabletop and you do not walk on a tabletop. It is a piece of furniture. The floor here attracts you as the wall does in a European house. You want to sit close to the wall in a European house, and here in Japan you want to sit on the floor and not walk on it. All life in Japanese houses is expressed in sitting, lying or crawling movements. Contrary to the Mexican rock-like feeling of the platform, here you have a feeling similar to the one you have when standing on a small wooden bridge, dimensioned to take just your weight and nothing more. A refined addition to the expression of the platform in the Japanese house is the horizontal emphasis provided by the movements of the sliding doors and screens, and the black pattern made by the edges of the floor mats accentuate the surface.
An almost violent but highly effective and wonderful contrast to this calm, linear, natural-coloured architecture is created by the Japanese women moving noiselessly around like exotic butterflies in their gaily coloured silk kimonos.
The second example from Mexico is Monte Albán, an ingeniously chosen site for devotion to the

Croquis del templo oriental.

Con sus movimientos silenciosos y ataviadas con sus quimonos de seda de alegres colores, como si fueran mariposas exóticas, las mujeres japonesas crean un contraste casi violento, aunque altamente efectivo, frente a esta arquitectura tranquila, lineal y de colores naturales.
El segundo ejemplo de México es Monte Albán, un lugar ingeniosamente escogido para adorar a los dioses. El ordenamiento o la adaptación que el hombre ha llevado a cabo en ese lugar ha dado como resultado algo aún más fuerte que la naturaleza, confiriéndole un contenido espiritual.
Esa pequeña montaña, Monte Albán, casi una pirámide, domina tres valles a las afueras de Oaxaca, una ciudad del sur de México: falta el vértice de la pirámide, dejando una gran parte plana de unos 500 x 300 m. Al introducir las escalinatas y los edificios escalonados al borde de la plataforma y dejar la parte central a un nivel más bajo, la cima de la montaña se ha convertido en algo completamente independiente que flota en el aire, separado de la tierra; desde allí arriba no se ve otra cosa que el cielo y las nubes que pasan: un nuevo planeta.
Algunos de mis proyectos recientes se basan en este elemento arquitectónico: la plataforma. Además de su fuerza arquitectónica, la plataforma ofrece una buena respuesta a los problemas actuales de tráfico. La simple idea de que los coches puedan pasar por debajo de una superficie, reservada al peatón, puede desarrollarse de muchas maneras.
La mayor parte de nuestras bellas plazas europeas sufren por culpa de los coches. Los edificios, que anteriormente "hablaban entre sí" a través de una plaza, ya fuera en sistemas axiales o en composiciones equilibradas, ya no pueden hacerlo a causa del flujo de tráfico. La altura de los coches, la velocidad a la que circulan y su comportamiento sorprendentemente ruidoso hacen que nos alejemos de las plazas, que solían ser lugares tranquilos para pasear.
En algunos de los esquemas que aquí se muestran existen varios niveles de tráfico bajo la plataforma: para la comunicación peatonal a cubierto, para el tráfico rodado y aparcamientos.

Sketches of the Oriental temple.

Gods. The human regulation or adaptation of the site has resulted in something even stronger than nature and has given it spiritual content.
The little mountain, Monte Albán, almost a pyramid, dominates three valleys outside the town, Oaxaca, in Southern Mexico. The top of the pyramid is lacking and leaves a great flat part, approximately 500 metres by 300 metres. By the introduction of the staircase arrangements and step-like buildings on the edge of the platform and keeping the central part at a lower level, the mountain top has been converted into a completely independent thing floating in the air, separated from the earth, and from up there you see actually nothing but the sky and the passing clouds—a new planet.
Some of my projects from recent years are based on this architectural element, the platform. Besides its architectural force, the platform gives a good answer to today's traffic problems. The simple thing that cars can pass underneath a surface, which is reserved for pedestrian traffic, can be developed in many ways.

Croquis de la cubiertas sobre la plataforma.

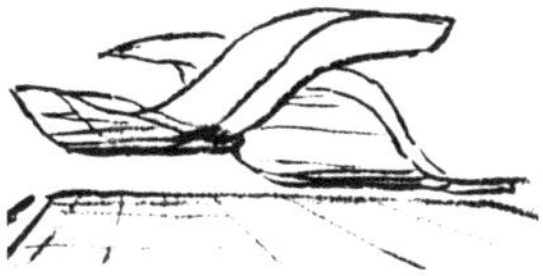

Los edificios se levantan sobre una plataforma, apoyándose mutuamente en una composición no perturbada por el tráfico.
En el proyecto de la Ópera de Sídney, la idea ha sido dejar que la plataforma cortara al edificio como un cuchillo y separar totalmente las funciones primarias de las secundarias. Sobre la plataforma, los espectadores disfrutan de la obra acabada, y debajo de ella tienen lugar todos sus preparativos.
Es muy importante expresar la plataforma y evitar destruirla al empezar a construir sobre ella. Una cubierta plana no expresa la "planeidad" de la plataforma.
Tal como muestran los esquemas para la Ópera de Sídney y la escuela de secundaria de Elsinor, pueden verse cubiertas, formas curvas, que cuelgan más arriba o más abajo sobre la meseta. El contraste entre las formas y las alturas que cambian constantemente entre estos dos elementos da como resultado espacios de gran fuerza arquitectónica; éstos son posibles gracias a los modernos enfoques estructurales de la construcción en hormigón que tan bellas herramientas ha puesto en las manos del arquitecto.

Jørn Utzon, 1962

Sketches of roofs above the platform.

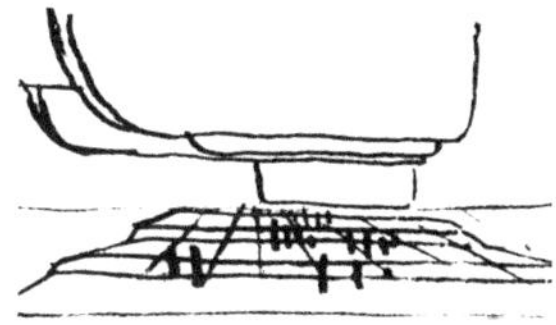

Most of our beautiful European squares suffer from cars. Buildings that "spoke to each other" across a square, either in axis systems or in balanced composition, are not corresponding any more because of the traffic flow. The height of the cars, their speed and surprisingly noisy behaviour make us keep away from squares, which used to be restful places for walking.
In some of the schemes shown there are various traffic layers under the platform—for covered pedestrian intercommunication, for car traffic and for parking. The buildings stand on top of the platform supporting each other in an undisturbed composition.
In the Sydney Opera House scheme, the idea has been to let the platform cut through like a knife and separate primary and secondary functions completely. On top of the platform the spectators receive the completed work of art and beneath the platform every preparation for it takes place.
To express the platform and avoid destroying it is a very important thing, when you start building on top of it. A flat roof does not express the flatness of the platform.
As shown here in the schemes for the Sydney Opera House and the High School in Elsinore, you can see roofs, curved forms, hanging higher or lower over the plateau. The contrast of forms and the constantly changing heights between these two elements result in spaces of great architectural force made possible by the modern structural approach to concrete construction, which has placed so many beautiful tools in the hands
of the architect.

Jørn Utzon, 1962

1956-1973 Ópera de Sídney, Australia

En diciembre de 1955, el Estado de Nueva Gales del Sur convoca el concurso para la Ópera de Sídney. La iniciativa fue promovida por el violinista y compositor británico Eugene Goossens, con el apoyo del primer ministro laborista J. J. Cahill y del profesor de la Escuela de Arquitectura en la University of Sydney, Henry Ingham Ashworth. La convocatoria internacional, que emplaza la Ópera en Bennelong Point, en el centro del puerto de Sídney, tuvo gran repercusión y contó con la participación de 233 proyectos, entre los que destacan las propuestas de Alison y Peter Smithson o la del australiano Harry Seidler. El jurado, formado en enero de 1957 por Sir Leslie Martin, Eero Saarinen, Henry Ingham Ashworth y Cobden Parkes, otorga el primer premio a la propuesta del danés Jørn Utzon. Síntesis de las plataformas precolombinas y orientales con las que se funde la evocación a las ruinas clásicas, la propuesta tiene en los bastiones masivos del castillo de Kronborg en Elsinor y en las iglesias góticas la referencia a "formas frente a una línea horizontal como la del mar o las nubes, sin una sola línea vertical, nada que constituya un peso, formas que son distintas desde todos los ángulos". La plataforma masiva que contiene todas las funciones contrasta con la vibración plástica de las cáscaras ingrávidas que albergan los dos auditorios y el restaurante, cuyo modelado escultórico emerge sobre el extenso ámbito geográfico de la bahía. En la profundidad del puerto de Sídney, se erige el valor iconográfico de las vigorosas cáscaras blancas. Keld Helmer-Petersen describe el croquis preliminar de la propuesta, "el primer croquis para la Ópera fue realizado a carboncillo en un gran formato y presenta una serie de formas naturales intensamente curvas que irradian hacia todas las direcciones; juncos o hierbas, una mata que parece crecer, que se despliega sobre el papel con energía y que se mantiene en su sitio gracias a una amplia línea horizontal. Los tensos arcos de hormigón del proyecto terminado presentan exactamente el mismo movimiento".

1956-1973 Sydney Opera House, Australia

In December 1955 the state of New South Wales convoked the competition for the Sydney Opera House. The initiative was promoted by the British violinist and composer Eugene Goossens with the support of the Labour Prime Minister J. J. Cahill and the professor of the School of Architecture at the University of Sydney, Henry Ingham Ashworth. The international call for submissions, which sited the Opera House in the middle of Sydney Harbour, had an enormous repercussion and relied on the participation of 233 projects, notable among which were schemes by Alison and Peter Smithson or that of the Australian, Harry Seidler. The jury, formed in January 1957 by Sir Leslie Martin, Eero Saarinen, Henry Ingham Ashworth and Cobden Parkes, gave first prize to the proposal of the Dane, Jørn Utzon. A synthesis of pre-Columbian and Oriental platforms combined with evocations of classical ruins, the scheme possesses, in the massive bastions of Kronborg Castle in Elsinore and in Gothic churches, its reference to"forms against a horizontal line like the sea or the clouds without a single vertical line, nothing constituting a weight, and with forms that are different from all angles." The massive platform containing all the functions contrasts with the visual vibrancy of the weightless shells housing the two auditoria and the restaurant whose sculptural modelling emerges above the extended geographical area of the bay. Establishing itself in the deep space of Sydney Harbour is the iconographic meaning of the forceful white shells. Keld Helmer-Petersen describes the preliminary sketch of the scheme: "The first sketch for the Opera House was done in large size in charcoal and is a series of strongly curved natural shapes that radiate in all directions, reeds or grasses, a tuft that seems to grow, energetically unfolded on paper and kept in place by a broad horizontal line. The finished project shows exactly the same movement in its tense concrete arches."

Croquis preliminar.

Initial sketch.

1956 Propuesta del concurso

"La arquitectura resalta el carácter de Bennelong Point y aprovecha al máximo las vistas. Del mismo modo que sucedía en los teatros griegos, el acceso de los espectadores es fácil y se encuentra claramente marcado por unas sencillas escalinatas. Existe una distinción clara entre las distintas funciones en lo que respecta al sonido, las normativas contra incendios y la técnica teatral, así como entre los espectadores, los actores y los técnicos de escena. La solución de escenarios laterales deprimidos una planta resuelve los problemas de acústica de los técnicos de escena durante las representaciones. Las salidas directas a las terrazas desde cualquier sala en cualquiera de las plantas de la Ópera cumplen con los requerimientos de la normativa contra incendios. Se han evitado completamente los espacios muertos en las salidas de incendios. Gracias a la depurada solución de las escalinatas, los espectadores procedentes de coches, trenes y ferris son conducidos, como un cortejo festivo, hacia sus respectivas salas. Se ha previsto una conexión cubierta entre las distintas partes del edificio. Las cáscaras de hormigón ligeras suspendidas acentúan el efecto de la plataforma y el carácter de las escalinatas. El techo y las paredes, de paneles acústicos de madera, se prolongan en las puertas "levadizas" cerrando los vestíbulos y zonas de acceso que, a su vez, dan a zonas al aire libre a través de puertas "levadizas" de vidrio. Esta estructura implica la posibilidad de abrir totalmente al exterior las salas, vestíbulos y zonas públicas durante los intermedios, siempre que el tiempo lo permita, y ofrece a los espectadores la percepción completa de las cáscaras suspendidas mientras caminan por los vestíbulos dominando la hermosa vista del puerto. El resto del emplazamiento debería conservar un carácter pétreo similar al de la plaza situada frente a la escalinata de acceso, con flores y plantas colocadas en grandes maceteros y jarrones. Todo el exterior irradia ligereza y alegría, contrastando de forma clara con los edificios cúbicos del puerto de Sídney".
Memoria presentada al concurso.

1956 The competition proposal

"The architecture emphasises the character of the Bennelong Point and takes the greatest possible advantage of the view. The approach of the audience is easy and as distinctly pronounced as in Grecian theatres by uncomplicated stairways. There is a clear distinction between the different functions in regard to sound, fire regulations and theatrical technique as well as between audience, actors and stage technicians. The solution of one-storey, depressed side-stages solves the difficult acoustics of the stage-technicians during performances. The requirements of the fire regulations have been met by exits directly onto terraces from any room on any floor of the Opera House. Dead space for fire escapes has been completely avoided. The audience is assembled from cars, trains and ferries and led like a festive procession into the respective halls, thanks to the pure staircase solution. A covered connection between all different parts of the building has been provided for. Light, suspended concrete shells accentuate the plateau effect and the character of the staircase constructions. Ceiling and walls of wooden acoustic panels continue in 'overhead' doors closing toward foyers and entrance areas, which in their turn are closing toward open-air areas with 'overhead' glass doors. This construction implies the possibility of a complete opening of halls, foyers and public areas to the open air during the intermission, weather permitting, and offers to the audience the full sensation of the suspended shells while moving through the foyers commanding the beautiful view of the harbour. The remaining site should retain a stone-like character similar to the flagged square in front of the entrance staircase with flowers and plants in big boxes and jars. The whole exterior radiates lightness and festivity and stands in a clear contrast to the square harbour buildings of Sydney."
Statement presented to the competition.

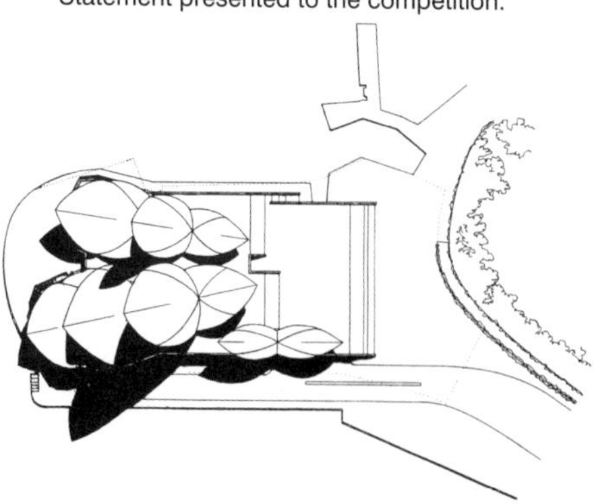

Emplazamiento.

Location.

Alzados norte y este. Planta baja y perspectiva del espacio entre los dos auditorios.

North and east elevations. Ground floor and perspective of the area between the two auditoria.

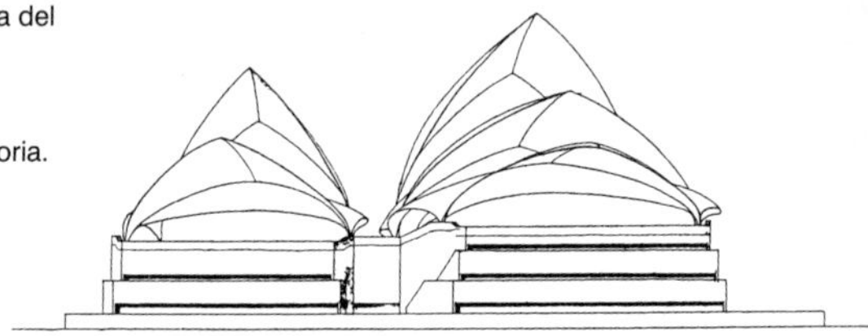

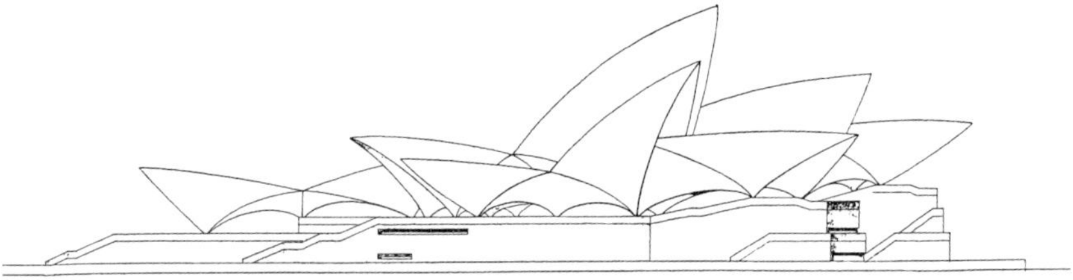

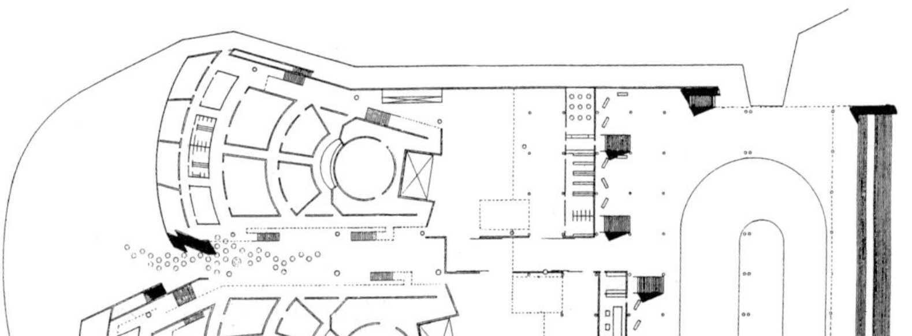

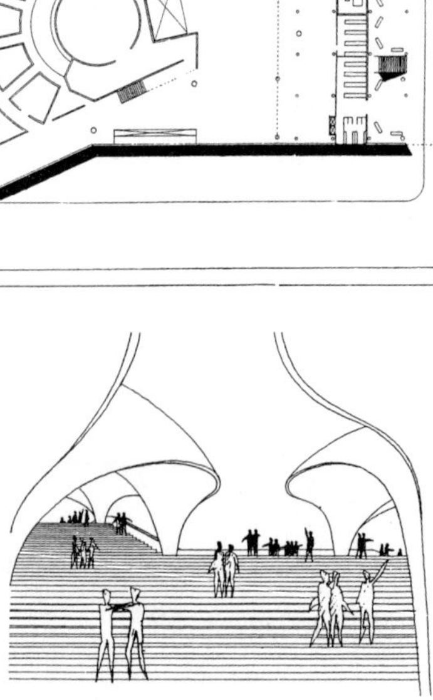

Alzados sur y oeste. Planta de los auditorios.
Sección del auditorio mayor.

South and west elevations. Plan of the auditoria.
Section of Major Hall.

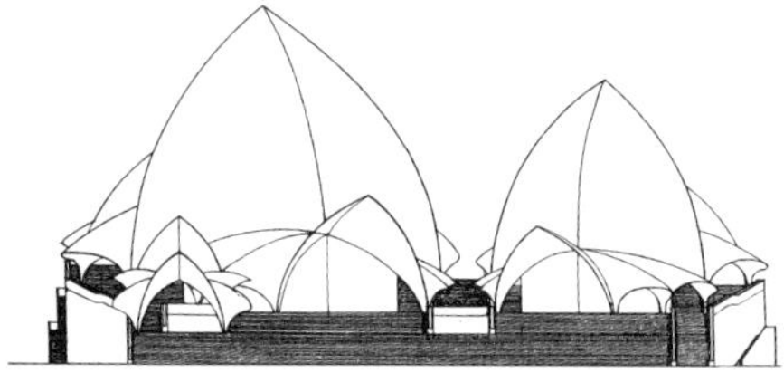

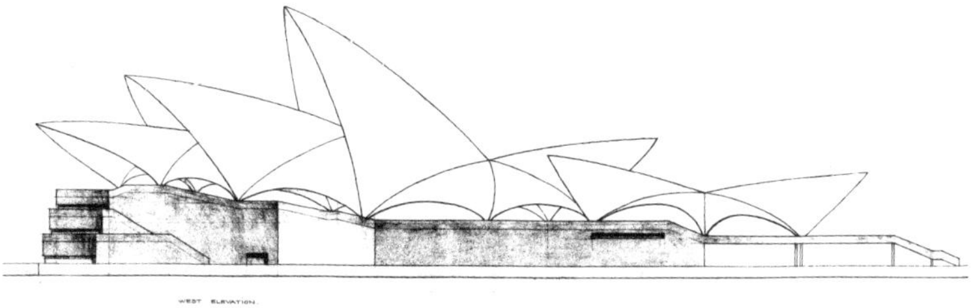

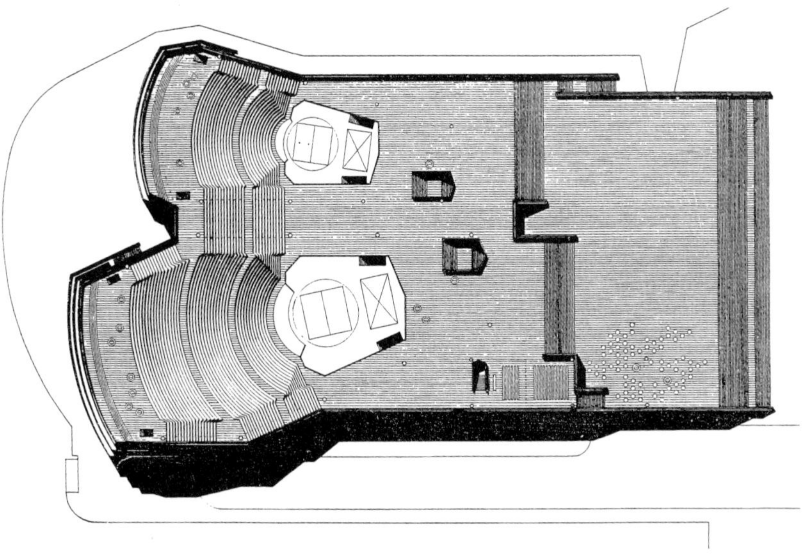

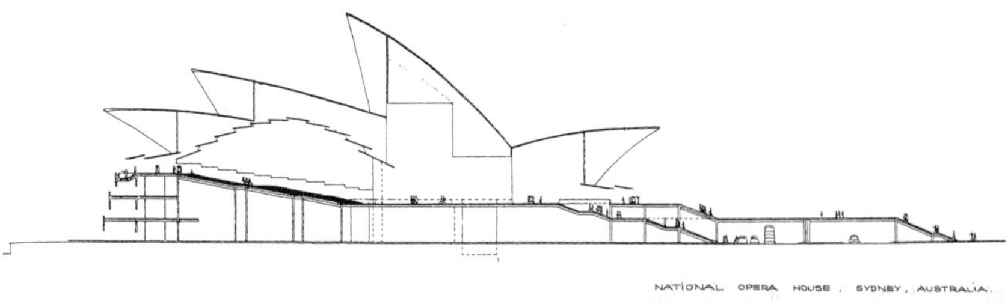

1958 Primeros estudios: *Red Book*

En julio de 1957 Utzon llega a Sídney por primera vez y presenta al Ayuntamiento la maqueta de la propuesta, cuyas cubiertas ingrávidas capturaron la atención internacional. La sucesión de las cáscaras y su elocuencia plástica acentúan el valor de los auditorios como foco visual en el interior de la bahía de Sídney. La plataforma masiva donde gravitan las cáscaras suspensas abarca la totalidad de la península. "¡Está bien! ¡Así es como ubicaban los templos en la antigüedad!" declara a la prensa. El jurado, que subraya el carácter masivo de la plataforma y el pulso plástico de las cubiertas, escribe: "[este proyecto] crea una composición arquitectónica sorprendente y admirablemente adecuada para Bennelong Point. Las formas blancas a modo de velas de las bóvedas en forma de cáscara se relacionan con el puerto de forma tan natural como la de las velas de los barcos. Es difícil imaginar una silueta mejor para esta península". Y añade, "estamos seguros de que presentan un concepto de Ópera capaz de convertirse en uno de los grandes edificios del mundo". El proyecto que se desarrolla en Hellebæk cuenta con la colaboración de la ingeniería de Ove Arup & Partners en Londres, mientras que, en Copenhague, el profesor Vilhelm Lassen Jordan y Steensen & Varming analizan la acústica y las instalaciones, respectivamente. "La primera tarea era definir geométricamente la forma de las cáscaras", escribe Ove Arup. En marzo de 1958, se presenta el material producido en una publicación denominada *Red Book*, donde se adopta un esquema preliminar parabólico para la estructura de las cáscaras. La construcción, promovida por el primer ministro J. J. Cahill, se divide en tres fases: la primera, establece la plataforma; la segunda, erige las cáscaras y, la tercera, completa el desarrollo de las salas y los cerramientos.

1958 Development: the *Red Book*

In July 1957 Utzon arrived in Sydney for the first time and presented the model of the scheme, whose weightless roofs have grabbed the attention the world over, at City Hall. The succession of shells and their visual eloquence accented the meaning of the auditoria as a visual focus within Sydney Harbour. The massive platform on which the suspended shells rest spanned the entirety of the peninsula. "It's okay! This is the way they placed temples in the old days!" Utzon declared to the press. The jury, which underlined the massive nature of the platform and the plastic firmness of touch of the roofs, wrote: "This creates a striking architectural composition admirably suited to Bennelong Point. The white sail-like forms of the shell vaults relate as naturally to the Harbour as the sails of its yachts. It is difficult to think of a better silhouette for this peninsula." And added, "We are convinced that they present a concept of an Opera House which is capable of becoming one of the great buildings of the world." The design, which was developed in Hellebæk, relied on the engineering input of Ove Arup & Partners in London, while in Copenhagen, Professor Vilhelm Lassen Jordan and Steensen & Varming analysed the acoustics and the installations, respectively. "The first task was to define the shape of the shells geometrically," wrote Ove Arup. In March 1958 the material produced was presented in a publication known as the *Red Book*, in which a preliminary parabolic schema was adopted for the structure of the shells. The actual building work, instigated by Prime Minister J. J. Cahill, was divided into three phases: the first was to set up the platform; the second to mount the shells; and the third to complete the development of the concert halls and outer walls.

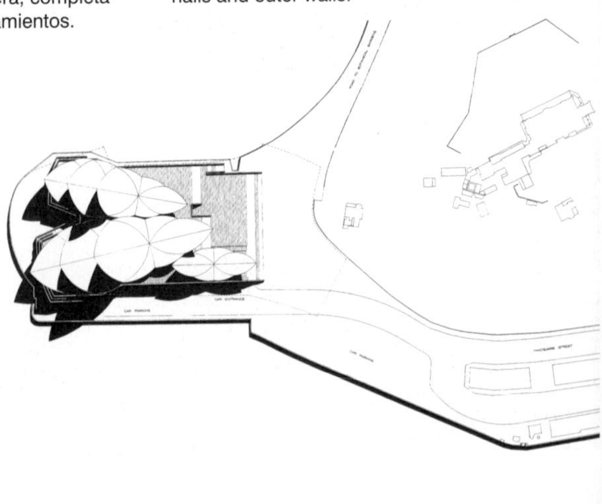

Emplazamiento, *Red Book*, 1958.

Location, the *Red Book*, 1958.

Croquis de las cáscaras presentado en el *Red Book*. Esquema preliminar parabólico y maqueta inicial.

Sketch of the shells presented in the *Red Book*. Preliminary parabolic schema and initial model.

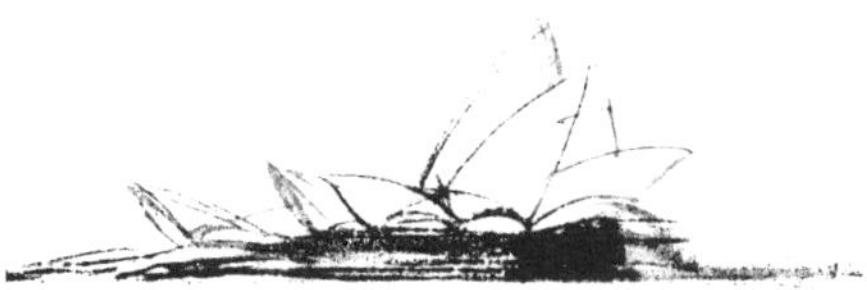

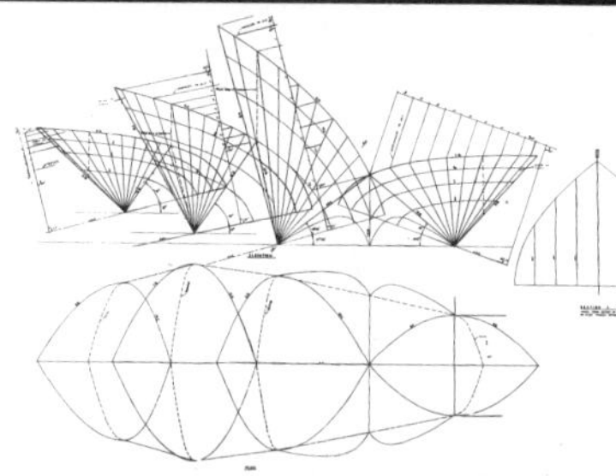

Alzados norte y este. Planta baja y sección del auditorio menor.

North and east elevations. Ground floor and section of Minor Hall.

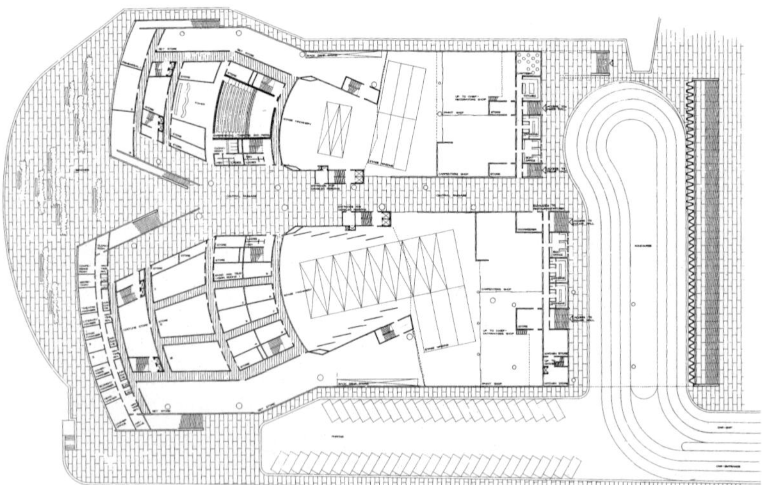

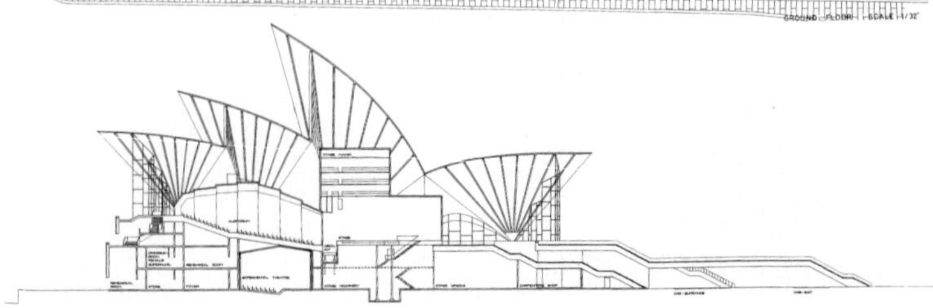

Alzados sur y oeste. Planta de los auditorios.
Sección del auditorio mayor.

South and west elevations. Plan of the auditoria.
Section of Major Hall.

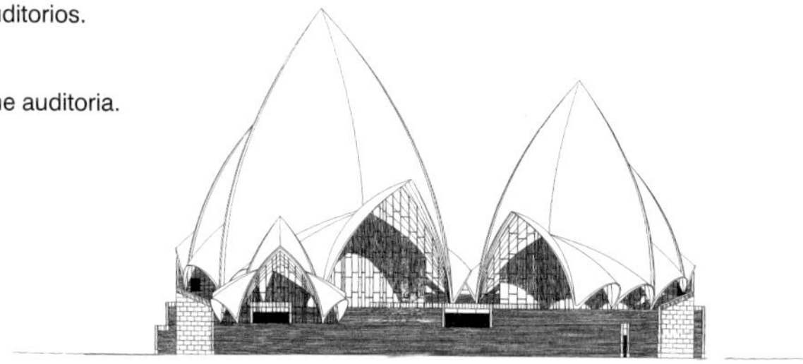

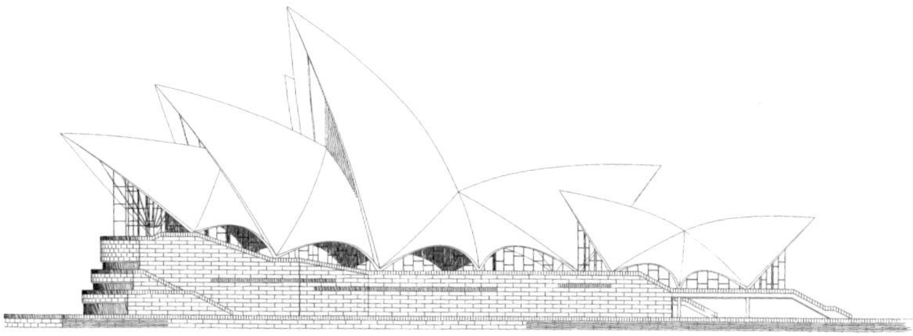

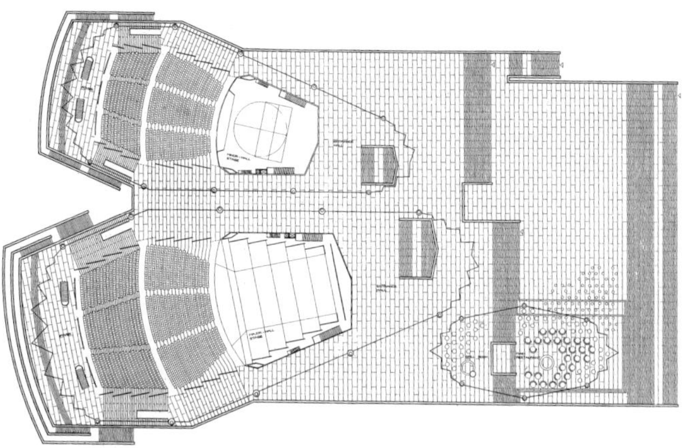

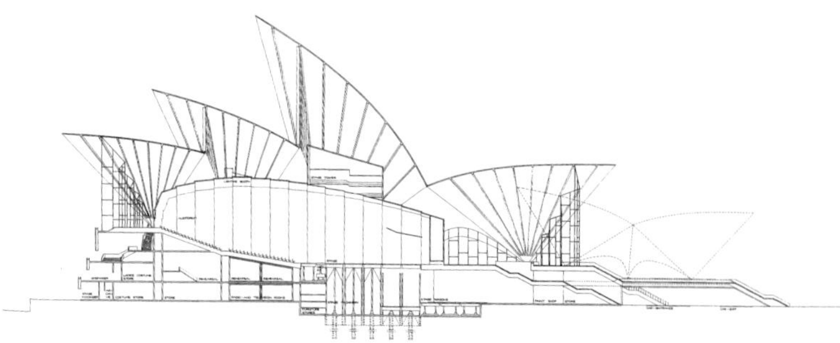

1959 Primera fase: la plataforma

Con una ceremonia celebrada el 2 de marzo de 1959 se inicia la construcción de la Ópera de Sídney. La plataforma pública y la procesión, solemne caracterizan la primera fase de la Ópera donde la audiencia se separa de lo cotidiano y el ajetreo multitudinario de los espectadores alcanza la visión panorámica de la bahía. La *porte cochère* concebida en el concurso situaba un apoyo intermedio que dividía la circulación de los vehículos bajo la escalera principal de acceso al podio. En el desarrollo de la plataforma, Ove Arup plantea una estructura de vigas que cubren una luz de 50 m y cuyo perfil expresa la distribución de fuerzas. En el centro del vano, donde se registran los momentos positivos, la sección se desplaza a la parte superior, mientras que en los extremos, donde los momentos son negativos, la sección absorbe la compresión en la parte inferior. Desde el interior de la *porte-cochère* se percibe la continuidad del planteamiento y la transición gradual de una sección a la otra. Sobre el vigoroso forjado plegado que se deja visto, para Utzon "una estructura audaz exige unos acabados modestos", se propone un plano horizontal continuo. "Las losas plegadas del techo, de forma ahusada, constituyen un sistema de drenaje ideal. Las losas de granito de la plataforma, se colocan con juntas abiertas para permitir que corra el agua entre ellas, de tal modo que la plataforma entera trabaja como un tamiz". La construcción de la plataforma resume el fruto de una colaboración entre la arquitectura y la ingeniería, en un esfuerzo por integrar los aspectos técnicos con los formales. Mientras, las cáscaras continúan en estudio.

1959 First phase: the platform

With a ceremony held on 12 March 1959, the construction began of the Sydney Opera House. The public platform and the solemn procession characterise the Opera House's first phase, in which the audience parts company with the everyday world and the exuberant bustle of the spectators takes in the panoramic view of the bay. The *porte cochère* conceived in the competition situates an intermediary pillar which divides the traffic circulation below the main access staircase to the podium. In the development of the platform Ove Arup conceives a structure of beams which cover a 50-metre span and whose profile expresses the distribution of forces. In the middle of the gap, where the positive bending moments are registered, the section is displaced to the upper part, while at the ends, where the bending moments are negative, the section takes account of the compression in the lower part. From inside the *porte cochère* one perceives the continuity of approach and the gradual transition from one section to the other. On the forceful folded deck, which remains untreated, for Utzon "an audacious structure calls for a modest finish," a continuous horizontal plane is proposed. "The folded roof slabs, tapered in shape, form an ideal system of drainage. The granite slabs of the platform are placed with open joints to allow the water to run off between them, in such a way that the entire platform functions as a filter." The construction of the platform encapsulates the fruit of a collaboration between architecture and engineering, in an effort to integrate the technical aspects with the formal ones. In the meantime the shells were still under consideration.

Detalle del conjunto de vigas que configuran la *porte cochère*. Croquis de la estructura continua de la plataforma. Construcción de la plataforma, octubre de 1961.

Detail of the set of beams that form the *porte cochère*. Sketch of the continuous structure of the platform. Construction of the platform, October 1961.

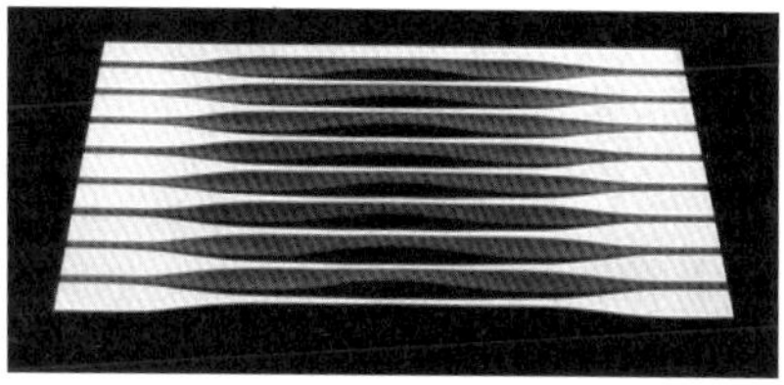

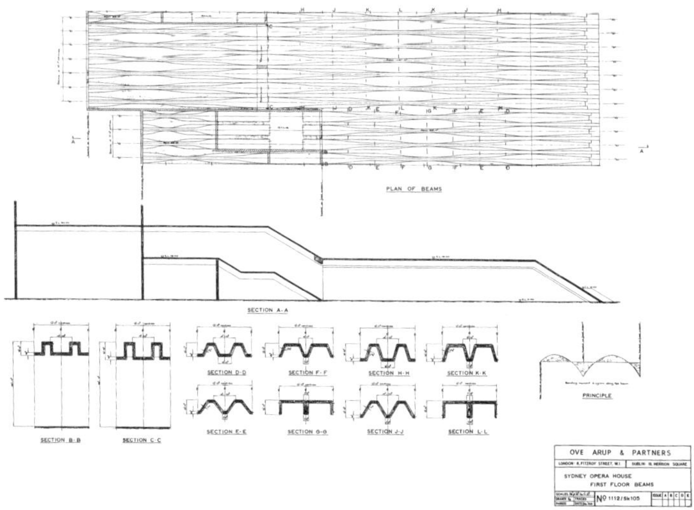

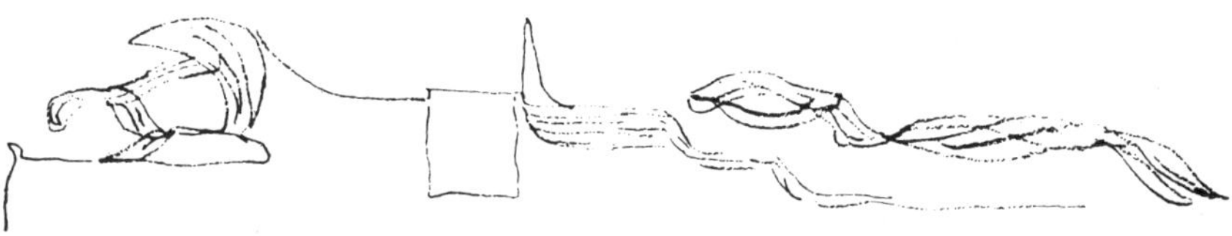

1959-1967 Segunda fase: las cáscaras

Mientras la plataforma se construye en Sídney, en Hellebæk y en Londres se desarrolla la estructura de las cáscaras. Los esquemas preliminares, parabólicos, circulares y elípticos, tratan de aproximarse al perfil de las cáscaras propuestas en el concurso. Sin embargo, la solución presentada en el *Yellow Book* surge en Hellebæk, “tras tres años de intensa búsqueda de una geometría básica para el complejo de cáscaras, en octubre de 1961 llegué a la solución esférica que aparece aquí. La llamo mi ‘clave de las cáscaras’ porque resuelve todos los problemas de construcción al crear el potencial para la fabricación en serie, la precisión en la manufactura y una construcción sencilla; con este sistema geométrico consigo una armonía total entre las formas de este fantástico complejo”.

Desarrollo de las cáscaras: 1957, concurso, lámina de hormigón; 1958, esquema parabólico; 1960, modelo parabólico con doble lámina; mayo de 1961, esquema circular, doble lámina con estructura metálica; junio de 1961, esquema elíptico; octubre de 1961, modelo esférico.

1959-1967 Second phase: the shells

While the platform was being constructed in Sydney, in Hellebæk and in London the structure of the shells evolved. The preliminary schemas, parabolic, circular and elliptical, attempted to approximate to the shells proposed in the competition. For all that, the solution presented in the *Yellow Book* emerges in Hellebæk: “After three years of intensive searching for a basic geometry for the shell complex, I arrived in October 1961 at the spherical solution shown here. I call this my ‘key to the shells’ because it solves all the problems of construction by creating the potential for mass production, manufacturing precision and simple erection. With this geometrical system I achieve full harmony among all the shapes in this fantastic complex.”

Evolution of the shells: 1957, competition, concrete shell; 1958, parabolic schema; 1960, parabolic model with double shell; May 1961, circular schema, double shell with metal framework; June 1961, elliptical schema; October 1961, spherical model.

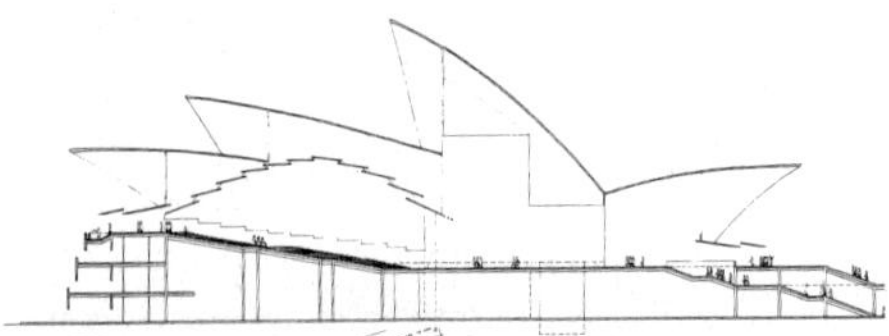

1957

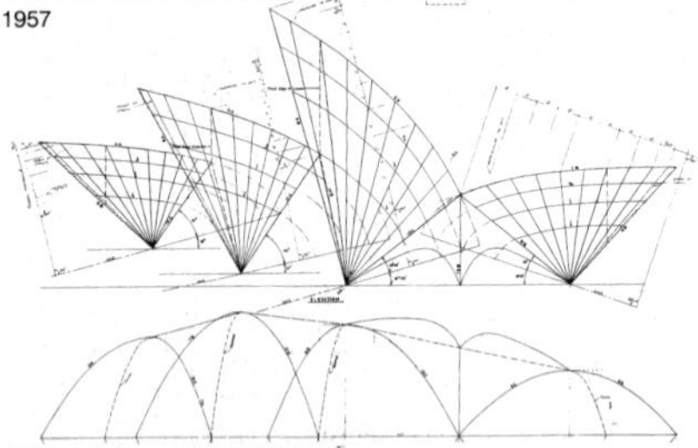

1958

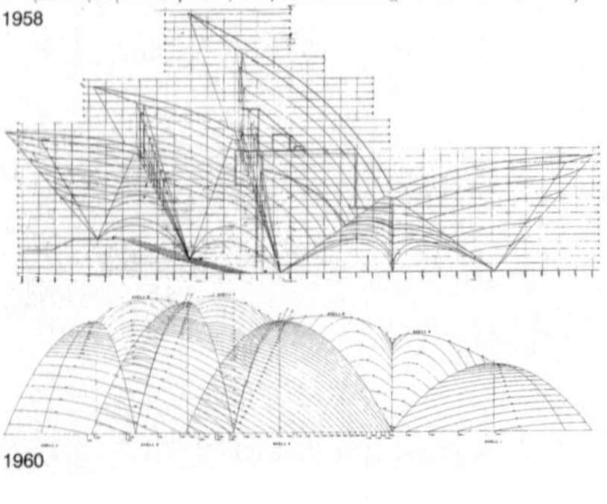

1960

1961

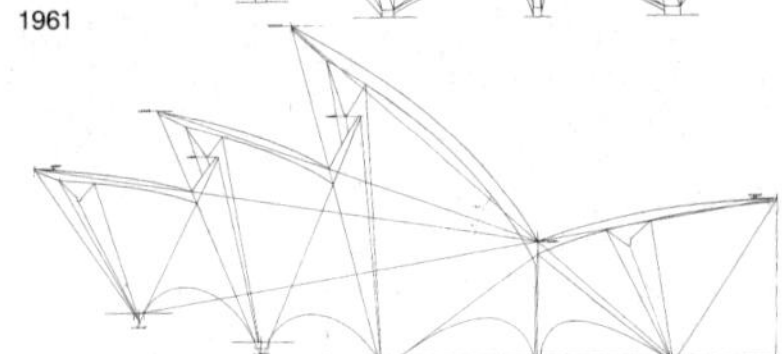

1961

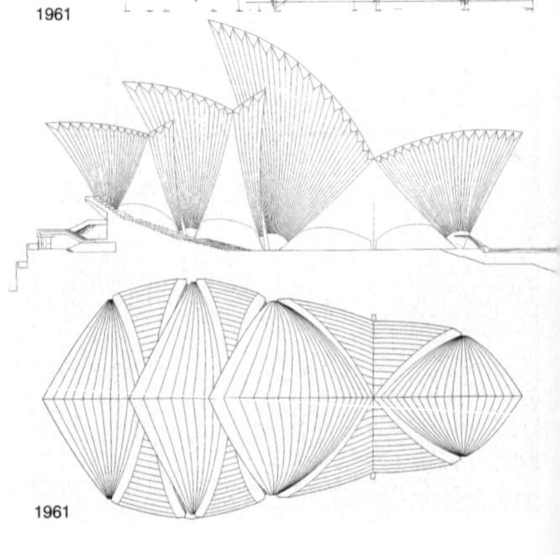

1961

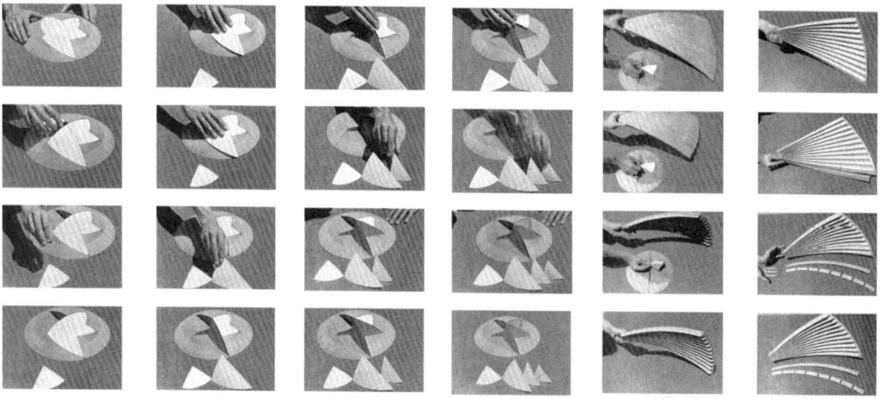

"No se puede crear un complejo de formas como este sin tener una geometría muy clara, sin haber logrado la armonía entre muchas formas..., pero, en última instancia, encontré la solución tomando las formas de la superficie de una esfera". Modelo esférico y maqueta de las nervaduras.

"You cannot create such a complex of shapes without having a quite clear geometry, without having achieved harmony between many shapes... but ultimately I found the solution by taking the shapes from the surface of a sphere." Spherical model and model of ribs.

Alzados norte y este. Planta de los auditorios del *Yellow Book*.

North and east elevations. Auditoria floor from the *Yellow Book*.

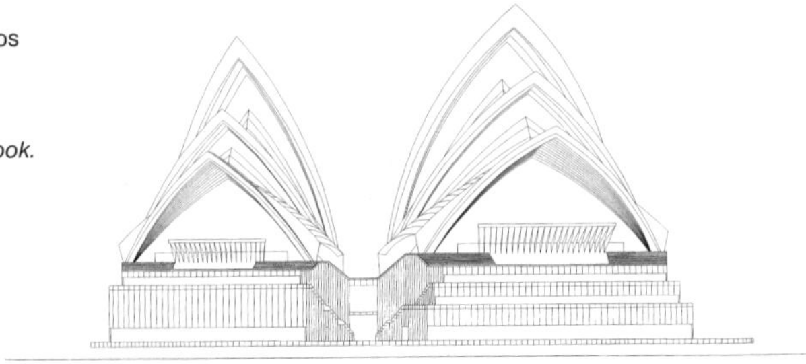

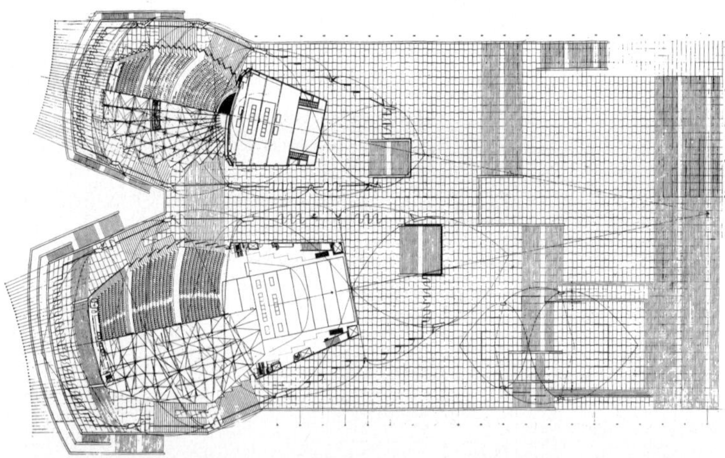

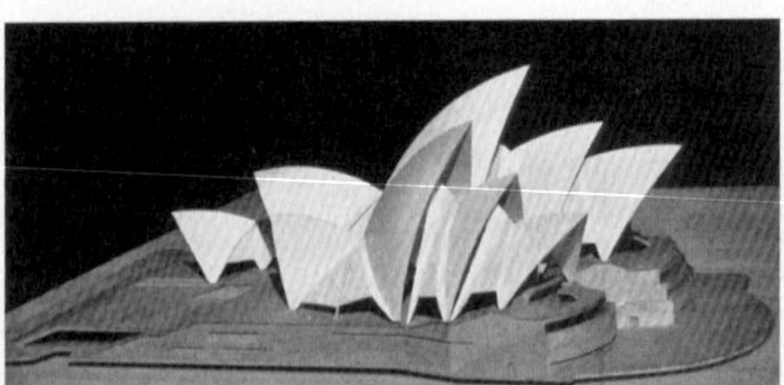

Alzados sur y oeste. Planta de cubiertas.

South and west elevations. Roof plan.

south elevation

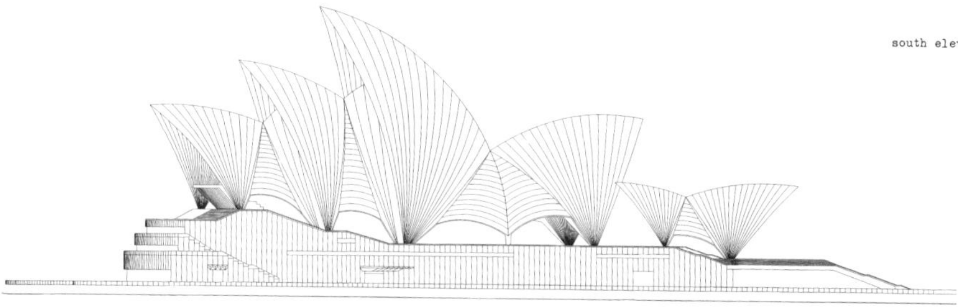

west elevation scale 1/32" =

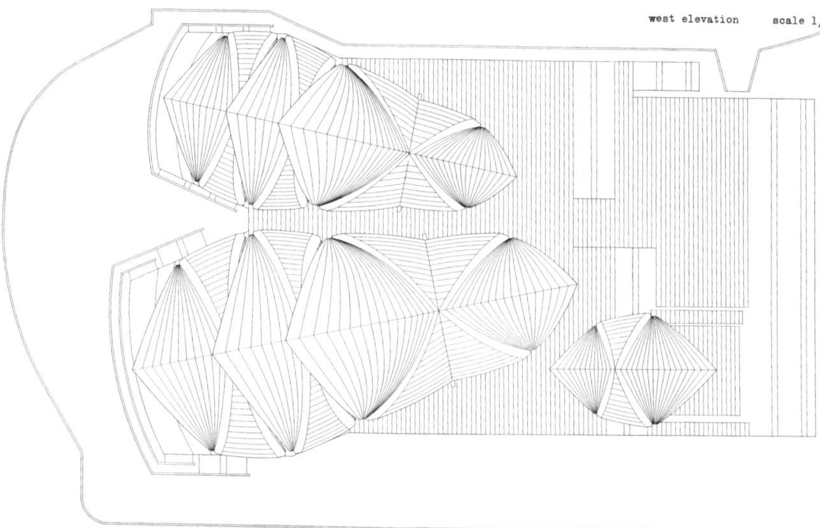

La construcción de las cáscaras

El 26 de diciembre de 1962 Utzon se desplaza a Sídney para seguir el desarrollo de la construcción. La primera operación, criticada por la oposición y la prensa por el aumento del coste y los retrasos, consiste en eliminar algunos apoyos de las cáscaras previstos en la primera fase y reforzar los restantes. Con el nuevo modelo esférico la previsión había sido insuficiente. Concebidos a partir de fragmentos de la misma esfera, la producción de los 2.250 segmentos prefabricados se realiza en el entorno de Bennelong Point. Junto al apoyo, realizado in situ, los segmentos prefabricados tienen una sección en T y varían gradualmente hasta completar el nervio en la zona superior con elementos de sección en Y hueca. Los nervios se construyen mediante la adición de los elementos izados desde la grúa, y el postensado de las piezas desde el apoyo, junto a la resina epoxi, convierten los componentes prefabricados en una estructura unitaria.

The construction of the shells

On 26 December 1962 Utzon travelled to Sydney to follow the development of the construction. The first operation, criticised by the opposition and the press for the increase in cost and the delays, consisted of eliminating some of the supports of the shells foreseen in the first phase and reinforcing the rest. With the new spherical model the forecast had been insufficient. Devised from fragments of the one sphere, production of the 2,250 prefabricated segments was undertaken in the setting of Bennelong Point. Next to the support, created *in situ*, the prefabricated 'T'-section segments gradually varied to the extent of completing some elements of hollow 'Y' section in the upper area. The ribs were completed by the addition of elements hoisted by crane, and the post-tensioning of the pieces from the support, along with the epoxy resin, converted the prefabricated components into a unified structure.

"Un arco de montaje/ensamblaje, que puede alargarse telescópicamente y girar por encima de su base y que, al hacerlo, describe en el espacio toda la forma esférica de la cáscara, sostiene los elementos durante el montaje hasta que se ensamblan mediante cables de acero postensados".

"A mounting/assembly arch which can be telescopically extended and turned above its base and in so doing describes the whole of the spherical shape of the shell in space, carries the elements during assembly until they are assembled by means of post-tensioned steel cables."

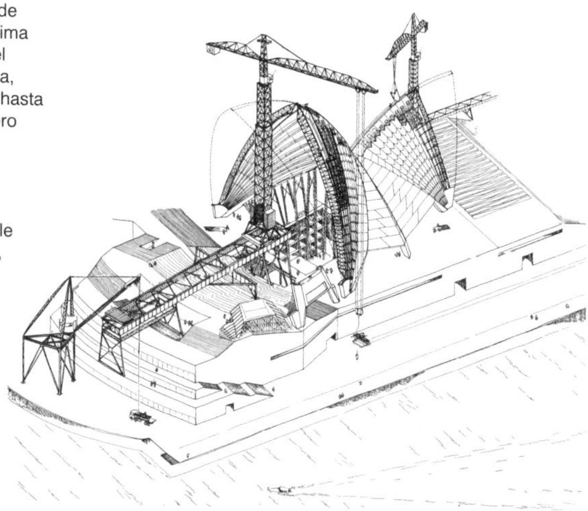

"...se convierte en una expresión estructural maravillosa, como la que tenemos en las iglesias góticas: las columnas y los arcos se componen con elementos de piedra sobre el suelo y, posteriormente, se unen en grupos de nervaduras; eso es la arquitectura".

"... become a marvelous structural expression, like we had in Gothic churches: columns and arches are made with stone components on the ground, and then put together in groups of ribs, and that's the architecture."

La cubierta cerámica

"La Ópera de Sídney es uno de los edificios donde la cubierta tiene una importancia crucial..., de hecho, conforma una quinta fachada que es tan importante como el resto de ellas". En el detalle presentado en el concurso, Utzon describe la cubierta formada por "piezas cerámicas de color blanco sobre una cáscara de hormigón". Síntesis de las cubiertas polícromas del mundo islámico y de la pátina de la cerámica oriental, las superficies adquieren una vibración luminosa acentuada por los brillos de la cerámica y la geometría de las cáscaras, que ocultan el peso de las bóvedas bajo la apariencia ligera de la cerámica. Según Utzon, las superficies adoptan una cualidad dinámica: "cuando brilla el sol, se refleja sobre las distintas superficies redondeadas de la cubierta de todas las formas imaginables". Producidos por la compañía sueca Höganäs, las piezas cerámicas componen los paneles prefabricados que, apoyados en la geometría esférica, revisten los segmentos de las cáscaras. Las piezas cerámicas de color blanco brillante, fijadas a 45°, ocupan la parte central de los paneles prefabricados, mientras que el perímetro de losetas mate permite ajustar su dimensión sin quebrar la superficie del esmalte. La prefabricación del panel en el interior de un molde de bronce sobre una trama de aluminio delimita la posición de las losetas, prefijando la junta abierta. Las losetas estriadas en la cara posterior y la malla metálica galvanizada aumentan la adherencia con el mortero para garantizar la compacidad de la pieza. Los 18 tipos de paneles prefabricados y las 4.253 unidades revisten las cáscaras de la Ópera.

The ceramic roof

"The Sydney Opera House is one of the buildings in which the roof is of crucial significance... in fact you have a fifth facade which is just as important as the other facades." In the detail presented in the competition Utzon described the roof as "white ceramic tiles on a concrete shell." A synthesis of the polychrome roofs of the Islamic world and of the patina of Oriental ceramic ware, the surfaces acquired a luminous vibrancy accentuated by the lustre of the ceramic and the geometry of the shells which hid the weight of the vaults beneath the lightweight appearance of the tiles. For Utzon the surfaces took on a dynamic quality: "When the sun is shining it is reflected in every conceivable way from the various rounded surfaces." Produced by the Swedish company Höganäs, the ceramic tiles formed the prefabricated panels that, supported on the spherical geometry, faced the shell segments. The brilliant white tiles fixed at 45° occupied the central part of the prefabricated panels, while the perimeter of matte tiles enabled their size to be adjusted without breaking the enamelled surface. The prefabrication of the panel, on the inside of a bronze mould, on top of an aluminium grid, delimited the position of the tiles, thus prearranging the open joint. The tiles grooved on the rear face and the galvanised metal mesh augmented the bond with the mortar in order to guarantee the compactness of the piece. The eighteen types of prefabricated panel and the 4,253 units provided a facing for the shells of the Opera House.

Desarrollo de los paneles prefabricados de piezas cerámicas.

Development of the prefabricated panels of the ceramic units.

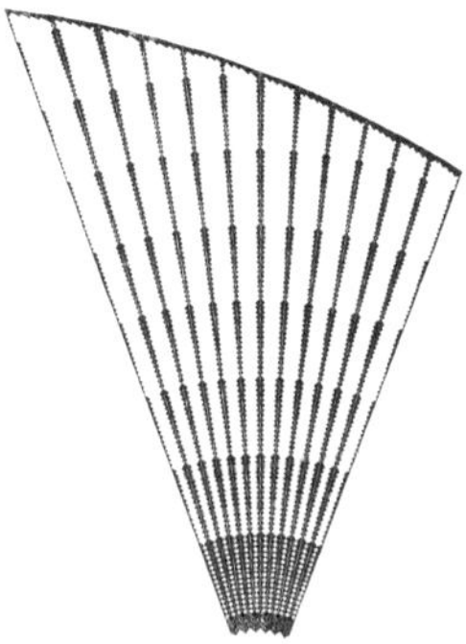

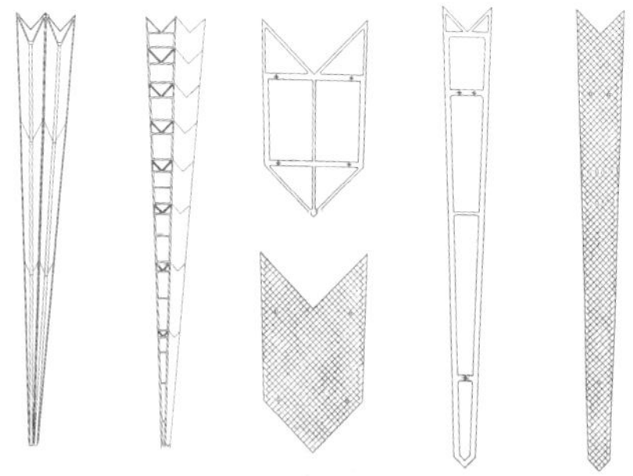

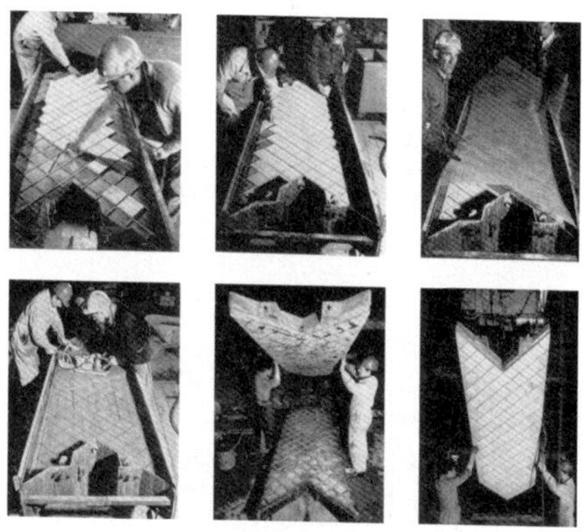

1966 Tercera fase: el muro cortina

Para cerrar el intradós de las bóvedas, el cerramiento, que debe soportar las cargas de viento y ofrecer una transparencia continua desde los vestíbulos, queda suspendido de las cáscaras "como las alas de un pájaro". Utzon contempla un dispositivo que media entre la geometría esférica de las cáscaras y la configuración rectangular del pavimento. Sobre la plataforma, el módulo de 1,2 m de las losas del suelo recibe los montantes articulados y tubulares de madera laminada revestidos de bronce, que descienden cadenciosamente desde las cáscaras, formando un haz continuo y variable, donde la transparencia se multiplica entre la fusión de los planos de vidrio y los montantes recubiertos de bronce. Estas series decrecientes de segmentos se conciben "a partir de un número relativamente reducido de elementos combinables que pueden fabricarse en serie."

1966 Third phase: the curtain wall

In order to close off the intrados of the vaults, the outer wall, which had to support the impact of the wind and to present a continuous transparency from the lobbies, remained suspended from the shells "like the wings of a bird." Utzon contemplated a device that mediated between the spherical geometry of the shells and the rectangular configuration of the paving. Atop the platform, the 1.2-metre module of the ground slabs received the articulated, tubular plywood mullions faced in bronze that descended rhythmically from the shells, forming a continuous and variable surface in which the transparency increases in amongst the fusion of the glass planes and the bronze-covered mullions. These decreasing series of segments were conceived on the basis of "a relatively small number of combinable elements that can be mass-produced."

Ensamblaje de los elementos del cerramiento. Planta y alzado del muro envolvente del auditorio mayor y detalle del muro cortina que también funciona como protección solar.

Assembly of outer-wall elements. Plan and elevation of the outer wall of Major Hall and detail of the framing-shading system.

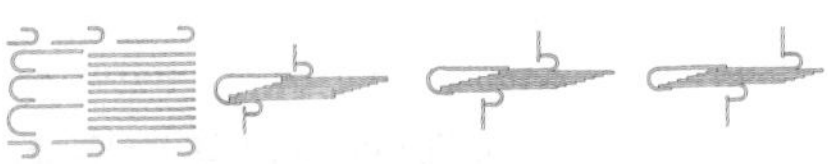

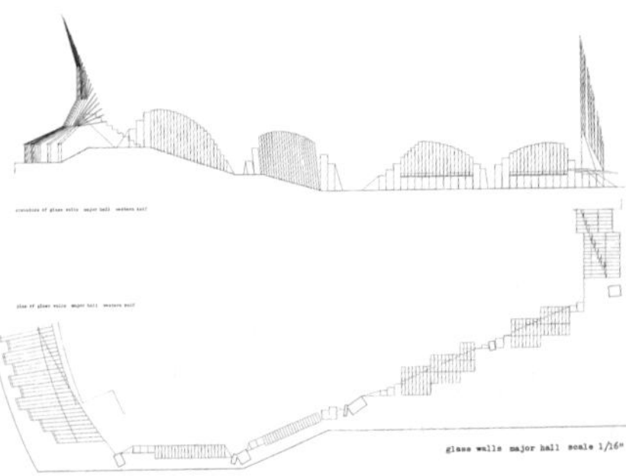

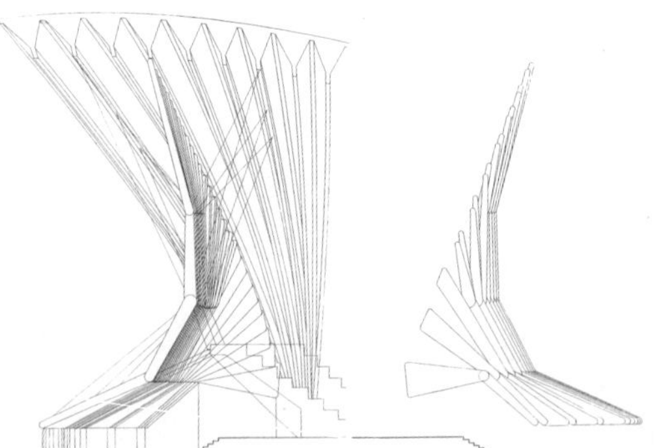

El corredor

El sistema de comunicación en el interior de la plataforma se desarrolla entre los muros que encierran los volúmenes de las salas, determinando unos corredores irregulares. Según Utzon, “los corredores son los ríos del edificio”. En su interior circulan los usuarios y discurren, encubiertas, las instalaciones. Se propone una solución flexible, como en el muro cortina, adaptada al trazado de los distribuidores y pasos del interior. Utzon detalla: “por lo tanto, he concebido un sistema de elementos, un sistema basado en el mero hecho de que dos elementos que se mantienen unidos a través de una conexión flexible pueden adoptar cualquier posición dentro de su longitud total, del mismo modo que un brazo y una mano —una serie de elementos que se mantienen unidos a través de una conexión flexible— pueden adoptar cualquier posición dentro del alcance del brazo como todo”.

Los dibujos muestran la estructura de paneles que reviste los techos de los corredores y las paredes. Maqueta del sistema del techo del corredor.

The corridor

The system of communication on the inside of the platform unfolded between the walls closing off the concert hall volumes, thus defining a number of irregular corridors. For Utzon, “the corridors are the rivers in the building.” Inside them, the users wandered about and, hidden away, the installations slipped in and out. As in the curtain wall a flexible solution is proposed, adapted to the layout of the corridors and passageway of the inside. Utzon gave chapter and verse: “And so I've devised a system of elements, a system based on the simple fact that two elements held together by a pliable link can adopt any position at all within their total length, just as the human arm and hand—a series of elements held together by flexible links—can adopt any position within the reach of the arm as a whole.”

Drawings showing construction of panel covering corridor ceilings and walls. Model of corridor ceiling system.

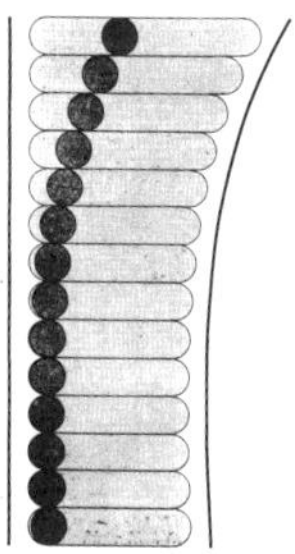

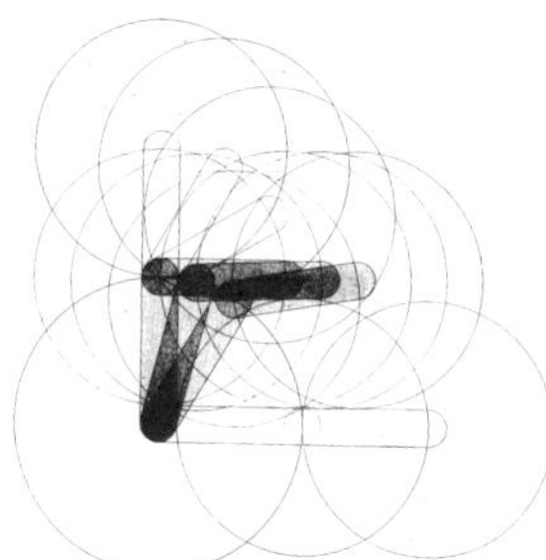

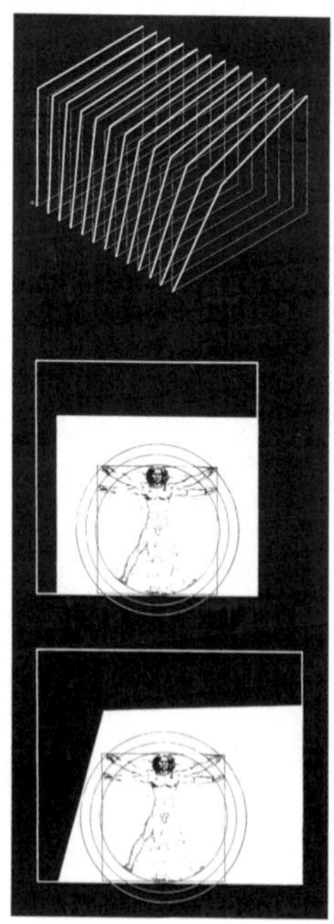

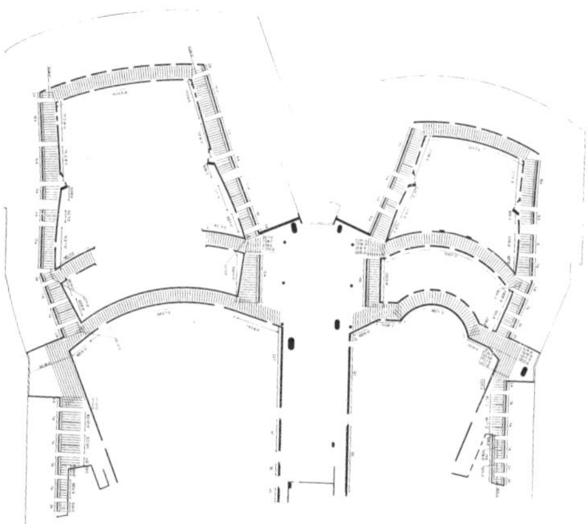

Los auditorios

En el concurso, los auditorios, determinados por el carácter continuo sobre la plataforma, se delimitan por el retranqueo de unos paneles acústicos esquemáticamente trazados que encierran el espacio bajo el volumen de las cáscaras. En 1958, en la sala principal proyectada para representaciones operísticas, teatrales o como una sala de conciertos y con toda su maquinaria escénica, la complementariedad de los distintos usos prevalece frente al sintético perfil acústico representado. En 1960, el auditorio mayor se concibe a partir de una convulsión de planos, suspendidos de los nervios, que evocan los mocárabes islámicos tallados en facetas y multiplican el latido acústico en el interior de las cáscaras. Mientras, el auditorio menor, de configuración radial en torno a la escena, se desarrolla bajo una cadencia de nubes, "nubes escalonadas". En noviembre de 1962, Cremer y Gabler se incorporan al estudio de la acústica de las salas, para una audiencia de 2.500 y 1.100 espectadores. Desde Berlín, sustituyen el modelo de amplias superficies cóncavas por segmentos reducidos de forma convexa. De este modo, la distribución del sonido en el interior de la sala se produce de un modo satisfactorio frente a la concentración del modelo cóncavo. El perfil generado por la intersección y el desplazamiento de un cilindro permite la producción estandarizada de los segmentos que, con motivos concéntricos, adquieren el color oro y rojo para el auditorio mayor y el color plata y azul con temas radiales en el auditorio menor. Las envolventes prefabricadas suspendidas de las cáscaras se resuelven con vigas articuladas de madera laminada, reforzadas con aluminio.

The auditoria

In the competition, the auditoria, determined by the continuous character of the top of the platform, were delimited by the setback of schematically designed acoustic panels which closed off the area beneath the volume of the shells. In 1958, in the Major Hall planned for opera and theatre performances and as a concert hall with all its stage machinery, the complementary nature of the different uses won out over the synthetic acoustic profile represented. In 1960 the Major Hall was conceived as an upheavel of planes suspended from the ribs: they evoked Islamic *muqarnas* carved in facets and augmented the acoustic pulsation on the inside of the shells. Meanwhile, the Minor Hall, laid out radially around the stage, extended beneath a cadenza of clouds, "stepped clouds." In November 1962 Cremer and Gabler took part in the study of the acoustics of the halls for an audience of 2,500 and 1,100 respectively. From Berlin they replaced the model of large concave surfaces with small convex segments. In this way the distribution of sound inside the hall was produced in a satisfactory way, as against the concentration of the concave model. The profile generated by the intersection and displacement of a cylinder led to the standardised production of the segments, which, with concentric motifs, were coloured gold and red for the Major Hall, and silver and blue with radial patterns in the Minor. The prefabricated wrap system suspended from the shells was based on articulated plywood beams reinforced with aluminium.

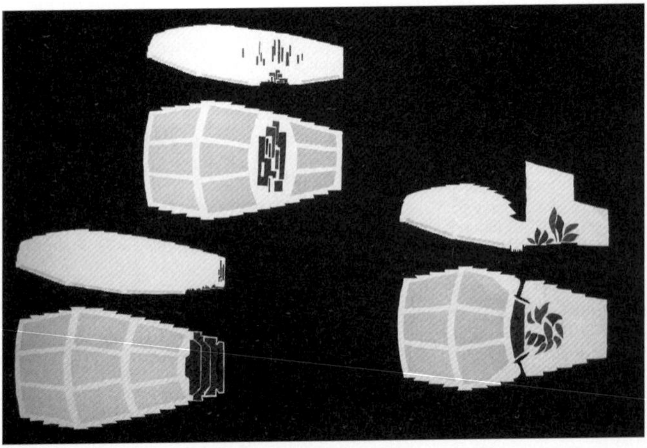

Usos del auditorio mayor como teatro, sala de conciertos y ópera, del *Red Book*, 1958.

Uses of the Major Hall as a theatre, concert hall and opera stage, from the *Red Book*, 1958.

Planta y secciones del auditorio menor y del auditorio mayor presentados en el *Yellow Book*, 1962.

Plan and sections of the Minor and Major Hall presented in the *Yellow Book*, 1962.

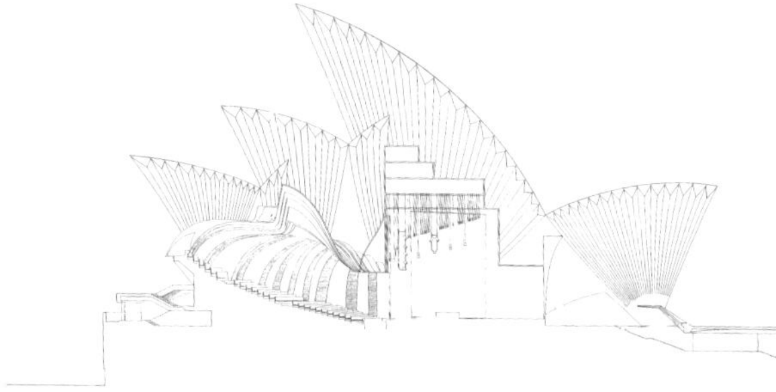

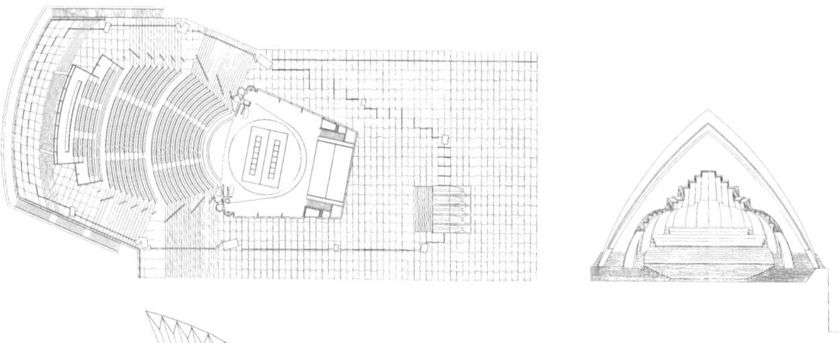

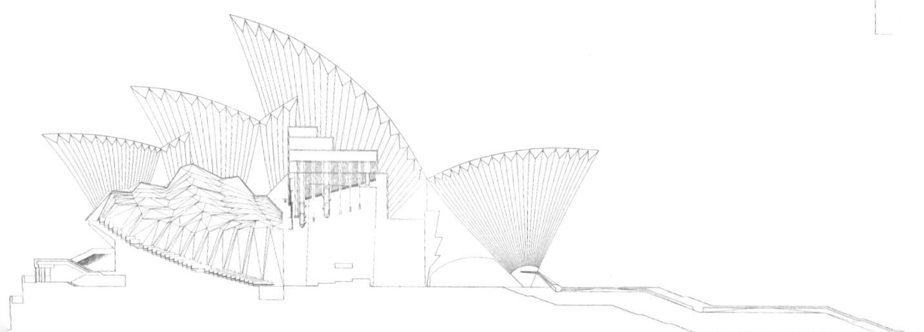

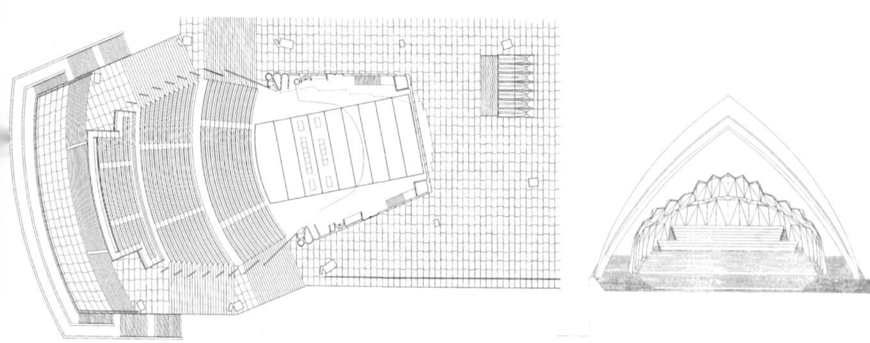

"Debido a que he tratado el espacio con formas geométricamente definibles, he conseguido que todo el contorno de la parte de espacio seleccionada se encuentre plenamente definido, y la superficie del espacio resultante puede dividirse en una serie de elementos similares. Estos elementos similares pueden fabricarse en serie y, cuando se clarifica su relación con los elementos vecinos, es posible colocarlos juntos, como en un puzle gigante en el espacio".

"Because I have treated the space with geometrically definable shapes, all this encirclement of the finally selected part of the space is fully defined, and the surface of the resultant space can be divided up into a number of similar elements. These similar elements can be mass-produced, and when their relationship to their neighbouring elements is clarified, the elements can be put together like a giant jigsaw puzzle in the space."

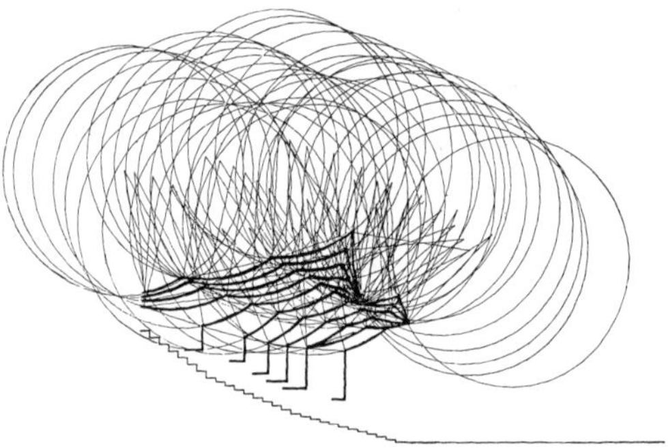

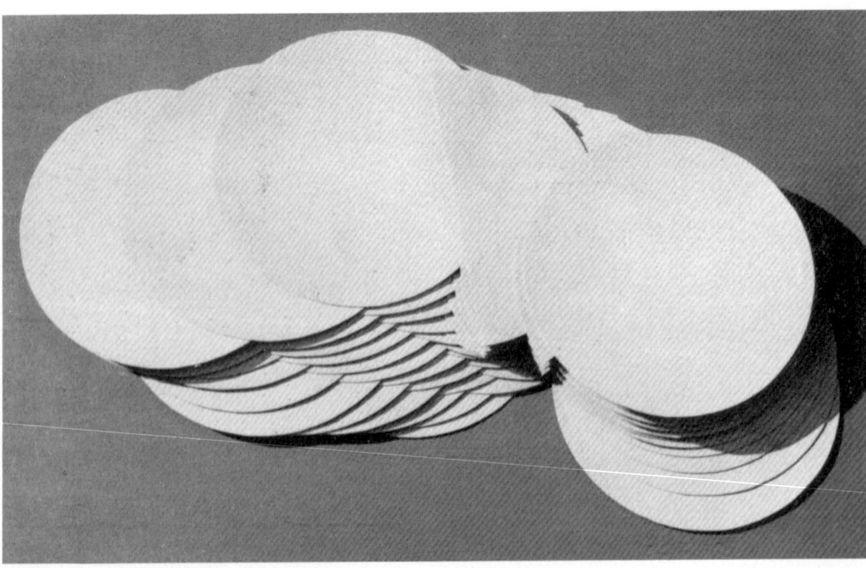

Desarrollo geométrico del auditorio menor y la sala principal.

Geometrical development of the Minor and the Major Hall.

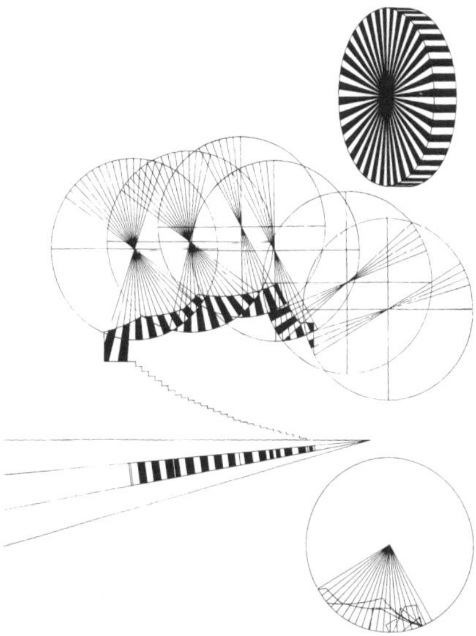

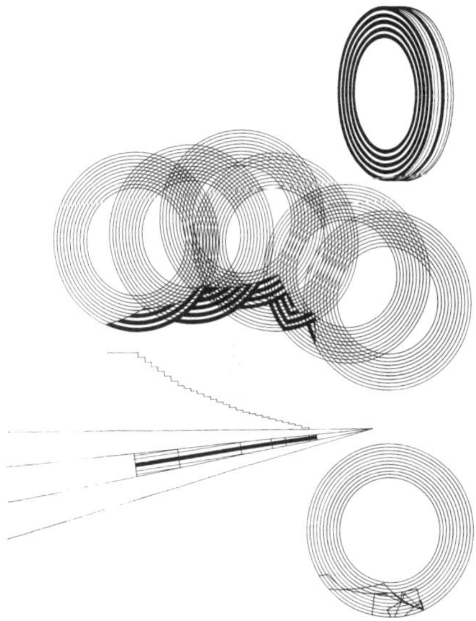

Dibujos del sistema de las superficies escalonadas de paneles acústicos sobre el auditorio menor y la sala principal.

System drawings of one of the stepped surfaces in the acoustical reflector over the Minor and the Major Hall.

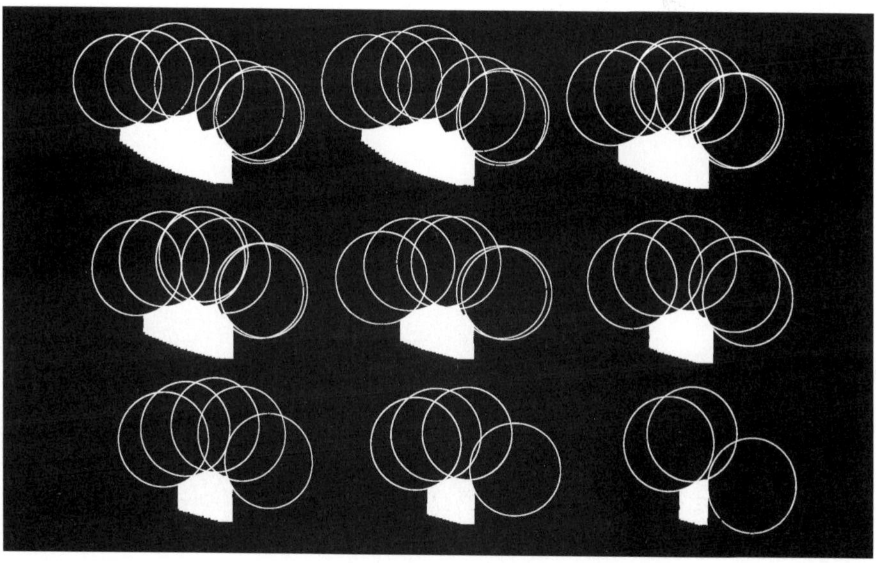

1966 "Me habéis obligado a abandonar el trabajo"

Ninguno de los proyectos concebidos para la tercera fase se realizará. En las elecciones de 1965 se produce un cambio de gobierno que pasa de los laboristas a una coalición conservadora. Tras un largo proceso de críticas y desencuentros que alejan al arquitecto de la obra, el gobierno, que desestima las manifestaciones y el respaldo unánime de la escena internacional (de Álvar Aalto, Louis I. Kahn, Walter Gropius, Sven Markelius, Richard Neutra, Kenzo Tange y Aldo van Eyck), nombra a un equipo de arquitectos dirigido por Peter Hall para la construcción de la tercera fase. El 28 de abril de 1966 Utzon abandona Australia, discretamente, para no volver. El 20 de octubre de 1973, con la presencia de la reina Isabel II, se inaugura la Ópera de Sídney. El nombre de Utzon no se menciona.

1966 "You have forced me to leave the job"

None of the designs conceived for the third phase was to be carried out. In the 1965 elections a change of government took place, the Labour Party giving way to a conservative coalition. After a long series of criticisms and disencounters that distanced the architect from the work, the govenment, which belittled the demonstrations and the unanimous support of such internationally known figures as Alvar Aalto, Louis I. Kahn, Walker Gropius, Sven Markelius, Richard Neutra, Kenzo Tange and Aldo van Eyck, named a team of architects led by Peter Hall for the construction of the third phase. On 28 April 1966 Utzon discreetly left Australia, never to return. On 20 October 1973, in the presence of Queen Elizabeth II, the Sydney Opera House was officially opened. Utzon's name was not mentioned.

"Si piensan en la catedral gótica, se aproximarán a lo que estoy buscando. Nunca nos cansaríamos de mirar una catedral gótica. Nunca podríamos dejar de mirarla. Siempre que la rodeamos o la vemos frente al cielo, nos parece una imagen nueva. Esto es importante, pues el sol, la luz y las nubes la convierten en un ser vivo".

"If you think of the Gothic cathedral you will be getting close to what I'm after. We will never tire of looking at a Gothic cathedral. We could never stop looking at it. Whenever we walk around it or see it against the sky the image of it seems new to us. This is important, since the sun, the light and the clouds turn it into a living being."

BOX OFFICE

2004 Sala Utzon

El 16 de septiembre de 2004, treinta y ocho años después de ser obligado a abandonar su construcción y a propuesta de las instituciones, Utzon accede a contribuir en un plan de modernización de la Ópera —en el que interviene su hijo Jan Utzon— con un tapiz de 14 m de longitud que se extiende hacia la bahía, para transformar una sinfonía (Carl Philip Emanuel Bach) en una experiencia visual única. Este tapiz, inabarcable, compone frente a la bahía un sentimiento que ampara la geografía de un país y la historia de una Ópera.

2004 Utzon Room

On 16 September 2004, thirty-eight years after being obliged to abandon his building and at the behest of certain institutions, Utzon agreed to contribute as part of a modernisation plan for the Opera House—in which his son, Jan Utzon, intervened—with a 14-metre-long wall hanging which extends towards the bay and transforms a symphony (Carl Philip Emanuel Bach) into a unique visual experience. Facing the bay, this wall hanging, of vast length, creates a feeling that embraces the geography of a country and the history of an Opera House.

Desarrollo del tapiz. Sala de música de cámara.

Development of the wall hanging. Chamber Music Hall.

"A medida que pasa el tiempo y las necesidades cambian, es natural que el edificio se modifique para adaptarse a las necesidades y la técnica del momento. Los cambios, sin embargo, deberían producirse de tal forma que se mantenga el carácter original del edificio".

"As time passes and needs change, it is natural to modify the building to suit the needs and technique of the day. The changes, however, should be such that the original character of the building is maintained."

1957 Concurso para Berlin Hauptstadt, Berlín, Alemania

El concurso convocado por el Senado de Berlín para la reconstrucción del centro de la ciudad, destruido durante la guerra, contempla el desarrollo de un centro urbano en el que situar el Gobierno del Estado, con el Parlamento, la Cancillería y los edificios ministeriales, así como el gobierno municipal y las dotaciones colectivas y comerciales. La convocatoria internacional, en la que participan Le Corbusier, Sven Markelius, Hans Scharoun o Alison y Peter Smithson, cuenta con un jurado compuesto por Alvar Aalto, Cornelis van Esteren y Pierre Vago. La propuesta de Utzon, realizada en colaboración con Erik y Henry Andersson, Peer Abben y Jörgen Michelsen, se desarrolla en torno a una autopista que circunda el centro urbano, determinada por dos ejes urbanos, la Friedrichstrasse y Unter den Linden, que se extienden entre los límites naturales del río Spree y el Landwehrkanal. El programa institucional se desarrolla sobre un conjunto de plataformas que contiene las áreas de aparcamiento. Según Utzon, "los edificios están ubicados en la parte superior de la plataforma y se relacionan los unos con los otros dentro de una composición que no resulta perturbada por el tráfico". El programa construido sobre la plataforma se contrapone al carácter vacante y peatonal establecido en torno a los ejes principales y las áreas libres.

El centro de gobierno y la administración municipal se extienden en la propuesta circundados por una vía rápida.

1957 Competition for Berlin Hauptstadt, Berlin, Germany

The competition convoked by the Berlin Senate for the reconstruction of the city centre, destroyed during the war, envisaged the development of the urban centre so as to establish the State Government, with the Parliament, Chancellery and ministerial buildings, along with the municipal government and communal and commercial facilities, there. The international call for submissions, in which Le Corbusier, Sven Markelius, Hans Scharoun and Alison and Peter Smithson participate, had a jury consisting of Alvar Aalto, Cornelis van Esteren and Pierre Vago. Utzon's scheme, carried out in collaboration with Erik and Henry Andersson, Peer Abben and Jörgen Michelsen, extends around a motorway which rings the urban centre, defined by two urban axes, Friedrichstrasse and Unter den Linden, which stretch forth between the natural boundaries of the River Spree and the Landwehrkanal. The institutional programme unfolds upon a set of platforms that contain the parking areas. For Utzon, "the buildings are sited on the upper part of the platform and relate to each other within a composition that would not be disturbed by traffic." Erected on the different parts of the platform, the programme contrasts with the empty character of the pedestrian precinct established around the main axes and the open areas.

Surrounded by a fast-moving roadway the Government and municipal administration centres spread forth in the scheme

1958 Anteproyecto para un aeropuerto

Bajo las pistas aeroportuarias, un conjunto laberíntico reúne los tránsitos de la terminal con el tráfico de los automóviles y el de las aeronaves. Los pasajeros, los equipajes y las mercancías se disponen en una planta intermedia; su acceso a las aeronaves se concentra en un punto.
Este proyecto alude a los principios de las plataformas y evoca las propuestas de Sigurd Lewerentz para el aeropuerto de Estocolmo en Bromma (1934) y a la zona de acceso rodado de la Ópera de Sídney. Utzon escribe: "el aeropuerto moderno con *fingers* de enormes dimensiones es, en muchos sentidos, poco razonable. Tanto los aviones como los coches pueden circular hasta un punto determinado con absoluta precisión. Al permitir que se encuentren en el mismo punto, unos por encima de los otros, y mediante la introducción entre ambos del número necesario de plantas destinadas a la gestión del equipaje, la aduana, el control de pasaporte y las salas de espera, los pasajeros y sus equipajes pueden ser conducidos mediante ascensores desde su coche hasta el avión, salvando la menor distancia".

1958 Preliminary design for an airport

Beneath the ground surface of the airport runways, a labyrintine complex subsumes the movements of the terminal where both the car and aircraft traffic converges. The influx of passengers, baggage and goods is set out on an intermediary floor, which concentrates access to the aircraft in a point that emerges from the ground surface.
This design alludes to the idea of the platform and evokes the scheme by Sigurd Lewerentz for Stockholm Airport in Bromma (1934) and the entrance porch of the Sydney Opera House. Utzon writes: "The enormous modern finger-type airport is in many ways unreasonable. Both the aeroplane and the automobile can drive to a certain point with absolute precision. By letting them meet at the same point above each other and by introducing the necessary number of floors in between for the handling of luggage, customs and passport control and waiting rooms, the passengers and their luggage can be transferred in the shortest possible distance from automobile to aeroplane by elevators."

Croquis de la propuesta.

Sketch of the scheme.

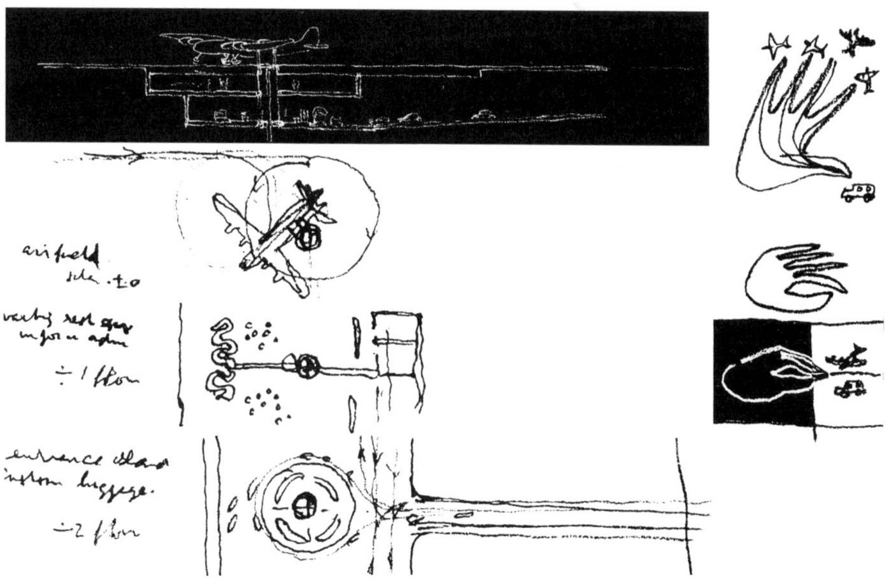

1958 Casa Banck, Helsingborg, Suecia

Realizada en colaboración con Henry y Erik Andersson, la casa se situa en un terreno elevado, en el límite de un desnivel que desciende hacia la costa, con vistas panorámicas al paisaje del Øresund. Compuesta por dos cuerpos articulados a través de una galería, ensayada en la ampliación de la casa del arquitecto (1958), la casa Banck desarrolla un esquema binuclear en H, inscrito en un podio que establece el ámbito fundacional sobre el que se construye la casa. La implantación de esta sobre el basamento constituye la preparación del terreno de moderada pendiente para dominar el entorno. Asimismo, las cercas perimetrales que delimitan los patios abiertos entre las alas de la casa, complementan el valor delimitador del podio que, dada la variación gradual del terreno, queda absorbido en la masa del mismo. La configuración del esquema binuclear y la galería transversal distribuyen el programa de la vivienda en cuatro ámbitos distintos donde se concilia la privacidad de la vida doméstica con la visión panorámica que caracteriza el lugar elevado sobre el Øresund. De este modo se produce un relevante contrapunto entre el ámbito cerrado y próximo de los patios inscritos en la casa y la estancia abierta, sobre el podio, con la visión dominante y lejana. La aproximación a la zona de estar se realiza de un modo tangencial. Desde la galería, el ámbito cerrado y próximo del patio se sucede a la expansión de lo abierto y distante registrada desde la zona de estar. La superposición del plano de cubierta proporciona, desde el interior, una intensa componente panorámica sobre el dilatado paisaje del Øresund.

1958 Banck House, Helsingborg, Sweden

Carried out in collaboration with Henry and Erik Andersson, the house is sited on a high stretch of ground at the top of a slope that descends towards the coast with views of the landscape of the Øresund. Consisting of two bodies articulated by means of a gallery, a system tried out in the extending of the architect's house (1958), Banck House develops an 'H'-shaped binuclear schema inscribed on a podium that institutes the foundational area on which the house is built. The implantation of the house on the base constitutes the preparation of the moderating sloping terrain so as to dominate the surroundings. Likewise, the perimetral walls that delimit the open patios between the wings of the building complement the delimiting value of the podium, which in the gradual variation of the terrain is absorbed in the land mass. The configuration of the house's binuclear schema and the transverse gallery distribute the programme of the house in four distinct areas, in which the privacy of domestic life is reconciled with the panoramic view which characterises the location high above the Øresund. Like this, a meaningful counterpoint is produced between the nearby, closed-in area of the patios inscribed within the house and the open living quarters set up on the podium, with the commanding, far-off view. The approach to the living area is realised tangentially. From the gallery the nearby, closed-in patio area succeeds the expansion of the distant openness, as registered from the living area. From within, the superimposition of the roof plane furnishes an intense, panoramic feature above the landscape of the Øresund.

Emplazamiento.

Location.

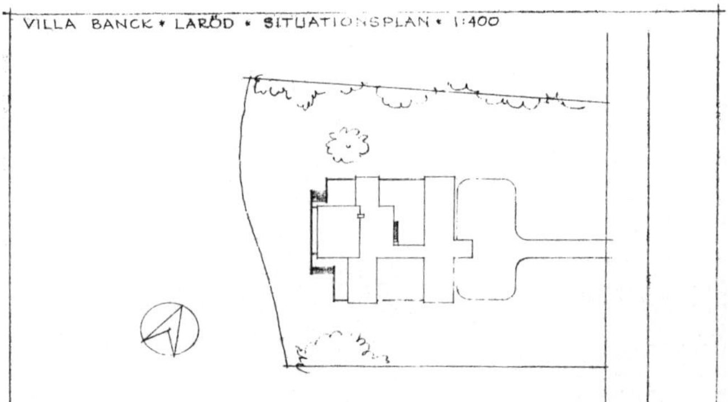

Alzado sur, planta baja, y alzados norte, este y oeste.

South elevation, ground floor, north, east and west elevations.

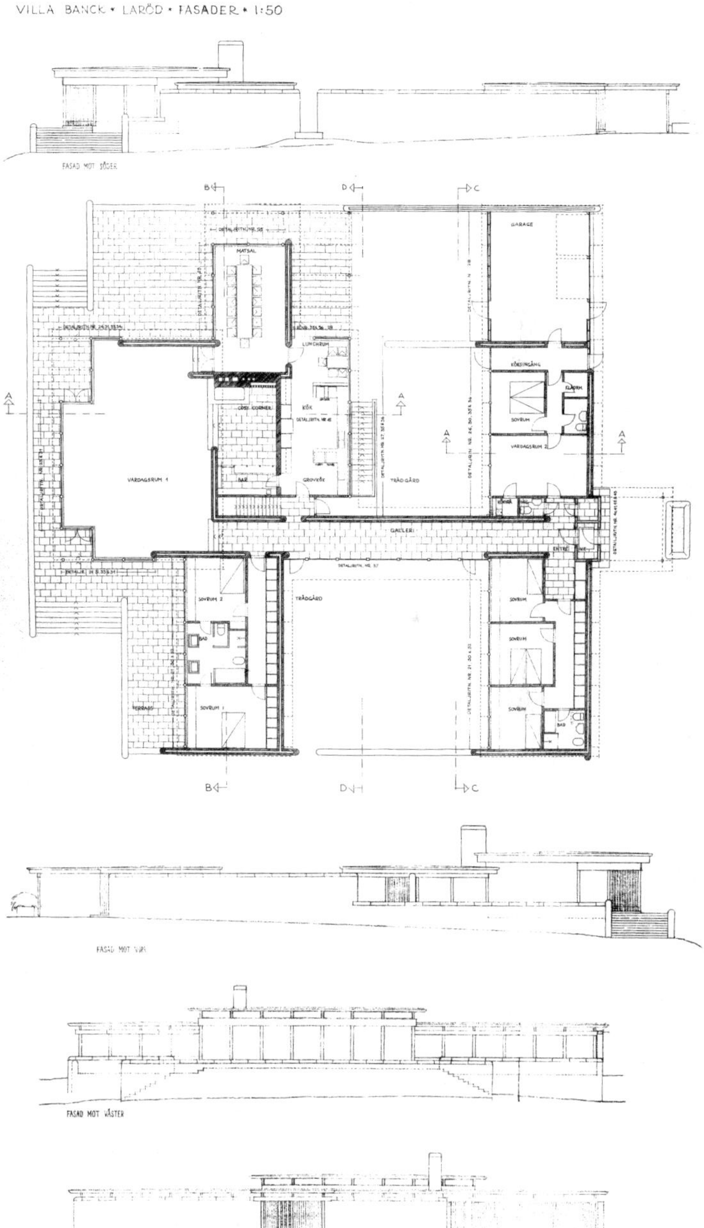

1958-1962 Concurso para el instituto de enseñanza secundaria en Højstrup, Elsinor, Dinamarca.

El concurso, convocado por la unión de trabajadores daneses, emplaza el programa del instituto en una franja litoral caracterizada por los frondosos bosques que se extienden en el límite urbano de Elsinor. Durante la elaboración de la primera fase de la Ópera de Sídney, Utzon desarrolla dos propuestas para la convocatoria. La primera, que obtiene el primer premio, establece el programa de la escuela sobre un podio fundacional que se desarrolla en torno a un patio y acentúa la relación con el medio continuo. En una esquina del recinto, caracterizado por la cubierta ingrávida del auditorio, se yergue el volumen de la torre que alberga los apartamentos de los estudiantes con vistas panorámicas sobre el Øresund. Asimismo, la propuesta alternativa, que modifica la posición de la torre y el podio, desarrolla el proyecto para la Escuela de Comercio en Gotemburgo (1948). Mientras, la segunda propuesta, que recibe el tercer premio, establece sobre el extenso ámbito de la plataforma el programa de la escuela, coronado por la levedad de las cubiertas que gravitan sobre la horizontalidad del suelo. Según Utzon, "la plataforma del proyecto del instituto se yergue sobre un paisaje ligeramente ondulante y subraya, gracias a su carácter cuadrangular y lineal, los suaves movimientos del paisaje". La propuesta de 1959, realizada en colaboración con el paisajista Jørn Palle Schmidt, establece, por medio de la sucesión de viviendas para profesores y de los viales que modelan el ámbito de la vegetación, los vínculos con el medio continuo de la naturaleza. Mientras que en la Ópera de Sídney la distorsión del orden regular se produce al girar los cuerpos de los auditorios que convergen sobre el ámbito de la plataforma, en la escuela, la desviación del auditorio de la trama compositiva del conjunto acentúa su valor como foco visual que emerge sobre la plataforma masiva. La superposición del plano horizontal que cubre el recinto subraya la levedad de las cubiertas y el límite estructural de la propuesta. La plataforma de la Ópera de Sídney se convierte en la referencia estructural de la siguiente propuesta. El mecanismo de acceso a través de la *porte cochère* y las losas plegadas determinan el proyecto presentado en 1961 y establecen una vibración continua sobre la plataforma. La esbeltez de la torre, que acentúa el ámbito geográfico y cuyo perfil quebrado había sido ensayado en Elineberg (1954), suscita un intenso debate. La controversia y el alejamiento de Utzon, que estaba en Sídney, provocan la suspensión del proyecto en 1962.

1958-1962 Competition for the High School in Højstrup, Elsinore, Denmark

The competition convoked by the Danish Federation of Trade Unions sited the school programme on a strip of coastline characterised by the verdant woods which stretch forth at the urban boundary of Elsinore. During the elaboration of the first phase of the Sydney Opera House, Utzon developed two schemes for the competition. The first, which won first prize, sets up the programme for the school on a foundational podium extending around a playground and accentuates the relationship with the continuous environment. In one corner of the enclave, characterised by the weightless roof of the auditorium, there looms the volume of the tower which houses the student flats with panoramic views over the Øresund. Likewise, the alternative scheme, which modifies the position of the tower and the podium, develops the design for the Business School in Göteborg (1948). Meanwhile, the second scheme, which won third prize, sets out, on the extensive area of the platform, the programme of the school crowned by the lightness of the roofs, which gravitate over the horizontality of the ground. For Utzon, "the platform in the High School scheme stands in a slightly undulating landscape and emphasises, through its squareness and straightness, the soft movements of the landscape." The 1959 scheme, carried out in collaboration with the landscape architect Jørn Palle Schmidt, establishes, in the succession of dwellings for teachers and in the road systems that model the area of vegetation, links with the nature of the ongoing environment. Whereas in the Sydney Opera House the distortion of the regular order is produced by turning the bodies of the auditoria that converge on the platform area, in the school, the divergence of the auditorium from the compositional grid of the whole accentuates its value as a visual focus which emerges on top of the massive platform. The superimposition of the horizontal plane covering the grounds underlines the lightness of the roofs and the structural limit of the scheme. The platform of the Sydney Opera House turns into the structural reference for the following scheme. The mechanism of acceding through the *porte cochère* and the folded slabs define the project presented in 1961 and establish an ongoing vibrancy on the platform area. The slenderness of the tower, which accentuates the geographical area and whose irregular profile had been tried out in Elineberg (1954), triggered an intense debate. The controversy and Utzon's remoteness in Sydney led to the suspending of the project in 1962.

"Como se muestra en los croquis para la Ópera de Sídney y para el Instituto de Elsinor, los techos de formas curvas quedan suspendidos por encima o por debajo de la terraza".

"As is shown in the sketches for the Sydney Opera House and for the High School in Elsinore, the curved forms of the roofs are suspended above or below the terrace."

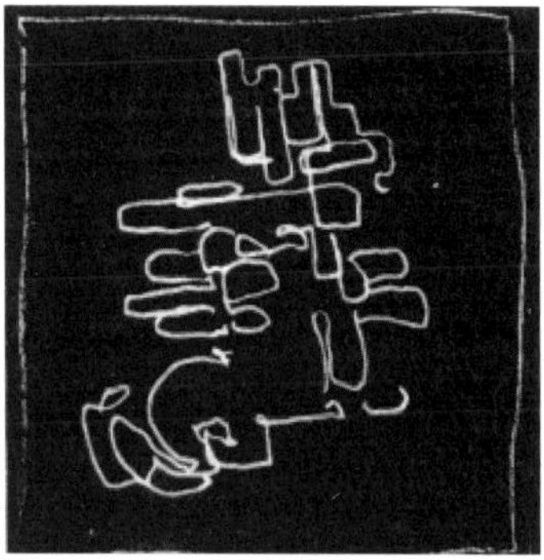

Primera propuesta. Primer premio.
Planta baja de la escuela. Alzados oeste y sur,
y sección longitudinal. Planta tipo de la torre y emplazamiento.

First scheme. First prize.
The school's ground floor. West and south elevations
and longitudinal section. Standard floor plan of the
tower and location.

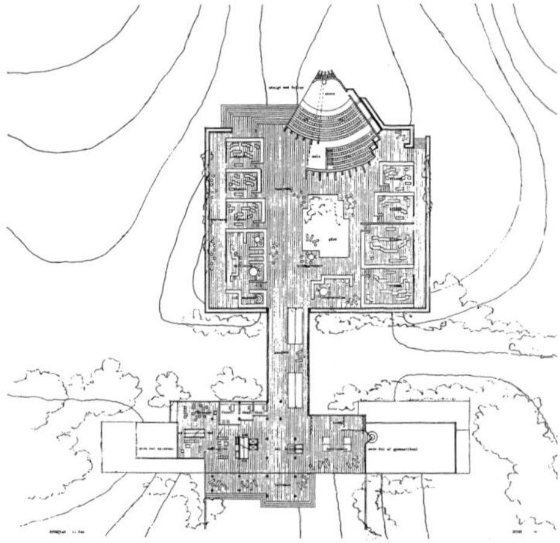

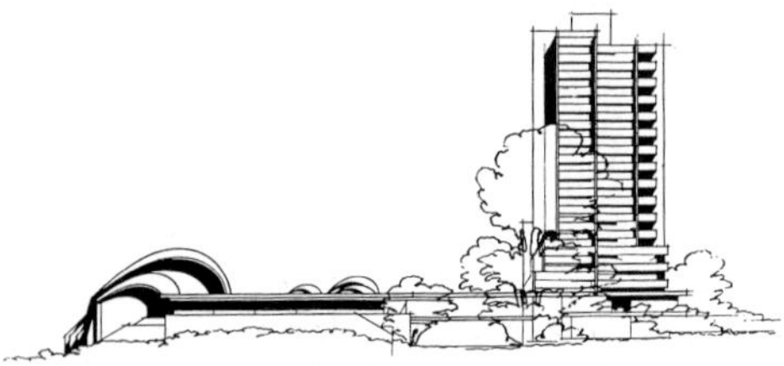

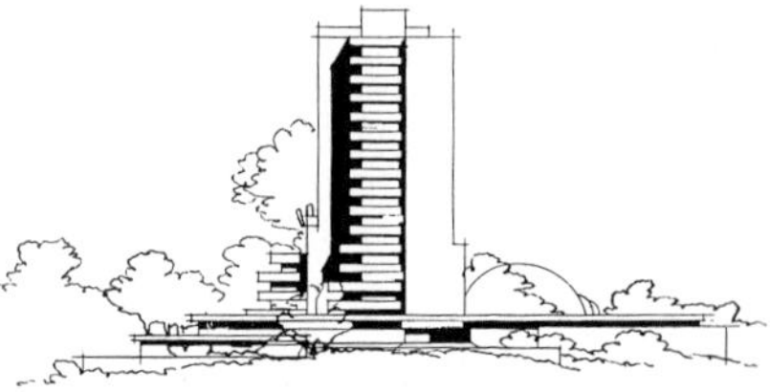

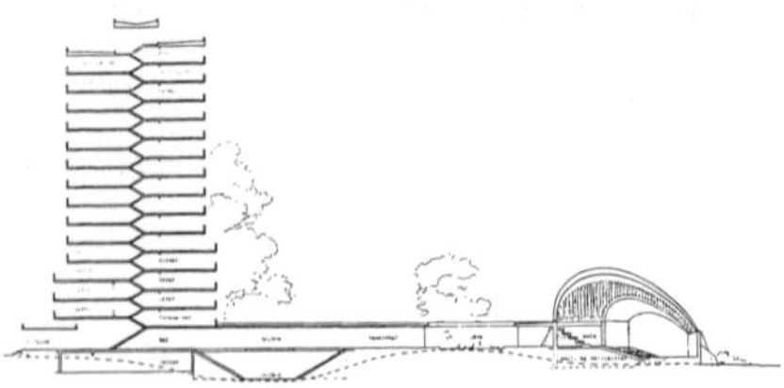

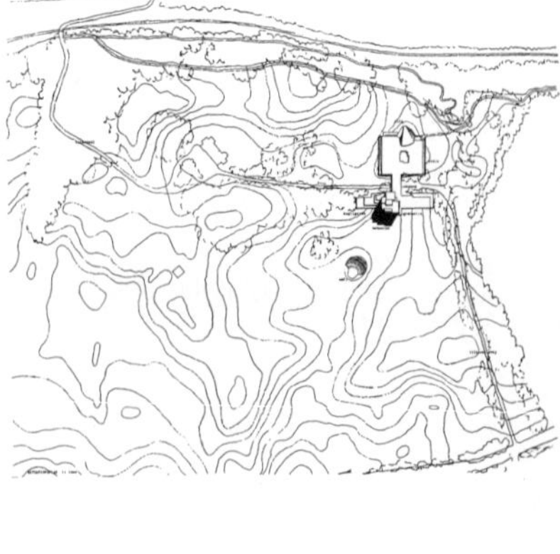

Propuesta alternativa. Primer premio.
Planta baja, perspectiva axonométrica, y alzados sur y este.

Alternative scheme. First prize.
Ground floor, axonometric perspective, south and east evations.

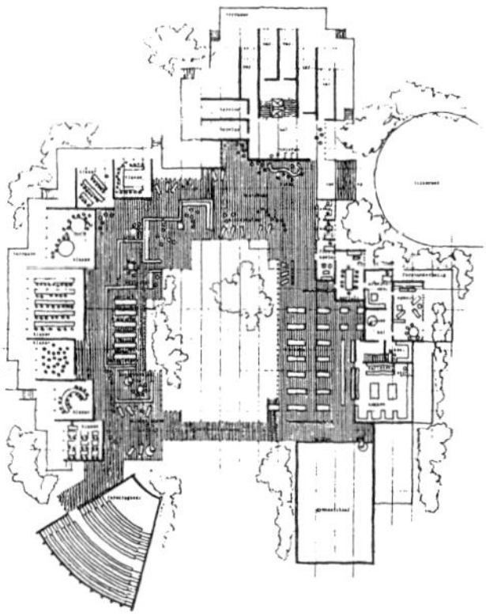

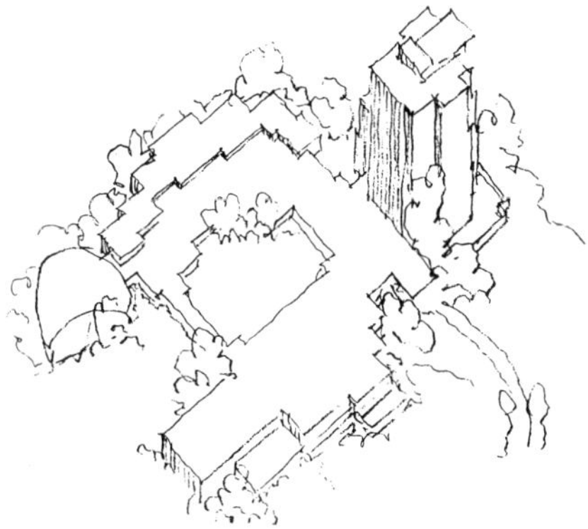

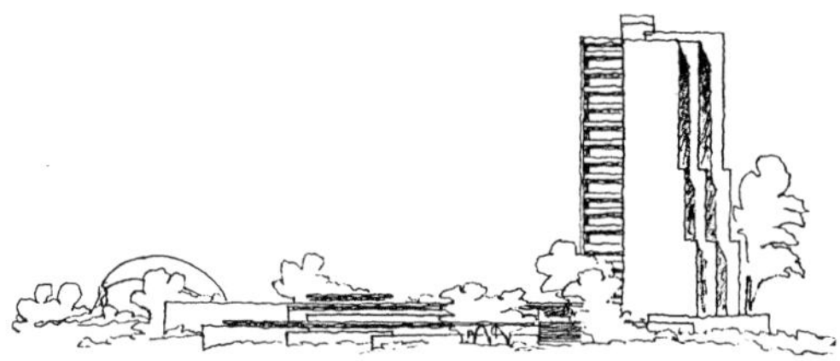

Segunda propuesta. Tercer premio.
Emplazamiento, sección norte-sur y planta baja de la escuela.

Second scheme. Third prize.
Location, north-south section and ground floor of the school.

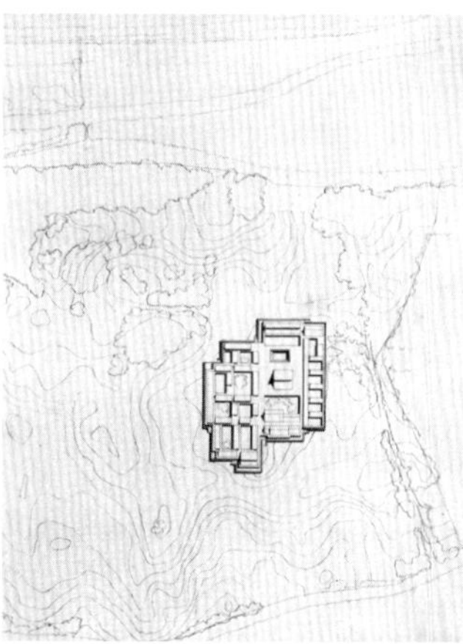

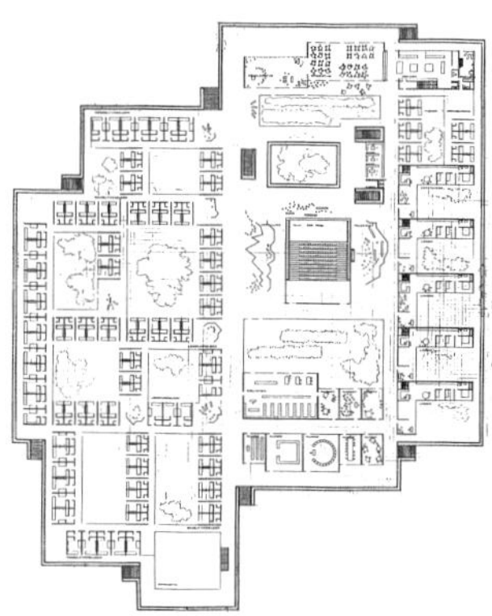

Emplazamiento, 1959.
El conjunto de caminos, límites y áreas de aparcamiento. Plantas de las tipologías de casas patio.

Location, 1959.
The set of roads, boundary lines and parking areas. Plans of the patio-house typologies.

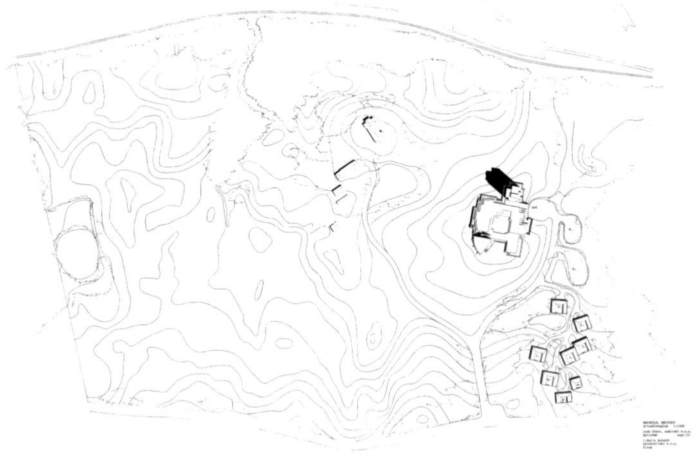

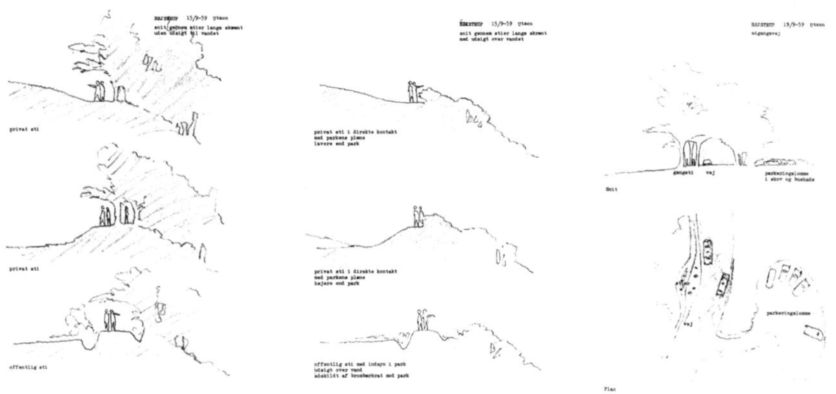

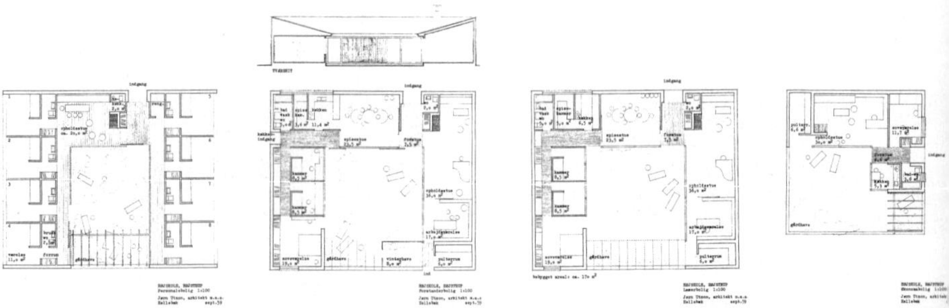

Alzados este, norte, oeste y sur. Planta basamento y planta baja.

East, north, west and south elevations. Basement and ground floor.

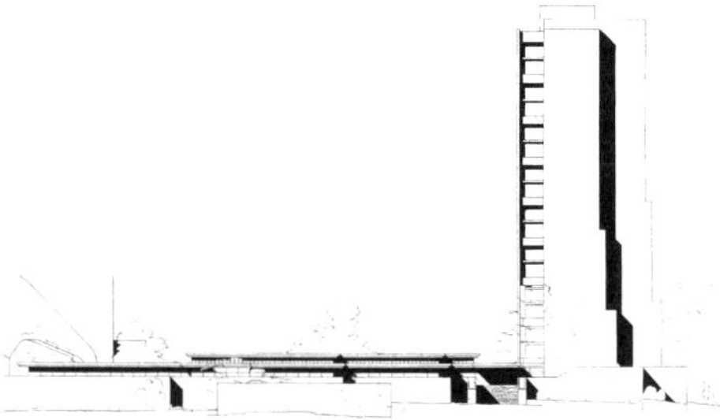

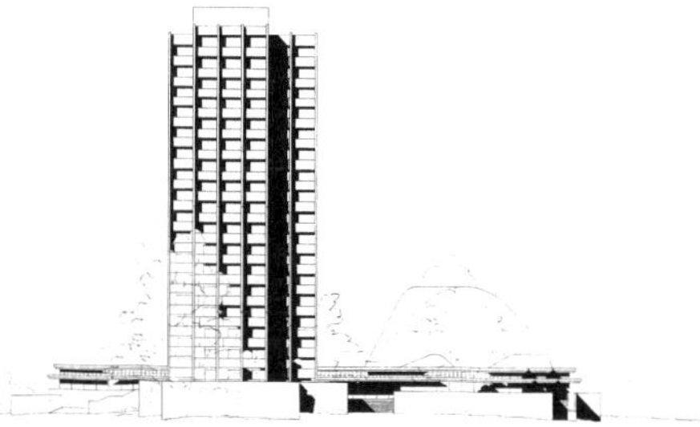

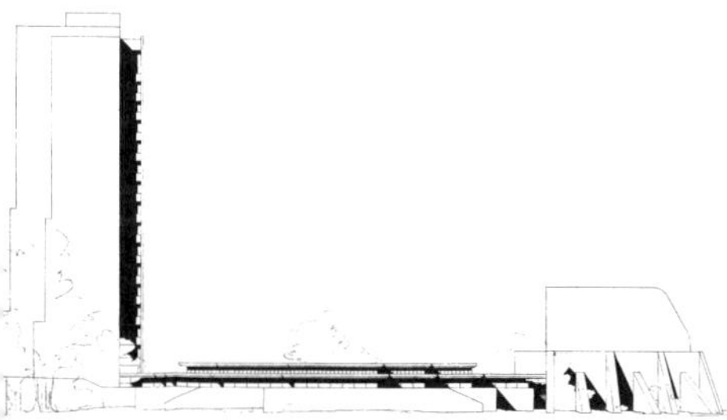

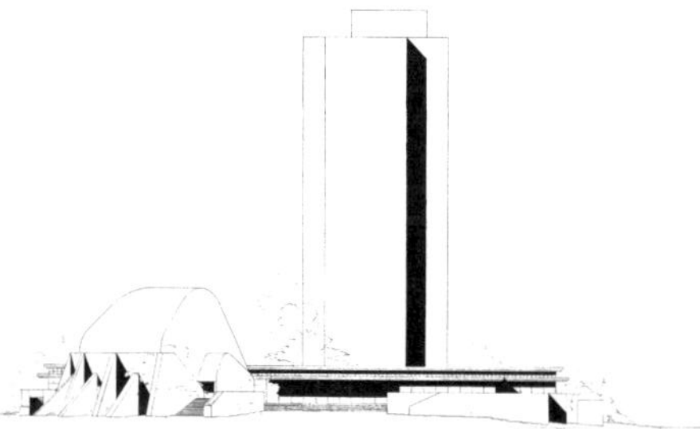

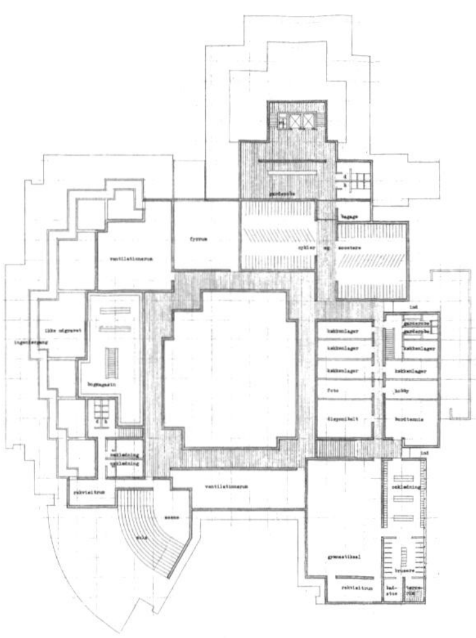

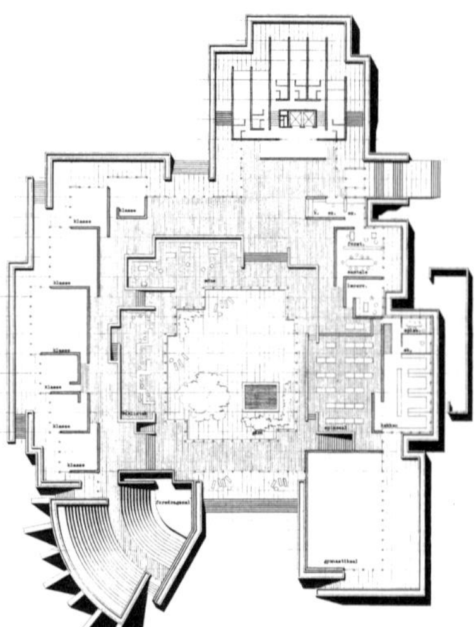

Emplazamiento, 1960-1961. Planta tipo de la torre, secciones longitudinal y transversal. Detalle del auditorio y planta basamento.

Location, 1960-1961. Standard floor plan of the tower, and cross- and longitudinal sections. Detail of the auditorium and basement floor.

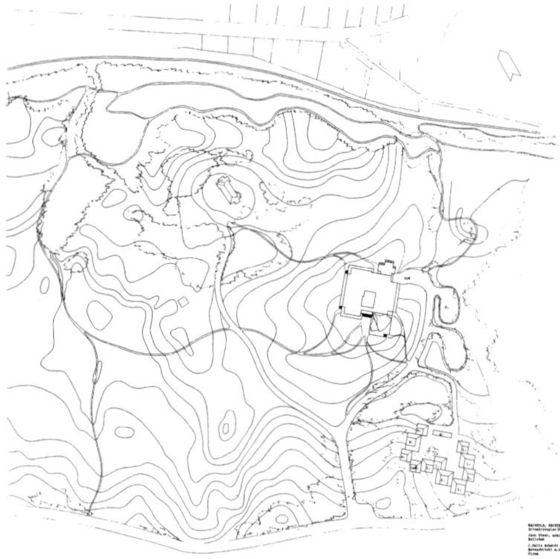

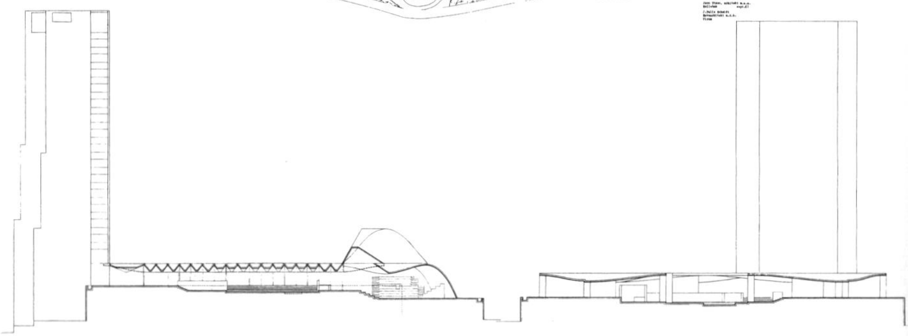

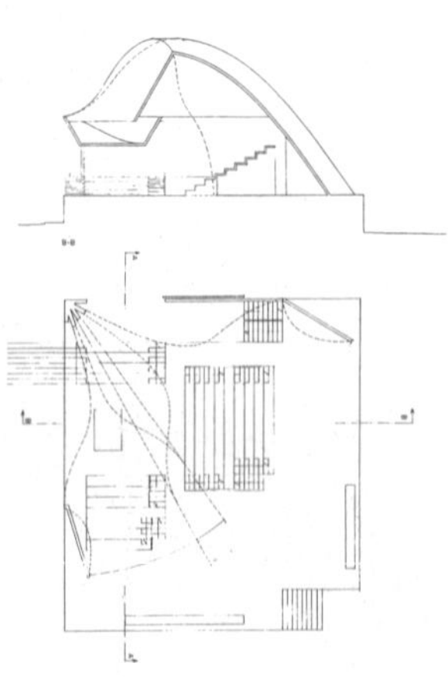

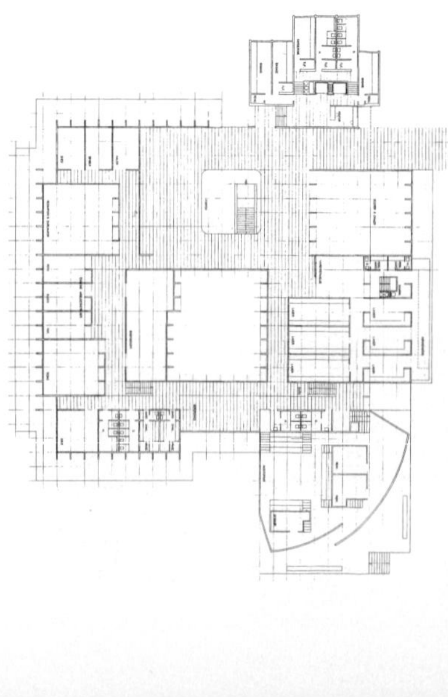

Alzados este y norte. Sección longitudinal, alzado sur, planta baja y cubiertas.

East and north elevations. Longitudinal section, south elevation, ground floor and roofs.

1959 Concurso para la Exposición Internacional en Copenhague, Amager, Dinamarca

Emplazada en el extremo sur del puerto de Copenhague, la propuesta se integra en el paisaje portuario de bastiones y recintos defensivos que se extienden en la ciudad. El proyecto concilia la solemnidad del recinto vacante con la monumentalidad de los planos aterrazados que flanquean el ámbito central. La meseta de Monte Albán y la secuencia del conjunto de Teotihuacán confluyen en la memoria de la propuesta, que tiene en el ámbito central la imagen más emblemática. Frente a la introspección del conjunto que Utzon describe en el Monte Albán "desde arriba no se ve otra cosa que el cielo y las nubes que pasan: un nuevo planeta", el espacio central confluye hacia un amplio mirador que, asomado al puerto, establece la única relación con el horizonte despojado del paisaje de Amager. Un ámbito que se extiende entre los flancos aterrazados y que tiene en la presencia continua del mar el telón de fondo. Resuelto al borde del puerto, el recinto de la exposición modela la plaza central mediante pabellones, dotaciones y servicios. Al dividir el programa de la exposición en dos zonas, la propuesta reúne sobre la plaza los eventos que se desarrollan en ambos extremos. En el flanco oriental, una estructura determinada por el conjunto de patios abiertos aloja los expositores nacionales e internacionales. Mientras, en el flanco occidental, la estructura continua de las salas de reunión y de conciertos contrasta con la vibración de las cáscaras geométricas que albergan el cine y el teatro frente al acceso y la amplia sala de congresos de 6.000 localidades, cuyo modelado escultórico emerge sobre un paisaje de plataformas transitables. Sobre la plataforma se tallan las salas y las estancias, cuya sólida factura se contrapone a la levedad de las cáscaras y a la delgadez suspendida de las láminas plegadas de hormigón que gravitan sobre la plataforma.

1959 Competition for the Copenhagen World Exhibition, Amager, Denmark

Sited at the south end of the port of Copenhagen, the scheme is integrated into the port landscape of bulwarks and defensive enclosures that extend into the city. The design reconciles the solemnity of the empty enclave with the monumentality of the terraced planes flanking the central area. The plateau of Monte Albán and the Teotihuacán complex sequence converge in the proposal statement, which has, in the central zone, its emblematic image. In contrast to the introspection of the complex—which Utzon describes on Monte Albán: "from above nothing else is seen but the sky and the passing clouds: a new planet"—the central area converges towards a spacious mirador which, looking out to the port, constitutes the only relationship with the denuded Amager landscape—an enclave that extends between the terraced sides and which has its backdrop in the continual presence of the sea. Resolved at the edge of the port, the exhibition enclosure shapes the central piazza around the pavilions, amenities and services. By dividing the exhibition programme into two areas the proposal brings together, on the piazza, the events unfolding at either end. On the eastern side a structure defined by the group of open patios accommodates both the national and international exhibitors. Meanwhile, on the western side the continuous structure of the meeting areas and concert halls contrasts with the vibrancy of the geometrical shells that house the cinema and theatre opposite the entrance and the spacious convention centre for 6,000 whose sculptural modelling emerges above a landscape of transitable platforms. Carved out on the platform are the halls and rooms whose solid facture contrasts with the lightness of the shells and the suspended slimness of the folded sheets of concrete that gravitate above the platform.

Croquis del conjunto de pabellones desde el puerto e imagen de la plaza interior de encuentro.

Sketch of the pavilion complex from the port area and image of the interior piazza for meeting in.

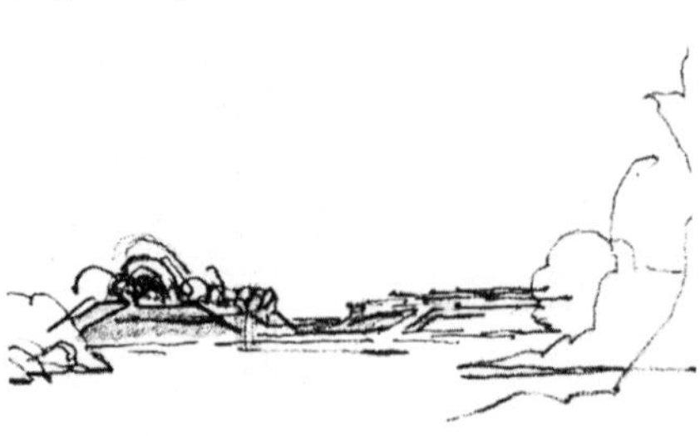

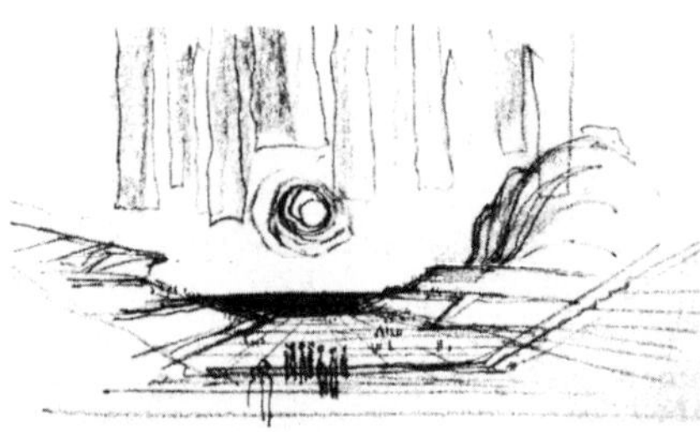

Emplazamiento general del conjunto. Sección transversal de los pabellones expositivos, planta de la plataforma y sección transversal de la sala de congresos para 6.000 localidades.

General location of the complex. Cross-section of the exhibition pavilions, plan of the platform and cross-section of the convention centre for 6,000.

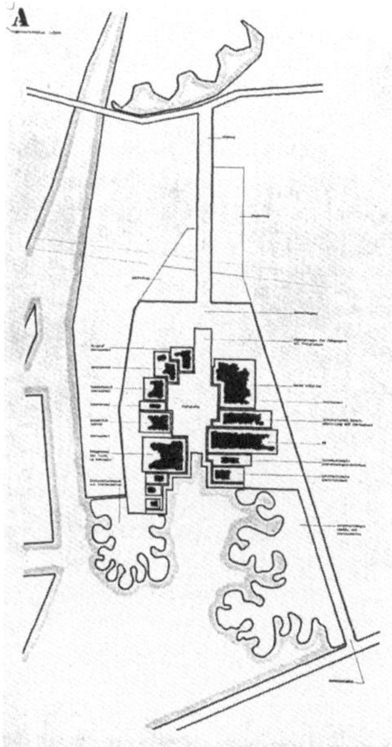

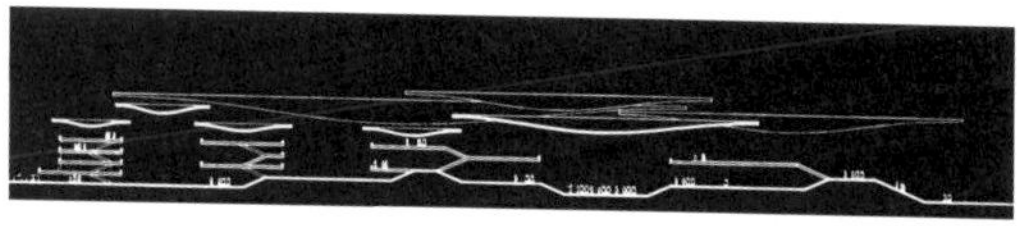

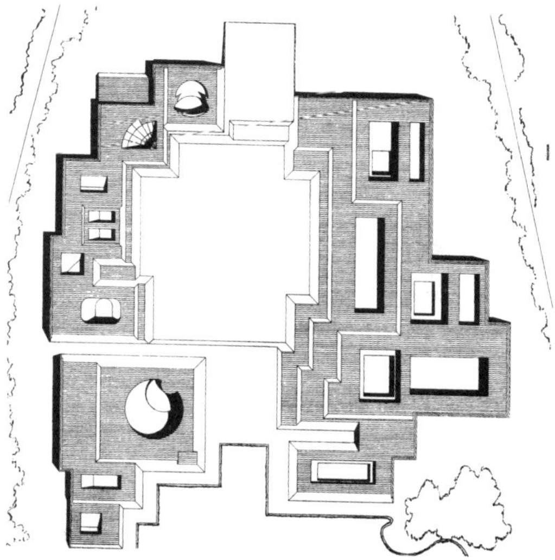

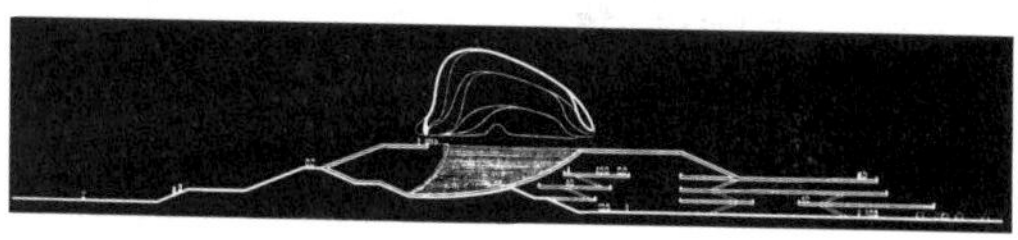

Planta de cubiertas.

Roof plan.

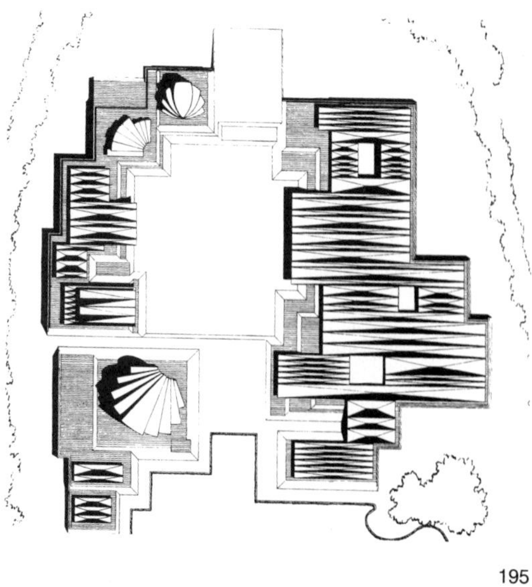

1959 Concurso para la ordenación de Frederiksberg, Copenhague, Dinamarca

Con el lema *Manhattan*, la propuesta, que obtiene el primer premio, desarrolla la serie de torres ensayada en el paisaje de Bellahøj (1945) y en Elineberg (1954) frente al Øresund. Arne Jacobsen, miembro del jurado, describe el proyecto como "una composición abstracta emplazada en un paisaje de ensueño". Situado en el extremo oriental del municipio de Frederiksberg, en el límite de la ciudad de Copenhague, la serie de torres se sitúa junto al paisaje de los lagos. Tres arterias urbanas que se extienden desde el centro urbano dividen la intervención en cuatro áreas. El primer ámbito, A, sitúa sobre el perfil quebrado del basamento continuo una sucesión de torres, cuya secuencia volumétrica frente al lago Sankt Jørgens es el rasgo más significativo en la silueta de la ciudad. La serie se ordena a partir de las diversas configuraciones que adoptan las torres, compuestas por un conjunto de cuerpos deslizantes, con una crujía de 5 m, de alturas distintas. El proceso de renovación urbana ensayado en el concurso de Vestre Vika en Oslo (1948) determina la ordenación del segundo ámbito, B, basado en un conjunto de bloques abiertos caracterizados por la densidad del centro urbano. En el tercer ámbito, C, sobre la arteria urbana Gammel Kongevej, un conjunto de bloques superpuestos, cuya factura evoca el tapiz de los pabellones expositivos planteados en el Crystal Palace (1946), aloja el área comercial y de oficinas sobre el basamento determinado por el aparcamiento subterráneo. Un curso de agua serpentea entre las dotaciones del espacio D, concebido como un ámbito para la contemplación y el descanso, descrito como un paisaje "Japansk-Romantisk".

1959 Competition for the development of Frederiksberg, Copenhagen, Denmark

Under the motto of *Manhattan*, the scheme, which won first prize, develops the series of towers tried out in the landscape of Bellahøj (1945) and in Elineberg (1954), facing the Øresund. Arne Jacobsen, a jury member, described the design as "an abstract composition sited in a dream-like landscape." Located at the eastern edge of the municipality of Frederiksberg, on the Copenhagen city boundary, the series of towers stands on the landscape of lakes. Three urban thoroughfares that extend forth from the town centre divide the intervention into four areas. The first area, A, sets out on the irregular outline of the continuous base a succession of towers which has, in the volumetric sequence over Sankt Jørgens Sø, its most significant feature in terms of the skyline. The series is arranged on the basis of the different configurations adopted by the towers formed by a group of sliding bodies with a five-metre bay of differing heights. The process of urban renewal essayed in the Vestre Vika competition in Oslo (1948) determines the arrangement of the second area, B, based on a set of open blocks characterised by the density of the town centre. In the third area, C, on the Gammel Kongevej urban artery, a set of stacked blocks whose facture evokes the exhibition pavilions proposed for the Crystal Palace (1946), accommodates the commercial and office area on the base defined by the underground parking area. A watercourse snakes between the amenities of area D, conceived as a place for contemplation and relaxing in, and described as a "Japansk-Romantisk" landscape.

Croquis de la sucesión de torres sobre el lago Sankt Jørgens.

Sketch of the succession of towers over Sankt Jørgens Sø.

Planta de la propuesta y croquis del conjunto.

Plan of the scheme and sketch of the complex.

1959-1965 Conjunto de viviendas en Fredensborg, Dinamarca

Concebido por una asociación de residentes en el extranjero, *Dansk Samvirke*, el conjunto residencial ofrece alojamiento a los miembros que regresan a Dinamarca. El proyecto se emplaza en la distinguida localidad de Fredensborg —caracterizada por el Palacio Real y las amplias áreas libres y jardines que se extienden sobre el lago Esrum— sobre una suave ladera al sur del centro urbano, en el límite de un frondoso bosque. Sin embargo, la propuesta, determinada por un área de protección ambiental, concilia, en una sucesión de unidades de agregación, los límites del área urbana con la naturaleza del medio continuo. El desplazamiento de las unidades equilibra las restricciones establecidas entre el medio natural y lo edificado, avanzando sobre el área protegida y retrocediendo sobre el terreno propio. El conjunto se desarrolla sobre el límite norte del terreno, en el que el viario principal de acceso se despliega en cuatro vías especializadas sin salida, flanqueadas por la sucesión de casas patio que se acomodan en el desnivel del terreno. Esta sucesión discontinua de siete unidades de agregación permite individualizar cada vivienda en la hilera y determina la secuencia progresiva desde los ámbitos de acceso, a través de las casas patio, hasta las áreas libres. La unidad de la casa patio se desarrolla sobre el modelo construido de las viviendas Kingo (1956) en Elsinor. Sobre un cuadrado de aproximadamente 15 x 15 m se sitúa en dos de sus lados el programa doméstico de las viviendas, que tienen en el patio el elemento de mediación con la naturaleza circundante. El extremo noreste del terreno, alejado de las áreas libres, se configura en torno al desplazamiento de diez unidades, compuestas por tres viviendas unifamiliares cada una, que tienen su referencia en el modelo ensayado en el concurso de viviendas en Växjö (1954). De este modo, el conjunto dispone de 47 casas patio, 30 viviendas unifamiliares en hilera, un centro social y un conjunto de unidades para invitados. Concebido en torno a un patio que media entre el área de acceso y la naturaleza del medio continuo, delimitado por la sucesión de unidades de agregación, el centro social está compuesto por distintos cuerpos que organizan el programa en diferentes sectores continuos entre sí.

1959-1965 Housing complex in Fredensborg, Denmark

Conceived by an association of residents living abroad, *Dansk Samvirke*, the housing complex offers accommodation to those of its members who come back to Denmark. The project is sited in the distinguished locality of Fredensborg—characterised by the Royal Palace and the spacious open areas and gardens which extend above Lake Esrum—on a gentle slope to the south of the urban centre, on the edge of a verdant wood. For all that, the scheme, determined by a protected environmental area, reconciles, in a succession of aggregate units, the boundaries of the urban area with the nature of the ongoing environment. The displacement of the units balances the restrictions established between the natural and the built environment in advancing on the protected area and withdrawing on its own terrain. The complex unfolds on the northern edge of the terrain, in which the main access network is set out in four specialised roads in the form of a cul-de-sac, determined by the succession of patio-houses accommodated on the slope of the terrain. This discontinuous succession of seven aggregate units enables each house in the row to be individualised and defines the progressive sequence from the access areas, via the patio-houses, to the open areas. The patio-house unit is developed on the model constructed in the Kingo houses (1956) in Elsinore. Established on two sides of an approximately 15 x 15-metre square is the domestic programme of the houses, which possess, in the patio, the element of mediation with the surrounding nature. The northeast end of the terrain, remote from the open areas, is organised around the displacement of ten units of three one-family dwellings which have their reference in the model tried out in the housing competition in Växjö (1954). In this way the complex has 47 patio-houses, 30 one-family terraced houses, a social centre and a set of units for guests. Conceived around a patio which mediates between the access area and the natural realm of the continuous environment, circumscribed by the succession of aggregate units, the social centre consists of various bodies that organise the programme in different mutually continuous sectors.

Planta general del conjunto de viviendas.

General plan of the housing complex.

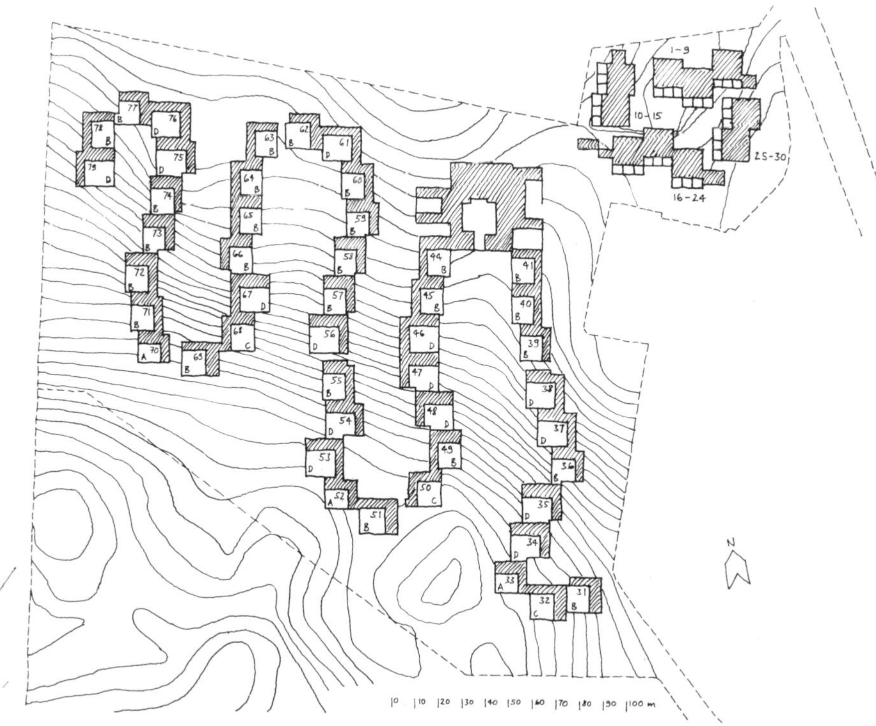

Alzados de la unidad A. Plantas de las unidades de vivienda A y B.

Elevations of unit A. Plans of the A and B housing units.

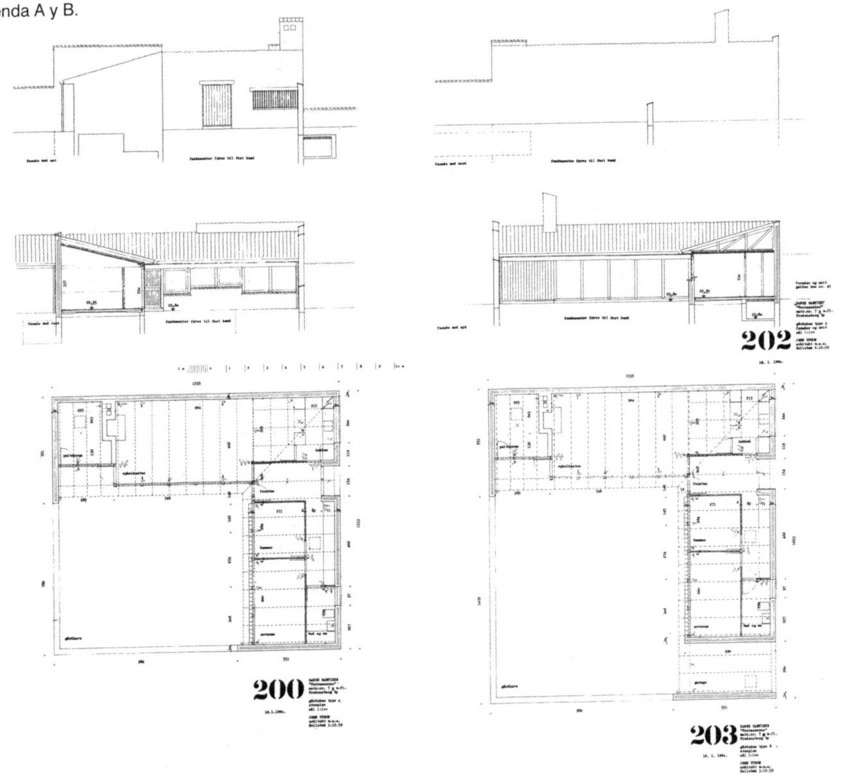

Alzados de la unidad B. Plantas de las unidades de vivienda B1 y B2.

Elevations of unit B. Plans of the B1 and B2 housing units.

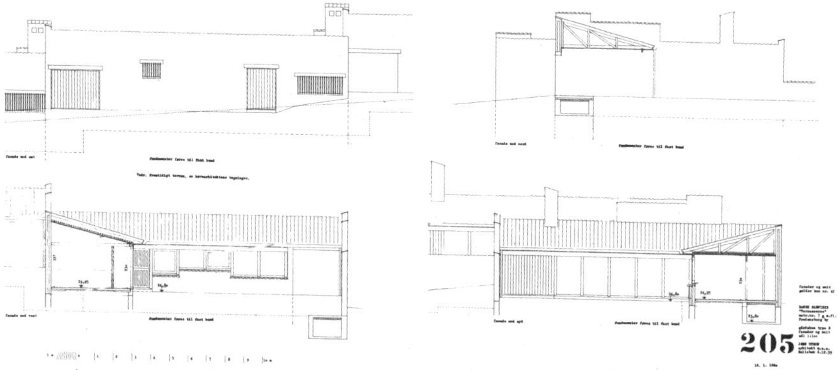

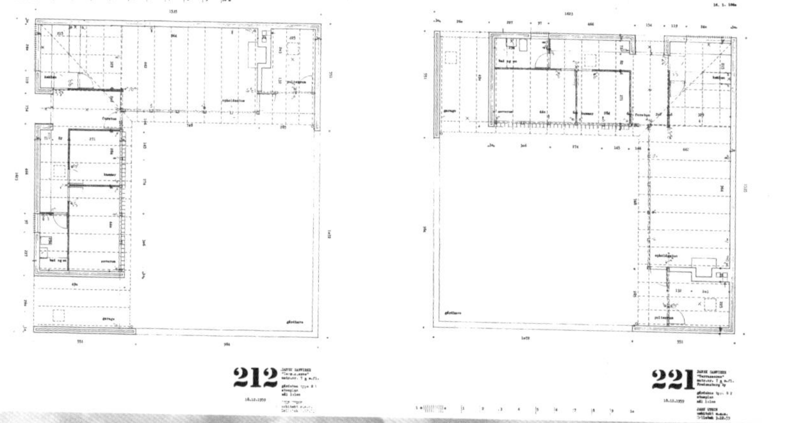

Alzados de la unidad C. Plantas de las unidades de vivienda C y C1.

Elevations of units C. Plans of the C and C1 housing units.

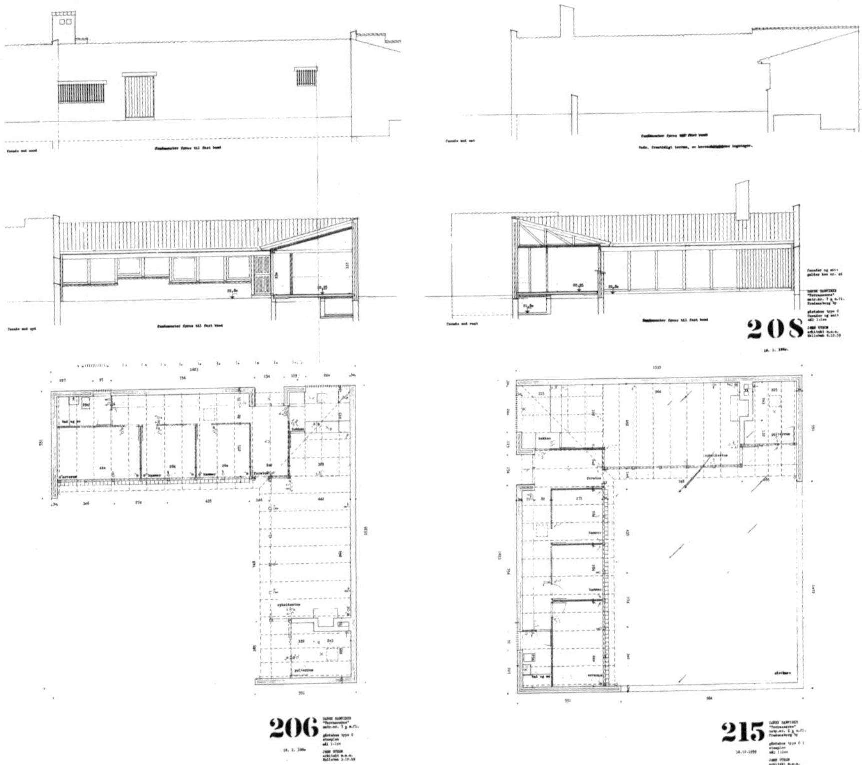

Alzados de la unidad D. Plantas de las unidades de vivienda D y D1.

Elevations of unit D. Plans of the D and D1 housing units.

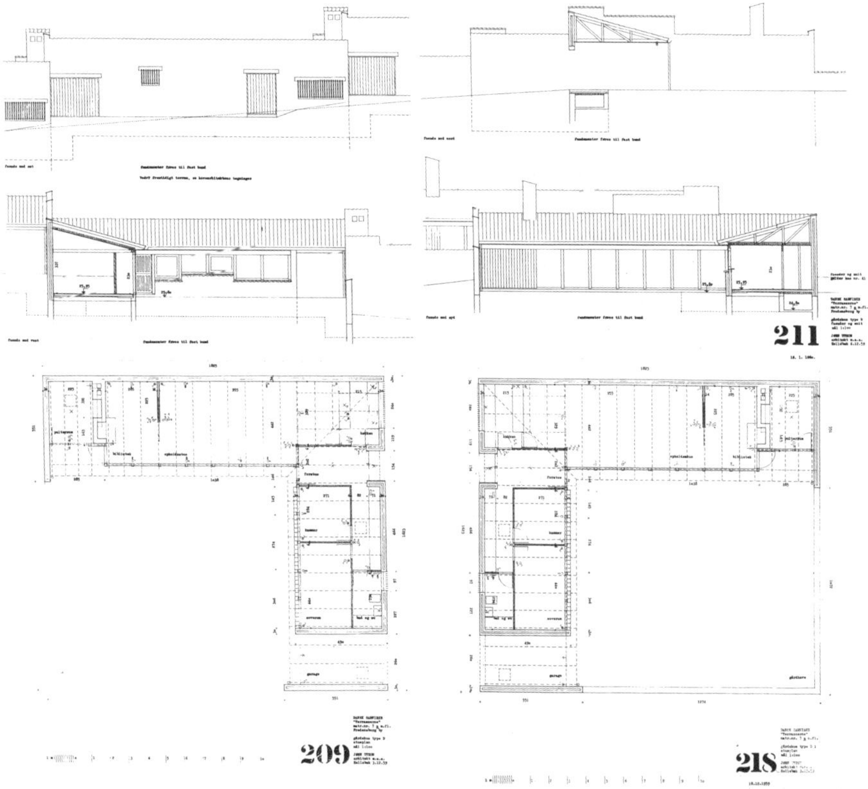

Sección constructiva de las casas patio.

Constructional section of the patio-houses.

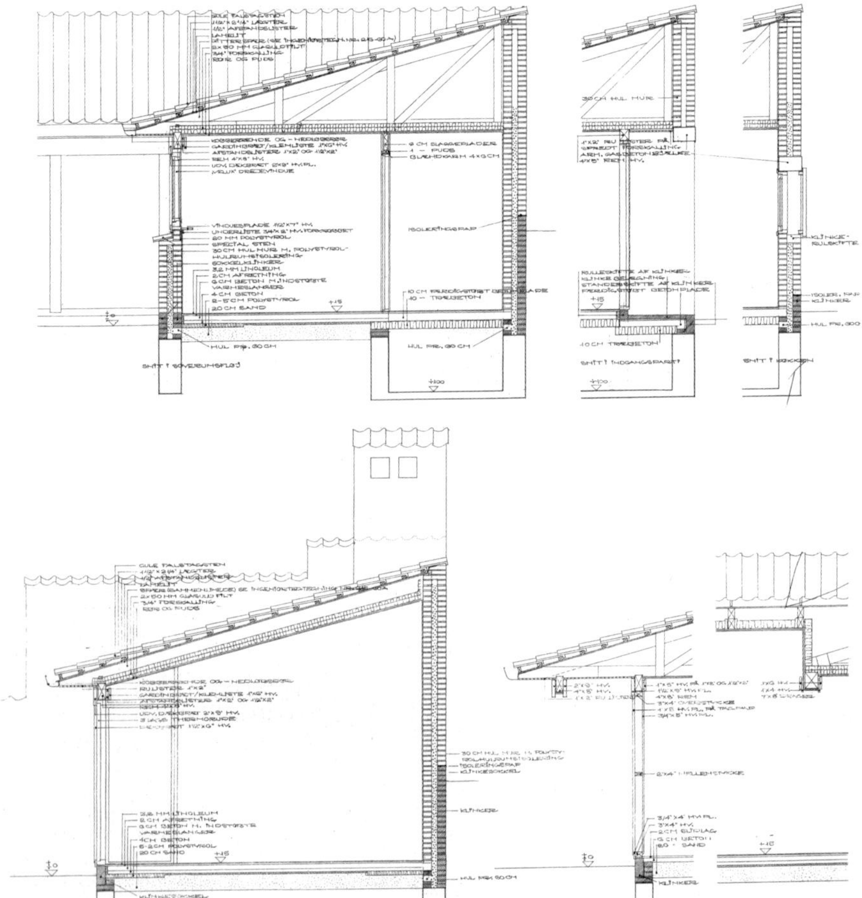

Planta, alzado y sección de las unidades para invitados.

Plan, elevation and section of the guest units.

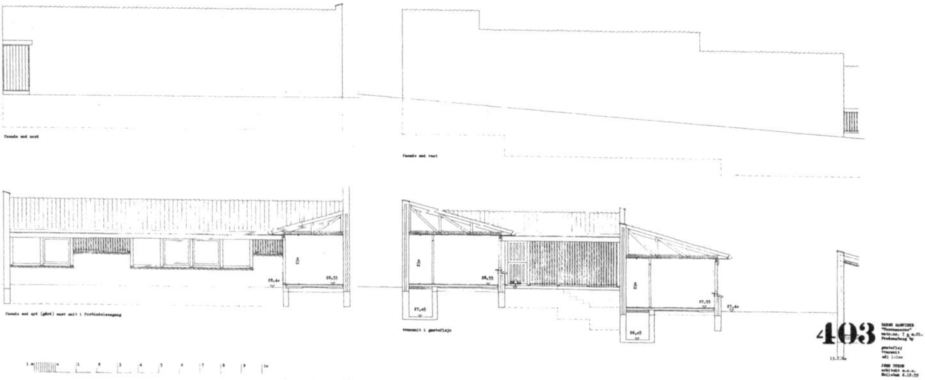

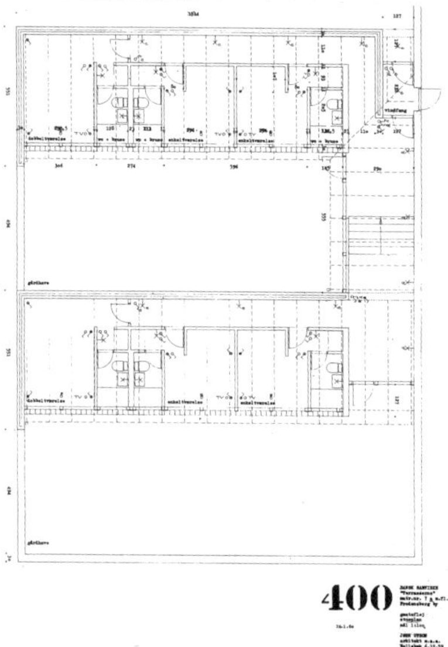

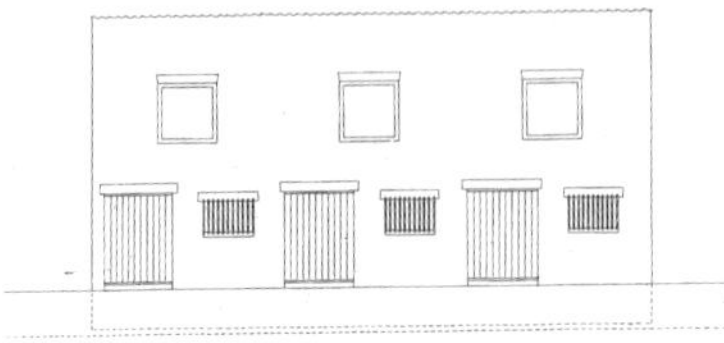

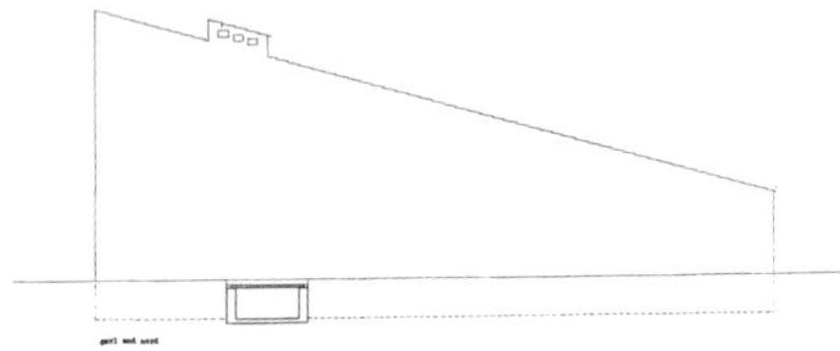

304

305

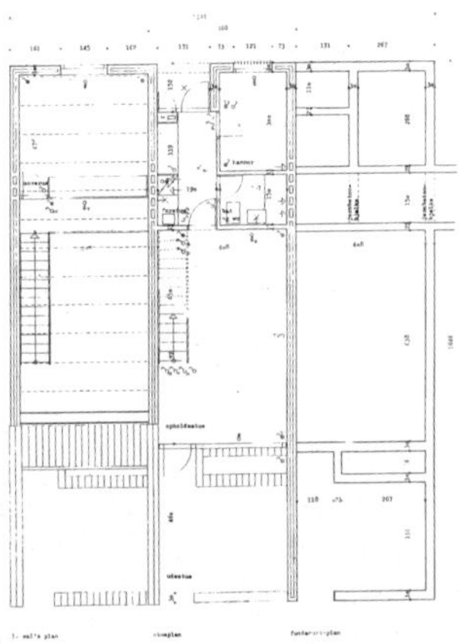

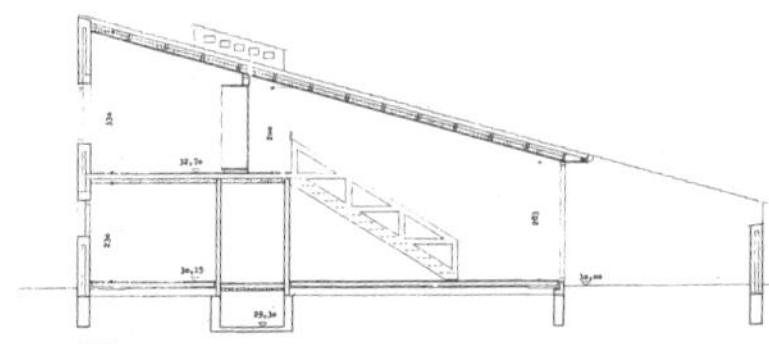

301

300

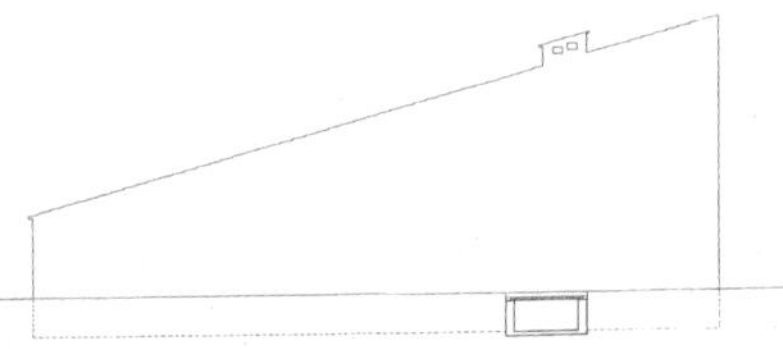

306

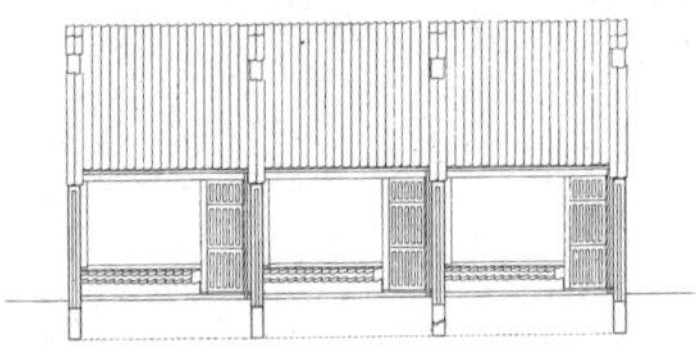

302

Planta, alzados y secciones del conjunto de viviendas en hilera.

Plan, elevations and sections of the group of terraced houses.

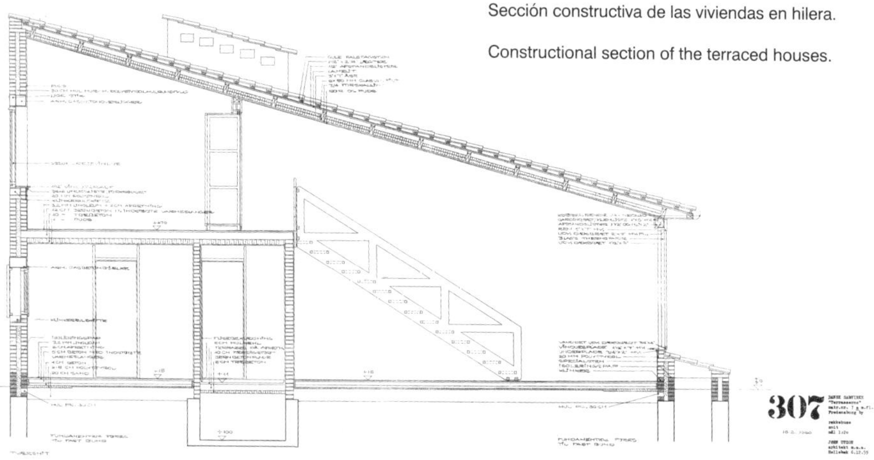

Sección constructiva de las viviendas en hilera.

Constructional section of the terraced houses.

Planta del centro social. Alzados sur y norte, y secciones longitudinales.

Plan of the social centre. South and north elevations and longitudinal sections.

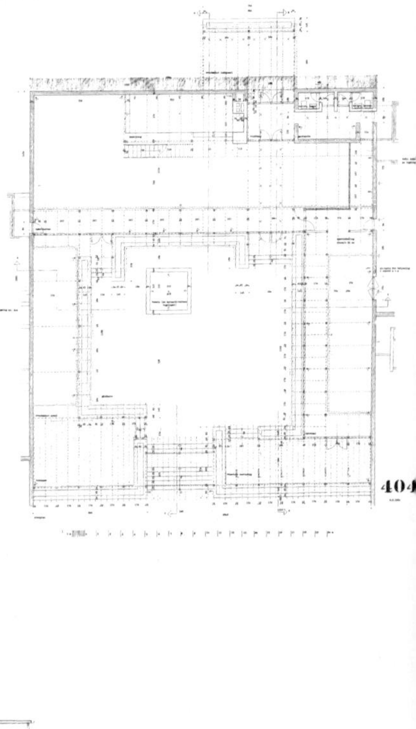

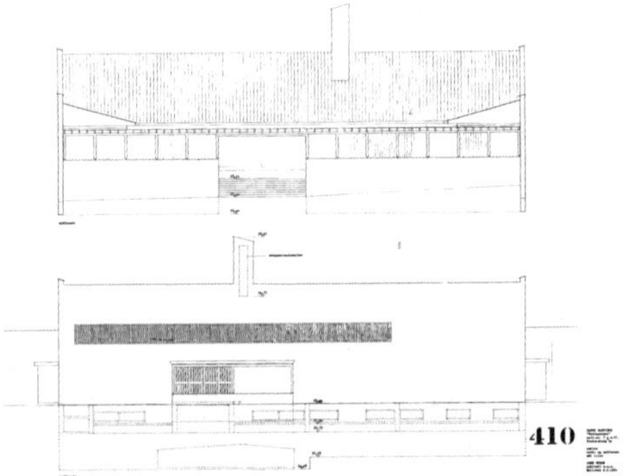

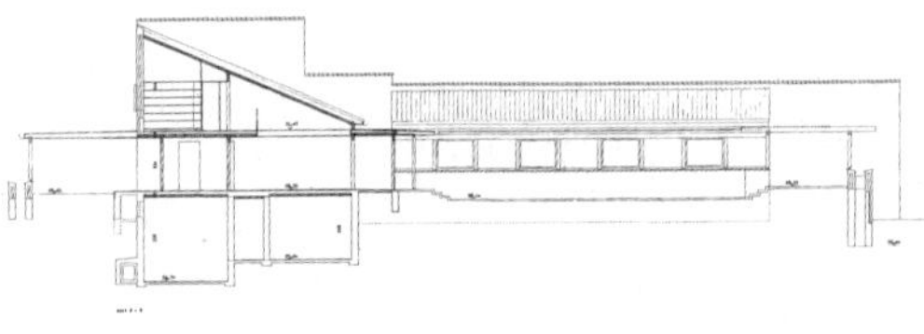

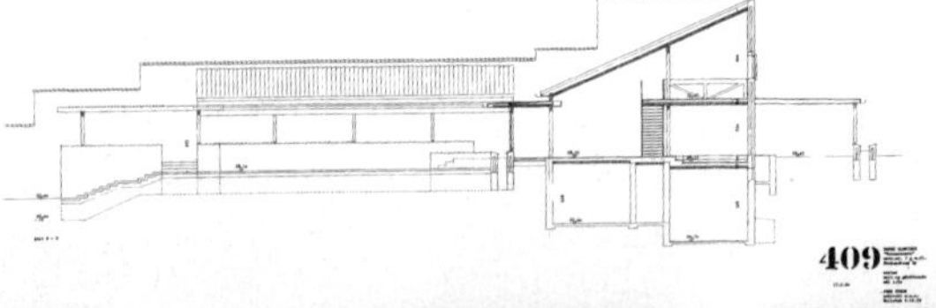

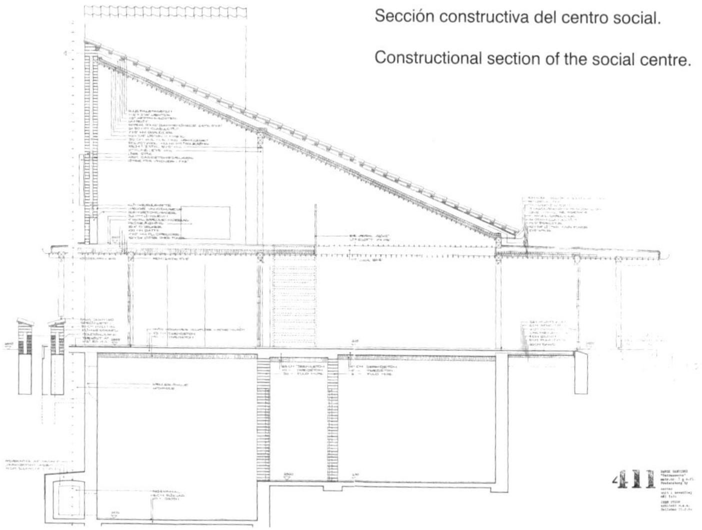

Sección constructiva del centro social.

Constructional section of the social centre.

1959-1960 Banco Melli, Teherán, Irán

Realizado en colaboración con Hans Munk Hansen, el proyecto, anticipado en la fábrica de papel en Marruecos (1947), se concibe en la reiteración estructural de una secuencia de lucernarios que tienen en la sala de operaciones del banco su perfil más emblemático. En la memoria del proyecto, Utzon escribe: "El estrecho solar se adapta mal al tránsito de la calle, sin embargo, al retranquear el edificio entre dos muros medianeros en los límites del mismo, se sitúa adecuadamente con relación a las dos direcciones del tráfico.
La amplia sala de operaciones está conectada con los servicios: en la planta baja, el departamento contable, y en las plantas primera y segunda, los departamentos administrativos.
En el sótano se encuentran las salas de instalaciones, la caja fuerte y los vestuarios de personal. La atención se ha centrado en el paisaje urbano en el propio edificio. La fachada retranqueada con sus dos muros medianeros, desde donde se hace visible el nombre del banco, ofrece al visitante un lugar tranquilo, sobre el tráfico de la calle.
El acceso se produce a través de una pérgola que proporciona sombra y una partición de vidrio desde donde se obtiene una visión general de los espacios que uno va a visitar. El gran vestíbulo del banco está iluminado cenitalmente por luz indirecta. El visitante se siente constantemente orientado, ya que desde el vestíbulo, ligeramente sobreelevado, puede percibir la idea general del edificio. La evolución que han sufrido los bancos y su adecuación a las necesidades de los clientes, así como sus crecientes funciones en la vida cotidiana, son factores que determinan modificaciones en su estructura. Teniendo en cuenta estos hechos, hemos intentado conseguir una compleja flexibilidad en los elementos de mobiliario.
De hecho, es posible cambiar indefinidamente la disposición de las salas, pues no existe estructura alguna que pueda dificultar la ubicación de los elementos del edificio. La elegante estructura portante de hormigón entre los dos muros situados en los límites del solar, nos permitió completa libertad en el diseño y posibilitó la elección de distintas iluminaciones y alturas. Todos los detalles: ventanas, divisiones interiores y mobiliario han sido concebidos para preservar esta flexibilidad. Los diferentes servicios pueden ser alterados libremente, tan sólo escaleras, conexiones y grupos de aseos constituyen los elementos fijos. Todo ha sido proyectado con el objetivo de ofrecer al personal del banco un entorno agradable. Se ha creado un mundo interior, que pertenece tanto a nuestra cultura actual como a la antigua tradición persa".

1959-1960 Melli Bank, Teheran, Iran

Carried out in collaboration with Hans Munk Hansen, the design, anticipated in the paper factory in Morocco (1947), has its conception in the structural reiteration of a sequence of skylights which have, in the operations room of the bank, their most emblematic outline. In the project statement Utzon writes: "The narrow site is badly adapted to traffic towards the street. However, by retracting the building between two gables at the boundaries of the site, it is adequately situated in relation to the two traffic directions. The wide operations hall is connected to the services: on the ground floor, the accounting department and on the first and second floors, the bank administrative departments. In the basement are the central heating station, a strongroom and the staff cloakrooms.
In the urban landscape attention is at once drawn to the bank building. The set-back facade, with its two gables from which the bank's name is visible, offers the visitor a tranquil haven above the traffic in the street. Entrance is through a shady pergola and a glass partition from where one gets a general view of the services one is going to visit. The large hall of the bank is illuminated by indirect light. The visitor is constantly oriented, since from the moderately raised hall he or she can get a general idea of the various services. The development that banks have undergone and their adaptation to the needs of their clients, as well as their increasing functions within daily life, are factors that bring about modifications in their structure. Bearing in mind these facts we have succeeded in achieving complete flexibility in the bank fittings. It is, in fact, possible to change indefinitely the disposition of rooms, since no structure exists that may hinder the components of the building. The elegant load-bearing structure of concrete between the two gables at the boundaries of the site allowed us complete freedom in design, as well as rendering the choice of different kinds of illumination and floor heights possible. All the details—windows, partitions and furniture—have been conceived so as to preserve this flexibility. The different services can be altered at will, staircases, connections, and groups of toilets being the only fixed elements. Everything has been done in order to provide the bank personnel with a pleasant environment. A world has been created within the bank, pertaining to both present-day life and ancient Persian tradition."

Vista del acceso y maqueta. El nombre del banco, en árabe, se evoca en la secuencia de los lucernarios.

View of the access and model. The name of the bank in Arab evokes the sequence of skylights.

بانک ملّی ایران

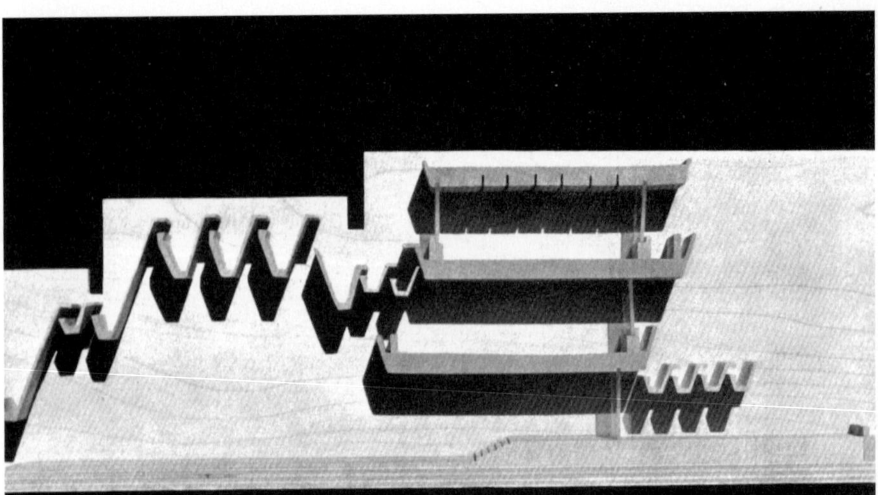

Desde la calle, el acceso frontal otorga a la propuesta una secuencia progresiva y gradual que transita desde el vestíbulo a la sala de operaciones, caracterizada por el desarrollo transversal de los lucernarios, que cubren una luz de 20 metros.

From the street the frontal access gives the scheme a progressive and gradual sequence that extends from the lobby to the operations room characterised by the transverse unfolding of the skylights, which straddle a span of 20 m.

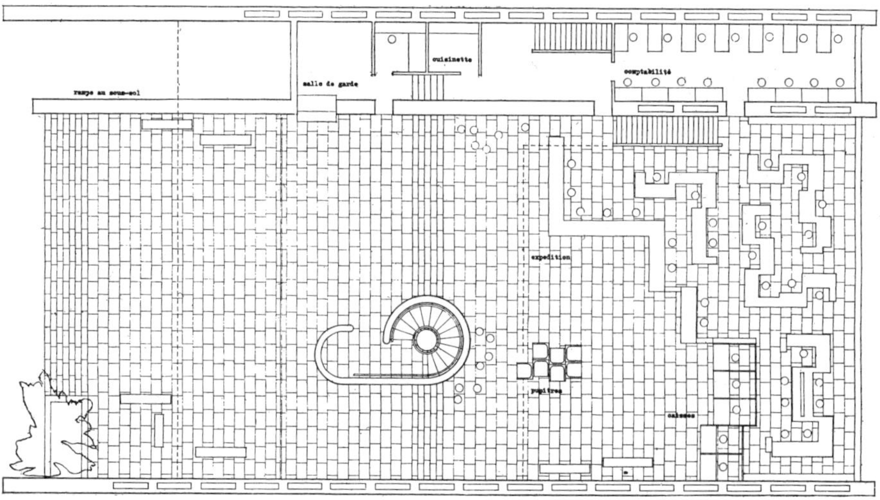

1960 Conjunto de viviendas en Birkebo, Højstrup, Elsinor, Dinamarca

Situado junto al emplazamiento del instituto de enseñanza secundaria de Højstrup (1958), la propuesta organiza las viviendas en torno a un recinto determinado por el desnivel, donde convergen el perfil quebrado de la fábrica de papel en Marruecos (1947) con la disposición en abanico de Aalto en las viviendas aterrazadas de Kauttua (1937-1940). Utzon describe así la propuesta: "la pequeña plaza situada en lo alto de la colina, rodeada por edificios de apartamentos pequeños para personas mayores, creará un entorno con una atmósfera tranquila y protegida en un paisaje relativamente abierto que no se aleja mucho del ambiente de los pequeños pueblos italianos. Se ha puesto mucho cuidado en prolongar el carácter del paisaje y utilizar sus valores. Los elementos estandarizados se combinarán tanto en los detalles (ventanas y puertas) como en los apartamentos y las casas aisladas, de forma que se obtenga una composición que carezca de la horrible y conocida rigidez de muchos proyectos de viviendas modernos. Existen muchas formas de organizar los mismos libros en un estante. No encuentro ninguna razón en la repetición de la misma fachada en distintos apartamentos situados unos junto a otros o sobre otros que se da en los tristes proyectos de viviendas modernos. También me resulta difícil sentir emoción alguna cuando veo la ordenación de la mayoría de los edificios de oficinas modernos. Karen Blixen, la excelente escritora danesa, cuenta en *Memorias de África* cómo una vez intentó ordenar a sus granjeros negros que construyesen sus chozas alineadas. Para ellos resultaba imposible comprender la importancia de la línea. En vez de ello, dispusieron las chozas con relación a las demás, al sol y a los árboles". El conjunto, finalmente, fue construido por Halldor Gunnlogssøn en 1970.

1960 Birkebo housing complex, Højstrup, Elsinore, Denmark

Located next to the site of High School in Højstrup (1958), the scheme organises the houses around an enclave determined by the uneven ground in which the irregular profile of the paper factory in Morocco (1947) converges with Aalto's fan-shaped layout in the terraced housing in Kauttua (1937-1940). Utzon describes the scheme in the following way: "The small square on top of the hill surrounded by houses with small flats for old people will create an environment with a peaceful protected atmosphere in a relatively open landscape, not unlike the feeling in small Italian villages. Great care has been taken to follow the landscape and to utilise its values. The standardised building elements (and details like windows and doors) will be combined in such a way in the flats and the detached houses themselves as to arrive at a combination without the awful stiffness well-known from many modern housing schemes. There are many ways to arrange the same books on a bookshelf. I can scarcely see any reason for repeating the same frontage on different flats next door to and above each other in these sad modern housing schemes. I have a bit of difficulty, too, to feel any excitement when I see the grid appearance of most modern office buildings. Karen Blixen, the excellent Danish authoress, relates in *Out of Africa* how she once tried to order her black farmers to build their huts in a line. It was impossible for them to understand the significance of a line. Instead they spread the huts in relation to each other, the sun and the trees." The complex was finally built by Halldor Gunnlogssøn in 1970.

Alzados sureste y este del conjunto.

Southeast and east elevations of the complex.

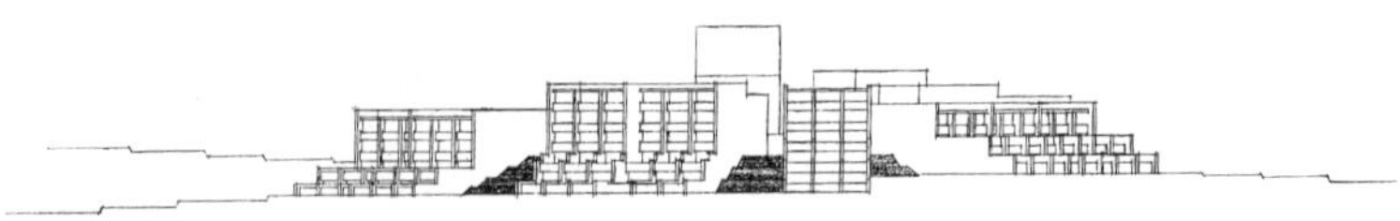

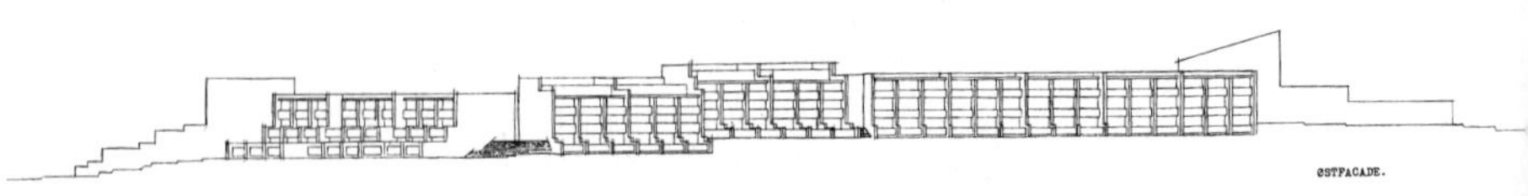

Desarrollo de las unidades residenciales. Planta del conjunto.

Development of the residential units. Plan of the complex.

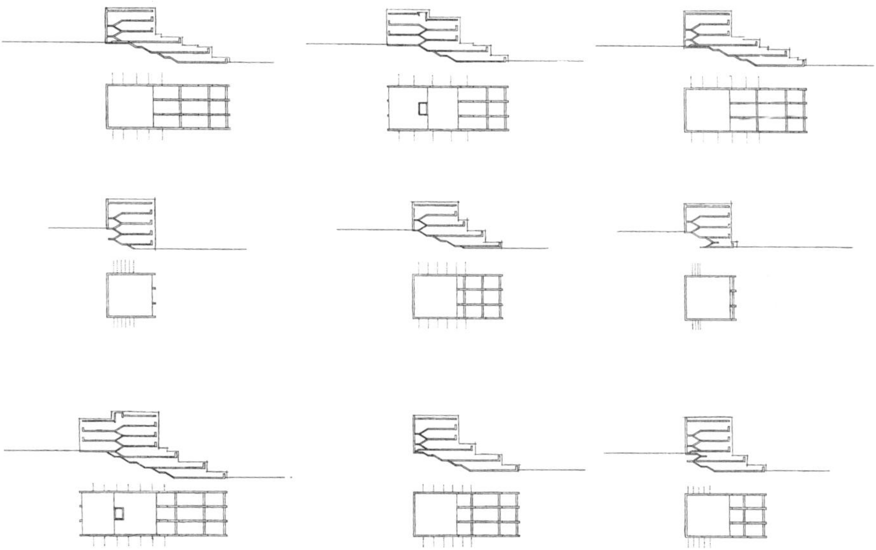

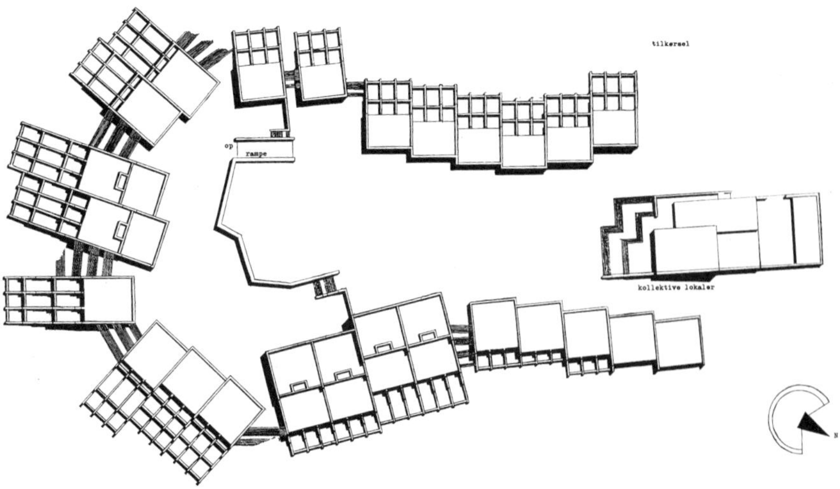

1960 Concurso para la ordenación de Elviria, Málaga, España

El concurso internacional, convocado por iniciativa del promotor Salvador Guerrero, desarrolla, en el Coto de los Dolores, la ordenación de Elviria como una zona de atracción turística internacional. Para Utzon, "la zona de la ciudad objeto del concurso se encuentra en una ubicación maravillosa a orillas del Mediterráneo, por lo que las vistas del mar deben constituir el motivo dominante de la planificación urbanística de este barrio. Por ello, cada edificio del proyecto tiene un contacto directo con el mar, independientemente de su distancia a la playa. Un estudio de las características especiales del terreno revela que existen ciertos puntos en este espléndido territorio que destacan como rasgos distintivos del conjunto, puntos en los que es tentador concentrarse. El primero de ellos es el lugar donde convergen las montañas y el llano, justo antes de que éste llegue hasta la playa. Este punto ha sido seleccionado para ubicar un centro comercial, los hoteles, restaurantes, etc. El otro está en lo alto de las montañas, donde, a modo de dedos, se extienden de forma espectacular algunas mesetas claramente definidas. Este punto alejado se ha seleccionado para ubicar nuestro tranquilo centro humanístico". La creación de un centro humanístico, caracterizado por los valores artísticos y culturales, se distancia del modelo común de los núcleos turísticos de la costa y se desarrolla desde la carretera que transita de Málaga a Cádiz hasta la vaguada natural del terreno, flanqueada por el desarrollo de los conjuntos de viviendas unifamiliares y plurifamiliares que se adaptan a la topografía del terreno. El jurado, compuesto por Pierre Vago y Franco Albini, premia otras opciones propuestas que desarrollan los centros de interés público en la zona costera.

1960 Competition for the development of Elviria, Málaga, Spain

The international competition convoked on the initiative of the developer Salvador Guerrero promotes the development of Elviria on the Coto de los Dolores as a source of attraction for international tourism. For Utzon, "the competition area for this town is in a marvellous position on the Mediterranean. The sea view, then, must be the dominating motif in the town planning of this district. Every building in this scheme has unspoilt contact with the sea, no matter how far from the beach. A study of the special qualities of the terrain reveals that there are certain points in this grand country that stand out as distinctive features from the whole, points at which it is tempting to concentrate. The first one is where the mountains meet the plain just before it flows out to the beach. This point has been selected for our commercial centre and the hotels, restaurants, etc. The other one is high up in the mountains where some clearly defined plateaux spread out like fingers in a very dramatic way. This remote point has been chosen for our peaceful humanistic centre." The creation of a humanistic centre, notable for its artistic and cultural values, is at odds with the model common to tourist centres on the coast and extends from the road that goes from Málaga to Cádiz to the terrain's natural watercourse, flanked by the development of groups of one-family and multi-occupancy dwellings that adapt to the topography of the land. The jury, consisting of Pierre Vago and Franco Albini, awarded prizes to other proposed options that developed centres of public interest in the coastal area.

Planta, alzados y croquis del centro humanístico, compuesto por el teatro, el museo, la biblioteca, el anfiteatro emplazado en la montaña y el centro religioso.

Plan, elevations and sketch of the humanistic centre consisting of a theatre, museum, library, an amphitheatre sited on the mountain, and a religious centre.

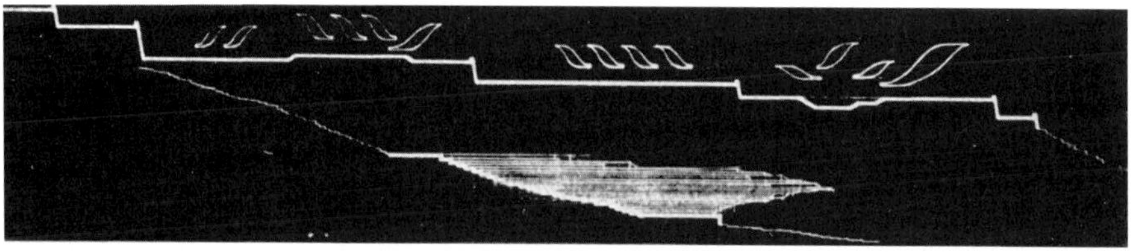

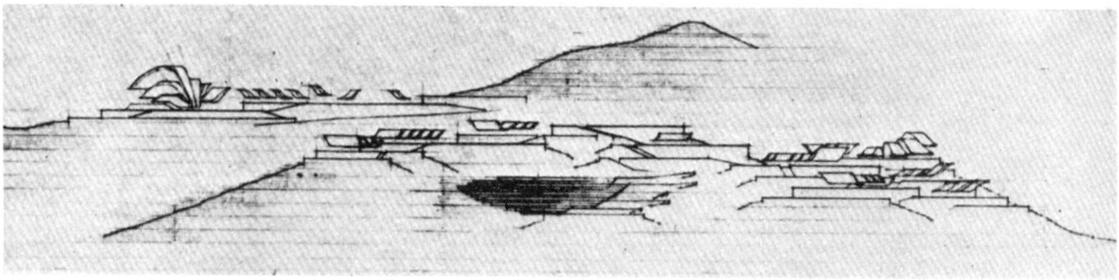

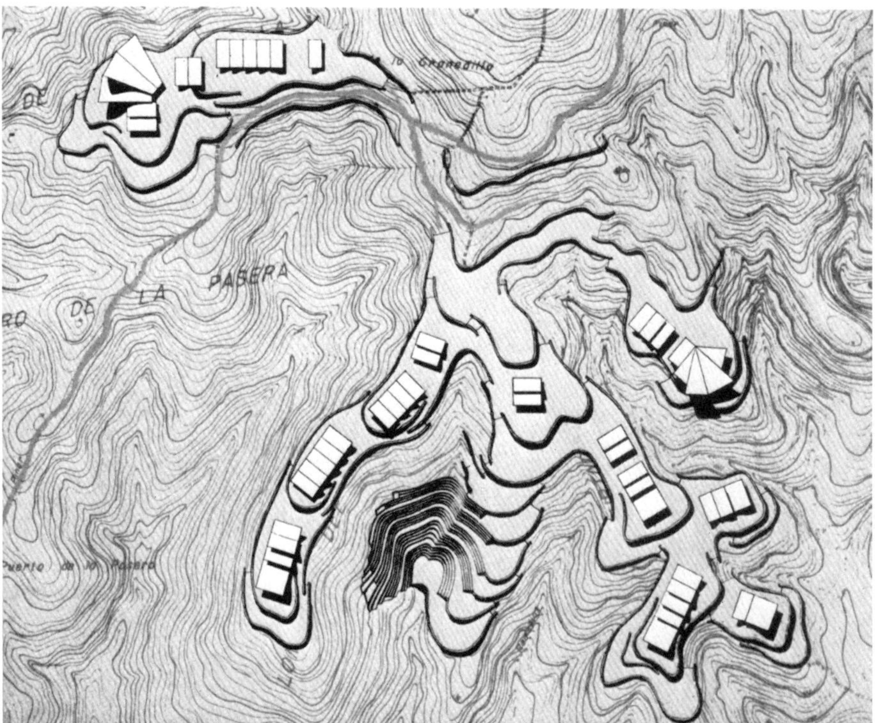

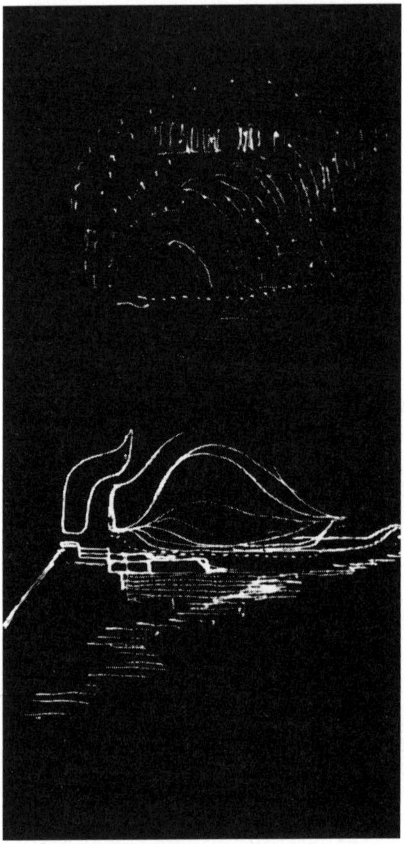

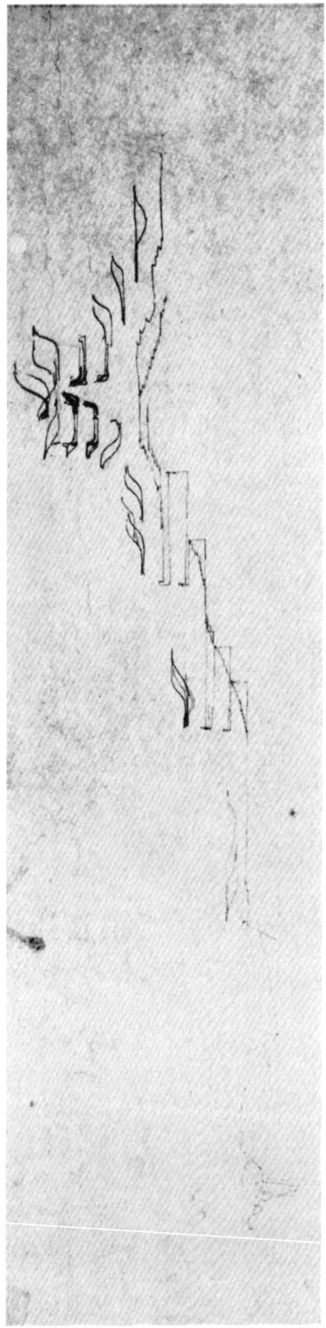

Planta, sección y croquis del conjunto de hoteles que aluden al conjunto de Elineberg (1954), el centro cívico y recreativo, y el centro de transportes y deportivo.

Plan, section and sketch of the group of hotels that alludes to the complex in Elineberg (1954), the civic and leisure centre, and the transport and sports centre.

Pinar

1960 Mercado en Elineberg, Helsingborg, Suecia

Sobre la plataforma del mercado se talla el vacío abierto que aloja las unidades comerciales, cuya sólida factura, acentuada por el alcance de las escaleras, se contrapone a la ligereza de las doce láminas plegadas de hormigón que gravitan sobre la plataforma, suspendidas sobre pilares compuestos. Utzon describe la propuesta del mercado "en el cual las compras se realizan en el cráter central de su sección en forma de volcán aplanado, mientras que la entrega de mercancías a los locales se lleva a cabo desde abajo, sin ninguna clase de impedimentos".

Sección longitudinal y planta baja.

1960 Market in Elineberg, Helsingborg, Sweden

Carved out on the market platform is the empty open space that accommodates the commercial units whose solid facture, accentuated by the reach of the stairs, contrasts with the lightness of the twelve folded sheets of concrete which, suspended on composite pillars, gravitate above the platform. Utzon describes the proposal for the market, "in which purchases are made in the central crater of its flattened volcano-shaped section, while the delivery of merchandise to the stands is carried out from below without impediment of any kind."

Cross-section and ground floor.

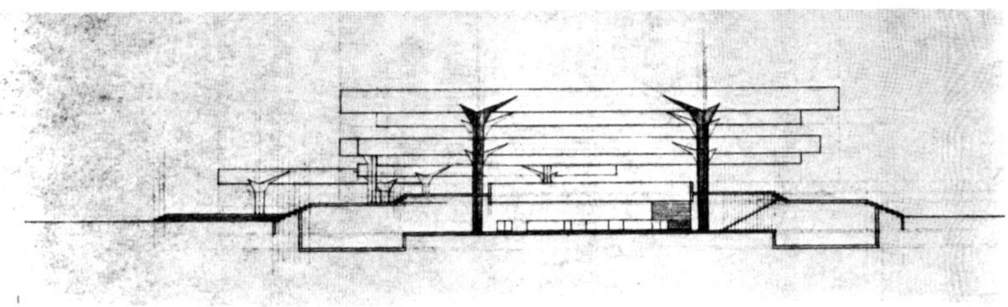

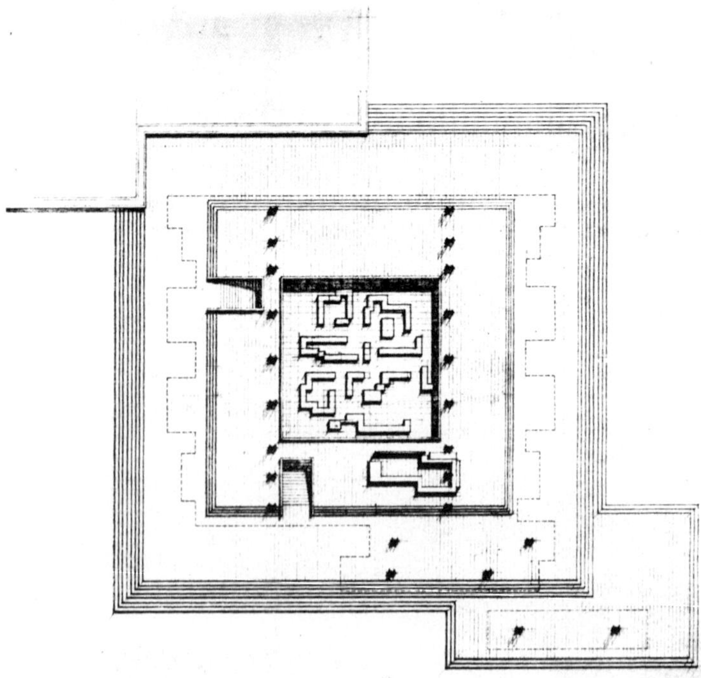

Sección transversal, alzado y planta de cubiertas.

Cross-section, elevation and plan of roofs.

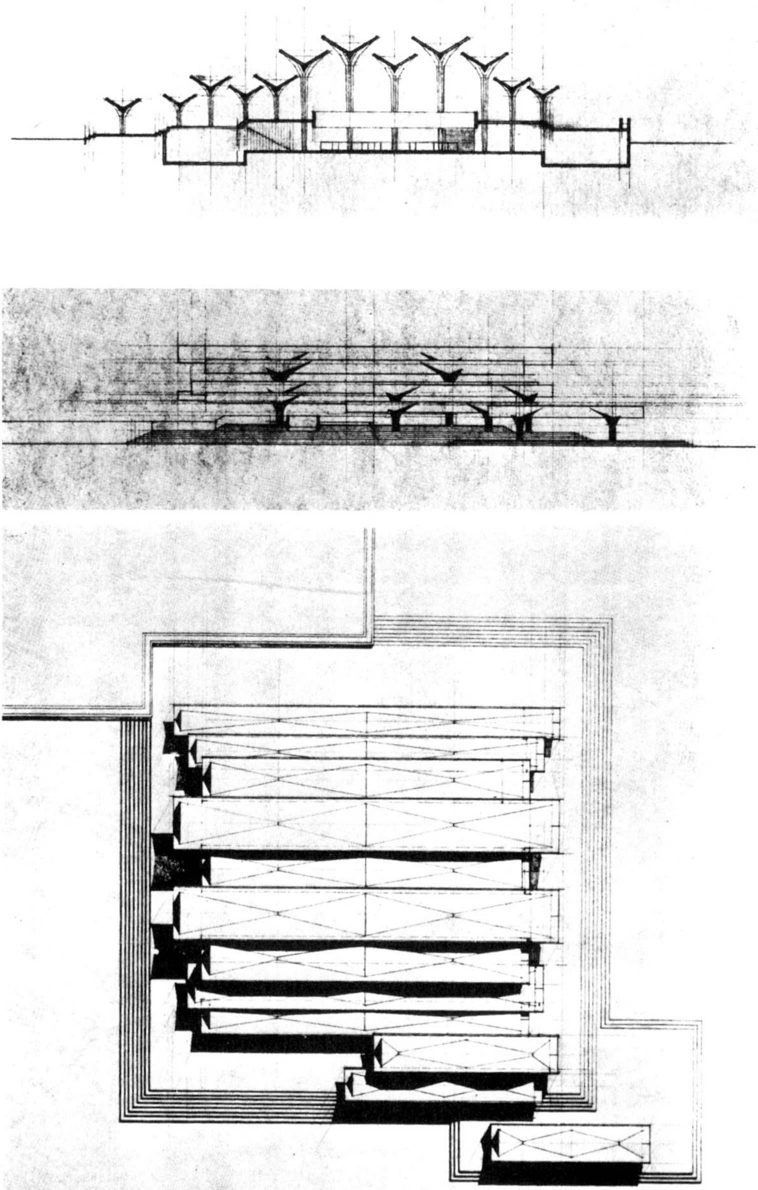

1960-1962 Casa Herneryd, Helsingborg, Suecia

Construida para la dirección de la factoría Höganäs, productora de las piezas cerámicas de las cáscaras de la Ópera de Sídney, la casa se sitúa junto a un conjunto de residencias que ocupan el límite de una pronunciada pendiente que desciende hasta la costa y ofrece una amplia visión al estrecho del Øresund, al igual que la villa Banck (1958). Sin embargo, las limitaciones establecidas y la angostura de la parcela generan un esquema compacto, organizado en torno a un patio y caracterizado por una amplia cubierta que gravita sobre el valor delimitador de los muros. El carácter volátil de la cubierta se contrapone a la sensibilidad táctil de los muros y las cercas que delimitan el recinto de la casa. La continuidad de la cubierta, que emerge sobre los muros que circundan la casa, genera una marquesina de acceso de perfil curvilíneo. La casa, compuesta sobre un rectángulo de 18,71 x 22,52 m, se desarrolla en torno al patio de dimensiones 6,5 x 6 m, un espacio abierto en el volumen de la casa donde se produce la conducción de la luz y la confluencia de las aguas. La galería transversal de la casa Banck, caracterizada por el patio abierto, se incorpora en la propuesta secuencial de la casa. El recorrido transita tangencialmente desde el acceso, caracterizado por la prominencia del alero, hacia el ámbito cerrado y próximo del patio de luz, al que siguen las vistas del paisaje abierto y distante registrado desde la sala de estar que se abre al jardín.

1960-1962 Herneryd House, Helsingborg, Sweden

Built for the management of the Höganäs factory, producer of the ceramic tiles for the Sydney Opera House shells, the house is situated next to a group of residences which occupy one end of a pronounced slope that descends towards the coast and provides an ample vista of the straits of the Øresund, just as in the Villa Banck (1958). However, the established constraints and the narrowness of the plot generate a compact schema set around a patio and characterised by an ample roof which gravitates above the delimiting value of the walls. The volatile nature of the roof contrasts with the tactile sensibility of the boundary- and other walls delimiting the enclave of the house. The continuity of the roof, which emerges above the walls surrounding the house, generates an entrance porch with a curvilinear profile. Laid out on an 18.71 x 22.52-metre rectangle, the house extends around a patio of 6.5 x 6-metres, an open area in the volume of the house where the decantation of the light and the confluence of the waters is produced. The transverse gallery of the Banck House, typified by the open patio, is incorporated in the sequential scheme of the house. The route goes tangentially from the reception area of the entrance, typified by the protruding eaves, towards the nearby, closed-in confines of the interior patio where it extends to the widening of the distant, open landscape registered from the living room where the garden opens out.

Planta y sección longitudinal de la casa.

Plan and longitudinal section of the house.

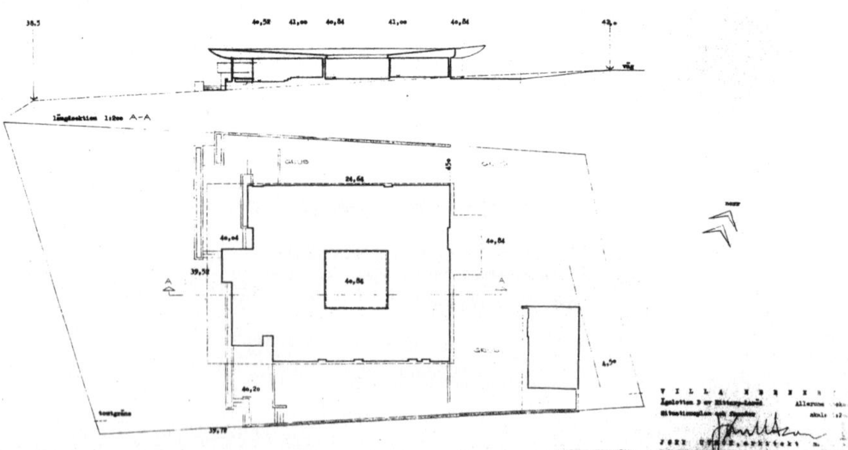

Emplazamiento.

Location.

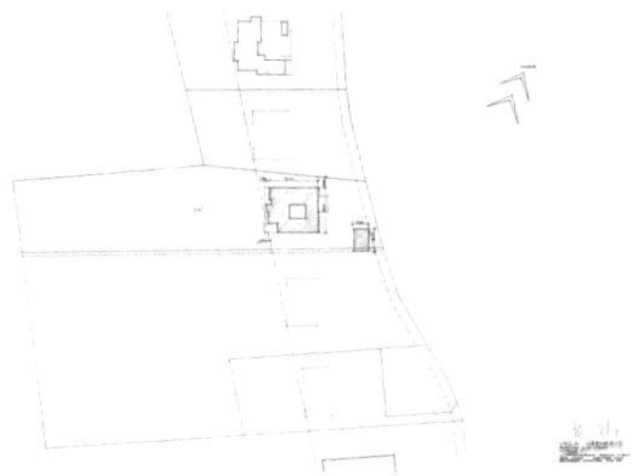

Alzado norte (primera versión). Alzados sur, sureste y noroeste.

North elevation, first version. South, southeast and northwest elevations.

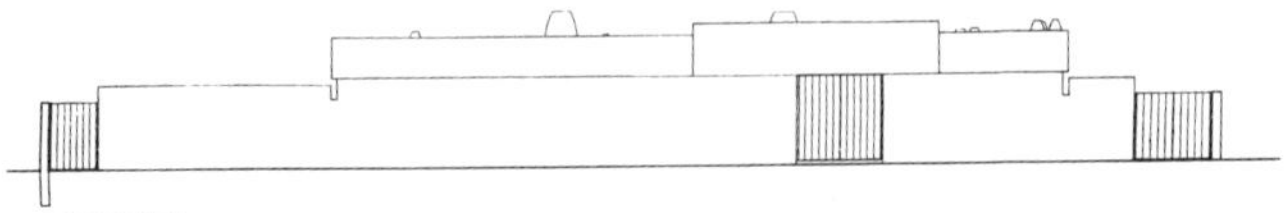

FASAD MOT ÖSTER

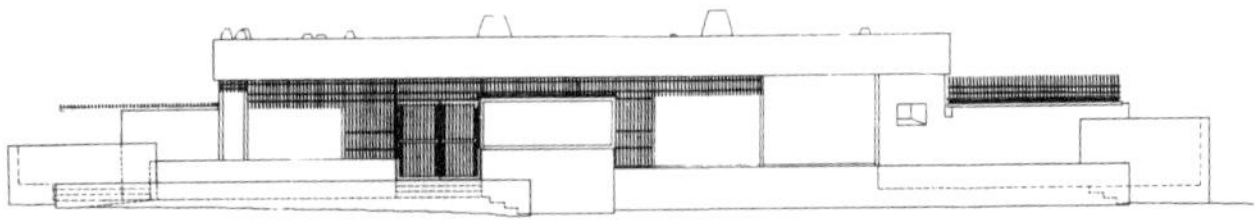

FASAD MOT VÄSTER SKALA 1:50

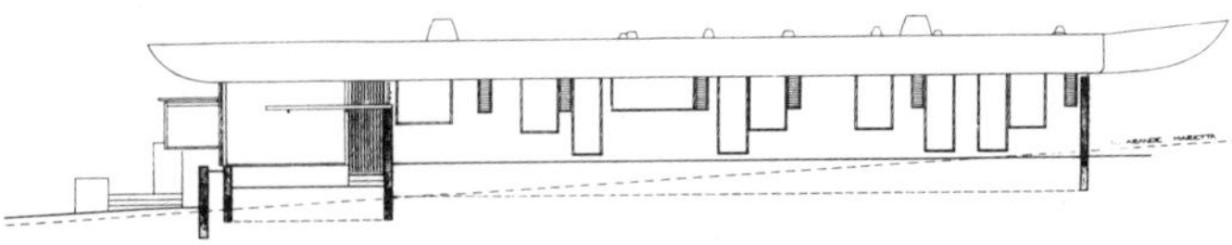

FASAD MOT SÖDER SKALA 1:50

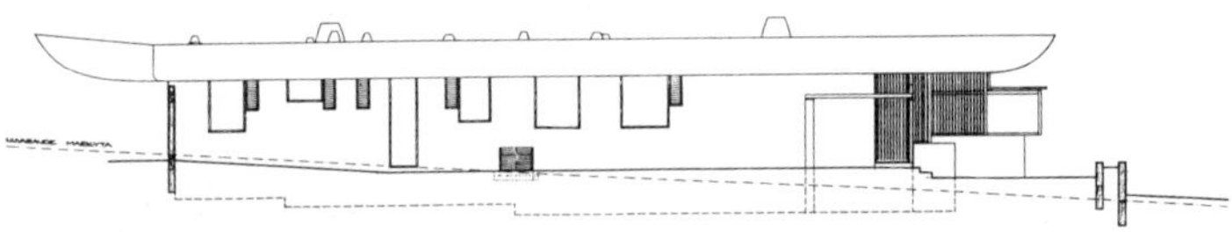

FASAD MOT NORR SKALA 1:50

Secciones transversal y longitudinal por el patio. Planta baja.

Longitudinal and cross-sections through the patio. Ground floor.

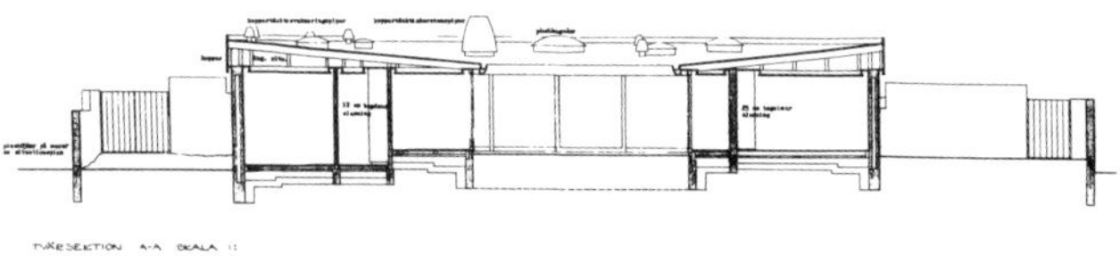

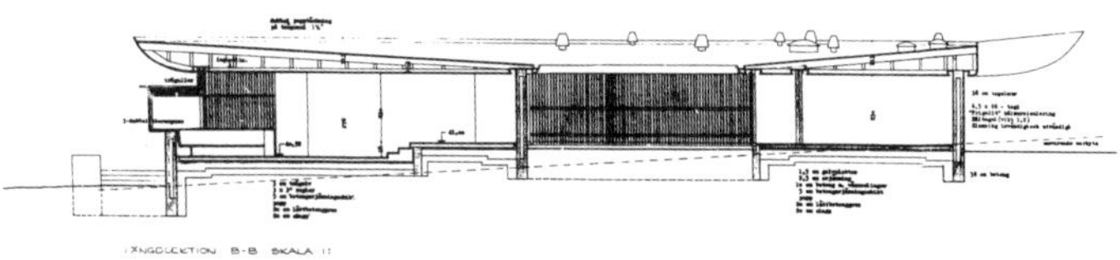

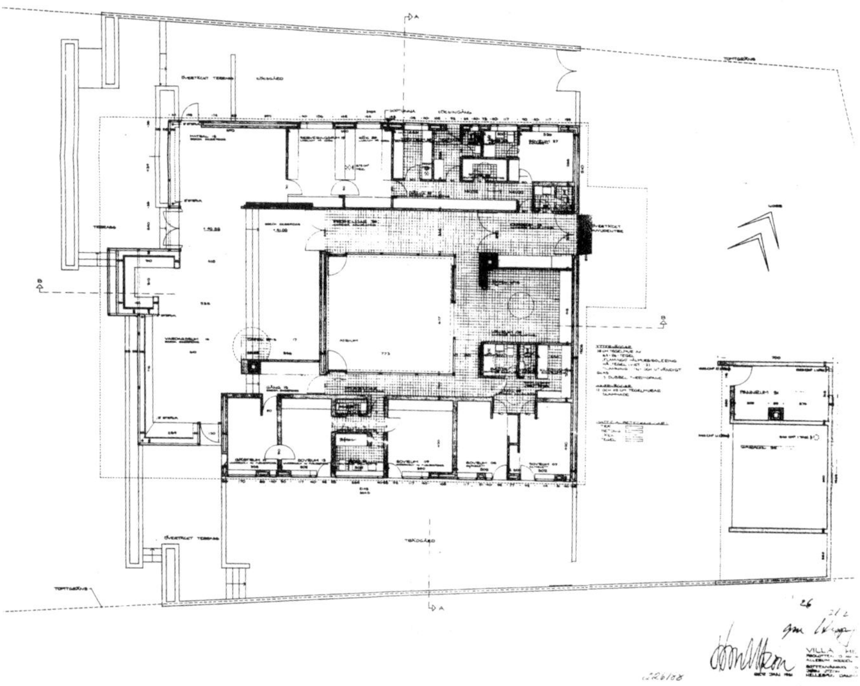

1962-1966 Residencia asistencial en Elsinor, Dinamarca

Situada sobre una arteria principal que circunda el centro urbano, la propuesta amplía un recinto asistencial caracterizado por la fábrica de las edificaciones existentes que delimitan los jardines privados del conjunto. La torre, de ocho plantas, se levanta sobre un basamento destinado a los servicios y se conecta al recinto asistencial a través de un cuerpo bajo que proporciona una amplia estancia. El volumen de la torre, establecido sobre un rectángulo de dimensiones 17,16 x 13,43 m, alberga los apartamentos para personas mayores, que tienen en el edificio existente los servicios comunes de comedor y enfermería. El fuste facetado se eleva sobre la altura de cornisa del bloque contiguo, se integra en la silueta de la ciudad de Elsinor y acoge en la planta superior una estancia mirador. Sobre las cubiertas de la localidad se levanta el perfil progresivo y abrupto del bloque en altura, que tiene en la sucesión de faldones inclinados el carácter escultórico de una torre que se erige frente al Øresund. La propuesta, finalmente, la construye un colaborador de Utzon, Birger Schmidt, en 1966.

Alzados norte y sur de la torre.

1962-1966 Residential care centre in Elsinore, Denmark

Situated on a main artery ringing the urban centre, the scheme extends a welfare services enclave characterised by the masonry of the existing buildings delimiting the private garden of the complex. The eight-storey tower is erected on top of a base intended for the services and is connected to the welfare area via a low body that provides a spacious concourse. Set up on a 17.16 x 13.43-metres rectangle, the tower volume houses the apartments for elderly people, which have, in the existing building, the shared dining-room services and the infirmary. The facetted shaft, erected above the cornice height of the adjoining block, is integrated into the Elsinore skyline and accommodates a viewing gallery on the top floor. Rising over the roofs of the location is the progressive and abrupt profile of the high-rise block, which has, in the succession of inclined gables, the sculptural character of a tower standing before the Øresund. The scheme was finally constructed by an Utzon collaborator, Birger Schmidt, in 1966.

North and south elevations of the tower.

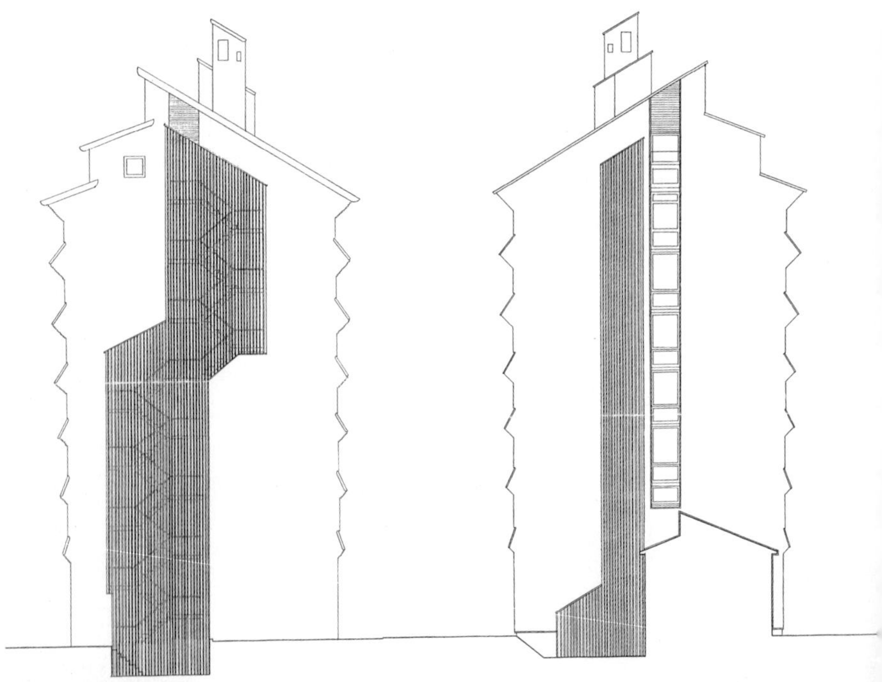

Planta mirador, planta baja/tipo de la torre y basamento.

Mirador floor, ground floor/standard floor of the tower and base.

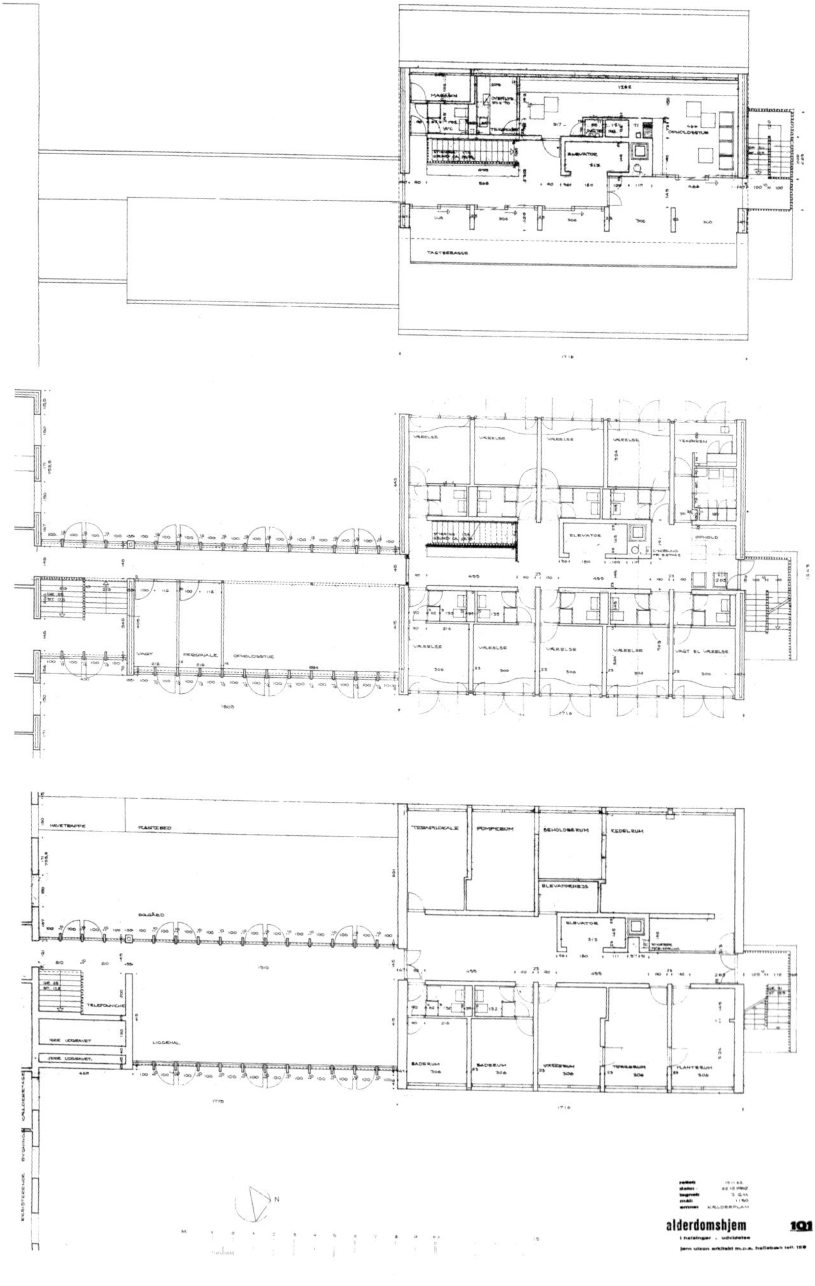

1963-1964 Casa Povl Ahm, Harpenden, Hertfordshire, Reino Unido

Construida para el ingeniero de Ove Arup, Povl Ahm, la residencia se emplaza en una parcela de un acre (4.000 m^2) determinada por la pendiente del terreno. En ella confluyen las experiencias de la prefabricación de la casa Middelboe (1953), la planta semisótano de la casa Arnung (1956) y el mecanismo de acceso rodado. Situada en el límite de la parcela, la casa articula el programa doméstico en torno a los distintos ámbitos determinados por la pendiente. La vivienda se compone sobre un rectángulo de formato 1:5, de dimensiones 30 x 6 m, dividido transversalmente en cuatro pórticos distanciados irregularmente para adaptarse al programa de la casa. La textura rugosa de los pórticos, de 60 cm de canto, construidos in situ, contrasta con la pulida presencia de las vigas pretensadas de hormigón, que oscilan entre los 6 y los 12 m de luz y los 50,8 cm de canto, separadas cada metro. Como en la casa del arquitecto en Hellebæk (1952), la casa se desarrolla en sentido longitudinal sobre el muro opaco a norte, que ampara el programa doméstico y se proyecta hacia el exterior, recogiendo la variación gradual del terreno en los distintos niveles del plano del suelo. La disposición longitudinal de la casa, el muro continuo a norte, la posición del hogar y la comunicación fluida y continua caracterizan el interior de la casa, definida también por la variación gradual del plano del suelo, que asciende progresivamente hacia el ámbito de la cocina, el comedor y las habitaciones, y, en sentido opuesto, hacia el jardín.

1963-1964 Povl Ahm House, Harpenden, Hertfordshire, United Kingdom

Built for the Ove Arup engineer, Povl Ahm, the residence is erected on a one-acre plot of land defined by the slope of the land, on which the prefabrication experiments of the Middelboe House (1953), the semi-basement of the Arnung House (1956) and the entry structure through the entrance porch all come together. Situated at the end of the plot, the house articulates the domestic programme around the different areas determined by the slope. The dwelling is laid out on a 1:5-format rectangle, 30 x 6 m in size, divided transversally into four irregularly spaced porticoes, thus adapting to the programme of the house. The rough texture of the 60-cm-thick porticoes, constructed *in situ*, contrasts with the refined presence of the prestressed concrete beams which vary from between 6 and 12 metres in span and 50.8 cm in thickness, and are spaced one every metre. As in the architect's house in Hellebæk (1952), the house extends longitudinally on top of the opaque north wall that protects the domestic programme and is projected towards the outside, thus absorbing the gradual variation of the terrain at the different ground-plane levels. The longitudinal layout of the house, the continuous north wall, the position of the fireplace, and the fluid and uninterrupted communications within characterise the interior of the house, a layout also defined by the gradual variation of the ground-plane which ascends in a progression of varying levels towards the area of the kitchen, dining room and bedrooms, and in an opposite direction towards the garden.

El acceso rodado y la articulación entre el muro de la casa y el muro del jardín.

The entrance porch and the articulation between the wall of the house and wall of the garden.

Secciones longitudinal y transversal, planta semisótano y planta baja.

Cross- and longitudinal sections, semi-basement and ground floor.

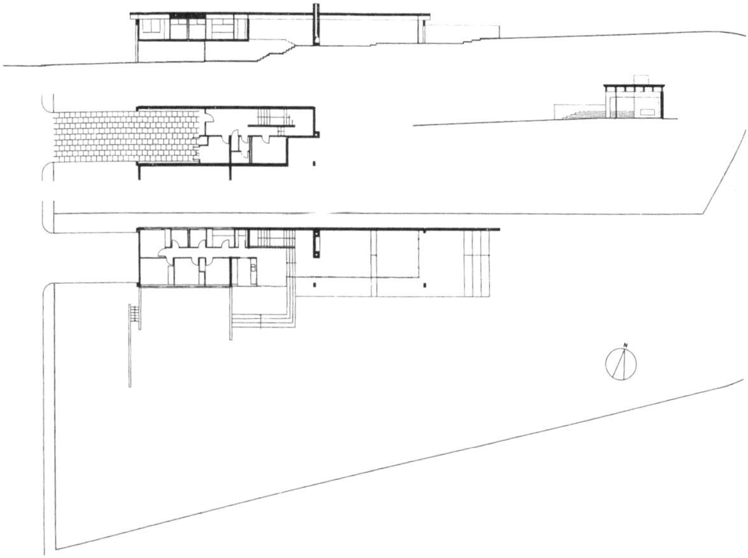

1963-1965 Casa del arquitecto en Bayview, Sídney, Australia

La propuesta se sitúa en un frondoso bosque de eucaliptos al norte de la ciudad de Sídney, donde confluyen los estudios previos de la casa en una montaña con el desarrollo experimental de las vigas de madera laminada. El conjunto de pabellones autónomos disgregados en el paisaje se establece sobre la ladera que se extiende hacia el mar abierto. Sobre la variación gradual del terreno, el podio fundacional, los muros delimitadores y las terrazas abiertas caracterizan los primeros esquemas de la vivienda que más tarde desarrollará en la segunda casa del arquitecto en Mallorca, Can Feliz (1972-1994). Las siguientes propuestas se dividen funcionalmente en dos pabellones conectados por una galería acristalada que se hunden gradualmente en el terreno, como en el teatro en Wolfsburg (1965), y se proyectan hacia el paisaje circundante. Los pabellones, acentuados por la vibración del plano de la cubierta, se extienden sobre el entorno en una composición paisajística que cristaliza en Can Lis (1971). Según Utzon, "la cubierta puede estar suspendida encima, salvar la luz transversalmente o saltar sobre uno con un gran salto o con muchos pequeños. El problema es controlar la impermeabilización, los requisitos estructurales y el aislamiento térmico de un elemento fabricado en serie que al combinarse puede dar lugar a distintas formas de cubierta, un problema difícil de resolver". El sistema constructivo se concibe a partir de las vigas de madera laminada ensayadas en los auditorios de la Ópera de Sídney, que gravitan sobre los muros y suelos compuestos por elementos prefabricados de hormigón. La propuesta finalmente aprobada por las autoridades locales no se construyó. En 1966 Utzon abandona Australia, tras ser apartado de la construcción de la Ópera de Sídney.

1963-1965 The architect's house in Bayview, Sydney, Australia

The scheme is located in a verdant wood of eucalyptus trees to the north of the city of Sydney, where the earlier studies of the house on a mountain converge with the experimental development of plywood beams. The grouping of autonomous pavilions dotted through-out the landscape is established on the hillside extending towards the open sea. On the gradual variation of the terrain, the foundational podium, boundary walls and open terraces typify the first plans for the house, which will be developed later in the architect's second house on Majorca, Can Feliz (1972-1994). The next few schemes are functionally divided into two pavilions connected by a glazed gallery which are gradually sunk into the terrain, as in the theatre in Wolfsburg (1965), and launch themselves towards the surrounding landscape. Accentuated by the vibrancy of the roof plane, the pavilions extend over the environs in a landscape composition that crystallises in Can Lis (1971). For Utzon, "the roof can be hanging above, it can be spanning across or jumping over you in one big leap or in many small ones. The problem is to master the waterproofing, the structural requirements and the heat insulation in one mass-produced element, which in combination with itself can give various roof forms—a tricky problem to be solved." The constructional system is founded upon the plywood beams tried out in the auditoria of the Sydney Opera House, which gravitate above the walls and floors consisting of prefabricated concrete components. Finally approved by the local authorities, the scheme was not built. In 1966 Utzon left Australia, after being removed from the Sydney Opera House project.

Cuatro versiones de la casa del arquitecto en Bayview. Planta de febrero de 1964, y enero, junio y diciembre de 1965.

Four versions of the architect's house in Bayview. Plans from February 1964, and January, June and December 1965.

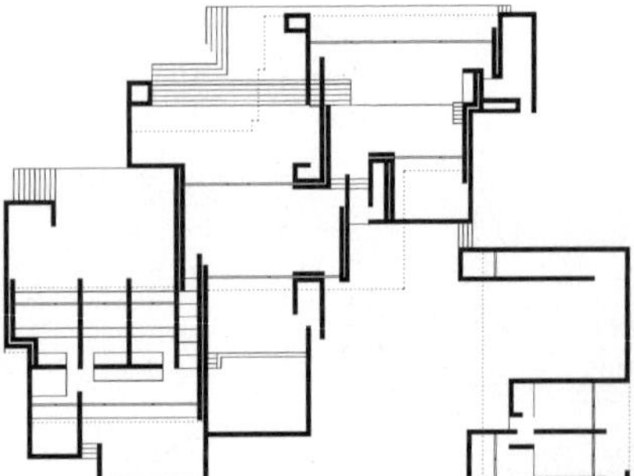

Croquis preliminares de la casa en una montaña.

Preliminary sketches of the house on a mountain.

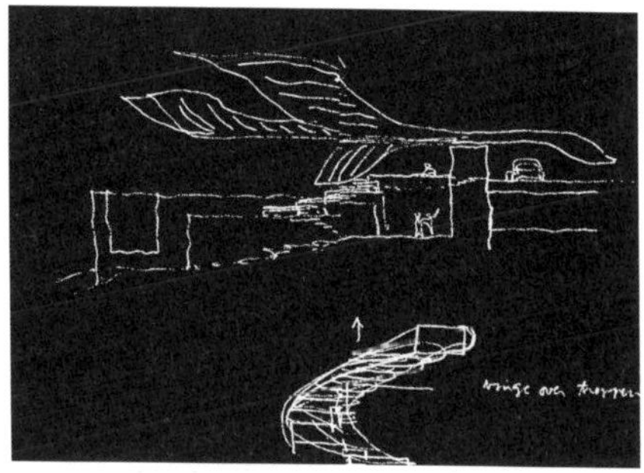

Croquis de la propuesta en el entorno.

Sketch of the scheme in its setting.

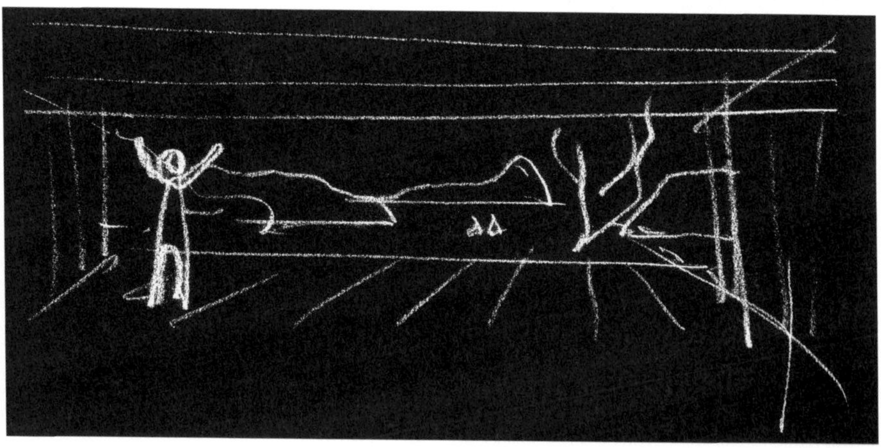

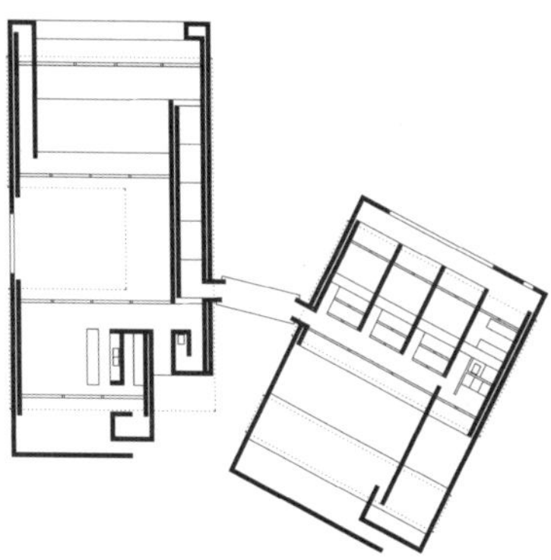

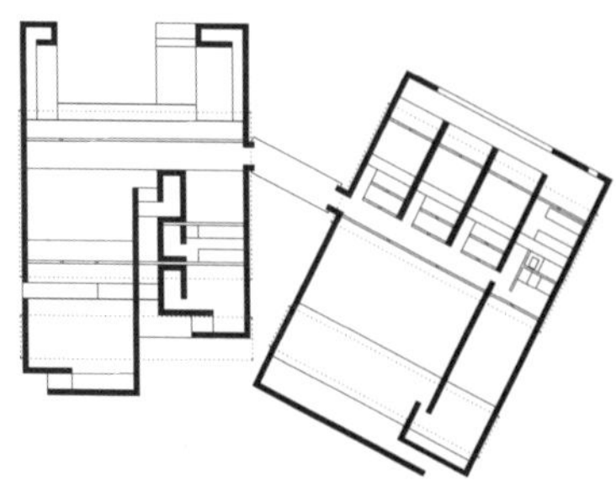

1963 Museo de Arte en Silkeborg, Dinamarca

El artista danés y fundador del grupo CoBrA, Asger Jorn, dona sus obras al Museo de la ciudad de Silkeborg. A propuesta del artista, el proyecto, destinado a alojar una colección de arte contemporáneo es encargado a Utzon. El museo, como describe el arquitecto, "emplazado en un frondoso jardín antiguo, ha sido estructurado de manera que no interfiera en su entorno, concentrándose totalmente en su interior. Lo lógico parece enterrar el museo a una profundidad equivalente a la altura de una construcción de tres pisos y dejar que únicamente la parte superior —el enorme lucernario de una planta del museo—, sobresalga por encima del terreno. La estructura de este museo subterráneo tiene algo de cueva, o de horno. La planta lucernario que queda visible sugiere, al ser continuación directa de las paredes del museo, este carácter de caverna y muestra claramente el motivo de su especial configuración. Una cueva, en su forma natural sin ángulos rectos, produce, al contrario que un espacio cuadrangular, una marcada impresión de reclusión. Las formas continuas, como las que encontramos en el museo, ponen de manifiesto y resaltan los lienzos cuadrados y las demás piezas con la misma fuerza con que el horizonte circular de un escenario resalta a personajes y decorados. También el suelo queda incluido en este movimiento continuo, y estas formas agitadas contribuyen, asimismo, a la idea de un museo excavado en la tierra. La inspiración para la disposición del museo procede de las más diversas experiencias, entre ellas, mi visita a las cuevas de Tatung, al oeste de Pekín, donde cientos de figuras de Buda y otras representaciones están talladas en la roca de las cuevas a la orilla de un río. Estas esculturas aparecen en muy diversas actitudes, en contraste o en armonía con el espacio que las rodea. Las chimeneas proporcionan al museo una luz cenital pura pero variada. La cantidad de luz puede regularse por medio de celosías y, en caso necesario, un foco orientado directamente hacia cada pieza puede sustituir a la luz que penetra por las chimeneas. Los montantes del lucernario están provistos de puntos de suspensión que les permiten funcionar como el telar de un teatro, haciendo posible la colocación de una pieza en cualquier lugar del recinto. La luz incide principalmente en paredes y suelo, sin molestos efectos de sombra en los ángulos y evitando la molestia de la luz directa procedente de arriba. Un sentimiento de sorpresa, mezclado con el deseo de descender hacia el interior del edificio, asaltará al visitante cuando vea por vez primera el cráter de tres pisos que se abre a sus pies. Sin fati-

1963 Silkeborg Museum of Art, Denmark

The Danish artist and founder of the CoBrA Group, Asger Jorn, donated his works to the Museum of the city of Silkeborg. On the advice of the artist, the project intended to house a collection of contemporary art was assigned to Utzon. The museum, as Utzon describes it, is set in "an old, well-stocked garden with an existing building, and is designed so that it does not disturb the surroundings, but concentrates inwards one hundred percent. It seemed natural to bury the museum in the ground to a depth corresponding to the height of a 3-storey building and to only allow the upper part—the skylights taking up one storey—to appear above ground level. The design of this buried museum has a character rather like a cave or an oven. Because they are a direct continuation of the walls of the museum, the visible one-storey skylights suggest this cave-like character and clearly demonstrate the reason for their special design. In contrast to a square room, a cave has a distinct enclosed effect thanks to its natural shape without right angles. Continuous shapes like those of the museum emphasise the paintings on square canvases and objects stand out as clearly as actors on a stage against a cyclorama. The floor, too, has been included in this continuous movement, and these dramatic shapes also correspond well with the idea of digging the museum out underground. The inspiration for the design of the museum comes from many different experiences—including my visit to the caves in Tatung, west of Peking, where hundreds of Buddha sculptures and other figures are carved in caves in the rocks by the bank of the river. These sculptures appear in all shapes in contrast to, or in harmony with, the surrounding space. The chimneys give the museum a clean but varied roof light. The amount of light can be varied by means of blinds, and if desired, the skylight in the chimneys may be replaced by a direct spotlight directed on a single object. The mullions supporting the skylights are provided with suspension points so that they act like the rigging loft in a theatre, so there will be the possibility of placing an object anywhere in the room. The light falls along the walls and on the floors without disturbing shadow effects at the corners, and the irritation factor from the direct light from above is avoided. It will be with a sense of surprise and a desire to penetrate down into the building that the visitor sees the three-storey building open beneath him for the first time. Unobstructed by stairs and passages which normally disturb, the visitor will move almost imperceptibly down into

garse con escaleras y pasillos, que por lo general resultan incómodos, el espectador se desliza, sin apenas darse cuenta, por la rampa de bajada que le conduce hacia abajo a través del recinto. Una rigurosa geometría constituirá la base de una forma de construcción simple. Los planos curvos visibles desde el exterior se revestirán de cerámica de colores vivos, de manera que las diferentes partes del edificio aparecerán como resplandecientes esculturas cerámicas, mientras que el interior del museo se mantendrá blanco". El proyecto se abandona en 1964 debido a los temores acerca de la construcción subterránea. Sin embargo, en 1971 se plantea una nueva propuesta organizada sobre los principios de la arquitectura aditiva.

the museum along the downward ramp which leads him through the space. Strict geometry will form the basis for a simple constructional shape. The external visible curved shapes will be clad with ceramics in strong colours so that parts of the building will appear like shining ceramic sculptures, and inside the museum will be kept white." The project was abandoned in 1964 due to fears about the underground building. However, in 1970 a new design organised on the principles of additive architecture was put forward.

Croquis del museo.

Sketch of the museum.

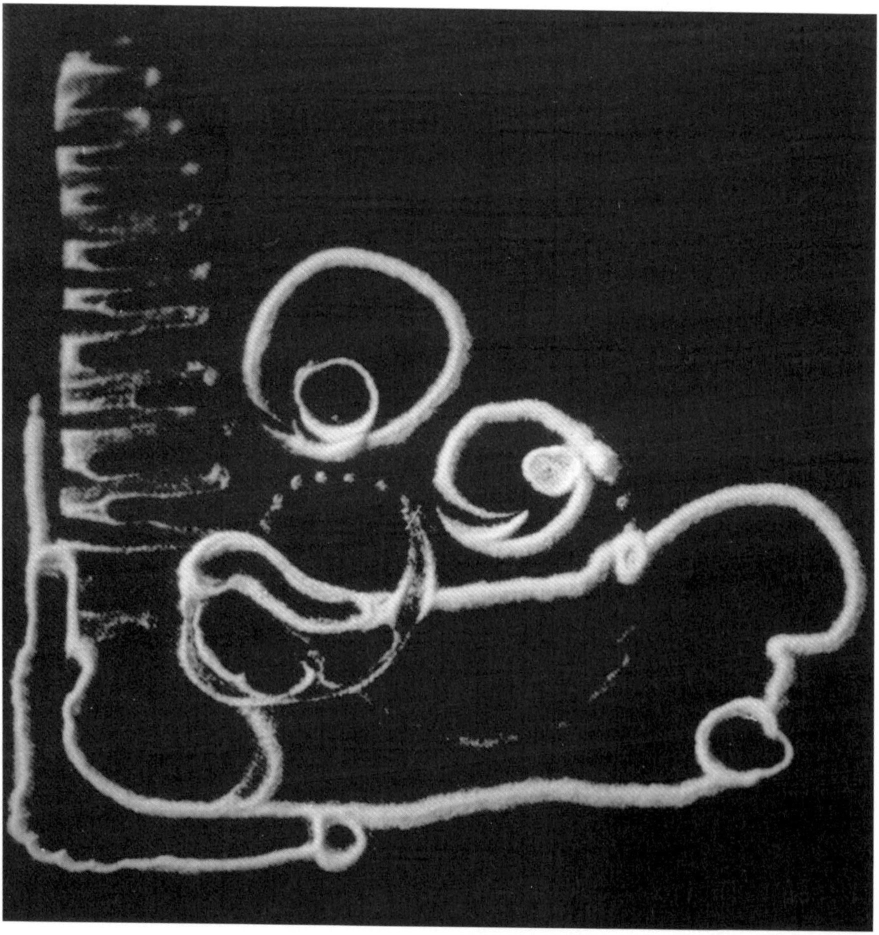

Alzados sur y este, y planta baja.

South and east elevations and ground floor.

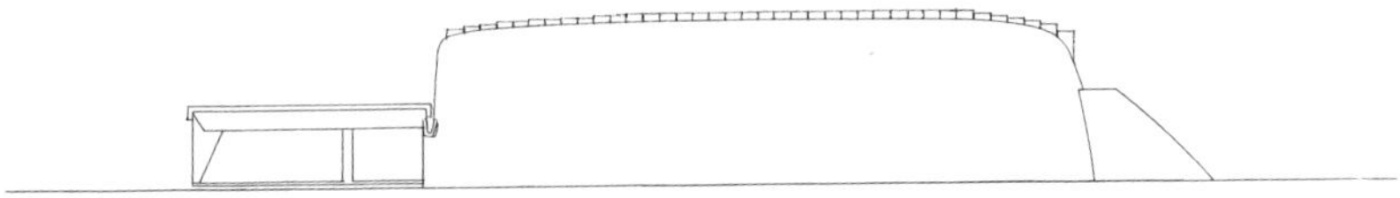

syd facade mål 1:200 silkeborg museum jørn utzon. architect m.a.a., a.r.a.i.a. nov 1963

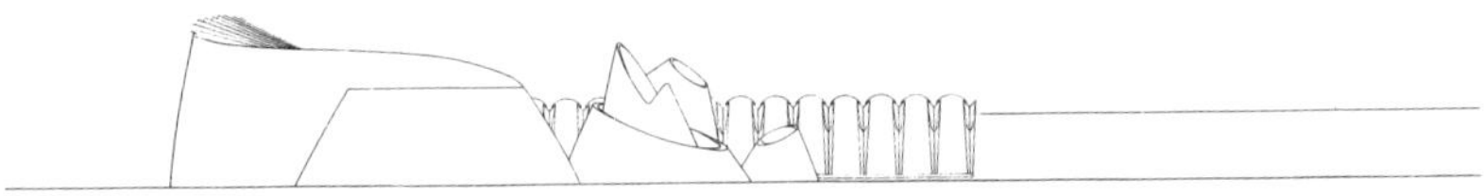

øst facade mål 1:200 silkeborg museum jørn utzon. architect m.a.a., a.r.a.i.a. nov 1963

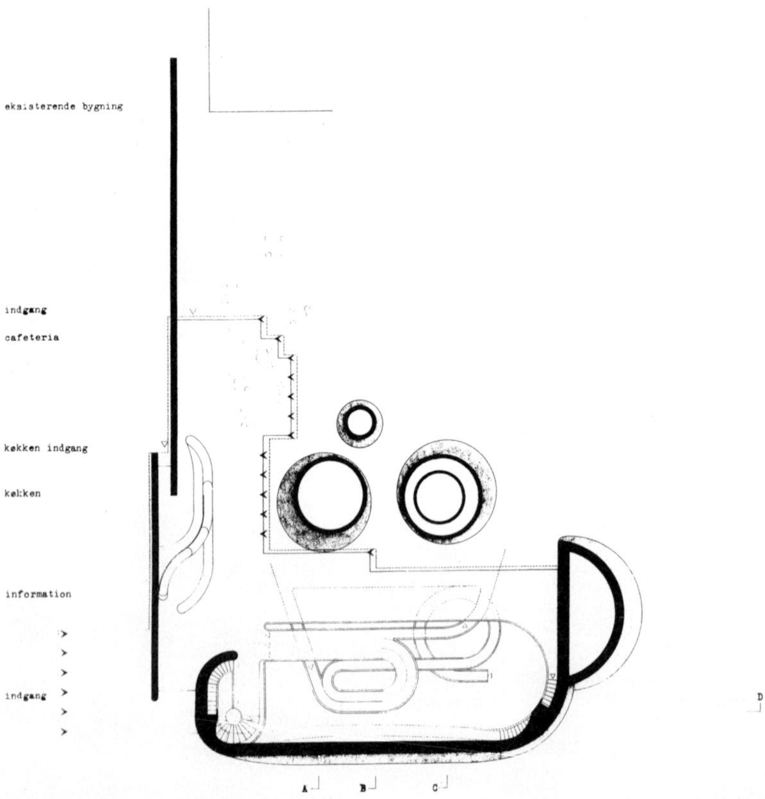

stueplan mål 1:200 silkeborg museum jørn utzon. architect m.a.a., a.r.a.i.a. november 1963

Alzados norte y oeste, y planta de cubiertas.

North and west elevations and roof plan.

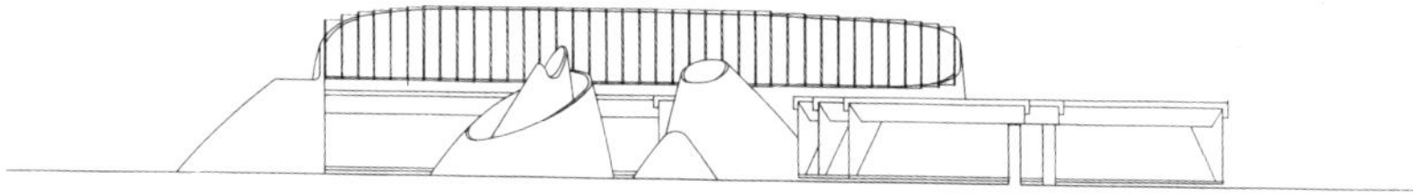

nord facade **mål** 1:200 silkeborg **museum** jørn utzon. **architect m.a.a., a.r.a.i.a.** nov 1963

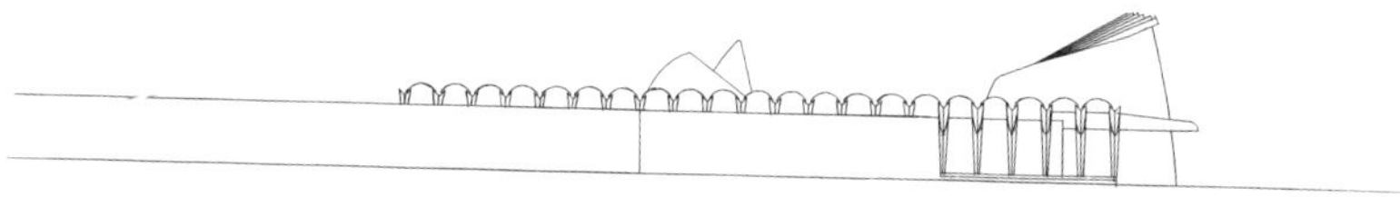

vest facade mål 1:200 silkeborg **museum** jørn utzon. **architect m.a.a., a.r.a.i.a.** nov 1963

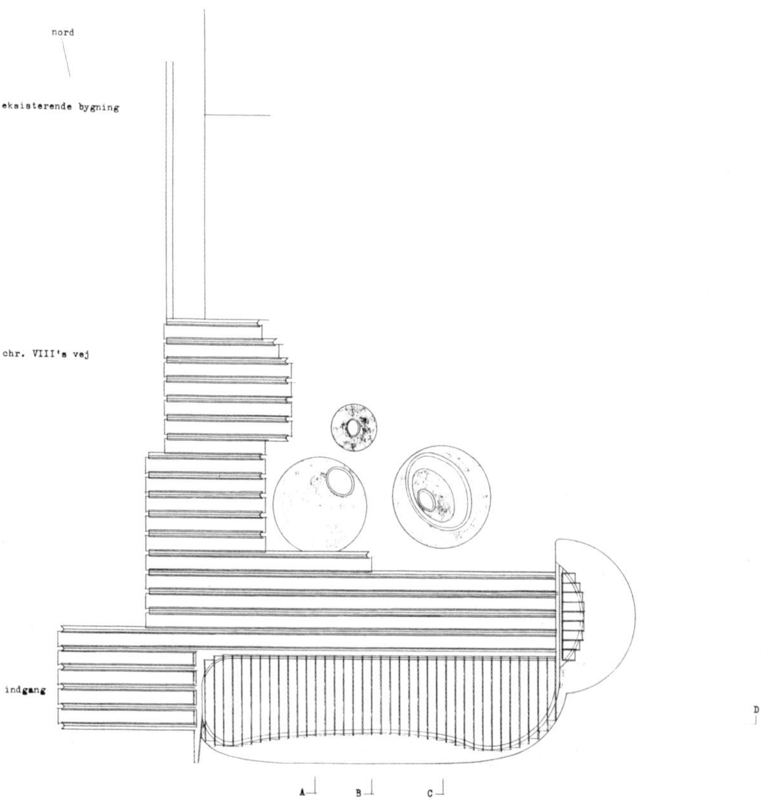

tagplan mål 1:200 silkeborg museum jørn utzon. architect m.a.a., a.r.a.i.a. november 1963

Secciones A y B, y nivel intermedio.

A and B sections and intermediary level.

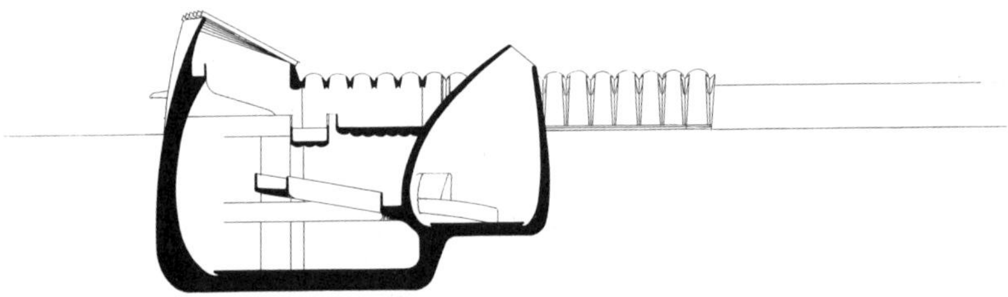

snit A mål 1:200 silkeborg museum jørn utzon. architect m.a.a., a.r.a.i.a. november 1963

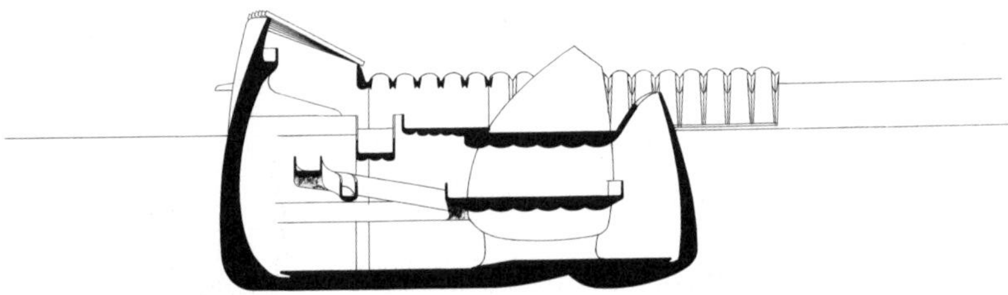

snit B mål 1:200 silkeborg museum jørn utzon. architect m.a.a., a.r.a.i.a. november 1963

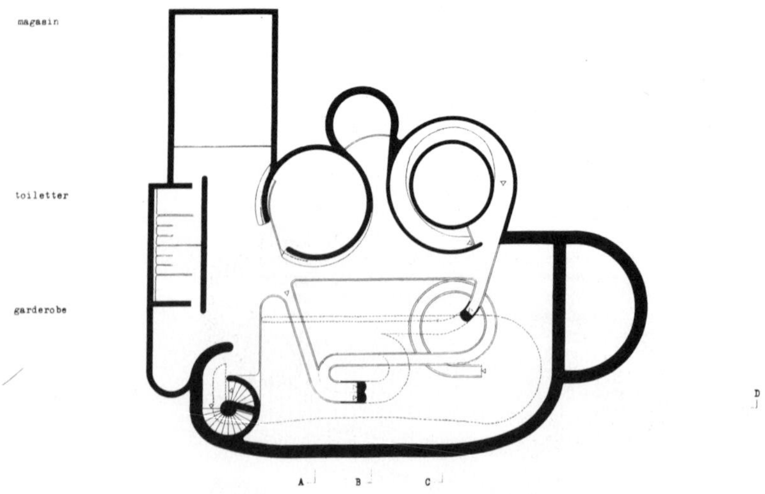

galleriplan mål 1:200 silkeborg museum jørn utzon. architect m.a.a., a.r.a.i.a. nov 1963

Secciones C y D, y nivel inferior.

C and D sections and lower level.

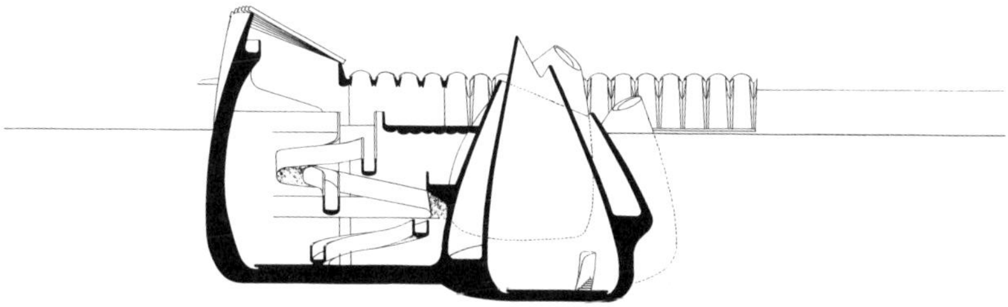

snit C mål 1:200 silkeborg museum jørn utzon. architect m.a.a., a.r.a.i.a. november 1963

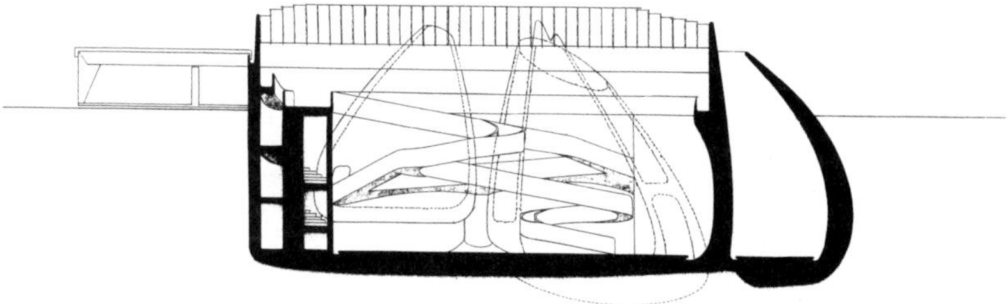

snit D mål 1:200 silkeborg museum jørn utzon. architect m.a.a., a.r.a.i.a. november 1963

gulvplan mål 1:200 silkeborg museum jørn utzon. architect m.a.a., a.r.a.i.a. november 1963

1964-1970 Concuso para el teatro de Zúrich, Suiza

El concurso se convocó en mayo de 1963, abierto a los arquitectos suizos pero invitando también a un reducido número de arquitectos de prestigio internacional a que presentaran sus propuestas. En mayo de 1964 se otorgó el primer premio al proyecto de Utzon, por delante de las propuestas de Van den Broek/Bakema, Hans Scharoun o Heikki Sirén. El jurado, en el que figura Sven Markelius, describe la propuesta como "un tapiz de edificios a modo de bajorrelieve con una cubierta estructurada". El contexto urbano, caracterizado por un entorno neoclásico y barroco circundado por un conjunto de arterias urbanas en el centro de Zúrich, se introduce en la propuesta, determinada por la distinción técnica y la condición escenográfica en torno a la Heimplatz. La propuesta se inserta en el entorno atentamente, tal y como la prensa local reconoció: "el hecho de que un arquitecto que no está en absoluto familiarizado con Zúrich haya asimilado completamente la calidad de un entorno neoclásico y barroco, más antiguo y arquitectónicamente valioso, sin renunciar al mismo tiempo a la gran escala, podría y debería considerarse un signo de esa comprensión que caracteriza a los arquitectos importantes". Una serie de estanques completa la aproximación, progresiva y gradual, que se extiende entre los flancos aterrazados y alcanza el ámbito del teatro, de 1.000 localidades, excavado en el suelo de la plataforma. Sobre la plataforma se talla la sala principal, cuya masiva estructura contrasta con la levedad de las vigas nervadas derivadas de la *porte cochère* de la Ópera de Sídney y de la casa del arquitecto en Bayview (1963-1965). Mientras, sobre la estructura vigorosa de la cubierta, emerge el volumen escultórico de la caja escénica. Según Utzon, la propuesta se concibe en torno a "un gran espacio restringido al tráfico y rodeado de árboles: un parque para la ciudad durante el día que, por la noche, se transforma para acoger a los espectadores introduciéndolos en el mundo mágico del teatro". Finalmente, en 1970, tras la muerte del director del teatro y promotor de la convocatoria, Kurt Hirschfeld, el proyecto se abandonó.

1964-1970 Competition for the Zurich Theatre, Switzerland

Convoked in May 1963 and open to Swiss architects, the same competition was extended to a reduced number of architects of international repute, who were invited to present their proposals. In May 1964 the first prize was given to the design by Utzon, in advance of schemes by Bakema and Van den Broek, Hans Scharoun and Heikki Siren. The jury, on which Sven Markelius sat, described the scheme as a "flat relief-like carpet of buildings with a structured roof." The urban context, characterised by a neo-classical and baroque setting ringed by a combination of urban arteries in the city centre of Zurich, is introduced in a scheme defined by its technical distinction and the scenographic state of affairs around Heimplatz. The scheme is thoughtfully inserted into the setting, with the local press opining that "it could, and should, be considered as a sign of that understanding which characterises important architects, that an architect who is in no way familiar with Zurich has so completely assimilated the standard of the older and architecturally valuable neo-classical and baroque environment, without at the same time renouncing grand scale." A series of pools completes the approach, progressive and gradual, that extends between the terraced sides and reaches the 1,000-seater theatre excavated in the floor of the platform. Carved into the platform is the main auditorium, whose massive structure contrasts with the lightness of the ribbed beams deriving from the *porte cochère* of the Sydney Opera House and the architect's house in Bayview (1963-1965). Meanwhile, above the vigorous structure of the roof there emerges the sculptural volume of the box-like stage. For Utzon the scheme is conceived around "a great space restricted to traffic and surrounded by trees: a park for the city during the day that is transformed by night so as to receive spectators and introduce them into the magical world of theatre." In the end, the project was abandoned in 1970, following the death of the Theatre's director and promoter of the competition, Kurt Hirschfeld.

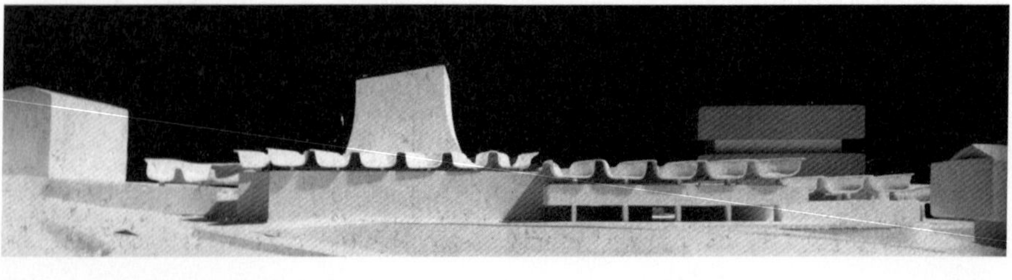

Sección longitudinal, planta baja y planta de cubiertas.

Longitudinal section, ground floor and plan of the roofs.

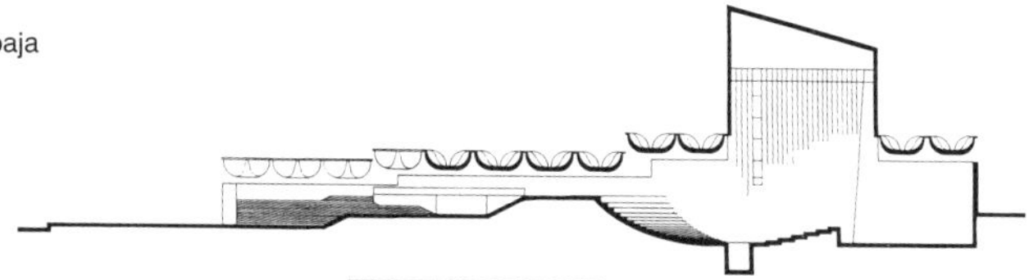

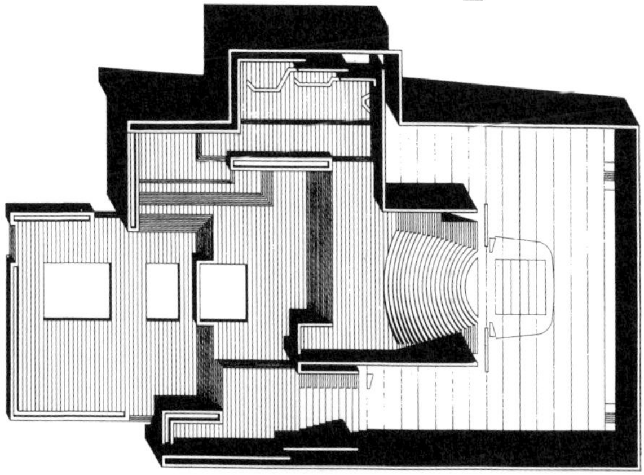

1965 Concurso para el teatro de Wolfsburg, Alemania

La propuesta se sitúa en el extremo de una amplia avenida donde confluyen, en el límite de la ciudad, las áreas libres del promontorio que domina el centro urbano con la ciudad industrial. El valor estratégico del emplazamiento, junto a la plaza del ayuntamiento o el centro cultural construido por Alvar Aalto, determina las condiciones de la convocatoria del concurso, que fue ganado por Hans Scharoun. La propuesta de Alvar Aalto y la de Utzon reciben el segundo y el cuarto premio respectivamente. La propuesta de Utzon, que desvía la arteria principal del centro urbano, concibe un ámbito continuo donde convergen las áreas circundadas por los bloques envolventes propuestos. Sobre la ladera, la propuesta acentúa su condición estereotómica de pertenencia a la tierra y se hunde ligeramente en una colina suave, incrementando el vínculo entre la tierra y la arquitectura. De este modo, el conjunto integra la edificación en el paisaje, mientras que una lámina de agua incrementa la riqueza material del límite urbano. Complementario al podio elevado, la posición del estanque frente al edificio genera un ámbito de mediación que acentúa el frente protegido y aislado. Unas pasarelas escenográficas cruzan la superficie del estanque, cuyas aguas multiplican la imagen del edificio. Mientras que las pasarelas se sitúan en el límite de la avenida principal, el teatro se desplaza oblicuamente. Una amplia estancia sobreelevada al aire libre convoca una sucesión de pórticos de grandes dimensiones que median entre el ámbito de ingreso y el interior del teatro. Sobre la plataforma teatral se talla la sala, cuya sólida factura se complementa con la afluencia del público que esculpe los itinerarios que conducen desde la plataforma a la platea.

1965 Competition for the Wolfsburg Theatre, Germany

The scheme is sited at the end of a broad avenue where, at the town boundary, the open areas of the promontory that dominates the town centre converge with the confluence of the industrial town's road system. The strategic value of the location, next to the town hall square and the cultural centre built by Alvar Aalto, determined the conditions of the convocation of the competition, which had its prize-winner in the scheme by Hans Scharoun. Alvar Aalto's and Utzon's proposals received second and fourth prize, respectively. The scheme, which redirects the town centre's main thoroughfare, conceives of a continuous zone where the areas ringed by the proposed wraparound blocks converge. On the slope, the scheme accentuates its stereotomic condition of pertaining to the earth and is slightly sunken into a gentle hillside, thus increasing the link between earth and architecture. Like this, the complex integrates the building into the landscape, while a reflective pool augments the material richness of the town boundary. Complementary to the raised podium, the position of the pool opposite the building generates an area of mediation that accentuates the protected and isolated frontage. A set of dramatic footbridges cross the surface of the pool, whose waters multiply the image of the building. While the footbridges are situated at the end of the main avenue, the theatre is displaced on the slant. A spacious concourse raised up in the open air convokes a succession of huge porticoes that mediate between the entrance area and the interior of the theatre. Carved into the theatre platform is the auditorium, whose solid facture is complemented by the influx of the public, which sculpts the itineraries leading from the platform to the front of stage.

El teatro en el contexto urbano y el conjunto de bloques propuestos también en el concurso.

The theatre in the urban context and the group of blocks also proposed in the competition.

Sección longitudinal y plantas basamento, baja y superior.

Longitudinal section, basement, ground and upper floors.

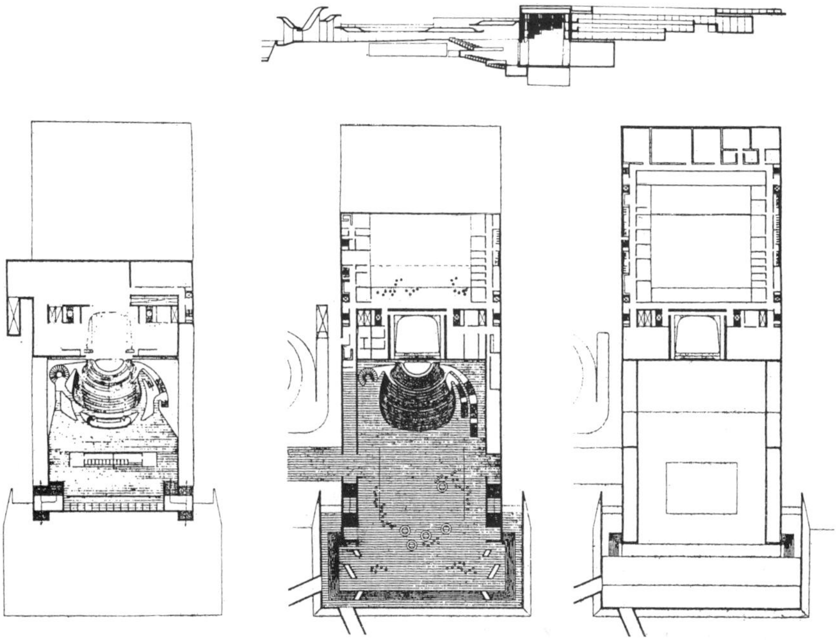

1966 Concurso para un centro universitario en Odense, Dinamarca

La propuesta, realizada con Peer Abben, se emplaza en el límite urbano de la ciudad de Odense. La condición periférica acentúa la idea de una ciudad en miniatura que, en la propuesta, comprende un conjunto de edificios jerarquizados en función de las disciplinas y articulados mediante la concatenación de los espacios abiertos y de circulación que confluyen en el edificio principal, erigido sobre una plataforma. El terreno, caracterizado por la ausencia de desnivel y por las áreas libres que bordean las arterias urbanas, desarrolla una sucesión discontinua de unidades de agregación que contienen los bloques docentes, institutos y facultades, que se extienden sobre el jardín continuo que rodea el conjunto. Asimismo, el desplazamiento de las unidades permite individualizar los bloques docentes que parten del edificio principal hacia las distintas vías caracterizadas por las especialidades: matemáticas, veterinaria, medicina... De este modo, una red especializada de caminos peatonales se extiende entre las unidades docentes, de 35 x 35 m, hacia las áreas libres, permitiendo la ampliación del conjunto sin variar la lógica ni el funcionamiento. La estructura organizativa continua, que se extiende desde el centro universitario, tiene en el auditorio principal el foco visual de la propuesta. Síntesis de la propuesta para Berlin Hauptstadt (1957), el conjunto del centro universitario se yergue sobre una amplia plataforma que aloja las actividades colectivas de la universidad y acoge el aparcamiento. El centro universitario se sitúa frente al estanque, donde un conjunto de pasarelas de carácter escenográfico atraviesan su superficie y cuyas aguas subrayan el frente protegido del centro, que tiene en la propuesta del teatro de Wolfsburg (1965) y en la Exposición Internacional de Copenhague (1959) sus precedentes. El conjunto de dotaciones colectivas, la biblioteca, el auditorio, el centro de estudiantes y la cafetería se erigen sobre la plataforma. Seis puertas acceden al conjunto de vías especializadas que conducen a los bloques docentes de los institutos y las facultades. Los puentes y las pasarelas, que evocan el perfil de los bastiones masivos, convocan el carácter vacante y peatonal establecido en torno a los usos principales.

1966 Competition for a university centre in Odense, Denmark

The scheme, carried out with Peer Abben, is set up at the urban boundary of the town of Odense. This peripheral condition accentuates the idea of a miniature town and in the proposal includes a group of buildings hierarchised in relation to different disciplines and articulated by means of the concatenation of the open and circulation areas that converge in the main building, erected on top of a platform. Characterised by the absence of height differences and by the open areas that flank the urban arteries, the terrain leads to a discontinuous succession of aggregate units containing the teaching blocks, institutes and faculties, which extend over the continuous garden surrounding the whole. Similarly, the displacement of the units permits the individualisation of the teaching blocks going from the main building to the different routes, characterised by special fields like mathematics, veterinary studies, medicine, and so on. In this way a specialised network of pedestrian pathways extends between the 35 x 35-meter teaching units towards the open areas, thus permitting the extension of the complex without modifying the logic or the functioning of it. Extending forth from the university centre, the continuous organisational structure has the visual focus of the scheme in the main auditorium. A synthesis of the scheme for Berlin Hauptstadt (1957), the university centre as a whole looms over a spacious platform that accommodates the communal activities of the university and the parking area. The university centre is located opposite the pool where a set of dramatic footbridges crosses its surface, the waters of which emphasise the protected frontage of the building. This project has its precedent in the scheme for the Wolfsburg Theatre (1965) and in the Copenhagen World Exhibition (1959). The general run of communal facilities, the library, auditorium, students centre and cafeteria stand on the platform. Six entrances accede to the set of specialised routes leading to the teaching blocks of the institutes and faculties. The bridges and walkways, which conjure up the profile of massive bulwarks, convoke the empty, pedestrianised character established around the main uses.

Planta general del campus y del centro universitario.

General plan of the campus and the university centre.

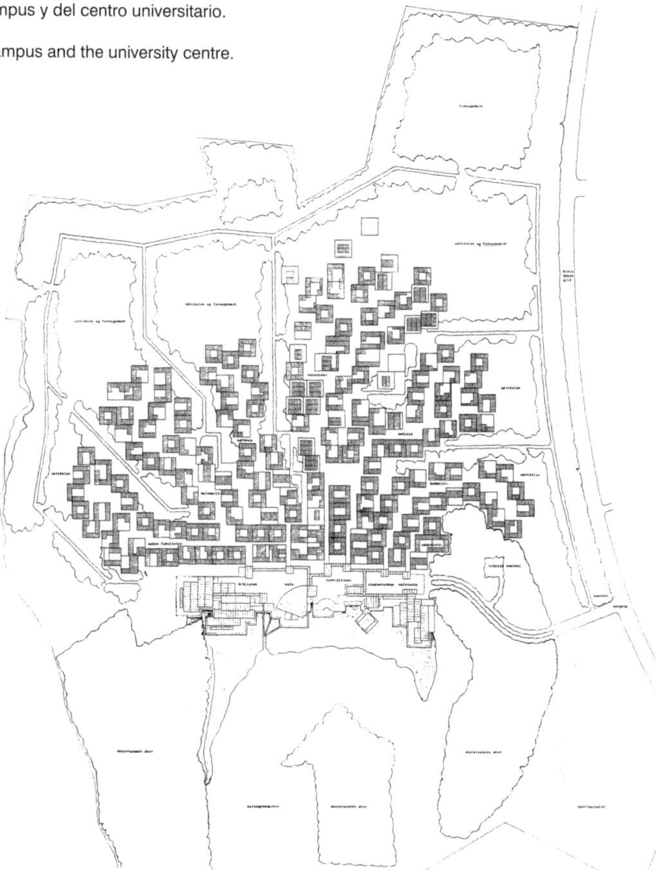

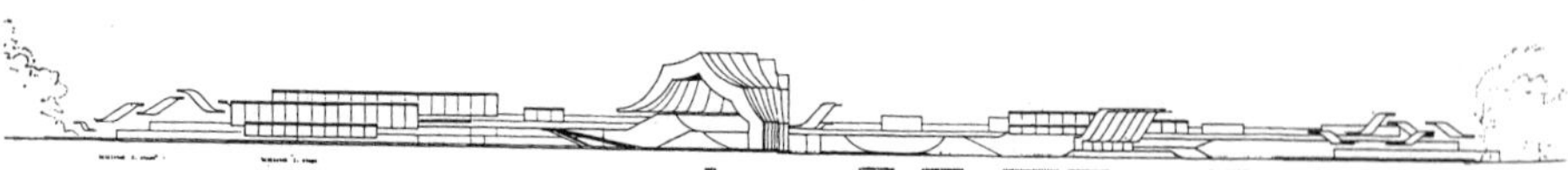

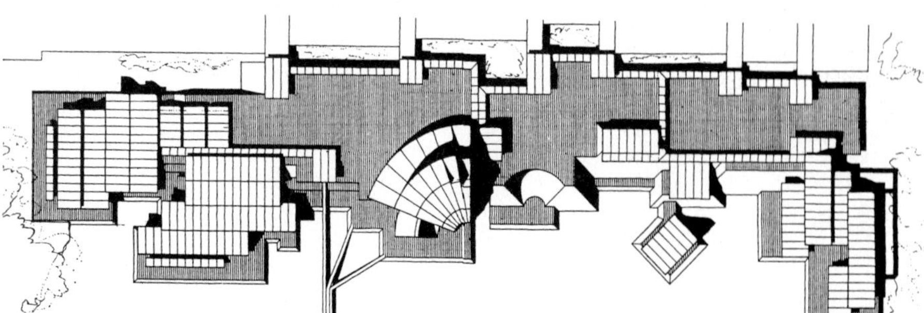

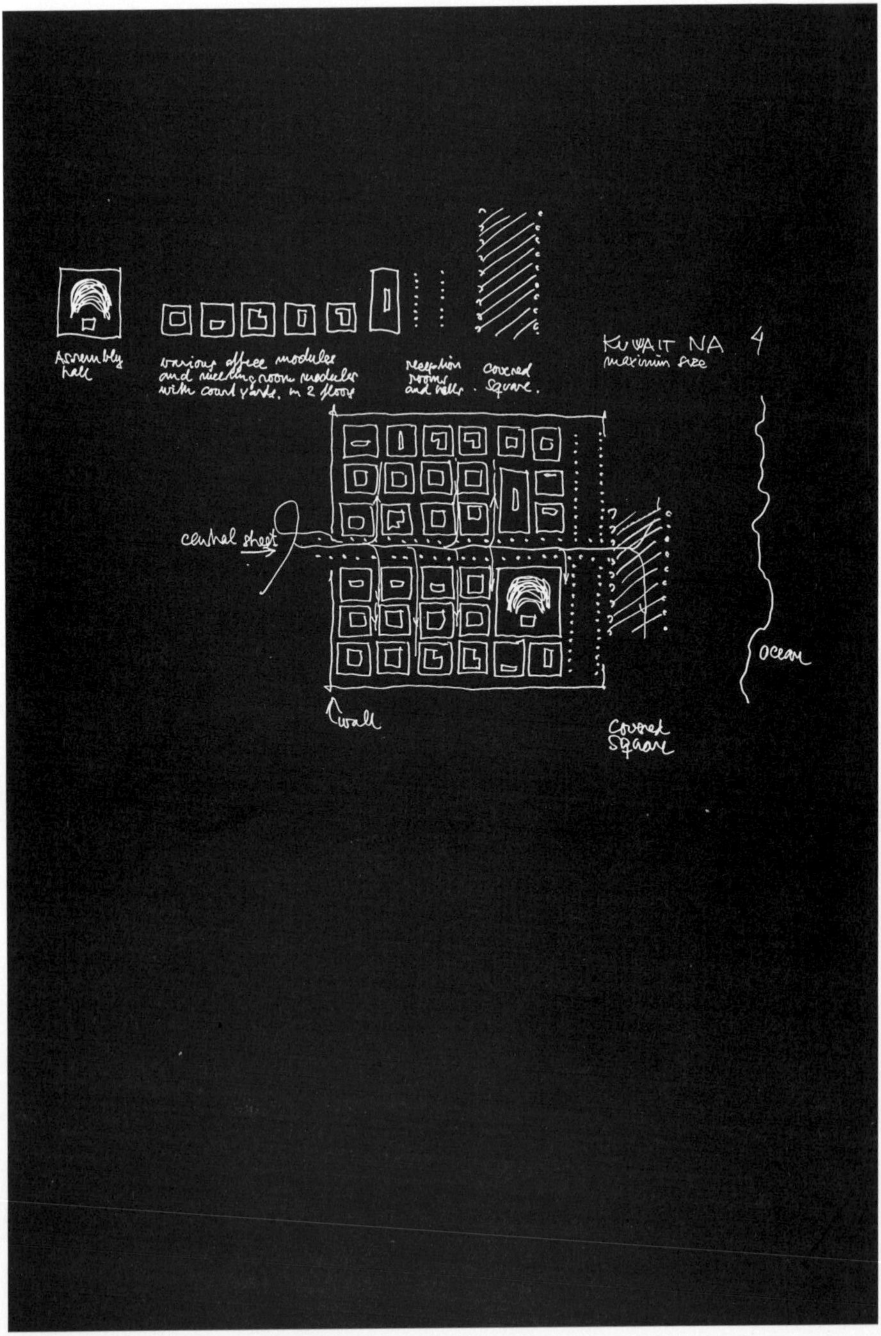
Assembly hall
various office modules
and meeting room modules
with court yards. in 2 floors
reception rooms and halls
covered square.
KUWAIT NA 4
maximum size
central street
ocean
wall
covered square

Arquitectura aditiva

Sólo puede conseguirse una utilización sistemática de elementos constructivos producidos industrialmente si éstos pueden ser añadidos a los edificios sin tener que cortarlos a medida o adaptarlos de algún modo.

Tal principio de adición pura da como resultado una nueva forma arquitectónica, una nueva expresión arquitectónica con los mismos atributos y efectos que se obtienen, por ejemplo, al añadir más árboles a un bosque, más ciervos a una manada, más piedras a una playa, más vagones a un convoy ferroviario o más ingredientes a una comida típica danesa; todo depende de cuántos elementos diferentes se añadan a este juego. Al igual que un guante encaja en la mano, este juego se ajusta a las exigencias de nuestra época por la libertad que ofrece en el proyecto de edificios y el fuerte deseo de alejarse de la casa en forma de caja con un tamaño predeterminado y compartimentada al modo tradicional.

Al trabajar con el principio aditivo, uno es capaz de respetar y cumplir sin mayor dificultad todas las exigencias de diseño y distribución, así como todos los requerimientos para ampliaciones y transformaciones, pues la arquitectura, o quizá más bien el carácter del edificio, es fruto de la suma total de elementos, y no de una composición o de lo que dictan las fachadas.

De nuevo, al trabajar con el principio aditivo, uno es capaz de evitar pecar contra el derecho a la existencia de cada elemento individual; todos se las arreglan para encontrar su expresión.

Se respeta el principio del funcionalismo que, al fin y al cabo, constituye el origen esencial de la verdadera arquitectura. Los dibujos en sí no son nada, con líneas modulares carentes de sentido y adimensionales; representan los grosores de los muros y las líneas sobre el papel forman los contornos del objeto terminado. Los proyectos muestran el grado de libertad que puede alcanzarse con el principio aditivo para abordar tareas enormemente variadas. Demuestran también los problemas esenciales asociados al diseño de unidades o elementos, y proporcionan alguna indicación (por ejemplo, en el proyecto de un estadio) de sus ventajas respecto al control de la producción, los costes y el plazo de ejecución que pueden lograrse en comparación con un grupo de edificios construidos de un modo puramente artesanal.

Jørn Utzon, 1970

Additive architecture

A consistent utilisation of industrially produced building components can only be achieved if these components can be added to the buildings without having to be cut to measure or adapted in any way.

Such a pure addition principle results in a new architectural form, a new architectural expression with the same attributes and the same effects as are obtained, e.g., from adding more trees to a forest, more deer to a herd, more stones to a beach, more wagons to a marshalling yard—or more morsels to the Danish open sandwich lunch; it all depends on how many different components are added in this game. Like a glove fits the hand, this game matches the demands of our age for some freedom in the design of buildings and a strong desire for getting away from the box-type house where the box has a given size and is subdivided by partitions in the traditional way.

When working with the additive principle, one is able, without difficulty, to respect and honour all the demands made on design and layout as well as all the requirements for extensions and modifications. This is just because the architecture—or perhaps rather the character—of the building is that of the sum total of the components, and not that of a composition or that dictated by the facades.

Again, when working with the additive principle, one is able to avoid sinning against the right of existence of the individual components. They all manage to find expression.

The tenet of functionalism, which is after all the essential background to true architecture, is respected. The drawings are not a thing per se with meaningless and dimensionless module lines: the module lines represent wall thicknesses, and the lines on the paper form the contours of the finished thing. The projects show the degree of freedom that can be achieved with the additive principle in tackling greatly varying tasks. They also demonstrate the vital problems associated with the design of units or components, and provide some indication (e. g. in the Stadium project) of the advantages in respect of production control, costs and erection time that can be achieved in comparison with a group of buildings constructed in purely artisanal fashion.

Jørn Utzon, 1970

1966 Concurso para el centro urbano de Farum, Dinamarca

Situado en el extremo oriental de la ciudad de Farum, la propuesta presentada al concurso concibe el nuevo centro urbano a partir de la adición de distintas unidades en torno a una espina central, cuyos rasgos significativos evocan la tradición del bazar islámico. Para Utzon, "el emplazamiento se encuentra en el límite de la ciudad existente, bordeado por una escuela y calles de acceso libre. Por lo tanto, el acceso al centro de la ciudad debe restringirse a ciertos puntos. Por ello, el centro de la ciudad se ha proyectado como un bazar cerrado, con algunos accesos enfatizados arquitectónicamente pero que, por lo demás, da la espalda al entorno. Los edificios dan a calles y plazas cubiertas, y la segmentación se encuentra subrayada de forma que cada una de las tiendas y expositores estén subordinados al conjunto.
El centro urbano está concebido como una estructura en crecimiento, compuesto por partículas uniformes que pueden producirse a partir de componentes prefabricados. El centro está formado por unidades proyectadas según un principio geométrico, de modo que los componentes pueden prefabricarse con un número de variantes estrictamente limitado. Las unidades pueden combinarse para formar una calle bazar suavemente curva, a partir de la que es posible construir en fases las tiendas y otros establecimientos según las necesidades".

1966 Competition for Farum town centre, Denmark

Situated at the eastern end of the town of Farum, the scheme presented to the competition conceives the new urban centre as being based on the addition of different units around a spinal column whose expressive features evoke the tradition of the Islamic bazaar. For Utzon, "the site is at the edge of the existing town, bordered by a school and access-free roads. Access to the town centre must therefore be confined to a few points. In consequence, the town centre has been designed as a closed bazaar with a few, architecturally emphasised entrances, but otherwise turning its back to the surroundings. The buildings face covered streets and piazzas, and segmentation is emphasised so that the individual shops and displays are subordinated to the whole. The town centre is conceived as a growing structure, composed of uniform particles which can be produced from prefabricated components. The centre is composed of units designed to a geometrical principle so that the components can be prefabricated in a strictly limited number of variants. The units can be combined to form a gently curved bazaar street from which the shops and other premises can be built in stages as required."

Emplazamiento. Fases de la intervención y secciones del conjunto del centro urbano.

Location. Phases of the intervention and sections of the entire urban centre.

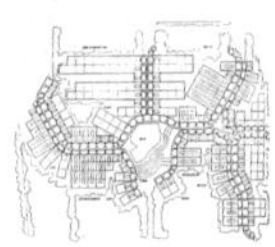

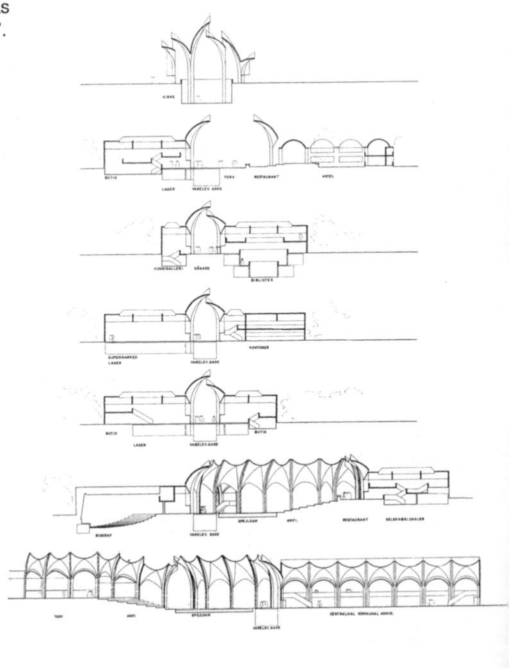

Planta baja del conjunto.

Ground floor of the complex.

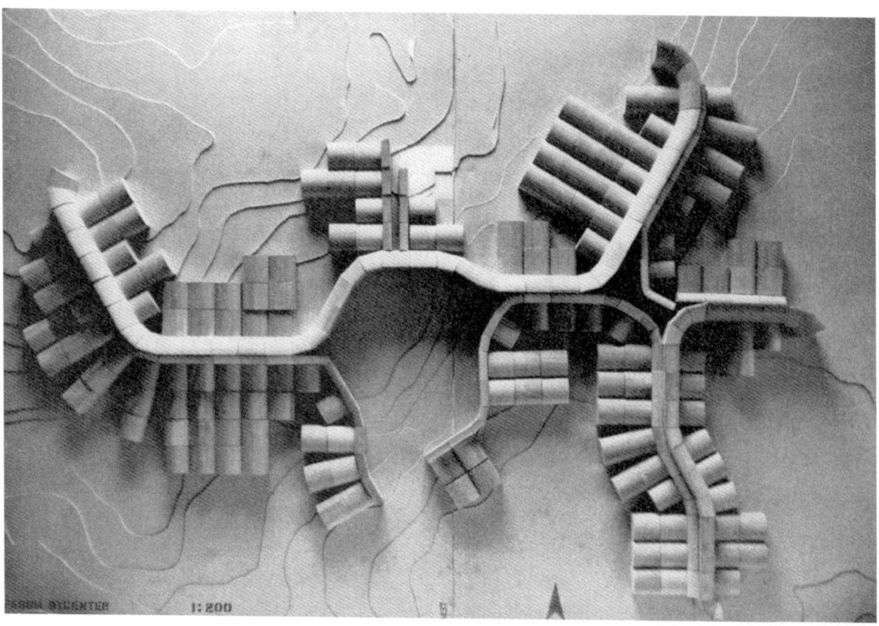

1968 Sistema de mobiliario Utsep

El sistema, concebido con una serie limitada de elementos, se desarrolla en torno a unos haces continuos que, en su inflexión, permiten entablar una conversación y establecer un encuentro. Según Utzon, “este sistema de mobiliario se ha desarrollado estudiando el deseo natural del hombre de formar grupos y sentarse junto a los demás en grupos grandes o pequeños. Toda nuestra vida social está basada en ese deseo de conversar y de interactuar con los demás. Esa conversación íntima no se ve facilitada por el patrón rectangular habitual del mobiliario en ángulo recto de las salas de estar, salones, vestíbulos y salas de espera. Con este sistema de mobiliario es posible obtener prácticamente cualquier curva, debido a la capacidad de combinación de las unidades de forma angular con las rectangulares. Incluso cuando no se utilizan o sólo las utilizan pocas personas, las formas fluidas del mobiliario parecen sugerentes esculturas colocadas sobre el suelo, al contrario de lo que sucede con la vacuidad monótona que todos conocemos de filas de bancos en formación militar de las salas de espera, aeropuertos y estaciones. En nuestra arquitectura contemporánea rectangular, dominada por lo modular, estas piezas de mobiliario, con sus formas llenas de vida, constituyen un contraste atractivo frente a la inflexible habitación cúbica”.

1968 Utsep furniture system

Conceived as a limited series of components, the system is developed around continuous surfaces that in their inflection enable people to strike up a conversation and have an encounter, For Utzon, “this furniture system has been developed from a study of man’s natural desire to form groups and to sit together in large or small clusters. Our entire social life is based on such a desire to converse and act together with other people. Such intimate conversation is not promoted by our usual rectangular pattern of square furniture in sitting rooms, lounges, foyers and waiting rooms. With this furniture system, virtually any curves can be obtained because of the capacity of the angle-shaped units to combine with rectangular units. Even when not used, or when used by a few people only, these flowing shapes of furniture represent attractive sculptures on a floor, in contrast to the uninspiring emptiness of the rows of benches in military formation, well known from waiting rooms, airports and railway stations. In our contemporary, module-dominated rectangular architecture, these furniture pieces with their lively shapes form an attractive contrast to an uncompromisingly cubic room.”

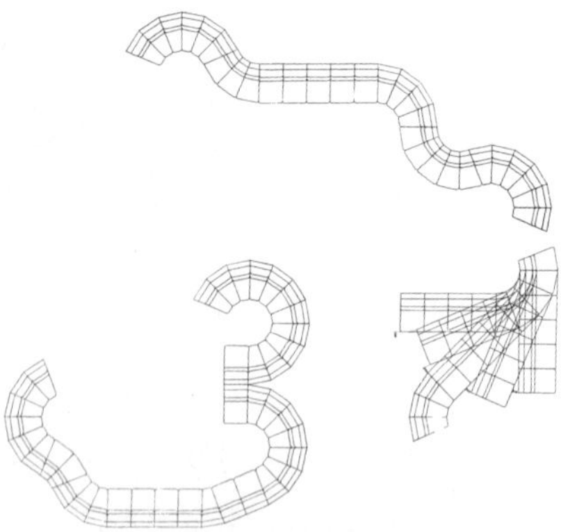

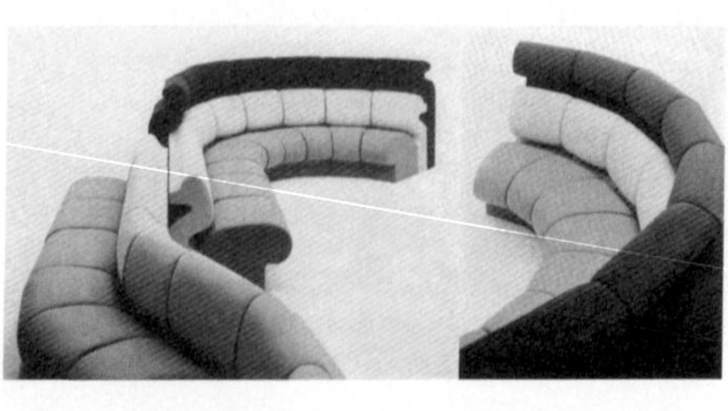

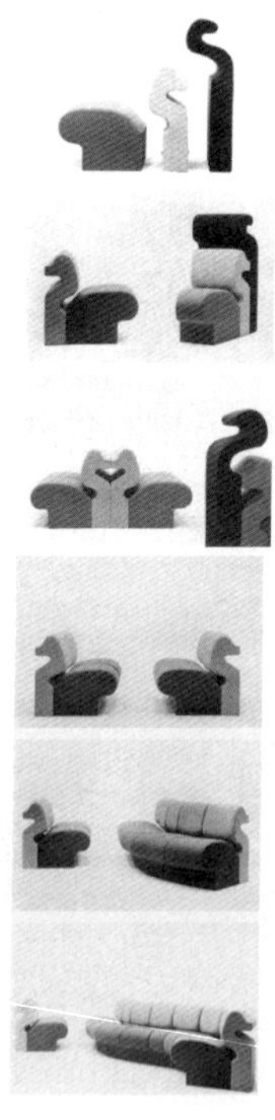

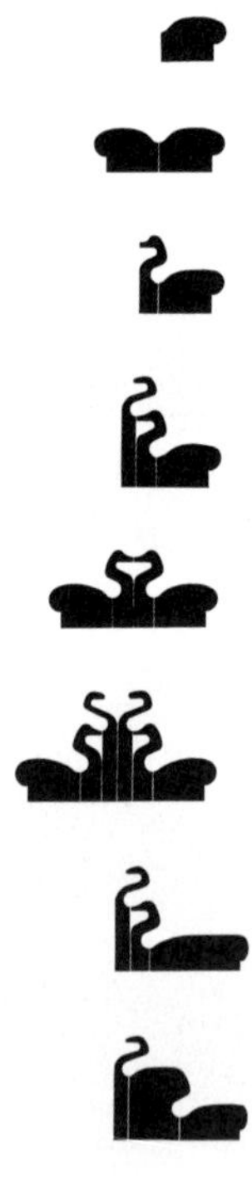

1968 Sistema de mobiliario New Angle

El conjunto de mobiliario, producido por Fritz Hansen, "ha sido desarrollado fundamentalmente para su utilización en locales públicos. Puede utilizarse para crear armonía en interiores complejos (vestíbulos de entrada y de hoteles, salas de aeropuerto, oficinas), aunque también puede utilizarse en viviendas. Los elementos del sistema pueden combinarse para crear paisajes de mobiliario, y los componentes fabricados en serie pueden montarse de cualquier forma deseada. Es posible alterar la disposición y probar combinaciones nuevas hasta encontrar la mejor solución. Los perfiles estructurales de aluminio están disponibles en nueve tamaños distintos, que se corresponden con una selección de sillas, sofás, mesas y vitrinas. Los tableros de las mesas son de Mipolam; las sillas y los sofás tienen cojines de gomaespuma y están revestidos de piel bovina o tela. Un paisaje de mobiliario desarrollado a partir de unidades regidas por módulos. Con un número relativamente pequeño de componentes es posible desarrollar sofás, sillas, taburetes y mesas. Los componentes que forman parte del sistema pueden combinarse para crear paneles de partición. De esta forma, los vestíbulos u otras estancias de gran tamaño pueden amueblarse de una forma tan acogedora como la de las habitaciones más pequeñas. [...] Esta posibilidad se conocía en China hace unos 1.000 años y se utilizaba para amueblar las estancias de los palacios".

1968 New Angle furniture system

Developed by Fritz Hansen, this range of furniture "has mainly been developed for use in designing public premises. It can be used to create harmony in complex interiors—entrance halls, hotel, lobbies, airport lounges, offices—but it can also be used in dwellings. The units of the system can be combined to form furniture landscapes, and the mass-produced components can be assembled in any individually desired fashion. The arrangement can be altered, and new combinations can be tried out until the ideal solution has been found. The structural frames, made of aluminium, are available in nine different sizes, corresponding to a selection of chairs, settees, tables and showcases. Table tops are of Mipolam; chairs and settees have foam-rubber cushions and are covered with oxhide or fabric. A furniture landscape, built up from units governed by modules. With relatively few components, it is possible to build up settees, chairs, stools, and tables. Components forming part of the system can be combined to form screen partitions. In this way, vestibules or other large rooms can be furnished in the intimate manner of smaller rooms. [...] This possibility was already known in China a thousand years ago for the furnishing of large rooms in palaces."

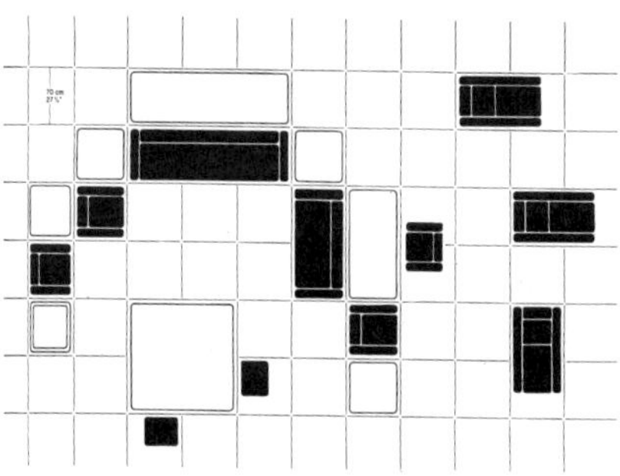

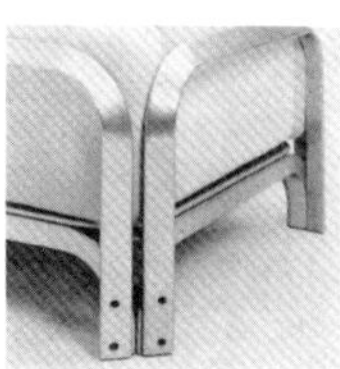

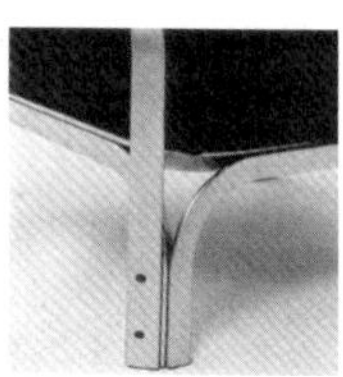

1969 Sistema de construcción Espansiva

"Un grupo de comerciantes madereros daneses ha creado una sociedad limitada conocida como Espansiva Byg, con el objetivo de desarrollar, producir y comercializar componentes para viviendas unifamiliares. Las especificaciones para estos componentes eran muy rigurosas. La madera sería el material predominante; los componentes debían ser fáciles de manejar y montar, con un precio de fabricación competitivo y capacidad para poder combinarse en un gran número de diseños. Este ha sido el programa básico del sistema de construcción Espansiva", describe Utzon. "Al estudiar la historia de la vivienda unifamiliar hasta nuestros días, nos damos cuenta de que nuestros requerimientos podrían satisfacerse mediante una casa de pies derechos o pilares donde la cubierta y el suelo formasen losas sólidas e ininterrumpidas, mientras que las paredes exteriores no portantes y las interiores entre pilares fuesen flexibles. Por lo tanto, hemos dividido la casa de pilares en módulos o unidades con un tamaño que se corresponde con las distintas funciones de las habitaciones; de este modo somos completamente libres a la hora de organizar nuestras casas a partir de estos módulos. Los módulos son pequeños pabellones con pies derechos en las cuatro esquinas, un suelo elevado ligeramente sobre el terreno y una cubierta a un agua. Los pies derechos se unen entre sí mediante una viga, conformando una estructura que se ensambla en obra con pernos, utilizando un sistema de triangulación estándar como rigidización. Los pies derechos y la viga son de madera laminada encolada. La cubierta está formada por paneles de contrachapado, con revestimiento resistente y aislamiento de lana mineral; el suelo por módulos de hormigón ligero que incorporan el aislamiento adecuado. Los pies derechos y los módulos del suelo se apoyan en dos vigas de hormigón prefabricado que están ancladas a una cimentación formada por tubos de drenaje que se han introducido hasta una profundidad libre de heladas".

1969 Espansiva building system

"A group of Danish timber merchants have set up a limited company, known as Espansiva Byg, for the purpose of developing, producing and marketing components for one-family houses. The specifications for these components were exacting. Timber was to be the predominant material; the components had to be easy to handle and erect, capable of being produced at competitive prices, and capable of being combined into a great number of design combinations. This has been the basic programme of the Espansiva building system," says Utzon. "By studying the history of the one-family house right up to the present day, we find that our requirements could best be met by a house on posts or columns where the roof and floor formed solid, uninterrupted slabs whilst the non-load-bearing outer walls and the inner walls between the columns were flexible. We have therefore divided the column house into modules or units of sizes that correspond to the different functions of the rooms, and we have a completely free choice in composing our houses from these modules. The modules are small pavilions with four corner posts, a floor raised slightly above the ground, and a pent roof. The posts are joined by a rafter so that a frame is formed which is bolt-assembled on site, using a standard triangle as support. Posts and rafter are of laminated glued wood. The roof consists of stressed-skin plywood units with rockwool insulation, and the floor of lightweight concrete units which, per se, provide adequate insulation. Posts and floor units rest on two prefabricated concrete beams. These are anchored in a foundation formed by drain pipes that has been lowered to frost-free depth."

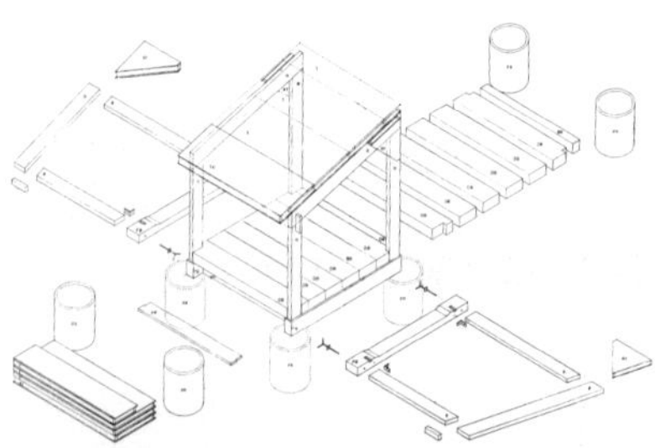

"Las casas, proyectadas individualmente, forman parte de un grupo que, a pesar de grandes variaciones en la distribución y el diseño de la fachada, formará una unidad integral gracias a la similitud de las formas que se repiten en todas ellas".

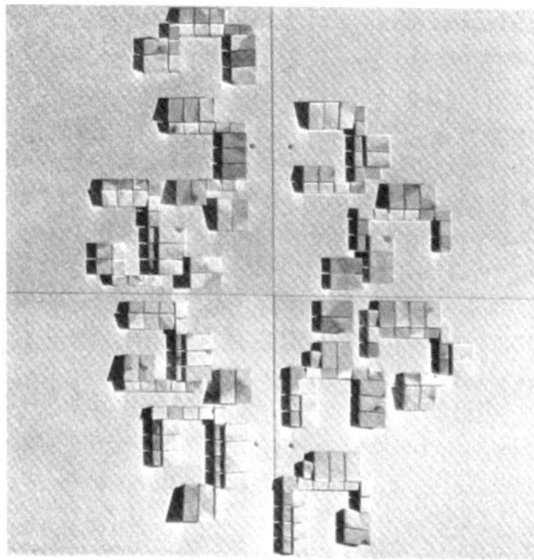

"Individually designed houses, forming part of a group which, in spite of major variations in layout and facade design, will form an integral unit because of the kinship of the forms recurring in all the houses."

"Los primeros cuatro paneles del friso negro muestran las cuatro unidades de que consta el sistema. Seguidos de ilustraciones de distintas combinaciones posibles, que van desde un simple cobertizo a las distribuciones más complejas de algunas viviendas".

"The first four panels of the black frieze show the four units comprised in the system. This is followed by illustrations of various possible combinations, ranging from a simple shed to the most complicated house layouts."

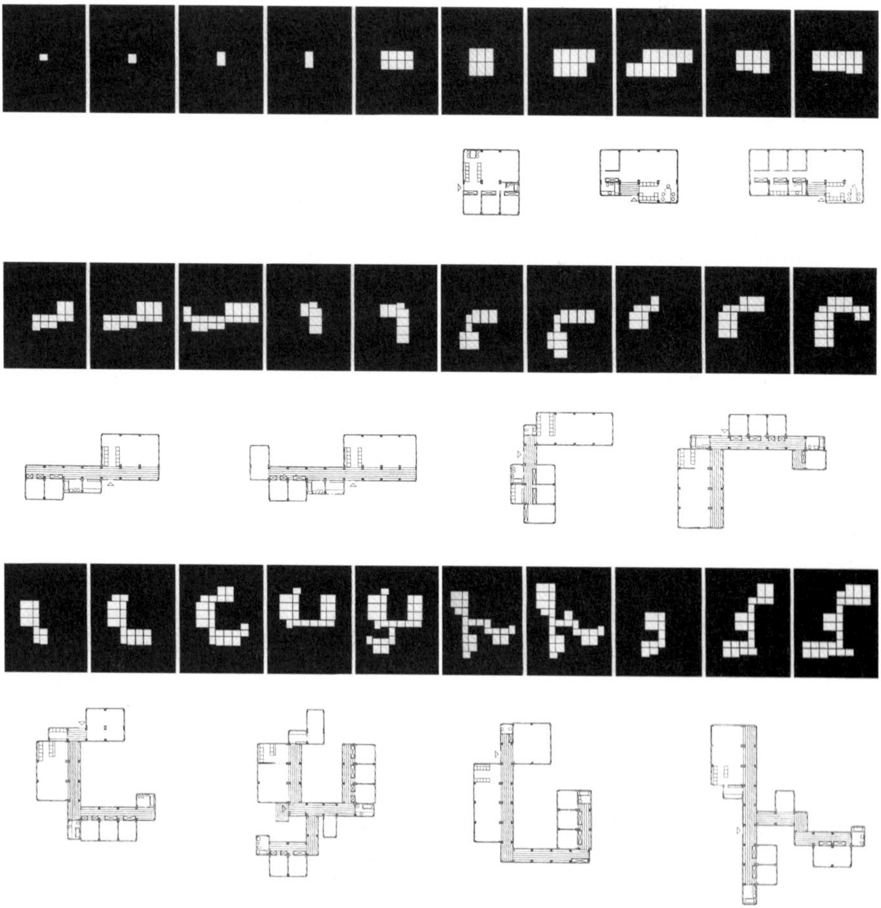

1969 Prototipo Espansiva en Hellebæk, Dinamarca

Construido junto a la casa de su padre en Hellebæk, este prototipo, que desarrolla los componentes producidos en el sistema de construcción Espansiva, se adapta a la pequeña parcela en torno a un patio. La primera propuesta de 1960 para esta parcela, planteada sobre el modelo de casa patio construido en las viviendas Kingo en Elsinor, se descompone en un conjunto de unidades que demuestra la utilización de los componentes del sistema de construcción. Para Utzon, "el prototipo se ha utilizado también para mostrar distintos materiales de cubierta y fachada. Las paredes exteriores son de ladrillo, hormigón ligero y revestimiento de madera, así como también de paneles prefabricados con revestimiento resistente. También se han utilizado distintos tipos de puertas y ventanas. La cubierta está realizada con piezas cerámicas y planchas de aluminio".

1969 Espansiva prototype in Hellebæk, Denmark

Built next to his father's house in Hellebæk, the prototype that sets out the components produced in the Espansiva building system fits on the small plot of land around a patio. The first scheme from 1960, posited on the patio-house model built in Elsinore (Kingo housing complex), is broken down into a group of units that demonstrates the use of the components of the building system. For Utzon, "the prototype has also been used for demonstrating different roof and facade materials. The outer walls consist of brick, lightweight concrete, wooden cladding as well as prefabricated cladding elements of the stressed-skin type. Use was also made of different door and window units. The roofing consists of tiles and aluminium sheeting."

Planta y alzado de la primera propuesta de 1960, y planta, alzados y secciones del prototipo Espansiva de 1969.

Plan and elevation of the first scheme from 1960 and plan, elevations and sections of the 1969 Espansiva prototype.

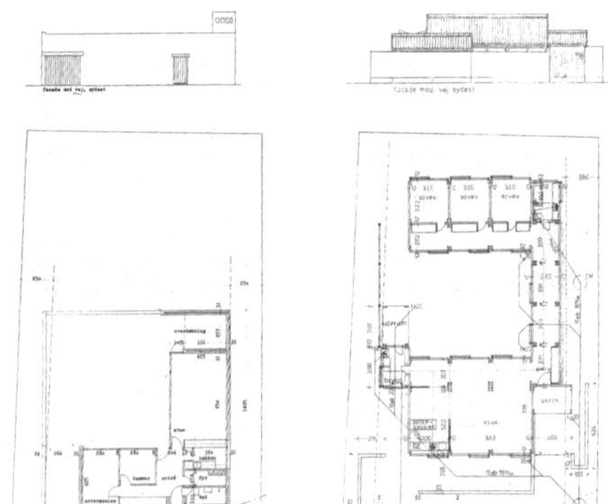

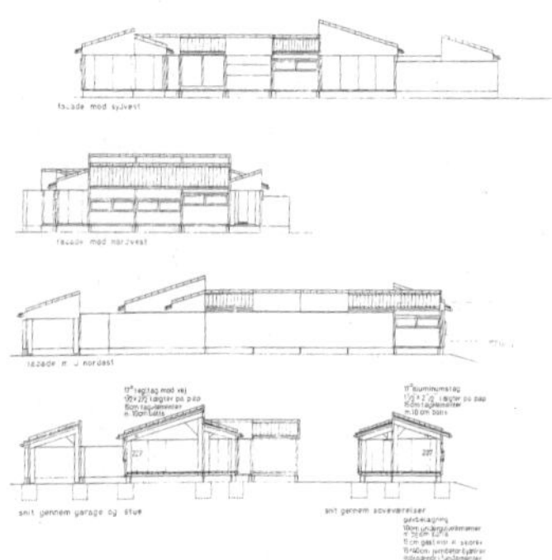

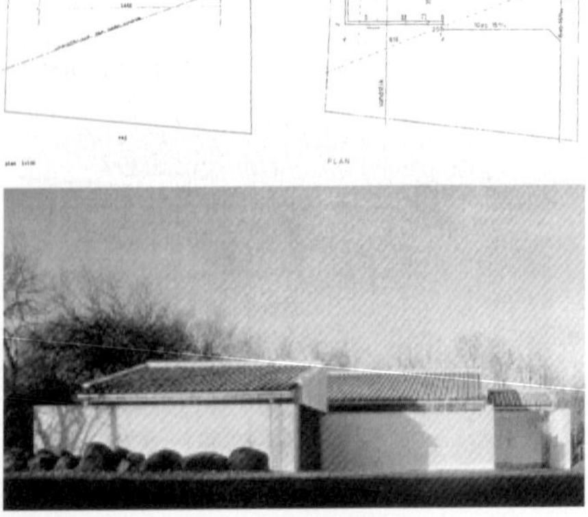

"El prototipo durante su construcción. El pavimento, formado por elementos de hormigón ligero, está colocado sobre las vigas de cimentación. Los pórticos de madera laminada se erigen y rigidizan, y los elementos de la fachada maciza y la cubierta están fijados con pernos."

"The prototype under construction. The decking, which consists of lightweight concrete elements, is placed on the foundation beams. The plywood trestles are raised and braced, and the solid facade and roof units are fastened by bolts."

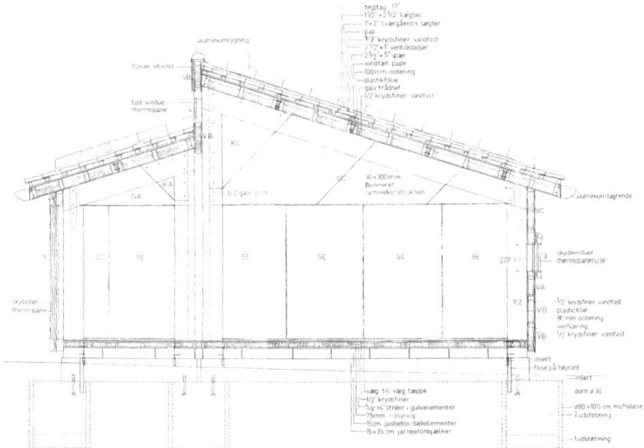

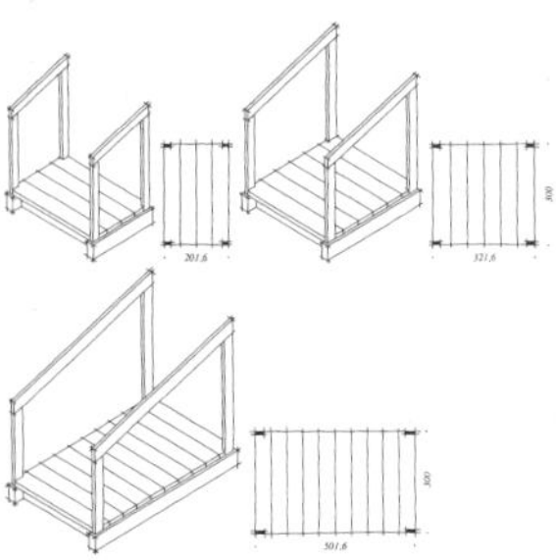

1969 Escuela Superior de Exportación, Herning, Dinamarca

Situada en el límite urbano de la ciudad de Herning, la propuesta desarrolla el principio aditivo basado en una serie limitada de unidades cuyas cubiertas, adaptan la luz y el volumen a los distintos usos. "La necesidad de construir un centro educativo en Herning constituye la base de un programa para un complejo educativo con varias facultades relacionadas con la exportación, la industria textil, el diseño, etc. Aunque cada una de estas facultades debía tener su propia organización, también debían compartir numerosas asignaturas, profesores y edificios —un centro educativo capaz de adaptarse y también de atraer a otras facultades". Según Utzon, "en las facultades de Herning surgió un principio aditivo porque se quería elegir libremente la altura, el tamaño y la iluminación de cada sala basándose en un denominador común a todas ellas para que pudiesen unirse y conectarse, convertirse en algo aditivo. El denominador común es una estructura horizontal a la altura de las puertas que se apoya sobre pilares situados en las esquinas de las salas. Por encima y sobre esta estructura, la cubierta se desarrolla libremente para adaptarse a las necesidades de volumen e iluminación; por debajo, en las crujías entre los pilares, es posible conectar libremente las salas entre sí o con el exterior mediante elementos no portantes, puesto que la función portante se ha asignado exclusivamente a la estructura y los cuatro pilares. No resulta difícil imaginar una ampliación o modificación continua de una casa, un grupo de edificios o una ciudad, si la casa, los edificios o la ciudad se basan en el principio aditivo".

Emplazamiento, Fases de la intervención. Planta, alzados y secciones de las unidades.

Location, phases of the intervention. Plan, elevations and sections of the units.

1969 Export College, Herning, Denmark

Located on the urban boundary of the town of Herning, the scheme develops the additive principle based on a limited series of units whose roofs adapt the light and the volume to different uses. "The need for establishing an educational centre in Herning formed the basis of a programme for a school complex with several colleges, concerned with exporting, textiles, design, etc. While each of these colleges was to have its own organisation, they were to share many subjects, teachers and buildings—a school centre capable of adapting itself, and of attracting other colleges as well." For Utzon, "an additive principle arose at the Herning colleges, in that it was desired to have, for each type of room, a completely free choice in respect of height, size and lighting and to base all these different types of rooms on a common denominator so that they could come together, link up, become additive. The common denominator is a horizontal frame at door level, resting on posts at the corners of the rooms. Above and on this frame, the roof is freely developed to meet the volume and lighting requirements; below the frame, in the bays between the columns, the rooms can be freely connected with each other or with the outside by means of non-bearing elements, as the load-bearing function is exclusively assigned to the frame and the four columns. It is not so difficult to imagine a continuous expansion or modification of a house, a group of buildings or a town, if the house, the buildings or the town are based on the additive principle."

Residencia de estudiantes y vivienda del director.
Planta y alzado de la escuela.

Students' residence and the principal's house.
Plan and elevation of the school.

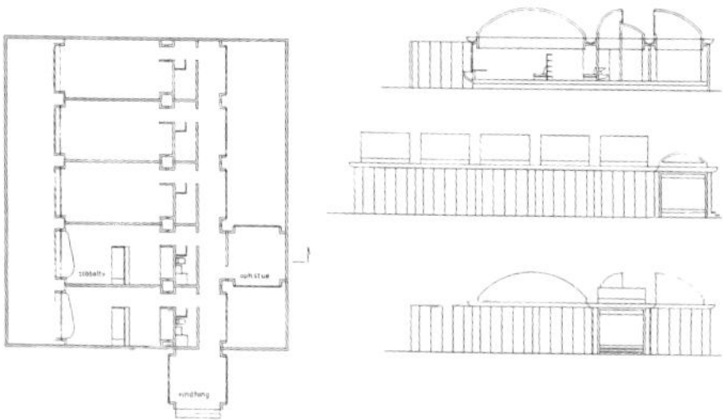

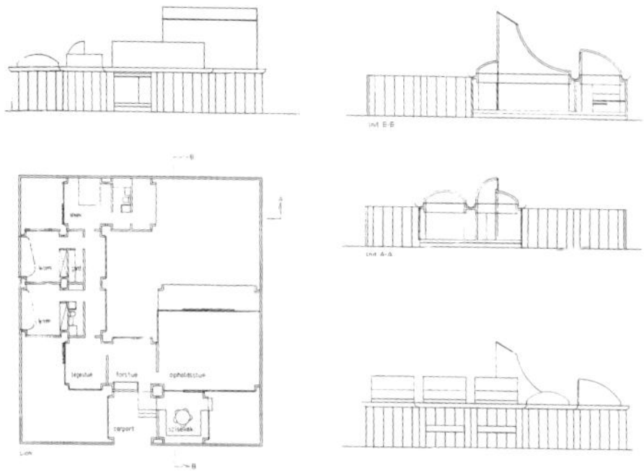

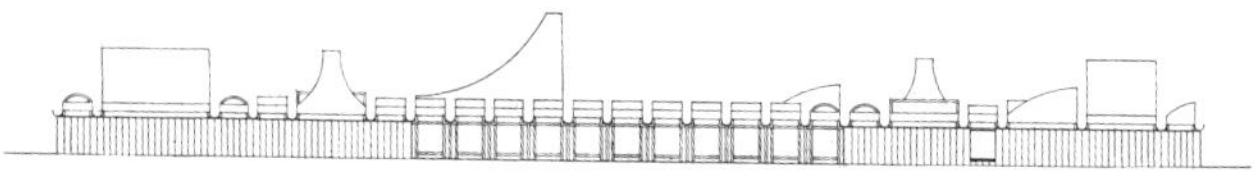

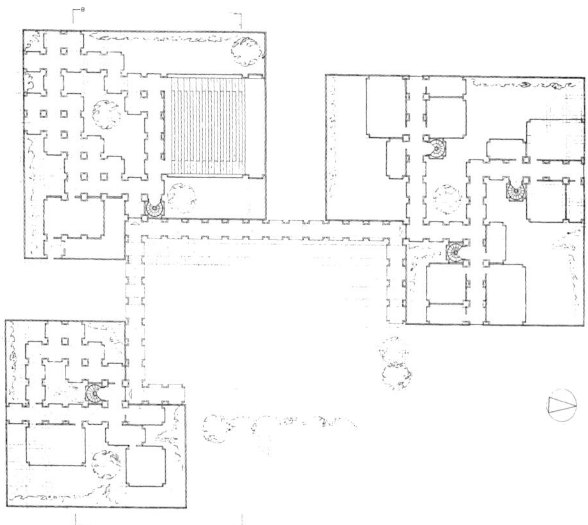

1969-1977 Prototipo para Uno-X, Herning, Dinamarca

El proyecto para la Escuela Superior de Exportación no fue desarrollado. Sin embargo, la compañía Uno-X encargó la realización de un módulo de la escuela. El prototipo, emplazado en el campus, desarrolla la propuesta sobre un conjunto de unidades de distintas dimensiones. Estas unidades, coronadas por cubiertas envolventes que iluminan cenitalmente el interior de los módulos, se desarrollan en el interior de una cerca perimetral que circunda el conjunto y media entre las áreas libres del jardín y el patio delimitador de la casa. Las cercas, que circundan el conjunto, y las cubiertas, que subrayan el límite de las unidades, son los rasgos característicos del conjunto, que tiene en las propuestas para la casa del arquitecto en Mallorca, Can Lis (1971), su adecuación y su horizonte.

1969-1977 Prototype for Uno-X, Herning, Denmark

The project for the Export College was not developed. Nevertheless, the Uno-X Company commissioned the carrying out of a college module. The prototype, erected on campus, develops the scheme of a range of units of different sizes. The units, topped by wraparound roofs that illuminate the interior of the modules from above, extend within a perimetral wall which rings the complex and mediates between the open areas of garden and the delimiting patio of the house. The walls surrounding the complex and the roofs which emphasise the confines of the units are the characteristic traits of the whole, which finds its equivalence and its horizon in the schemes for the architect's house in Majorca, Can Lis (1971).

Planta, alzados y secciones del prototipo construido.

Plans, elevations and sections of the prototype built.

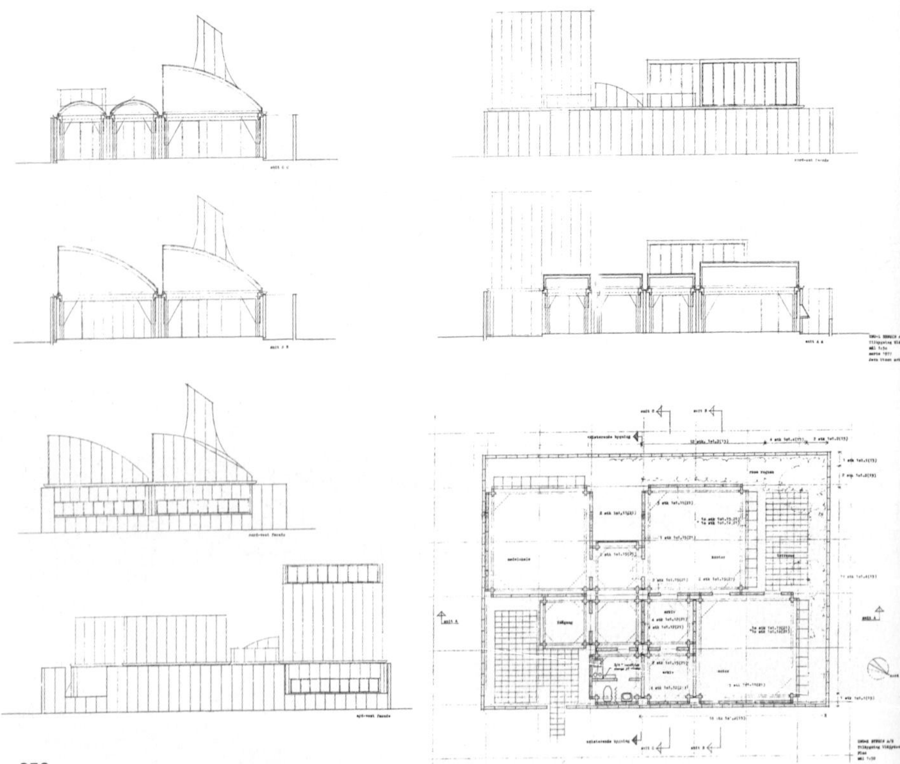

Planta preliminar del prototipo.

Preliminary plan of the prototype.

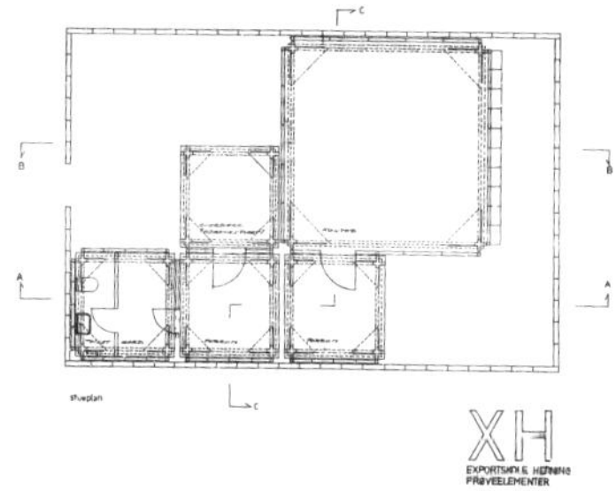

1969 Estadio en Jeddah, Arabia Saudí

El estadio, concebido como una sucesión de módulos prefabricados de hormigón, se desarrolla en torno a unas pasarelas cubiertas. El proyecto, escribe Utzon, "ha estado regido por las condiciones climatológicas locales, que exigen que el mayor número posible de asientos se encuentren a la sombra. Las tribunas dan la espalda al sur y al caliente viento procedente de esta orientación, y se abren al viento más fresco del norte. El deseo de ajustar la distribución al movimiento de los miles de espectadores que transitan entre las distintas partes del campo ha influido también en el proyecto. Por último, el deseo de que la construcción pudiera desarrollarse por etapas fue un factor fundamental. Alrededor de 30.000 personas pueden moverse sin causar atascos a lo largo de las pasarelas cubiertas, a modo de puentes, ligeramente curvas y protegidas del sol. Los puentes fuerzan a los espectadores, de forma imperceptible, a seguir los caminos marcados y aseguran un control total de los accesos a los distintos eventos. En este clima extremadamente caluroso es difícil trabajar con estructuras de hormigón in situ, ya que que se fisurarían y conllevarían otros problemas técnicos. Por lo tanto, todas las partes de los edificios están proyectadas para que sea posible construirlas a partir de piezas de hormigón que pueden producirse a cubierto en fábricas locales. [...] Las carreteras de acceso constituyen la espina dorsal de toda la instalación; pueden compararse al tronco de un árbol, con ramas que conducen a las diferentes partes del terreno. El sistema es capaz de crecer tan orgánicamente como un árbol en el bosque, evitando siempre la desagradable sensación de algo inacabado, asociada a los edificios que se construyen por fases. Ni siquiera es necesario planificar el estado final antes de comenzar los trabajos de la primera, puesto que se pueden montar los componentes según cualquier combinación que se desee y es posible alterar el esquema durante las fases posteriores".

Emplazamiento. Fases de la intervención.

1969 Stadium in Jedda, Saudi Arabia

Conceived as a succession of prefabricated concrete modules, the stadium unfolds around covered footbridges. The design, writes Utzon, "has been governed by the local climatic conditions, which require the greatest possible number of seats to be in the shade. The grandstands turn their backs to the south and the hot south wind, and are open towards the cooler wind from the north. The design was also influenced by the desire to match the layout to the movement pattern of the thousands of spectators who walk from and to the different parts of the ground. Finally, the wish to permit construction in stages has been a major factor in the design. Some 30,000 people can move along the covered, bridge-like, shaded, gently curved passages without causing traffic jams. The bridges imperceptibly force the spectators to follow the marked paths and ensure a complete control of the entrances to the different venues. In this extremely hot climate, it is difficult to work with *in-situ* cast-concrete structures which would be exposed to cracking and other technical problems. All the parts of the buildings are therefore so designed that they can be assembled from simple concrete units which can be produced in local field factories under cover. [...] The access roads form the backbone of the whole establishment; they may be compared to the trunk of a tree, with branches leading to the different parts of the ground. The system is able to grow just as organically as a tree in the forest, avoiding at all times that unpleasant impression of a lack of readiness otherwise associated with buildings erected in stages. It is not even necessary to plan the final stage before work is commenced on the first. As the components can be assembled in any desired combination, the plan can still be altered during later stages."

Location. Phases of the intervention.

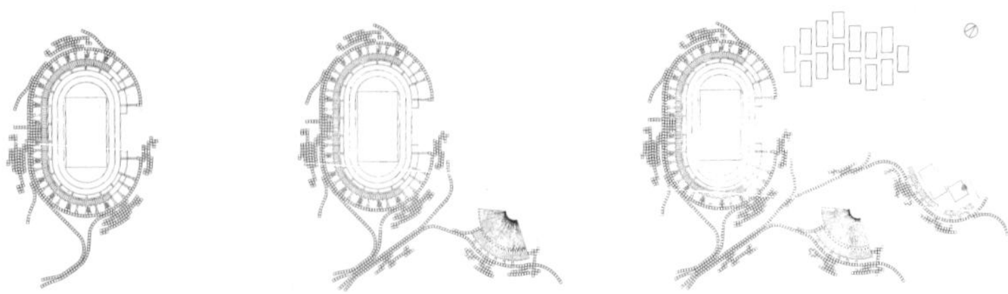

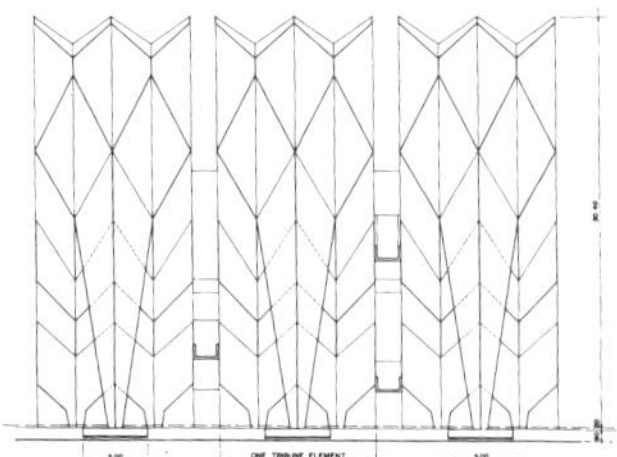

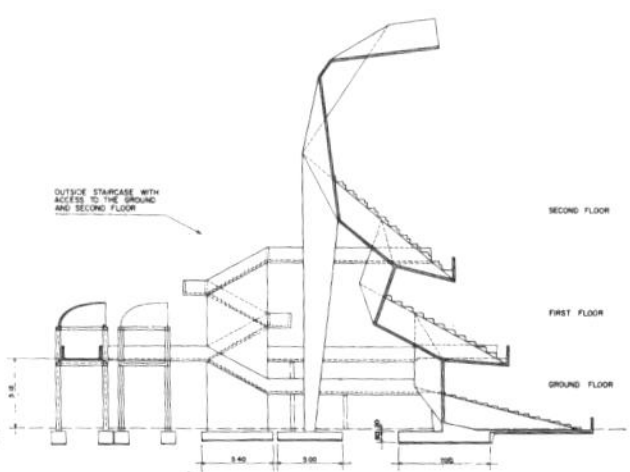

La tribuna del estadio. “El diseño estructural que utiliza losas angulares y delgadas proporciona una elegante pantalla faceteada que resalta aún más gracias a la interacción de luces y sombras. Se trata de una estructura muy económica que puede montarse con facilidad a partir de componentes de pequeño tamaño”.

The stadium grandstand. “The structural design, using thin, angled slabs, provides an elegant, facetted screen which is further emphasised by the interplay of light and shade. It represents a very economic structure which can easily be assembled from small components.”

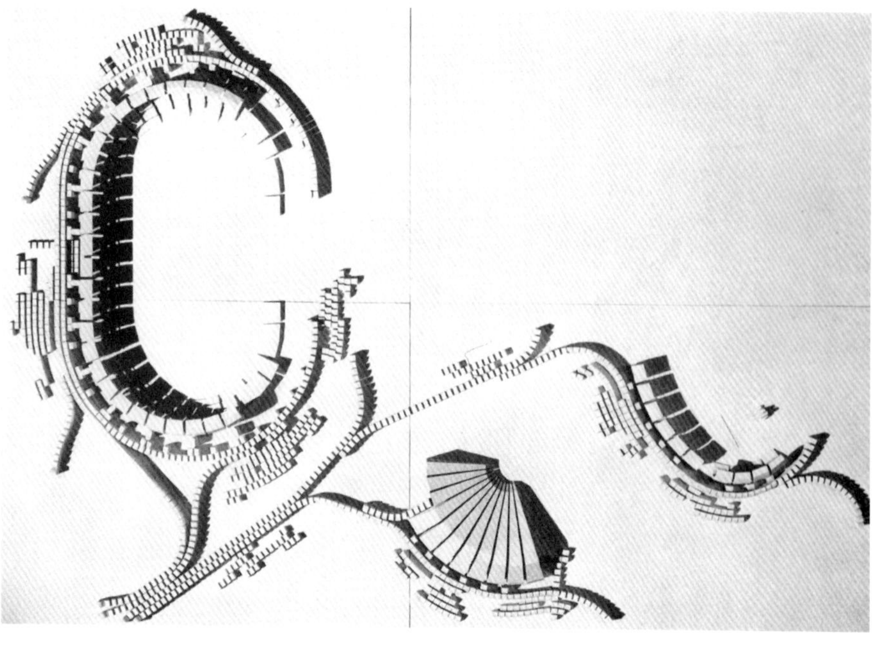

Estructura de los accesos y servicios
El conjunto de la piscina.

Structure of the access roads and services.
The swimming-pool complex.

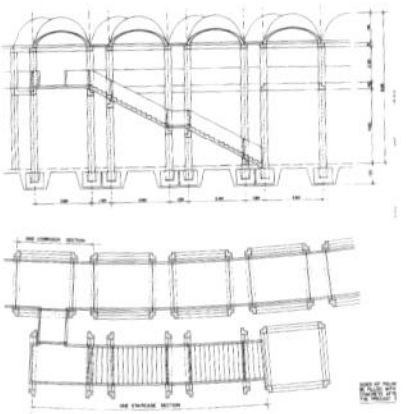
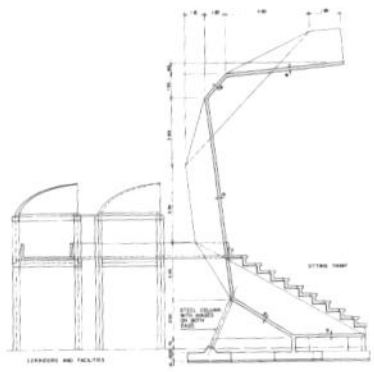
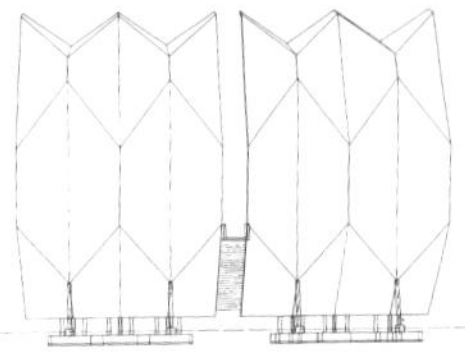
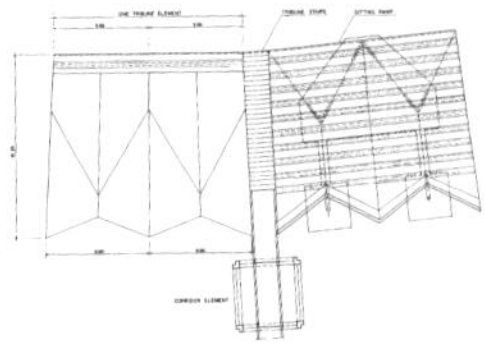

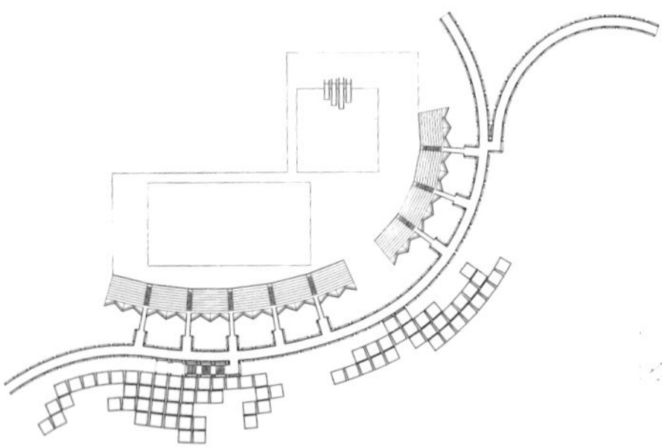
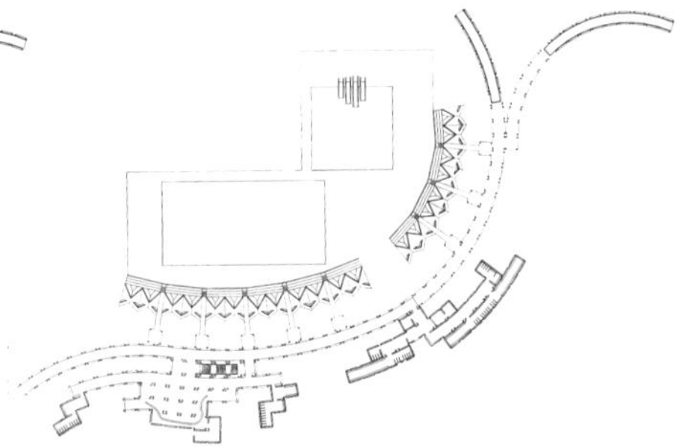
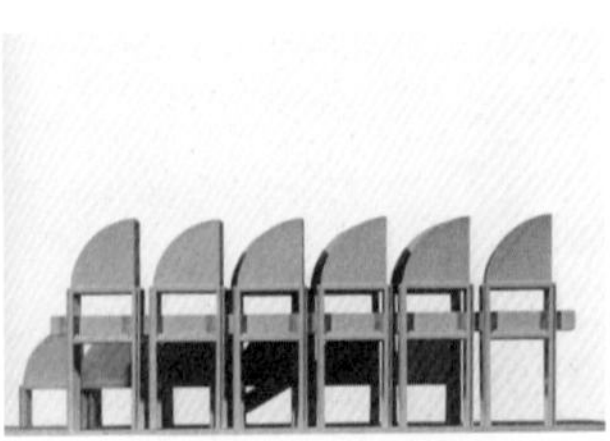

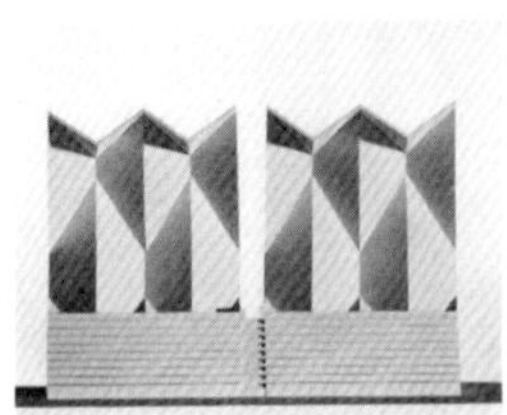
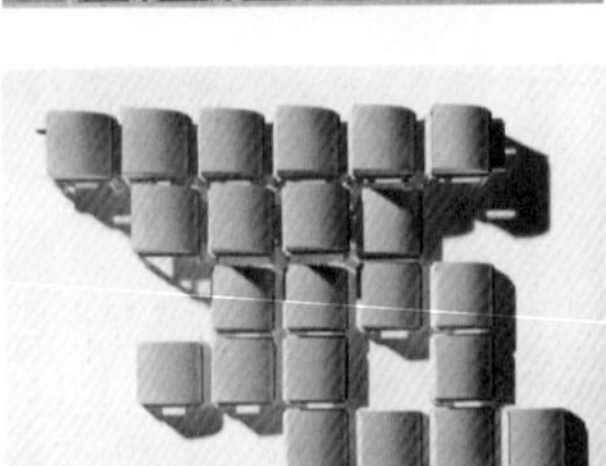

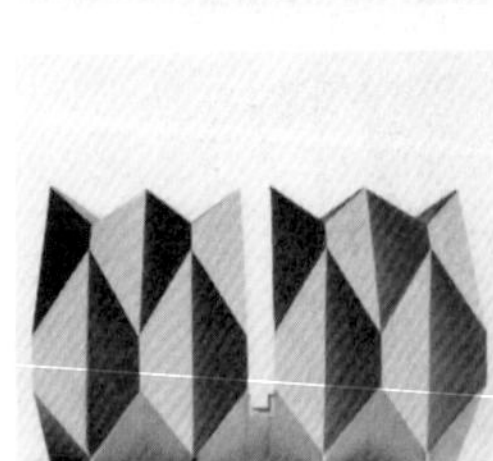

El pabellón deportivo. "Debido a la necesidad de ofrecer sombra, se ha provisto al pabellón de una capa adicional de cubierta formada por elementos a modo de hojas que tienen una función dual: permitir la ventilación y proporcionar sombra a la parte superior de la estructura plegada de la cubierta".

The sports hall. "Because of the need to provide shade, it has been given an additional, leaflike layer of roof elements which have the dual function of affording ventilation and of giving shade to the upper side of the folded roof structure."

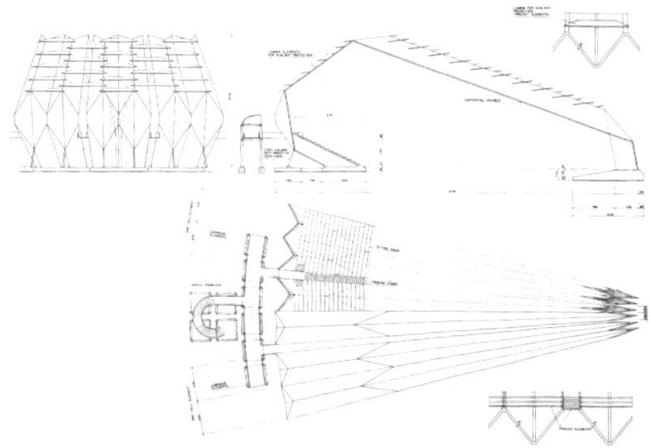

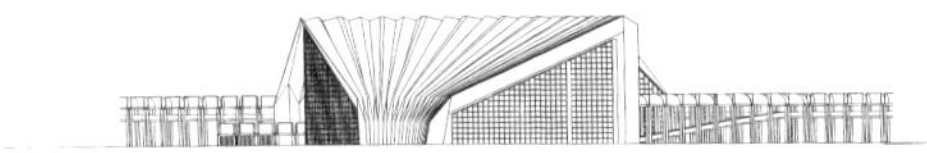

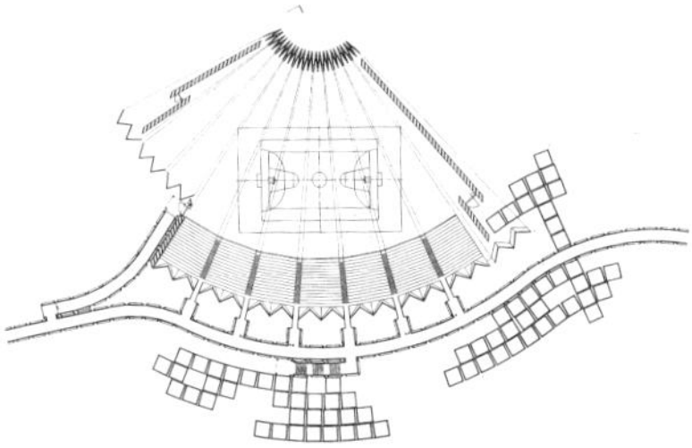

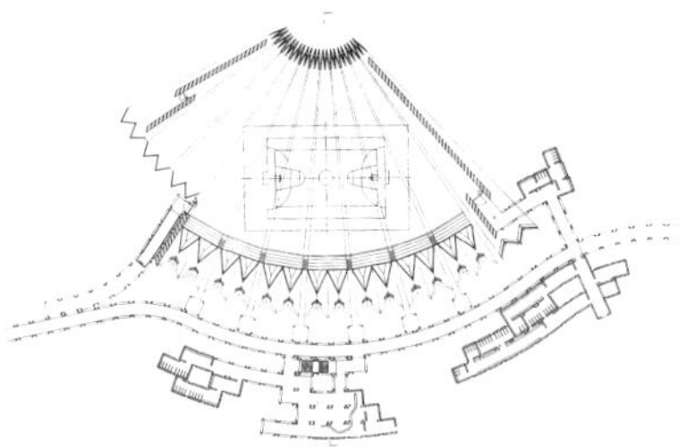

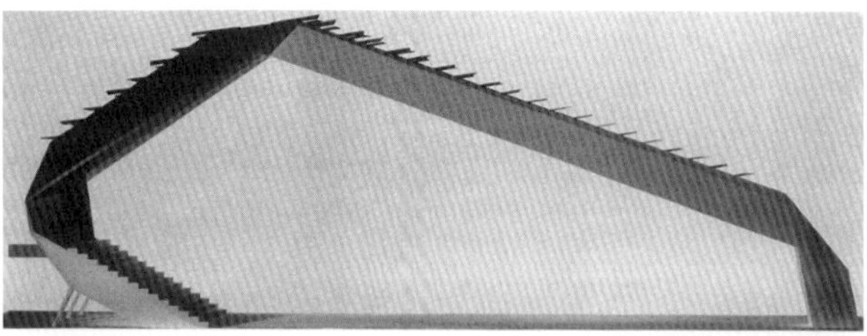

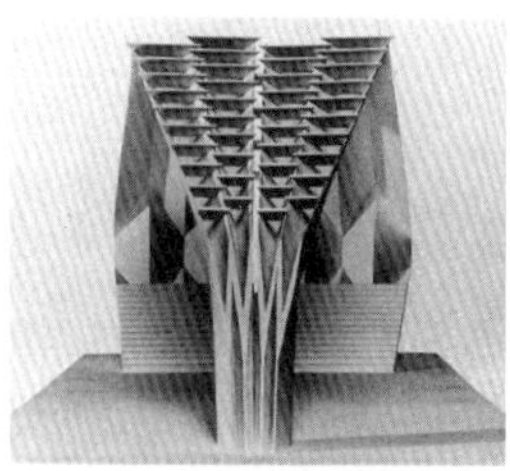

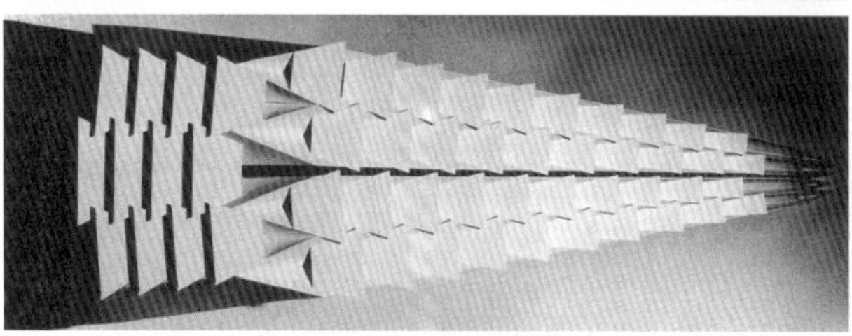

1969 Concurso para el Museo Nacional en Hammershus, Bornholm, Dinamarca

La propuesta, emplazada en un desnivel del terreno, se sitúa sobre el conjunto de ruinas de Hammershus. Los marcados accidentes topográficos y el valor histórico del emplazamiento determinan los rasgos característicos de la propuesta, que tiene en las pasarelas escenográficas y en los cuerpos desplazados y quebrados por el desnivel la contribución a la caracterización de este ámbito legendario. La continuidad de la intervención contempla el hincado en el terreno del conjunto de las dependencias, que se desarrollan bajo el faldón continuo de la cubierta extendiéndose entre los haces de las pasarelas. La propuesta concilia la accesibilidad al conjunto con el carácter de la intervención, establecido en un entorno marcado por el desnivel del terreno.

Emplazamiento, plantas y alzados del conjunto.

1969 Competition for the National Museum in Hammershus, Bornholm, Denmark

Sited on an uneven bit of terrain, the scheme is situated above Hammershus's set of ruins. The marked topographical variations and the historical value of the site determine the typical features of the scheme, which makes, in the dramatic walkways and in the bodies displaced and fragmented by the slope, a contribution to the characterising of this legendary area. The continuity of the intervention contemplates the thrust in the terrain of the ancillary buildings that evolve beneath the continuous slope of the roof, extending out between the faces of the walkways. The scheme reconciles accessibility to the complex with the character of the intervention established in a setting marked by the unevenness of the terrain.

Location, plans and elevations of the complex.

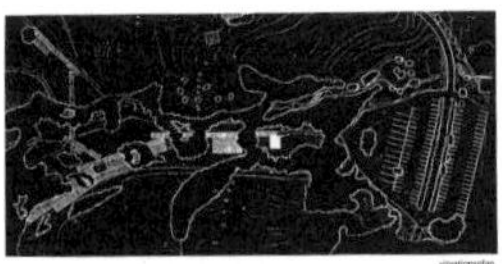

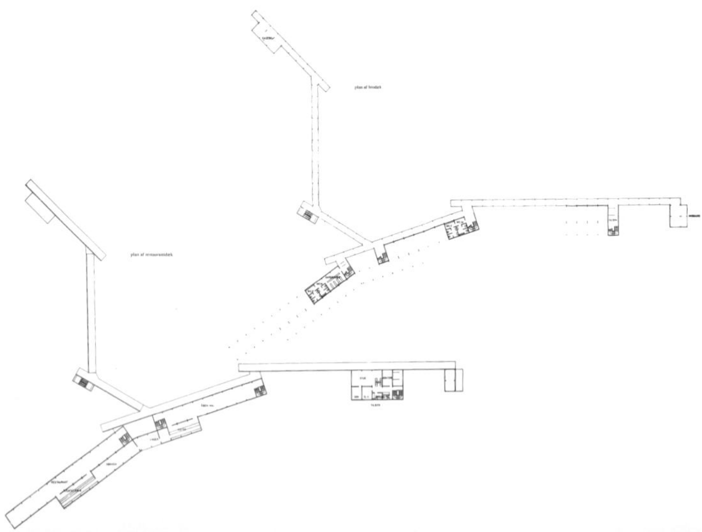

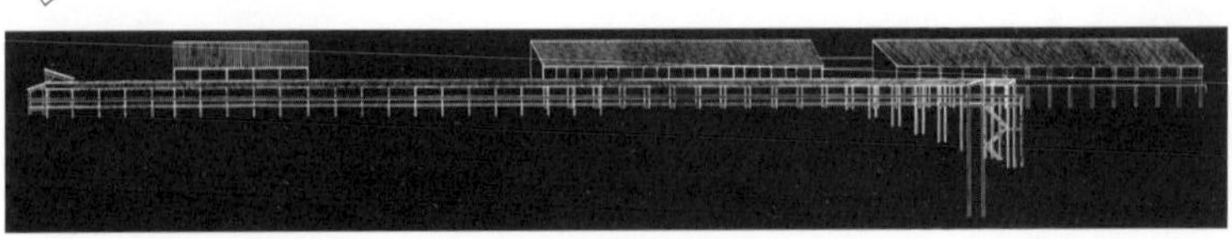

1969-1971 Museo de Arte en Silkeborg, Dinamarca

La segunda propuesta del museo se emplaza en un amplio terreno donde se desarrollan, en torno a la calle central de la exposición, los ramales y las derivaciones que transitan desde el ámbito de ingreso al museo, establecido en una marquesina, hasta los límites de los haces expositivos, donde se emplaza un restaurante o se sitúa una amplia terraza que media con la naturaleza. Los haces imbricados de componentes prefabricados, los módulos de las unidades y las pasarelas de carácter escenográfico se extienden sobre un terreno caracterizado por el límite de un frondoso bosque que desciende hacia el lago Langsø.

1969-1971 Silkeborg Museum of Art, Denmark

The second museum proposal is sited on an ample plot of land in which stretching forth around the central exhibition street are the branches and derivations that go from the entrance area of the museum, instituted in an entrance porch, to the ends of the exhibition surfaces, where a restaurant is set up or a broad terrace is located which mediates with the natural environment. The imbricated faces of the prefabricated components, the modules of the units and the dramatic footbridges extend over a terrain characterised by the boundary line of a leafy wood that descends towards Langsø Lake.

Planta de la primera fase y planta baja del museo.

Plan of the first phase and ground floor of the museum.

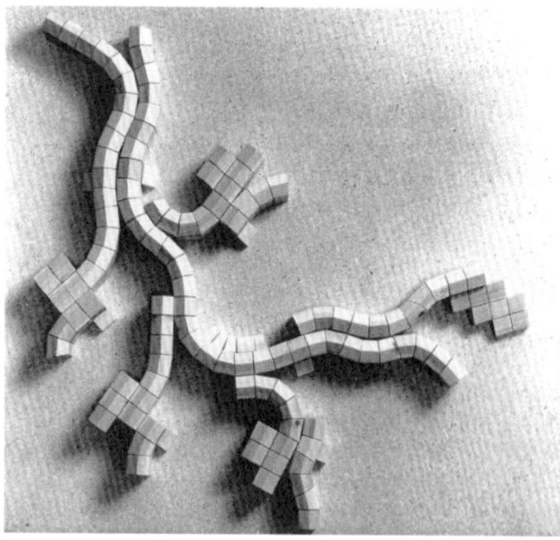

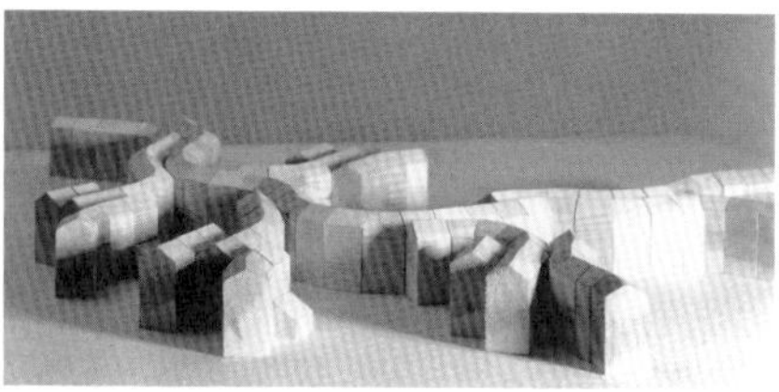

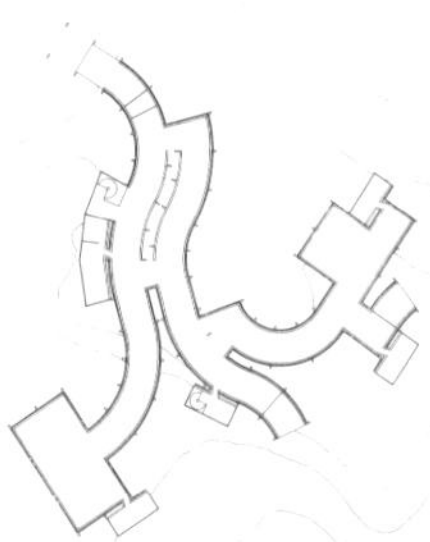

1968-1976 Iglesia de Bagsværd, Dinamarca

Situada en el extremo noroeste de la localidad de Bagsværd, y concebida durante su estancia en Hawai, la iglesia, síntesis del monasterio budista chino y de la tradicional iglesia nórdica de madera, concilia el conjunto modular de dependencias abiertas entre los patios con la serie de elementos prefabricados de hormigón, acentuados por la plasticidad del cerramiento cerámico y subrayados por la sucesión de cáscaras ingrávidas que coronan el interior del recinto. En los croquis preliminares, una formación excepcional de cúmulos, apreciados en la playas de Hawai, determinan el carácter evanescente y luminoso de la capilla. En una conversación con Per Jensen, Utzon sostiene: "Me inspiré en las nubes y he creado un espacio que se desvanece hacia arriba".
La vigorosa cubierta de la capilla, generada por una sucesión de cilindros ensayado en los auditorios de la Ópera de Sídney, cubre una luz de 17,35 m, cuyo modelado plástico, realizado con hormigón proyectado de 8 a 10 cm de grosor, asciende cadenciosamente. El recorrido itinerante de los fieles, desde el antepatio delimitado por la capilla anexa, y la retícula rigurosa de 2,2 m que pauta la estructura, descentra la posición del altar y del ingreso. La asamblea litúrgica y el conjunto de dependencias parroquiales se inscriben en un rectángulo de 22,5 x 79,2 m, caracterizado por el conjunto de patios sustraídos al prisma y los ámbitos de circulación iluminados cenitalmente que gravitan sobre el flanco norte, junto a la arteria urbana. El conjunto, que alude al teatro en Wolfsburg (1965) o al banco Melli (1959), se erige sobre un basamento y reconcilia la industrialización tectónica con la convicción material de la iglesia Grundtvig de P. V. Jensen-Klint.

1968-1976 Bagsværd Church, Denmark

Situated at the northeastern end of the small town of Bagsværd and conceived during Utzon's stay in Hawaii, the church, a synthesis of the Chinese Buddhist monastery and the traditional Nordic church of wood, reconciles the modular grouping of open outbuildings between the patios with the series of prefabricated concrete components accentuated by the plasticity of the ceramic outer wall and emphasised by the succession of weightless shells that crown the inside of the compound. In the preliminary sketches an exceptional formation of cumulus clouds, seen from the beaches of Hawaii, determined the evanescent and luminous character of the chapel. In a conversation with Per Jensen, Utzon maintains that "I am inspired by the clouds and have created a space that fades upwards." The vigorous chapel roof, generated by a succession of cylinders that the architect tried out in the auditoria of the Sydney Opera House, covers a span of 17.35 m, the plastic modelling of which, done in shotcrete 8-10 centimetres thick, ascends rhythmically. The itinerary on foot of the faithful from the forecourt delimited by the adjoining chapel and the rigorous 2.2-metre grid which governs the structure decentres the position of the altar and the point of entry. The liturgical assembly and the group of parish outbuildings are inscribed in a 22.5 x 79.2-metre rectangle characterised by the set of patios excised from the prism and the overhead-lit circulation areas that gravitate above the north side, next to the urban thoroughfare. The complex, which alludes to the Theatre in Wolfsburg (1965) and to the Melli Bank (1959), stands on a base and reconciles tectonic industrialisation with the material conviction of P. V. Jensen-Klint's Grundtvig Church.

Emplazamiento.

Location.

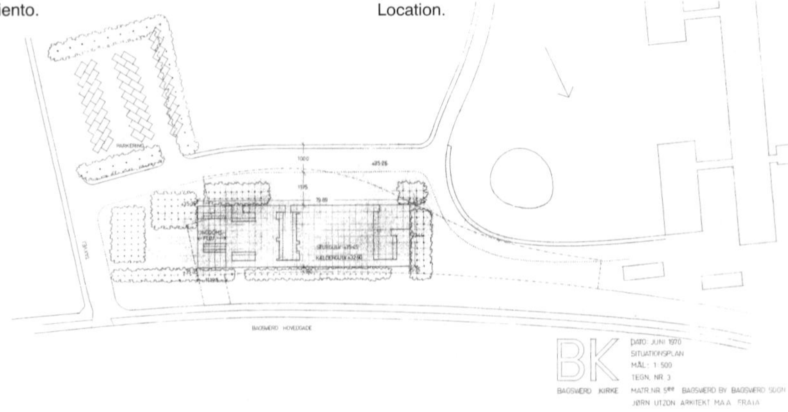

Croquis iniciales de la iglesia.

Initial sketches of the church.

Alzado sur, sección longitudinal y planta de cubiertas.

South elevation, longitudinal section and roof plan.

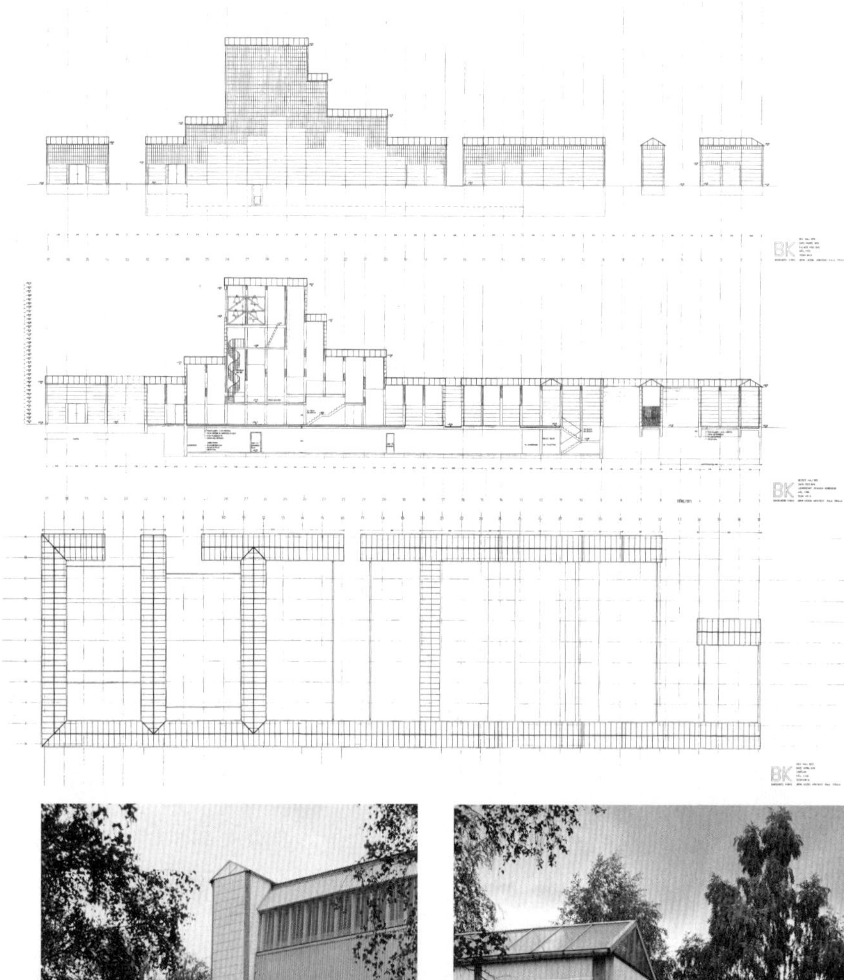

Alzado norte, sección longitudinal, planta baja, conjunto de secciones transversales y alzado oeste.

North elevation, longitudinal section, ground floor, range of cross-sections and west elevation.

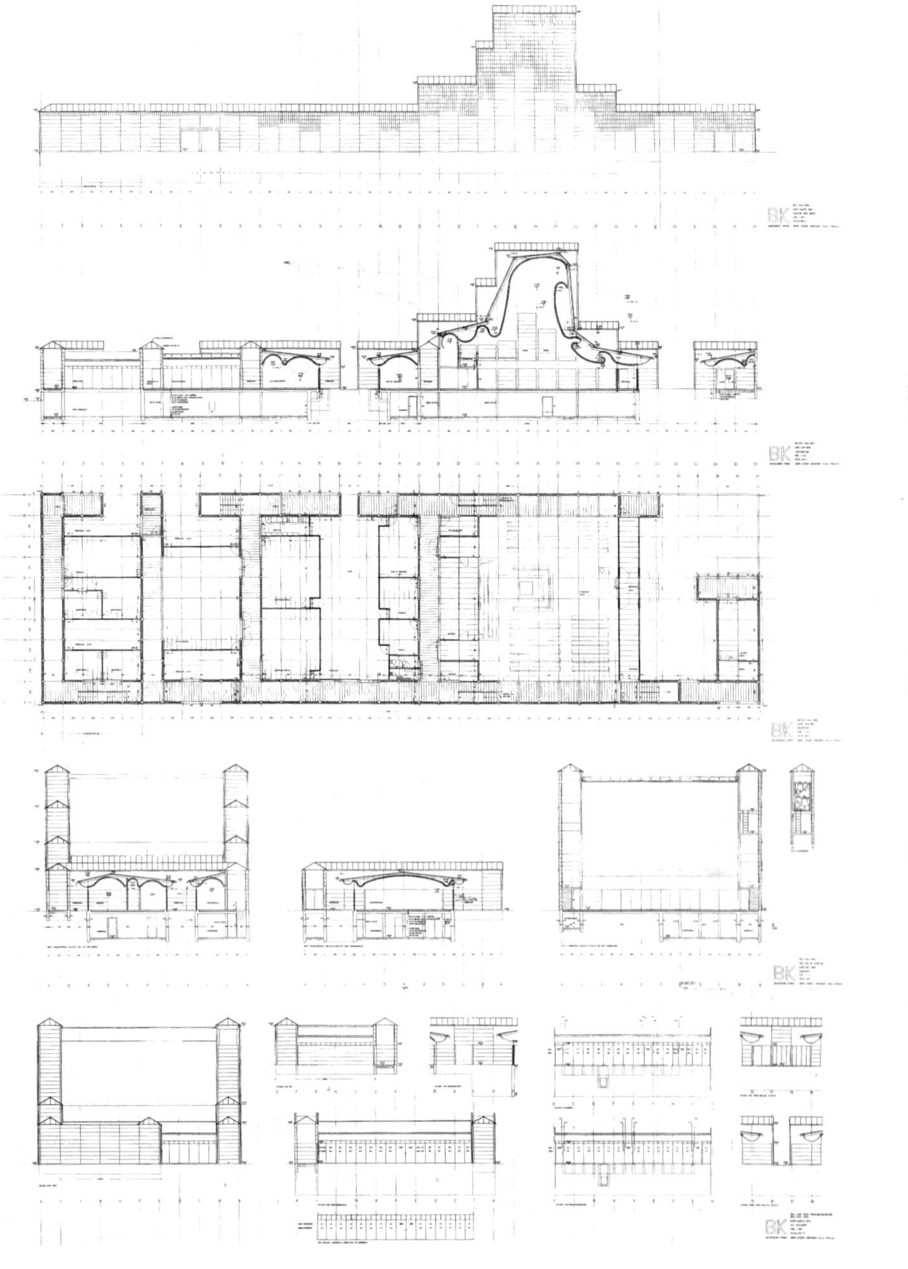

Desarrollo acústico de las cáscaras de la iglesia.

Acoustic development of the church's shells.

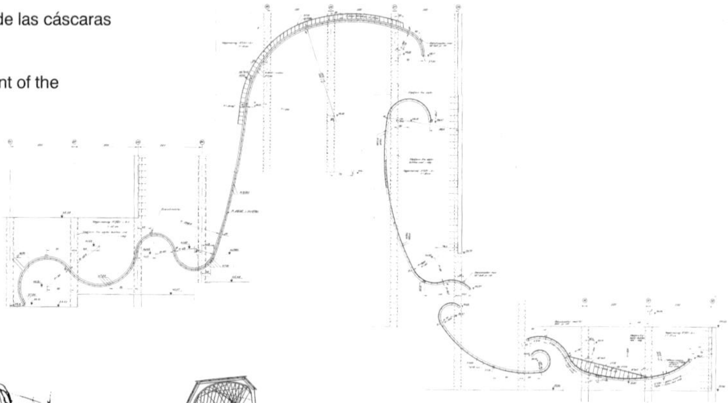

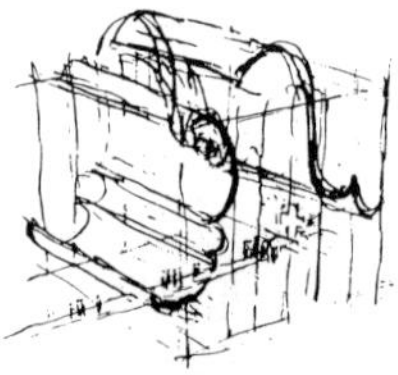

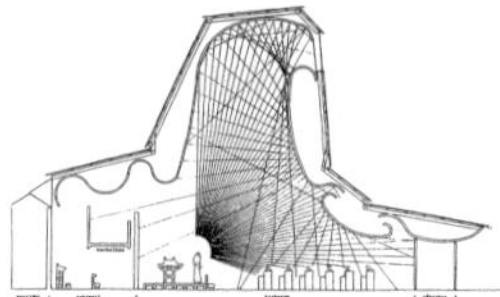

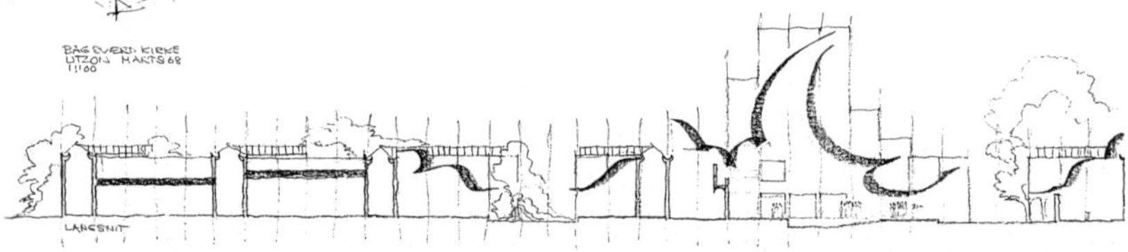

Sistema constructivo de la galería perimetral y de las dependencias del centro parroquial.

Constructional system of the perimetral gallery and of the outbuildings of the parish centre.

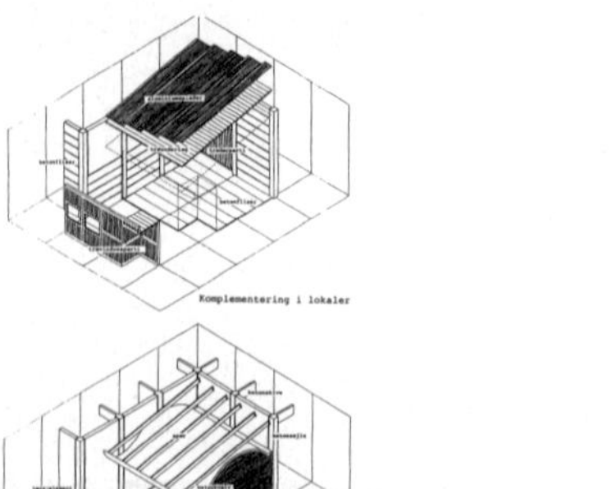

1971-1973 Casa del arquitecto en Porto Petro, Can Lis, Mallorca, España

El refugio insular, que acogería a Utzon a partir de 1973, se emplaza sobre un acantilado abrupto en la costa sur de Mallorca. La casa, en sus propuestas iniciales, concilia la arquitectura aditiva desarrollada en el prototipo de la escuela en Herning (1969) con los pabellones autónomos del proyecto para la casa del arquitecto en Sídney (1963). El recinto de la casa se desarrolla en torno a una sucesión de cinco cuerpos que coronan el acantilado. Sobre el camino, las cercas que envuelven los módulos, los antepatios abiertos entre las unidades y los bancos de cerámica esmaltada fluyen en una sucesión continua que tiene en la alianza de las unidades la sabiduría elemental de la arquitectura vernácula. Frente a la vía de acceso, el hermetismo se acentúa y el ingreso se produce frontalmente sobre el zaguán determinado por un dispositivo quebrado que produce un aplazamiento y una impresión de profundidad y recogimiento frente al mural de la media luna. El ámbito de circulación al aire libre, caracterizado por la oblicuidad y el desplazamiento de las unidades, produce un recorrido secuencial a los distintos pabellones donde se inscribe el programa doméstico. El cuerpo mayor erigido sobre un podio, la habitación abierta que aloja una mesa de perfil curvo, la prominencia de la estancia y los pabellones de habitaciones determinados por los patios abiertos y los frentes abocinados, caracterizan el conjunto de las unidades. Asimismo, un banco de contorno curvo envuelve a la familia en el cuerpo de la sala de estar. Este espacio se convierte en una cámara activa que atenúa el resplandor del sol y del mar. “La intensidad luminosa sobre el mar era demasiado fuerte,” explica Utzon. Los frentes abocinados acentúan la profundidad de la construcción y multiplican la presencia del mar. Las inflexiones de los huecos entornados y las marcadas texturas del marés convocan una vibración densa y material, subrayada por la ocultación de las carpinterías, en el exterior, y por un resquicio a poniente que señala el paso del tiempo con un haz luminoso. La casa se establece en torno a la unidad material del marés, extraído del entorno próximo, con el que se realizaron tanto las construcciones agrícolas como la catedral de Palma. Mientras las viguetas prefabricadas autoportantes y las bovedillas cerámicas aluden a la industrialización propuesta en la casa del arquitecto en Sídney, el conjunto se acentúa por el remate de teja árabe.

1971-1973 The architect’s house in Porto Petro, Can Lis, Majorca, Spain

The island refuge that would accommodate Utzon from 1973 onwards is located above a steep cliff on the south coast of Majorca. As originally planned, the dwelling reconciles the additive architecture developed in the prototype of the school in Herning (1969) with the autonomous pavilions of the project for the architect’s house in Sydney (1963). The enclave of the house extends around a succession of five bodies that sit atop the cliff. Above the path, the walls which surround the modules, the open forecourts between the units, and the enamel ceramic benches flow in an ongoing succession which expresses the fundamental wisdom of vernacular architecture in the connecting up of the units. Facing the access road, the self-contained feeling is accentuated, with the point of entry being produced frontally at the entrance hall defined by an irregular contrivance which produces a sensation of postponement and an impression of depth and seclusion in front of the half-moon mural. The alfresco circulation area, typified by the obliquity and displacement of the units, produces a sequential itinerary to the different pavilions where the domestic programme is inscribed. The main body erected on a podium, the open room which houses a curved table, the sticking-out quality of the living quarters and the bedroom pavilions defined by the open patios and trumpet-shaped facades all characterise the units as a whole. Similarly, a curving bench envelops the family in the living area volume. This area is converted into an active chamber that attenuates the brightness of the sun and sea. “The luminous intensity over the sea was too strong,” Utzon explains. The trumpet-shaped facades accentuate the depth of the building and multiply the presence of the sea. The inflections of the half-closed window spaces and the pronounced textures of the sandstone convoke a dense and material vibrancy underlined by the concealing of the window frames on the outside, and by a chink to the west which signals the passing of time with a luminous beam. The house is instituted around the material unity of the sandstone, extracted from the immediate environment, with which both local farm buildings and Palma Cathedral are carried out. While the self-bearing prefabricated joists and small vaults of ceramic allude to the industrialisation propounded in the architect’s house in Sydney, the whole thing is accentuated by the capping of Spanish tile.

Emplazamiento. Croquis de la sala de estar.

Location. Sketch of the living area.

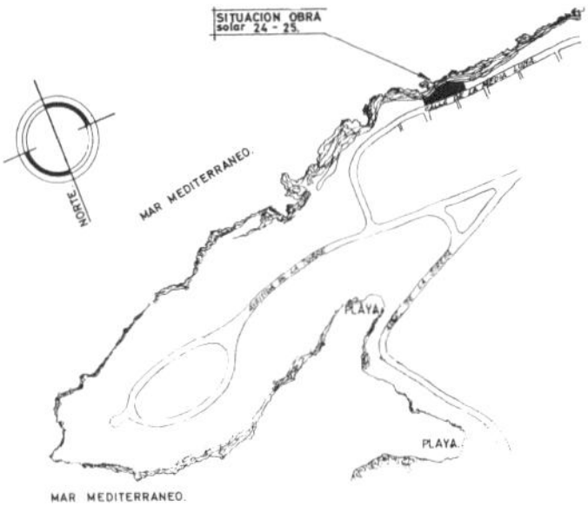

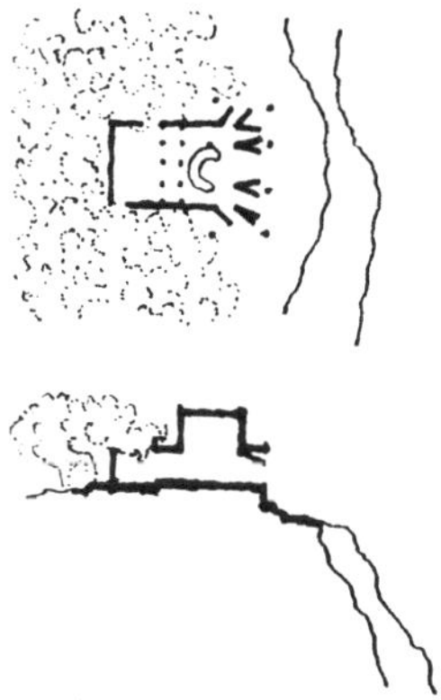

Planta baja, alzados y secciones de la propuesta preliminar de 1971.

Ground floor, elevations and sections of the initial scheme from 1971.

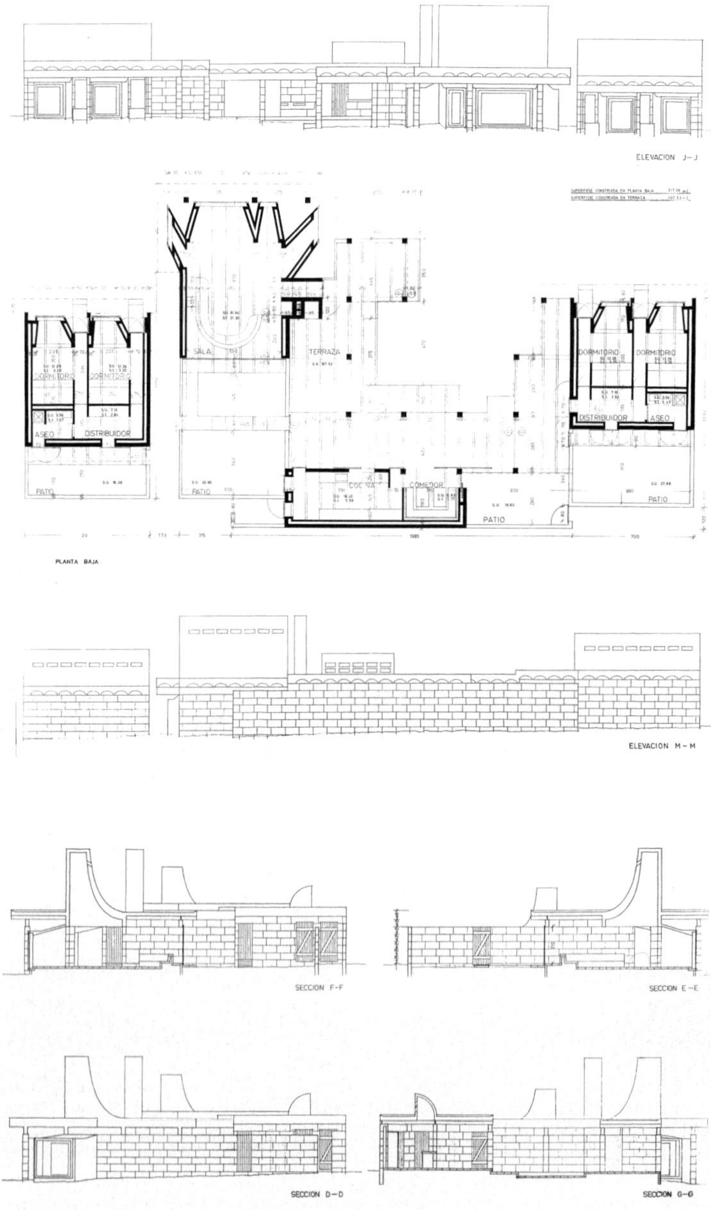

Planta de la casa construida.

Plan of the built house.

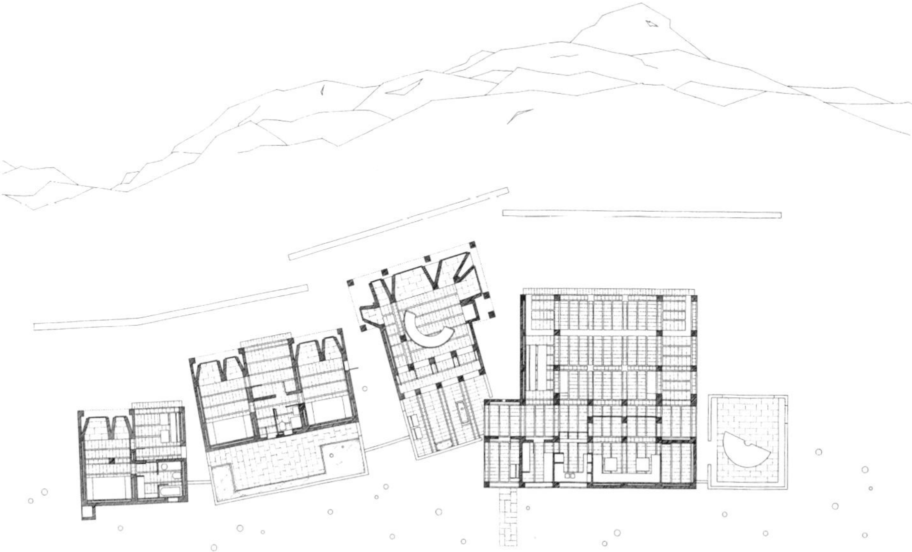

Alzado oeste de la casa.

West elevation of the house.

1972-1984 Asamblea Nacional de Kuwait

Según Utzon, "la arquitectura árabe tradicional tendrá una influencia enorme en el futuro desarrollo arquitectónico del mundo y, por lo tanto, resulta natural que esta idea para el complejo de la Asamblea Nacional de Kuwait se haya basado en algunos de los elementos más importantes de la arquitectura árabe tradicional, como la calle cubierta, la calle del bazar, los patios interiores, la sucesión de arcos estructurales". La propuesta, que obtiene el primer premio en un concurso restringido, "dispone todos los departamentos del complejo (oficinas, salas de reuniones, salas de recepción, biblioteca, sala del parlamento, etc.) a lo largo de una calle central. Los departamentos están formados por módulos de distintos tamaños, construidos alrededor de pequeños patios conectados con la calle central mediante calles laterales. Cada departamento puede ampliarse en cualquier momento mediante la adición de módulos, de manera que el edificio puede crecer lateralmente lejos de la calle central y sus límites exteriores cambiarán con el paso del tiempo. Estos bordes exteriores flexibles del sistema están profundamente relacionados con la arquitectura tradicional del bazar islámico. La estructura de la Asamblea Nacional refleja también la pureza de la construcción islámica. El edificio está formado por una estructura de hormigón prefabricado donde todos los elementos han sido diseñados estructuralmente para expresar la carga que soportan y el espacio que cubren (hay diferentes elementos para diferentes espacios). Al entrar en la calle central se pueden ver los accesos a los diferentes departamentos. La calle central conduce hacia el océano a través de una gran sala abierta que da sombra a una amplia plaza al aire libre donde la gente puede encontrarse con sus gobernantes. En los países árabes existe una tradición de contacto directo y cercano entre los dirigentes y el pueblo. El sol de Kuwait, intenso y dañino, hace necesario protegerse a la sombra (la sombra es vital para la existencia), y esta sala, que proporciona sombra en los actos públicos, quizá pueda considerarse como un símbolo de la protección que el gobernante extiende sobre su pueblo. Hay un proverbio árabe que dice: 'Cuando un gobernante muere, su sombra se pierde'. Esta gran sala, la plaza cubierta entre el edificio compacto y cerrado y el mar, ha surgido, de una forma muy natural, de esta situación tan especial provocada por la ubicación del edificio, justo en la playa. Esta gran sala abierta conecta por completo el complejo al lugar, dando la impresión de que siempre ha estado allí. La sala forma parte, en igual medida, de la amplitud del océano y del edificio compacto y su estructura".

1972-1984 Kuwait National Assembly

For Utzon, "traditional Arab architecture will have an enormous influence on the future architectural development of the world and it is, therefore, a natural thing that the concept of the Kuwait National Assembly complex has been based on some of the major elements of traditional Arab architecture, such as the covered street—the bazaar street—the interior courtyard, the succession of structural arches." In the scheme, which won first prize in a restricted competition, "all the departments of the complex (offices, meeting rooms, reception rooms, library, Assembly Hall, et cetera) are arranged along a central street. The departments consist of modules of various sizes, built around small patios or courtyards, connected to the central street via side streets. Each department can be extended at any time by adding modules, so that the building can grow sideways, away from the central street, and its outer boundaries will change as time goes by. These free-flexing outer boundaries of the system are very much related to traditional Islamic bazaar architecture. The construction of the National Assembly also reflects the purity of Islamic construction. The building is a prefabricated concrete structure in which all elements are structurally designed to express the load they are carrying, the space they are covering—there are different elements for different spaces. When you enter the central street, you can see all the entrances to the various departments. The central street leads toward the ocean into a great open hall which gives shade to a big open square, where the people can meet their ruler. In Arab countries there is a tradition of very direct and close contact between the ruler and his people. The dangerously strong sunshine in Kuwait makes it necessary to protect yourself in the shade—the shade is vital for your existence—and this hall which provides shade for the public meetings could perhaps be considered symbolic for the protection a ruler extends to his people. There is an Arab saying, 'When a ruler dies, his shadow is lost'. The covered square between the compact closed building and the sea, has grown out of this very special situation in quite a natural way—caused by the building's position directly on the beach. This big open hall connects the complex completely to the site and creates a feeling that it has always been there. The hall is just as much a part of the openness of the ocean as it is of the compact building and its structure."

Emplazamiento, croquis y maqueta de la Asamblea, propuesta del concurso.

Location, sketch and model of the Assembly, competition proposal.

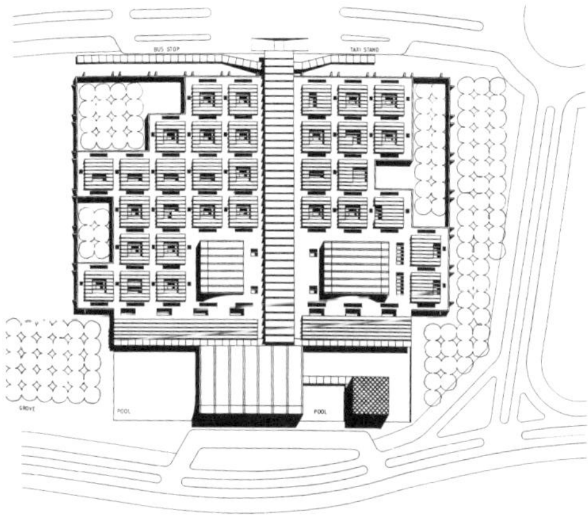

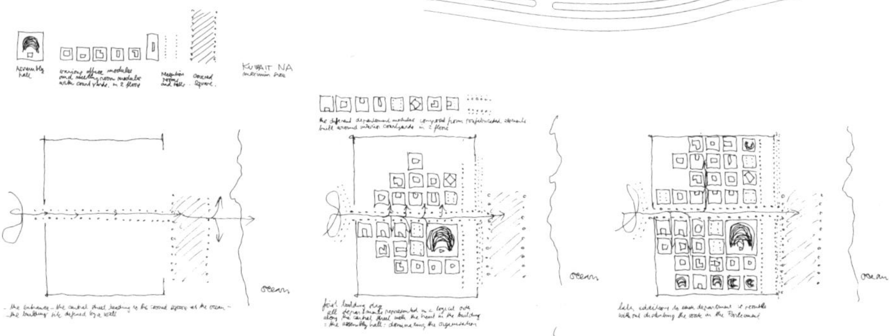

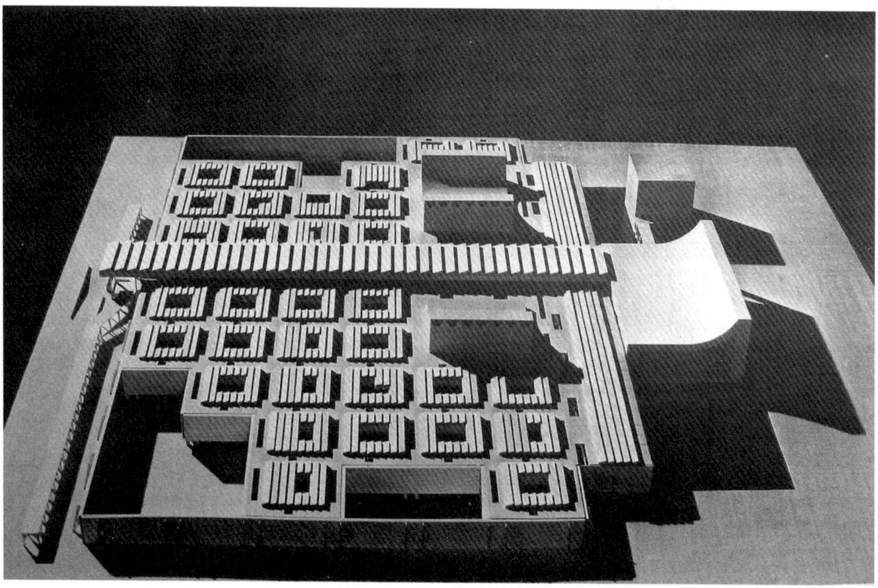

Planta del basamento y secciones de la propuesta del concurso.

Plan of the base and sections of the competition proposal.

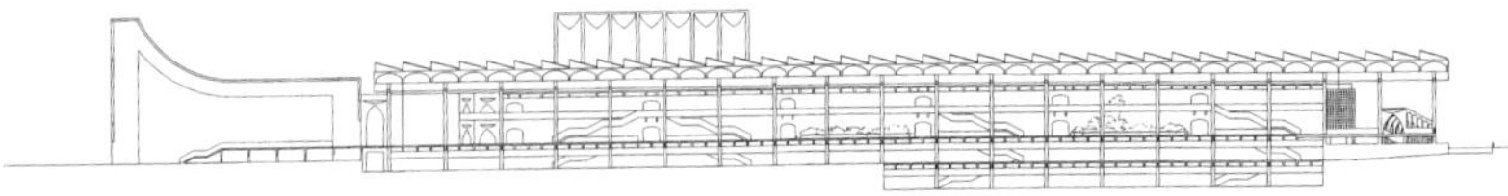

SECTION B-B

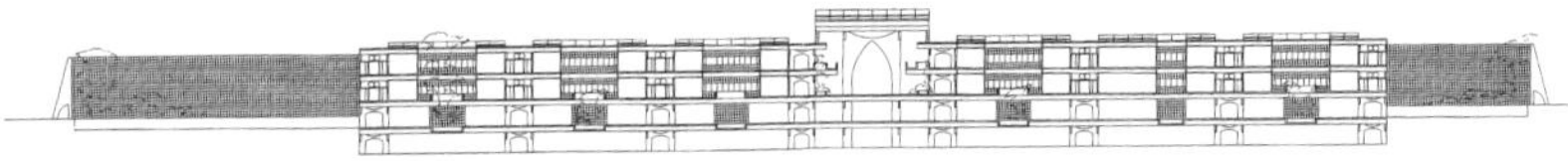

SECTION D-D

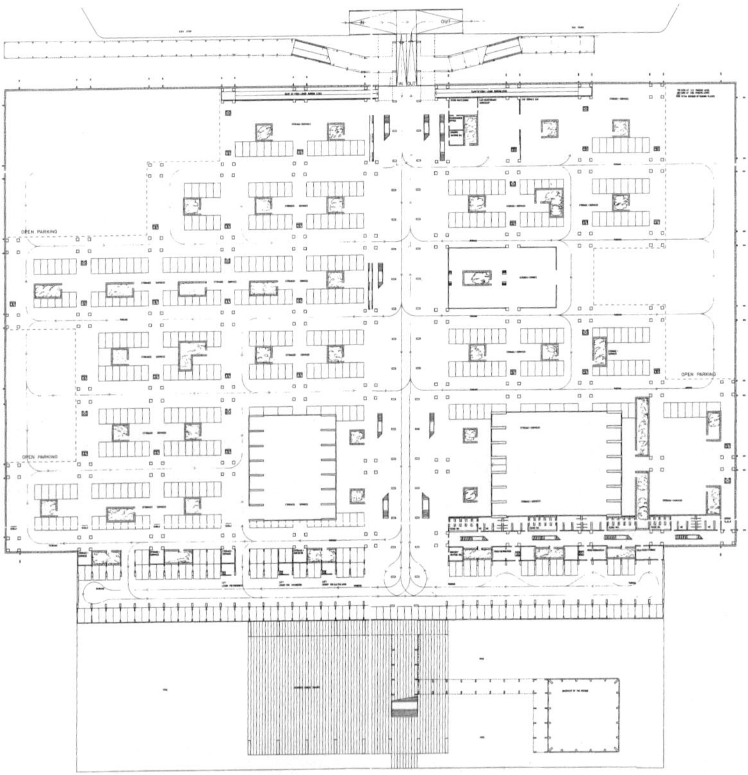

Planta baja, sección y alzado de la propuesta del concurso.

Ground floor, section and elevation of the competition proposal.

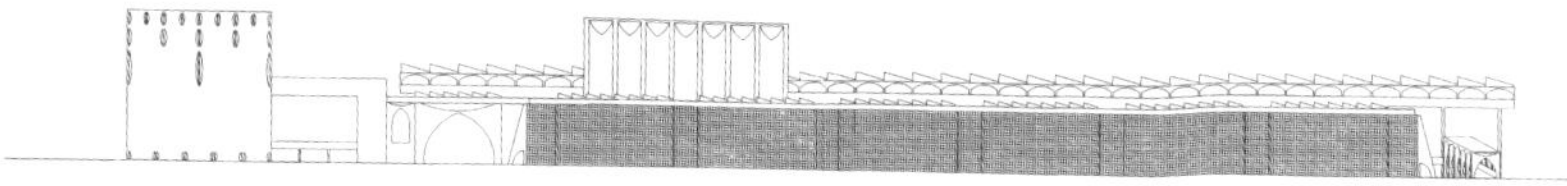

SOUTH WEST ELEVATION

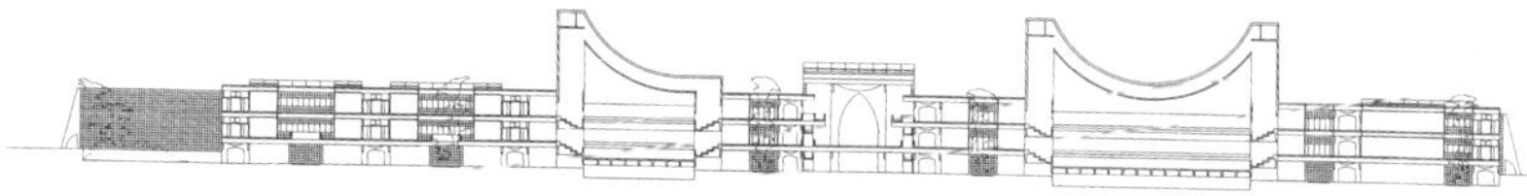

SECTION E-E

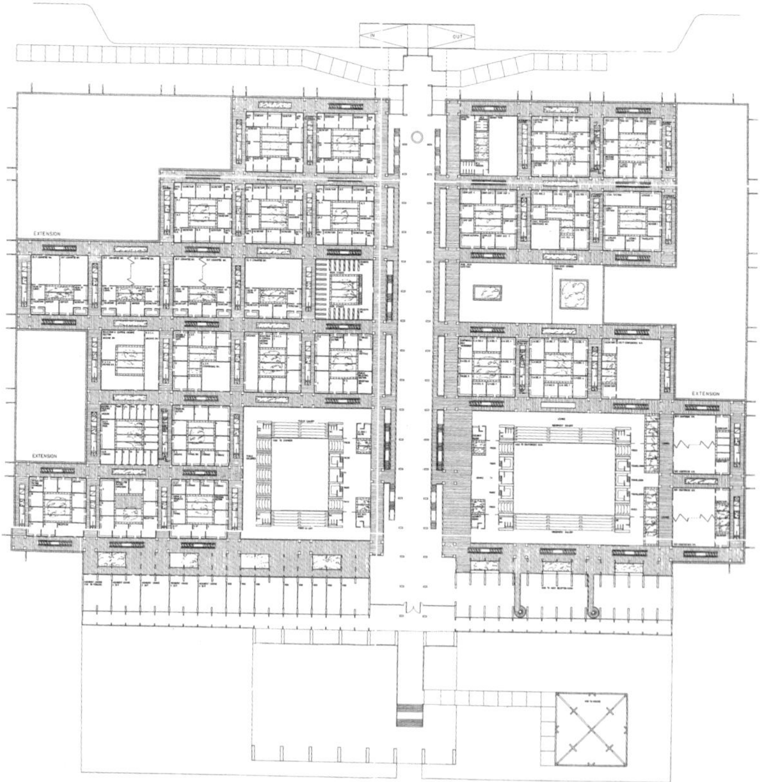

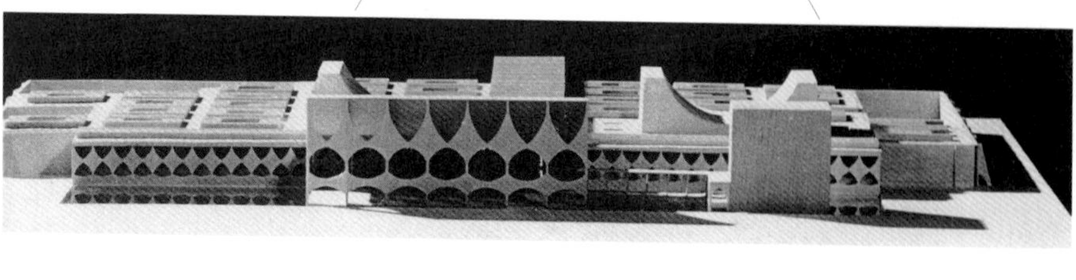

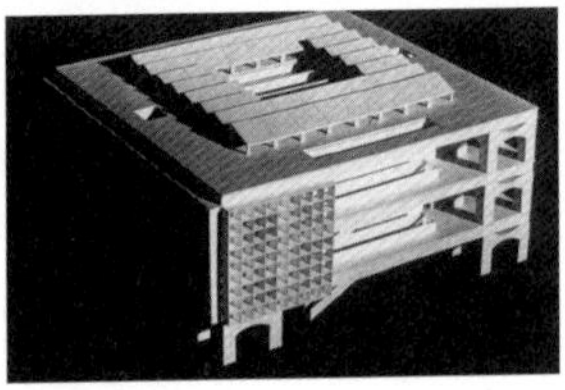

"Los edificios no se concibieron como una composición, sino como una adición (como un ejemplo del principio aditivo), que empieza en la sala principal. Es un sistema que crece y se amplía; su limitación última está definida por un gran muro perforado que define y protege a todo el complejo".

"The buildings are not conceived as a composition but as an addition—as an example of the additive principle—starting from the Central Hall. It is a growing, expanding system, its final limitation being defined by a big perforated wall, which is encasing and protecting the whole complex."

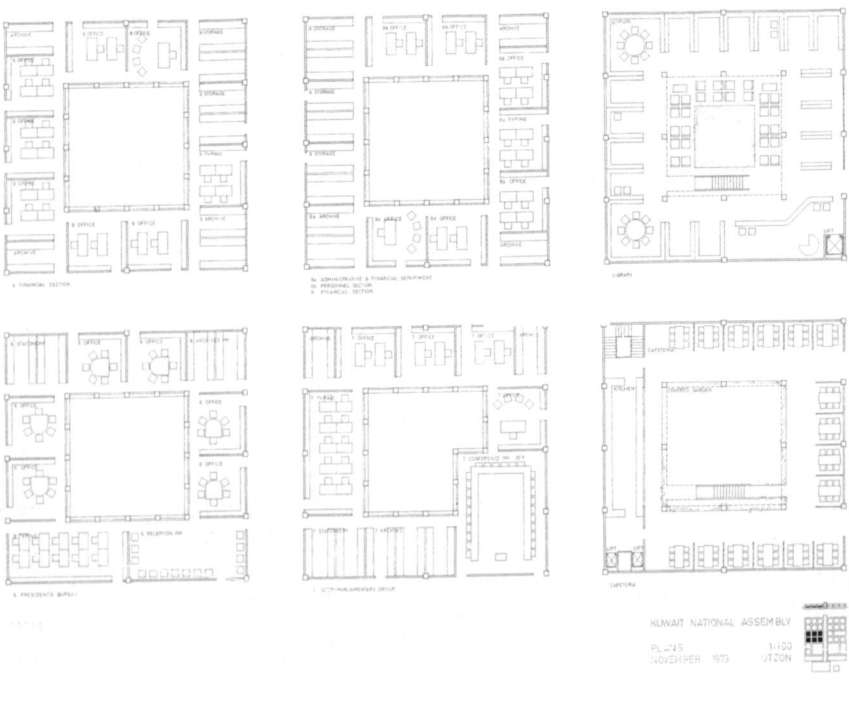

Detalle de la sala cubierta y construcción del conjunto.

Detail of the covered hall and building of the complex.

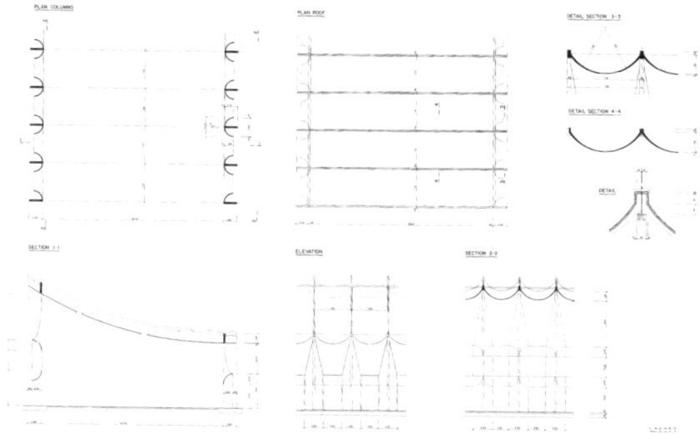

Planta propuesta y planta construida de la Asamblea.

Proposed plan and built plan of the Assembly.

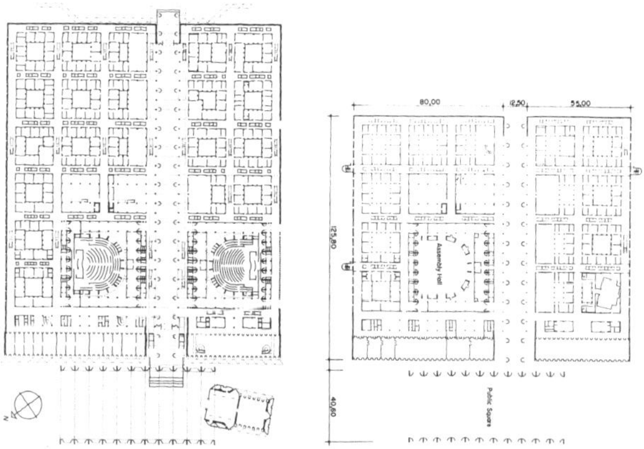

1979 Piscina cubierta en Copenhague, Dinamarca

Situada en el paisaje de los lagos que circundan el centro urbano, la propuesta que reemplaza el pabellón del lago Plebinge de Vilhelm Dalerup, se plantea sobre la yuxtaposición de dos cuerpos sobre la lámina de agua. Estos dos cuerpos se desarrollan sobre una plataforma caracterizada por el patio abierto, la secuencia de acceso y la cubierta vigorosa que corona el proyecto en el ámbito de la piscina. El vaso de la piscina, tallado en la plataforma masiva, se contrapone al carácter leve de la cubierta que emerge sobre el área de la piscina, desplegada sobre los faldones de la cubierta y coronada en la cúspide por un lucernario que acentúa e ilumina cenitalmente la propuesta.

Situación de la propuesta con relación a las piscinas cercanas y planta de emplazamiento.

1979 Covered swimming pool in Copenhagen, Denmark

Set in the landscape of lakes that ring the urban centre, the scheme, which replaces Vilhelm Dalerup's Lake Plebinge pavilion, proposes the juxtaposition of two bodies over the sheet of water. The two bodies unfold on a platform characterised by the open patio, the entry sequence and by the forceful roof that crowns the design in the swimming pool area. Carved into the massive platform, the pool per se contrasts with the lightness of the roof, which emerges above the area of the swimming pool spread out on the sides of the roof and topped at its apex by a skylight that accentuates and illuminates the scheme from above.

Situation of the scheme in relation to the neighbouring pools and plan of the location.

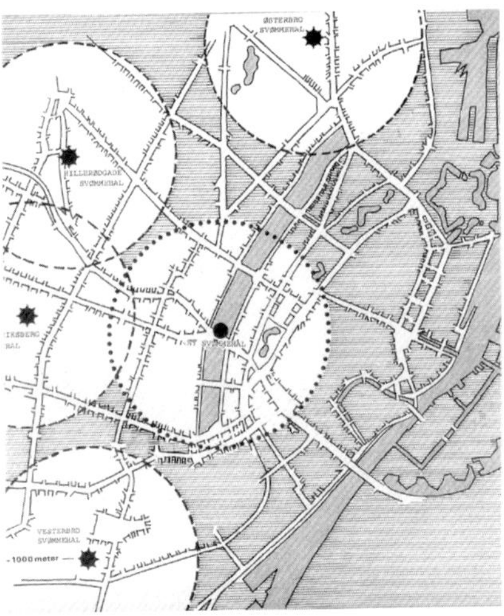

Planta y sección transversal de la piscina.

Plan and cross-section of the swimming pool.

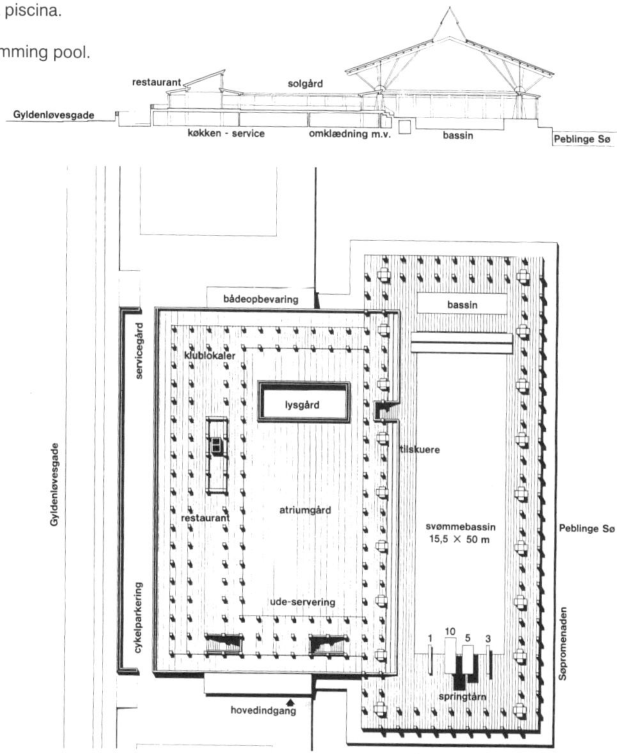

1985-1987 Edificio de exposición de mobiliario Paustian, Copenhague, Dinamarca

Realizado en colaboración con Jan y Kim Utzon, el edificio Paustian se sitúa en el puerto comercial de la ciudad, donde concilia el carácter industrial del entorno con el luminoso ámbito expositivo propuesto, cuyos rasgos evocan la frondosidad de un bosque que tiene su precedente en la referencia planteada en el Cristal Palace (1946). El proyecto, que desarrolla la retícula de la piscina en Copenhague (1979), se realiza a través de un conjunto de elementos prefabricados de hormigón que se erigen sobre un podio fundacional y están coronados por una pronunciada cubierta, rasgada por un lucernario continuo. Del proyecto, Jan Utzon describe: "Gran parte de nuestro trabajo creativo tiene lugar durante los paseos por la playa o el bosque alrededor de la casa de mis padres. Mi padre suele concebir las primeras ideas de un proyecto hablando con nosotros, mientras paseamos por ese bello entorno natural. Las primeras ideas pueden encontrar salida en forma de palabras o bocetos toscos hechos con un palo en el suelo del bosque o en la arena. Sólo después, cuando se ha decidido la idea principal, nos sentamos a la mesa de dibujo. Un bosque de hayas danés es como una sala de columnas que se desvanece en lo alto en una red de ramas y en las copas que forman la cubierta de esta sala de árboles. En la penumbra del bosque, los claros producen el efecto de una luz que viene de arriba. El camino hacia la playa o hacia un campo abierto pasa por el límite del bosque, donde los árboles suelen crecer de forma densa para formar una barrera frente al paisaje abierto. Una experiencia de este tipo jugó un papel esencial en el desarrollo de la tienda de mobiliario Paustian.
En algunos sitios, las numerosas columnas, relativamente pesadas, están cerca unas de otras; en otros, más alejadas. El lucernario en lo alto permite que el sol entre en todas las plantas. Estas se corresponden con los niveles de las ramas en las copas de los árboles: las altas y abiertas podrían ser el límite del bosque que bordea el mar. Este edificio constituye un ejemplo del uso en nuestro trabajo de experiencias adquiridas en la naturaleza".

1985-1987 Paustian Furniture Showrooms, Copenhagen, Denmark

Carried out in collaboration with Jan and Kim Utzon, the Paustian building is situated in the trading port of the city, where it reconciles the industrial character of the surroundings with the light-filled display area proposed, the features of which evoke the leafiness of a wood, the precedent for this being the reference put forward in the Crystal Palace (1946). The design, which develops the grid of the swimming pool in Copenhagen (1979), is implemented by means of a range of prefabricated concrete components and stands on a foundational podium topped by a pronounced roof lacerated by a continuous skylight. Jan Utzon says of the design: "Much of our creative work takes place during walks along the beach or in the wood surrounding my parents' home. My father often conceives the first ideas to a project, talking to us, while walking in the beautiful nature. Here the first ideas may find an outlet in words or in rough sketches done with a stick in the forest floor or the sand. Only later, when the central idea has been agreed upon, do we sit down at the drawing table. A Danish beech wood is like a hall of columns, which dissolves upwards in a network of branches and in the tree tops which make up the roof of this hall of trees. In the dimness of the forest, clearings have the effect of overhead light. The way to a beach or an open field goes through the fringe of the woods where the trees usually grow densely to form a barrier against the open landscape. Such an experience was instrumental in the shaping of the Paustian Furniture Store.
In some places the numerous, relatively heavy columns are close to each other, in other places further apart. The overhead skylight lets in the sun on all floors. The floors correspond to the branch levels of the treetops, the high, open one could be the fringe of a wood bordering on the sea. This house exemplifies the use in our work of experiences gained in nature."

Síntesis de la propuesta.

Synthesis of the scheme.

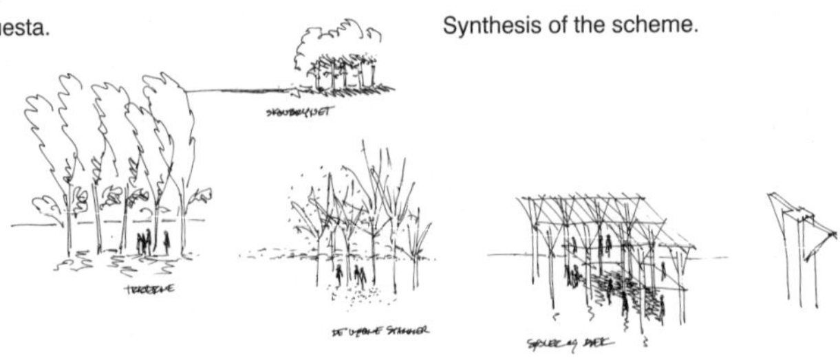

Croquis del emplazamiento y de la composición general.

Sketch of the location and of the overall composition.

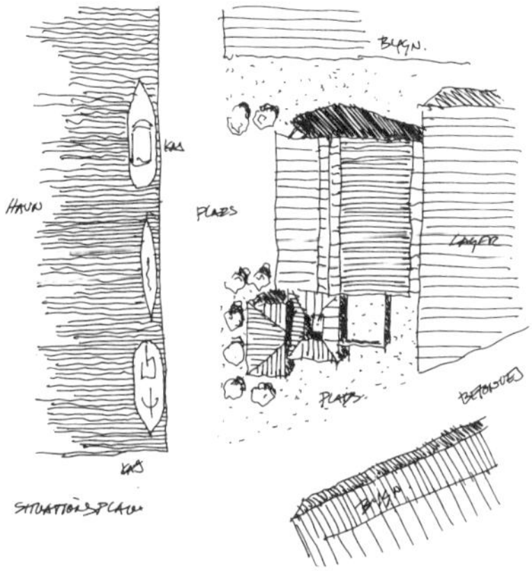

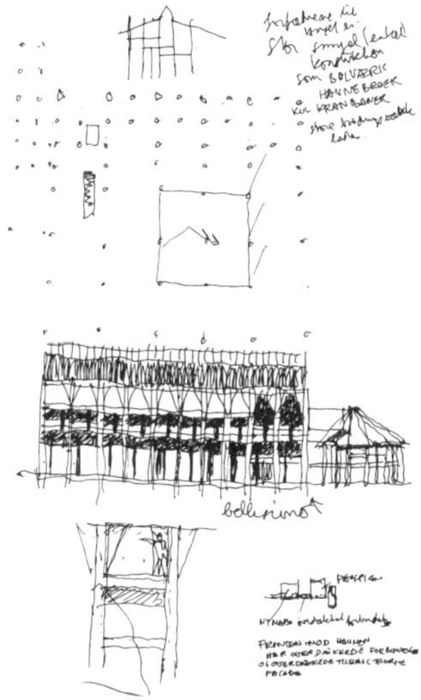

Plantas y secciones del edificio Paustian. Croquis de la sección general y detalles de la fachada.

Plans and sections of the Paustian building. Sketch of the general section and details of the facade.

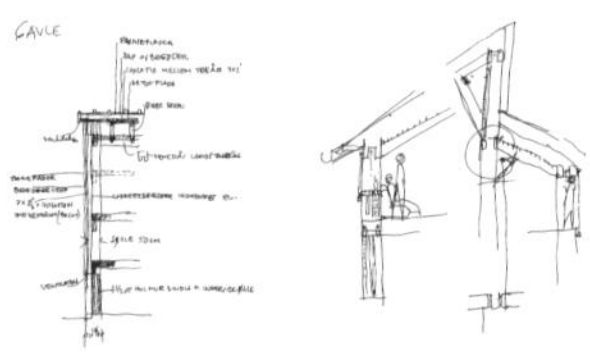

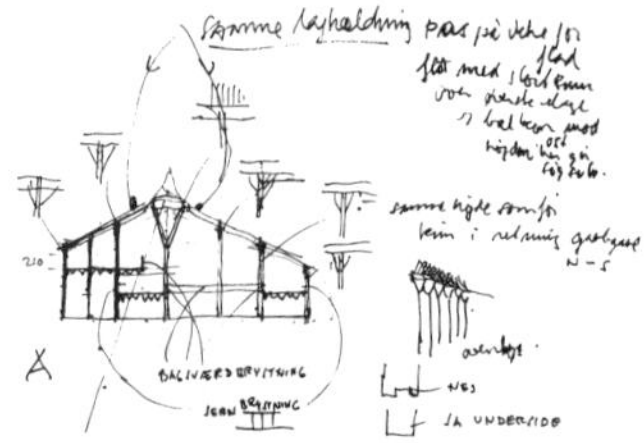

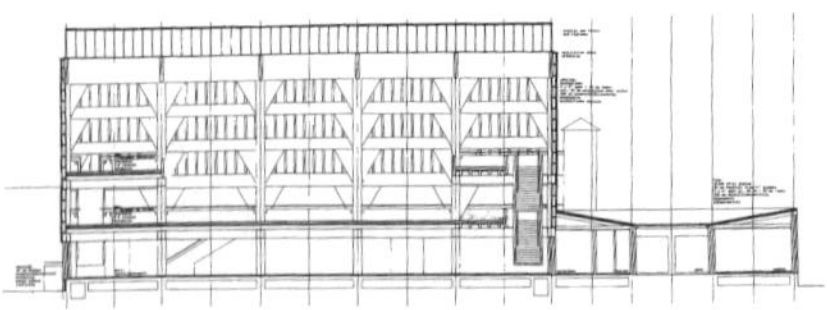

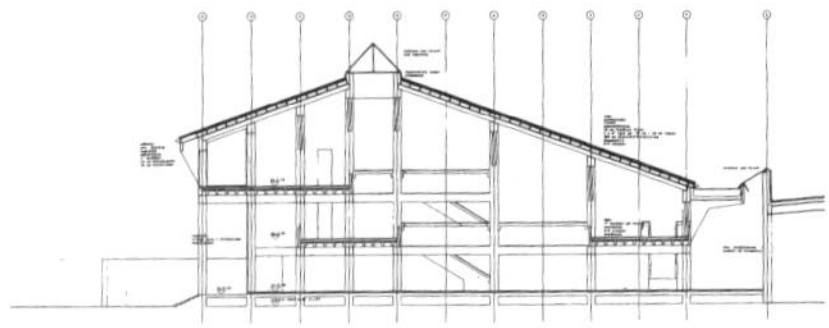

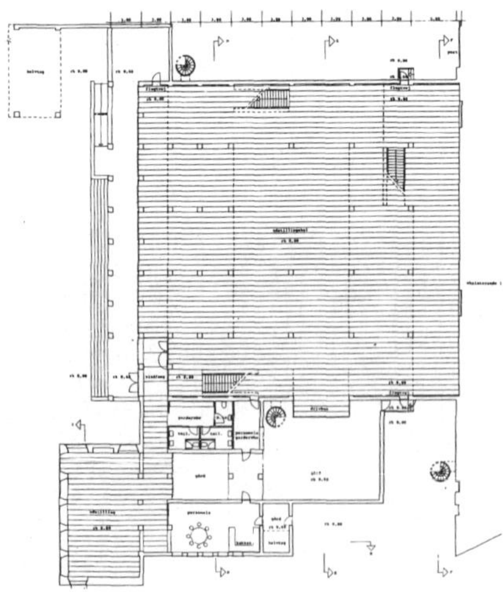

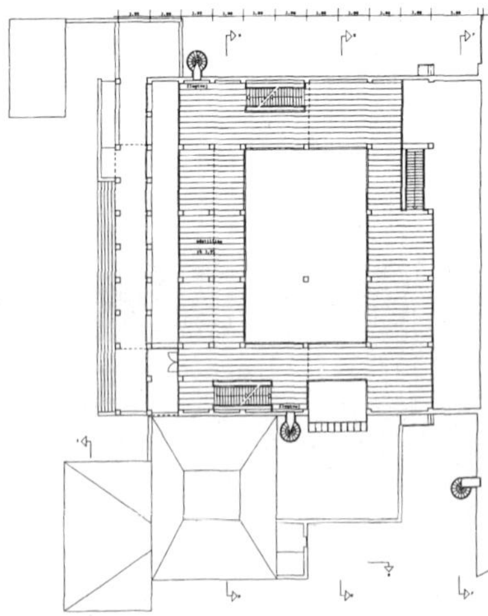

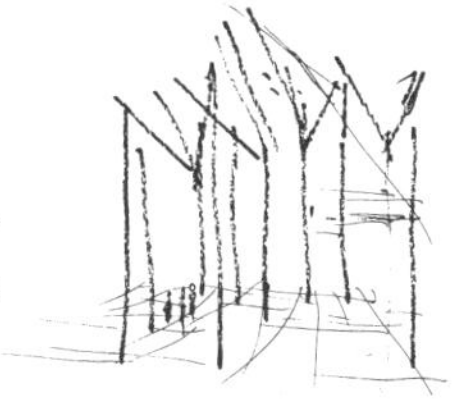

1988 Museo de Arte Moderno en Fredensborg, Dinamarca

La propuesta, realizada en colaboración con Jan y Kim Utzon, donde confluyen los rasgos característicos de la fábrica de Marruecos (1947), la experiencia doméstica de la casa Bille (1954) y el ámbito tallado en el suelo del mercado en Elineberg (1960), se emplaza en el ámbito rural y tiene en la experiencia material del edificio Paustian su referencia. Según Jan Utzon, "el museo es parecido arquitectónicamente a un gran edificio de una granja y está ubicado en una típica zona agrícola danesa en la finca Tulstruplund, cerca de Fredensborg, al norte de Copenhague. Tulstruplund posee las mejores características de la Dinamarca rural: un edificio principal antiguo, un camino flanqueado por árboles que conduce hasta él, campos y bosques. En la parte sur de la finca hay un pequeño lago cuya orilla norte es el emplazamiento de una gran estructura 'granero' que constituye la primera fase del Museo de Arte Moderno de Dinamarca. Desde la entrada, el visitante accede a un gran peristilo con un sistema de pavimentos a modo de cráter que recuerda a los bancales de los arrozales asiáticos. Este vestíbulo columnado se abre a una sala grande, luminosa y unificadora, orientada al lago y que está dedicada a exposiciones, conferencias, conciertos y otros eventos que congregan a un gran número de personas. Las pinturas están maravillosamente colgadas en las paredes de la galería y, más que entrar en un museo para contemplar las obras de arte expuestas en un orden determinado, se tiene una vista inmediata y general de toda la exposición al contemplar las pinturas colgadas en las paredes de la galería. La gran cubierta de la sala de exposiciones está divida en dos. Una ventana entre ambas partes proporciona luz del norte. La gran cubierta incorpora lucernarios con una celosía vertical proyectada para evitar la luz solar directa, aunque es también ajustable para permitir que columnas de luz alcancen el suelo, tal y como vemos en los bazares de Oriente Próximo. El museo tendrá el aspecto de un gran edificio encalado, con altos contrafuertes en las dos fachadas longitudinales".

1988 Museum of Modern Art in Fredensborg, Denmark

The scheme, carried out in collaboration with Jan and Kim Utzon, in which the characteristic features of the factory in Morocco (1947) converge with the domestic experiment of the Bille House (1954) and the area carved into the floor of the market in Elineberg (1960), is located in the countryside and has its reference in the material experiment of the Paustian building. For Jan, "the museum is architecturally similar to a large farm building, located in the typical Danish farmland on the Tulstruplund estate near Fredensborg, north of Copenhagen. Tulstruplund incorporates all the best features of rural Denmark: an old main building, a tree-lined lane leading up to it, fields and woods. In the southern part of the estate is a small lake and its northen bank is the site of the large 'barn' structure that makes up the first stage of The Danish Museum of Modern Art. From the entrance the visitor moves into a large peristyle with floors in a crater-like set-up, reminiscent of the terraced rice fields of Asia. This columned hall opens into a large, bright and unifying room facing the lake and is designed for exhibitions, lectures, concerts and other events that bring together many people. Pictures are hung beautifully on gallery walls, and rather than entering a museum to look at the works exhibited in a certain order you get an immediate, general view of the entire exhibition as you perceive the pictures on the gallery walls. The large roof of the exhibition hall is divided into two. A window between them gives light coming from the north. The large roof has skylights with vertical latticework designed to keep out direct sunshine, but this is also adjustable to permit columns of sunlight to reach the floor, the way you see it in the bazaars of the Middle East. The museum will appear as a large, whitewashed building with tall buttresses on the two long sides."

Perspectiva del interior del museo.

Perspective view of the museum interior.

Croquis del museo, secciones y planta baja.

Sketch of the museum, longitudinal and cross-sections, and ground floor.

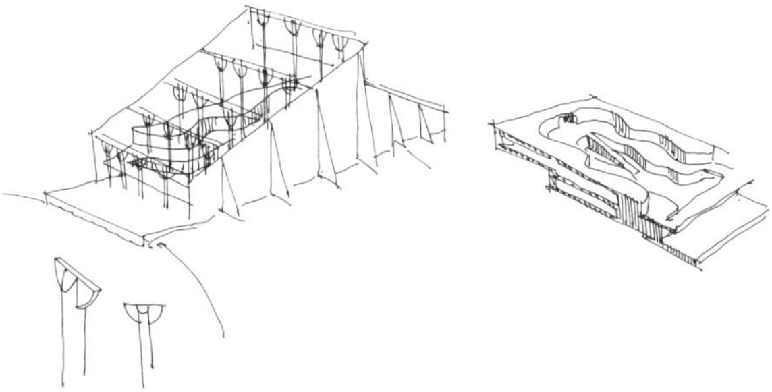

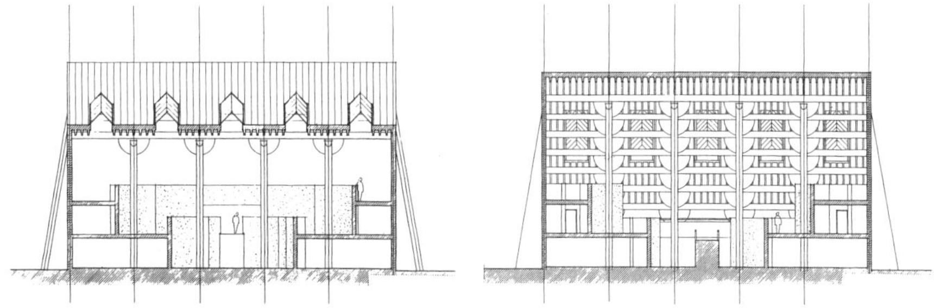

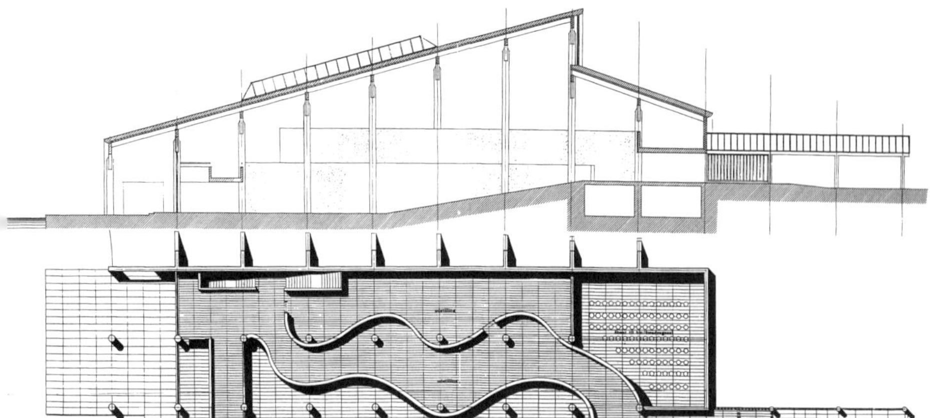

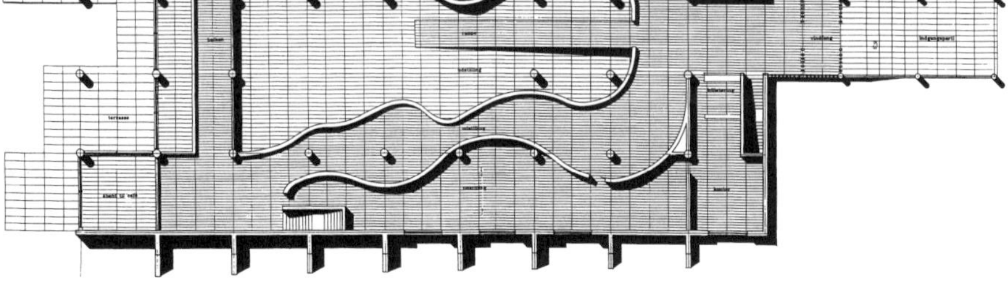

1972-1994 Casa del arquitecto en S'Horta, Can Feliz, Mallorca, España

Simultáneamente a la construcción de su primer refugio insular, Can Lis (1971), Utzon proyecta una nueva casa en el interior de la isla. Sobre una suave ladera que se extiende desde el castillo de Santueri, la casa se emplaza en un terreno caracterizado por la naturaleza paisajística del entorno y la visión panorámica del valle de Calonge.
La primera propuesta (1972) se concibe a partir de una sucesión de pabellones autónomos en torno a un ámbito central, un patio circundado por la geometría de los pórticos en terrazas, donde se concilia la continuidad del recinto arcaico con la secuencia progresiva y continua que caracteriza la composición aditiva. La propuesta, que evoca el campamento de Ocatillo (1927) de Wright, organiza las unidades en torno a un recinto determinado por el desnivel, donde convergen el perfil quebrado de las unidades de Can Lis con la disposición en abanico del conjunto de viviendas en Birkebo (1960). La casa, construida en 1994 para alejarse de los rigores de la primera casa en Porto Petro, se integra en el paisaje a través de un conjunto de muros quebrados y terrazas abiertas que prolongan la vida doméstica en el exterior.
La propuesta preliminar (1991), que alude al primer proyecto para la casa del arquitecto en Sídney (1963), establece las unidades del programa doméstico en torno a una secuencia de ámbitos intermedios ensayada en Can Lis. Construida con los materiales del lugar, experimentados en Can Lis, la casa, que introduce las áreas de circulación en el interior, tiene en el cuerpo de la sala de estar el dispositivo que permite, a través del umbral, tamizar la fuerte luz mediterránea y acentuar las vistas dominantes.

1972-1994 The architect's house in S'Horta, Can Feliz, Majorca, Spain

Simultaneously with the building of his first island refuge, Can Lis (1971), Utzon designed a new house in the Majorcan interior. On a gentle hillside which extends from the castle of Santueri, the house is located on a plot of land characterised by the landscaped nature of the surroundings and the panoramic view of the Calonge Valley. The first scheme (1972) was based on a succession of autonomous pavilions around a central area, a patio surrounded by the geometry of terraced porticoes where the continuity of the archaic enclosure is reconciled with the progressive and continuous sequence that typifies the additive composition. The scheme, which alludes to Wright's Ocatillo encampment (1927), organises the units around an enclave determined by the unevenness, where the irregular outline of the units in Can Lis converge with the fan-shaped layout of the housing complex in Birkebo (1960). The house, built in 1994 in order get away from the rigours of the first house in Porto Petro, is integrated into the landscape by means of a set of irregular walls and open terraces that prolong the domestic life outside. The preliminary scheme (1991), which evokes the first project for the architect's house in Sydney (1963), establishes the units of the domestic programme around a sequence of intermediary areas tried out in Can Lis. Constructed with materials from the immediate vicinity (as experimented with in Can Lis) the house, which introduces the circulation area in the interior, has in the living area body the contrivance which enables the architect to filter the strong Mediterranean light and to accentuate the commanding views by means of the threshold.

Emplazamiento de la primera propuesta, 1972.

Location of the first scheme, 1972.

Planta, alzados y secciones de la propuesta inicial de 1972.

Plan, elevations and sections of the initial 1972 scheme.

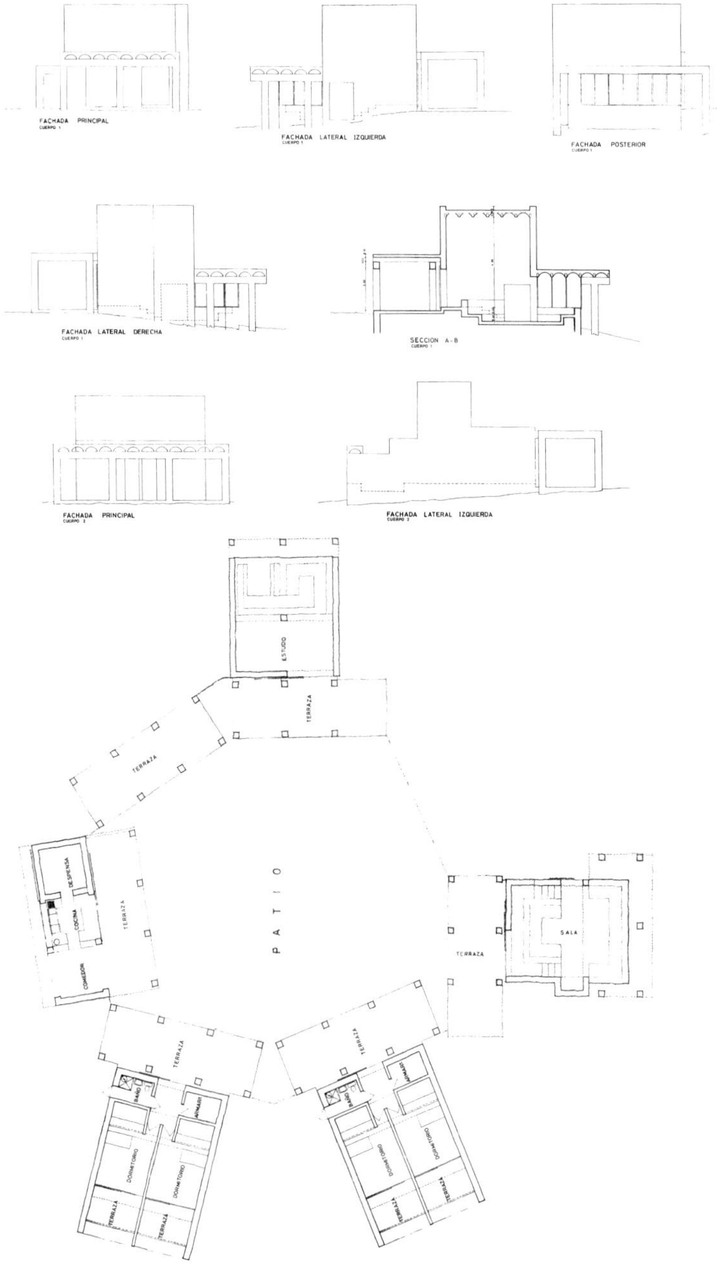

Emplazamiento de la propuesta construida, 1991-1994. Location of the built scheme, 1991-1994.

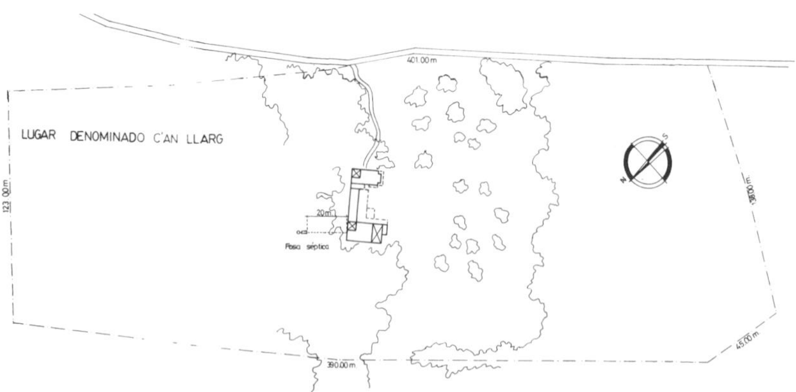

Alzado norte, planta baja y alzados sur y oeste, 1991.

North elevation, ground floor, south and west elevations, 1991.

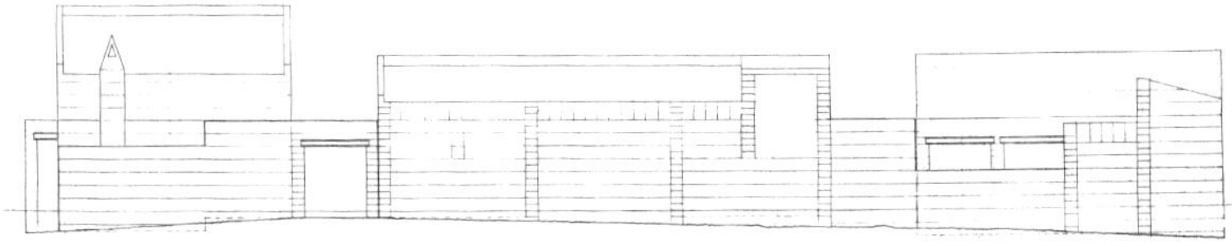

FACHADA NORTE · ESCALA 1:50

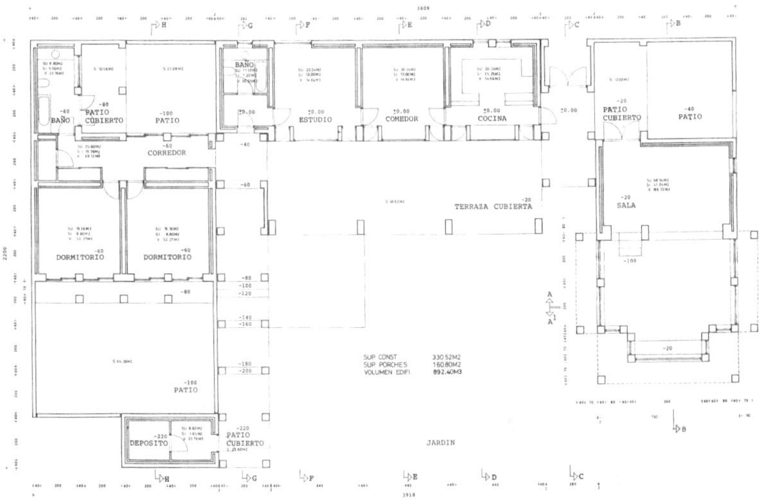

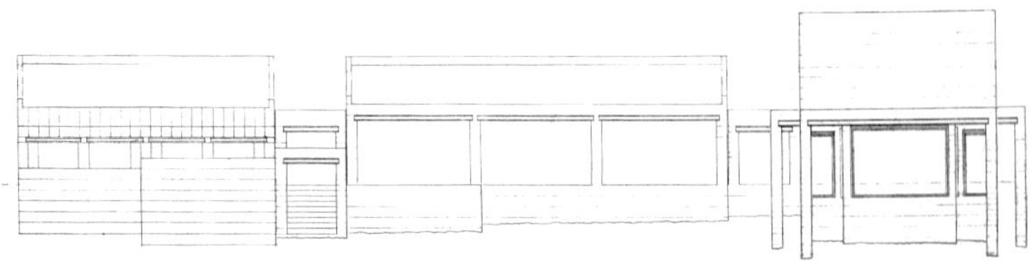

FACHADA SUR

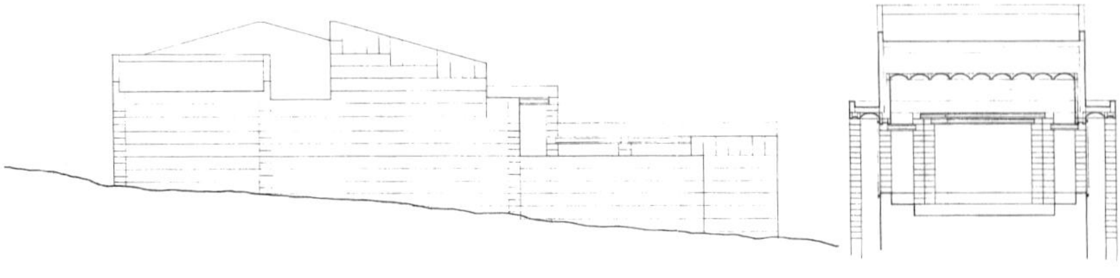

FACHADA OESTE

Planta y secciones de Can Feliz, 1994.
Dibujos de Jørn Utzon.

Plan and sections of Can Feliz, 1994.
Drawings by Jørn Utzon.

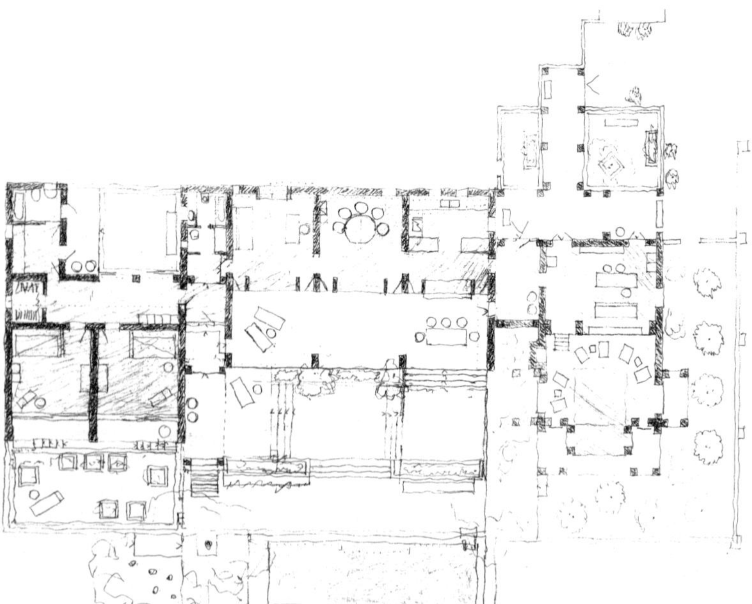

Sección por la sala de estar.

Section through the living room.

Relación cronológica de obras y proyectos

El texto en negrita se refiere a las obras construidas. Las cifras entre paréntesis corresponden a las páginas de este volumen.

1939 Concurso para el Ayuntamiento de Søllerod, Dinamarca. Lema: *Joy*
Pabellón en Ålsgårde, Dinamarca (25)
1941 **Ampliación de la casa Leidersdorf, Lyngby, Dinamarca** (26)
1942 Concurso de ideas para el terreno de la antigua fábrica de cervezas en Copenhague, Dinamarca
1944 Casa Bruun, Snekkersten, Dinamarca
Real Academia Danesa de Música, Copenhague, Dinamarca (28)
Concurso de viviendas en Viborg, Dinamarca. Con Tobias Faber. Lema: *99707* (32)
1945 Concurso para la ampliación del Ayuntamiento de Copenhague, Dinamarca. Lema: *48948*
Concurso de viviendas en Bellahøj, Copenhague, Dinamarca. Con Tobias Faber. Lema: *23545* (34)
Concurso para el Palacio de Congresos de Aalborg, Dinamarca. Con Tobias Faber. Lema: *111068* (36)
Anteproyecto para un crematorio, Dinamarca (38)
Viviendas provisionales en Holanda (40)
Casa Nissens, Elsinor, Dinamarca
Concurso de viviendas en Caroline Amalievej, Lyngby, Dinamarca. Premio. Lema: *75943*
1946 Concurso para la ordenación del conjunto de instalaciones deportivas en Næstved, Dinamarca. Tercer premio. Con Tobias Faber (41)
Concurso para el pabellón en el bosque de Hobro, Dinamarca. Mención. Con Tobias Faber (42)
Vaso para Holmegaards Glasværk. Concurso. Mención
Concurso para el Crystal Palace, Londres, Reino Unido. Mención. Con Tobias Faber y Mogens Irming (44)
Silla. Concurso Diseño para Mobiliario Moderno. The Museum of Modern Art, Nueva York. Mención. Con Arne Korsmo (48)
1947 Concurso para la ampliación del estadio de Aarhus, Dinamarca. Con Tobias Faber. Lema: *13529* (50)
Concurso para el teatro en Randers, Dinamarca. Con Tobias Faber (52)
Concurso de viviendas en Borås, Suecia. Mención. Con Tobias Faber. Lema: *Kontrapunkt* (54)

Chronological list of works and projects

The text in bold refers to built works. The figures in brackets correspond to the page numbers of this book.

1939 Competition for Søllerod Town Hall, Denmark. Motto: *Joy*
Pavilion in Ålsgårde, Denmark (25)
1941 **Extending of the Leidersdorf House, Lyngby, Denmark** (26)
1942 Ideas competition for the site of a former beer factory in Copenhagen, Denmark
1944 Bruun House, Snekkersten, Denmark
Danish Royal Academy of Music, Copenhagen, Denmark (28)
Housing competition in Viborg, Denmark. With Tobias Faber. Motto: *99707* (32)
1945 Competition for the extension of Copenhagen City Hall, Denmark. Motto: *48948*
Housing competition in Bellahøj, Copenhagen, Denmark. With Tobias Faber. Motto: *23545* (34)
Competition for the Aalborg Convention Centre, Denmark. With Tobias Faber. Motto: *111068* (36)
Preliminary design for a crematorium, Denmark (38)
Temporary housing in Holland (40).
Nissens House, Elsinore, Denmark.
Housing competition in Caroline Amalievej, Lyngby, Denmark. Prize. Motto: *75943*
1946 Competition for the development of a set of sports facilities in Næstved, Denmark. Third prize. With Tobias Faber (41).
Competition for the forest pavilion in Hobro Wood, Denmark. Mention. With Tobias Faber (42)
Glass Competition for Holmegaards Glasværk. Mention
Competition for the Crystal Palace, London, Great Britain. Mention. With Tobias Faber and Mogens Irming (44)
Chair. Designs for Modern Furniture competition. The Museum of Modern Art, New York. Mention. With Arne Korsmo (48)
1947 Competition for the extending of the stadium in Aarhus, Denmark. With Tobias Faber. Motto: *13529* (50)
Competition for the theatre in Randers, Denmark. With Tobias Faber (52)
Competition for housing in Borås, Sweden. Mention. With Tobias Faber. Motto: *Kontrapunkt* (54)

Fábrica de papel en Marruecos (58)
Conjunto de viviendas en Marruecos (59).
Concurso para la estación central de ferrocarriles, Oslo, Noruega. Con Arne Korsmo.
Lema: *Kontrapunkt* (60)

1948 Concurso para la Escuela de Comercio en Gotemburgo, Suecia. Con Arne Korsmo.
Lema: *Le commerce* (64)
Concurso para la ordenación de Vestre Vika, Oslo, Noruega. Con Arne Korsmo.
Lema: *Borger-det er din by* (68)

1949 Vasos. Concurso Riihimäki, Finlandia. Segundo premio. Con Arne Korsmo
Concurso de mobiliario (*Snedkerlaugets arkitektkonkurrence*). Con Arne Korsmo. Propuesta premiada
Concurso para el centro cívico en Falköping, Suecia. Con Arne Korsmo y Folke Bjørk. Lema: *Parkrum*
Depósito de agua en Svaneke, Bornholm, Dinamarca. Con Jørn Klindt-Jensen y Preben C. Wistisen (72)

1950 **Casa del arquitecto en Hellebæk, Dinamarca** (78)
Planta de impulsión de agua en Farum, Dinamarca. Con Preben C. Wistisen

1951 Conjunto de viviendas en Armebråten, Oslo, Noruega. Con Arne Korsmo, Sverre Fehn y Geir Grung (76)

1952 Concurso de viviendas en Skøyen-Oppsal, Oslo, Noruega. Con Arne Korsmo.
Lema: *Milieu* (86)

1953 Concurso para el pabellón Langelinie, Copenhague, Dinamarca. Mención (90)
Casa Middelboe, Holte, Dinamarca (94)
Casa Herstad, Rungsted, Dinamarca (98)
Casa Rotzau-Larsen, Rungsted, Dinamarca (100)
Casa Andersen, Hillerød, Dinamarca (102)
Casa Milling, Hillerød, Dinamarca (104)
Concurso de viviendas económicas, Skånska Hustyper, Escania, Suecia.
Primer Premio. Con Ib Møgelvang (106)

1954 **Viviendas en hilera en Skjern, Dinamarca. Con Bent Alstrup** (110)
Concurso de viviendas en Växjö, Suecia. Mención. Con Erik y Henry Andersson (114)

Paper factory in Morocco (58)
Housing complex in Morocco (59)
Competition for the Central Railway Station, Oslo, Norway. With Arne Korsmo.
Motto: *Kontrapunkt* (60)

1948 Competition for the Business School in Göteborg, Sweden. With Arne Korsmo.
Motto: *Le commerce* (64)
Competition for the development of Vestre Vika, Oslo, Norway. With Arne Korsmo.
Motto: *Borger-det er din by* (68)

1949 Riihimäki Glass Competition, Finland. Second prize. With Arne Korsmo.
Furniture competition *(Snedkerlaugets arkitektkonkurrence).* With Arne Korsmo. Prizewinning scheme.
Competition for the civic centre in Falköping, Sweden. With Arne Korsmo and Folke Bjørk.
Motto: *Parkrum*
Water tower in Svaneke, Bornholm, Denmark With Jørn Klindt-Jensen and Preben C. Wistisen (72)

1950 **The architect's house in Hellebæk, Denmark** (78)
Water pumping station in Farum, Denmark. With Preben C. Wistisen

1951 Housing complex in Armebråten, Oslo, Norway. With Arne Korsmo, Sverre Fehn and Geir Grung (76)

1952 Competition for housing in Skøyen-Oppsal, Oslo, Norway. With Arne Korsmo.
Motto: *Milieu* (86)

1953 Competition for the Langelinie Pavilion, Copenhagen, Denmark. Mention (90)
Middelboe House, Holte, Denmark (94)
Herstad House, Rungsted, Denmark (98)
Rotzau-Larsen House, Rungsted, Denmark (100)
Andersen House, Hillerød, Denmark (102)
Milling House, Hillerød, Denmark (104)
Skånska Hustyper competition for low-cost housing, Scania, Sweden. First prize. With Ib Møgelvang (106)

1954 **Terraced houses in Skjern, Denmark. With Bent Alstrup** (110)
Competition for housing in Växjö, Sweden. Mention. With Erik and Henry Anderssson (114).

Vasos. Concurso Riihimäki, Finlandia. Segundo premio. Con Arne Korsmo. 1949

Glasses. Riihimäki competition, Finland. Second prize. With Arne Korsmo. 1949.

Puente en Oslo. Con Arne Korsmo y Folke Bjørk (115)
Concurso para un centro administrativo y conjunto de viviendas en Marieberg, Estocolmo, Suecia. Propuesta premiada. Con Erik y Henry Andersson. Lema: *Sol* (116)
Concurso de viviendas en Elineberg, Helsingborg, Suecia. Primer premio. Con Erik y Henry Andersson (118)
Casa Bille, Vejby Strand, Dinamarca. Con Ib Møgelvang (120)

1955 Concurso para el ayuntamiento y pabellón deportivo en Landskrona, Suecia. Con Erik y Henry Andersson. Lema: *Tre platser*
Casa Lillesøe, Holte, Dinamarca (121)

1956 **Casa Frank, Vedbaek, Dinamarca** (122)
Casa Dalsgaard, Holte, Dinamarca. Con Bent Alstrup (126)
Casa Arnung, Nærum, Dinamarca. Con Bent Alstrup (128)
Conjunto de viviendas Kingo, Elsinor, Dinamarca (132)
Conjunto de viviendas en Bjuv, Suecia. Con Erik y Henry Andersson (138)
Conjunto de viviendas Planetstaden, Lund, Suecia. Con Erik y Henry Andersson (140)
Ópera de Sídney, Australia. Primer premio (148)

1957 Conjunto de viviendas de veraneo en Mallorca, España.
Concurso para Berlin Hauptstadt, Berlín, Alemania. Con Erik y Henry Andersson, Peer Abben y Jörgen Michelsen (180)

1958 Anteproyecto para un aeropuerto (181)
Casa Banck, Helsingborg, Suecia. Con Erik y Henry Andersson (182)
Concurso para el Instituto de enseñanza secundaria en Højstrup, Elsinor, Dinamarca. Primer y tercer premio (186)

1959 Concurso para la Exposición Internacional en Copenhague, Amager, Dinamarca (194)
Concurso para la ordenación de Frederiksberg, Copenhague, Dinamarca. Primer premio. Lema: *Manhattan* (196)
Conjunto de viviendas en Fredensborg, Dinamarca (198)
Banco Melli, Teherán, Irán. Con Hans Munk Hansen (210)

1960 Conjunto de viviendas Birkebo, Højstrup, Elsinor, Dinamarca (214)
Concurso para la ordenación de Elviria, Málaga, España (216)
Mercado en Elineberg, Helsingborg, Suecia (220)
Casa Herneryd, Helsingborg, Suecia (222)

1962 **Residencia asistencial en Elsinor, Dinamarca** (226)

Bridge in Oslo, Norway. With Arne Korsmo and Folke Bjørk (115)
Competition for an administration centre and housing complex in Marieberg, Stockholm, Sweden. Prizewinning scheme. With Erik and Henry Anderson. Motto: *Sol* (116)
Competition for housing in Elineberg, Helsingborg, Sweden. First prize with Erik and Henry Andersson (118)
Bille House, Vejby Strand, Denmark. With Ib Møgelvang (120)

1955 Competition for the Town Hall and sports centre in Landskrona, Sweden.
Motto: *Tre platser*
Lillesøe House, Holte, Denmark (121)

1956 **Villa Frank, Vedbaek, Denmark** (122)
Villa Dalsgaard, Holte, Denmark. With Bent Alstrup (126)
Arnung House, Nærum, Denmark. With Bent Alstrup (128)
Kingo housing complex, Elsinore, Denmark (132)
Housing complex in Bjuv, Sweden. With Erik y Henry Andersson (138)
Planetstaden housing complex, Lund, Sweden. With Erik y Henry Andersson (140)
Sydney Opera House. Australia. First prize (148)

1957 Holiday homes complex in Majorca, Spain.
Competition for Berlin Hauptstadt, Berlin, Germany. With Erik and Henry Andersson, Peer Abben and Jörgen Michelsen (180)

1958 Preliminary design for an airport (181)
Banck House, Helsingborg, Sweden. With Erik and Henry Andersson (182)
Competition for the High School in Højstrup, Elsinore, Denmark. First and third prize (186)

1959 Competition for the World Exhibition in Copenhagen, Amager, Denmark (194).
Competition for the development of Frederiksberg, Copenhagen, Denmark. First prize. Motto: *Manhattan* (196)
Housing complex in Fredensborg, Denmark (198)
Melli Bank, Teheran, Iran. With Hans Munk Hansen (210)

1960 Birkebo housing complex, Elsinore, Denmark (214)
Competition for the development of Elviria, Málaga, Spain (216)
Market in Elineberg, Helsingborg, Sweden (220)
Herneryd House, Helsingborg, Sweden (222)

1962 **Residential care centre in Elsinore, Denmark** (226)

1963 **Casa Povl Ahm, Harpenden, Hertfordshire, Reino Unido** (228)
Casa del arquitecto en Bayview, Sídney. Australia (230)
Museo de Arte en Silkeborg, Dinamarca (232)

1964 Concurso para el teatro de Zúrich, Suiza. Primer premio (238)
Concurso para la Ópera de Madrid, España

1965 Concurso para el teatro de Wolfsburg, Alemania. Cuarto premio (240)
Concurso para el Museo de Arte en Berkeley, California, Estados Unidos

1966 Concurso para un centro universitario en Odense, Dinamarca. Con Peer Abben. Lema: *272111* (242)
Concurso para el centro urbano de Farum, Dinamarca (246)

1968 **Sistema de mobiliario Utsep** (248)
Sistema de mobiliario New Angle (249)
Iglesia de Bagsværd, Dinamarca (264)
Teatro subterráneo en Jeita, Líbano

1969 **Sistema de construcción Espansiva** (250)
Prototipo Espansiva en Hellebæk, Dinamarca (252)
Conjunto de viviendas en Sophienholm, Lyngby, Dinamarca
Escuela Superior de Exportación, Herning, Dinamarca (254)
Prototipo para Uno-X, Herning, Dinamarca (256)
Estadio en Jeddah, Arabia Saudí (258)
Concurso para el Museo Nacional en Hammershus, Bornholm, Dinamarca (262)
Museo de Arte en Silkeborg, Dinamarca (263)

1971 **Casa del arquitecto en Porto Petro, Can Lis, Mallorca, España** (270)

1972 **Asamblea Nacional de Kuwait. Primer premio. Con Jan Utzon y Hans Munk Hansen** (276)

1977 Conjunto de viviendas en Hasselbakken, Birkerød, Dinamarca

1979 Piscina cubierta en Copenhague, Dinamarca. Con Jan Utzon (284)

1985 **Edificio de exposición de mobiliario Paustian, Copenhague, Dinamarca. Con Jan y Kim Utzon** (286)

1988 Museo de Arte Moderno en Fredensborg, Dinamarca. Con Jan y Kim Utzon (290)
Skagen Odde Nature Center, Skagen, Dinamarca. Con Jan y Kim Utzon

1991 **Casa del arquitecto en S'Horta, Can Feliz, Mallorca, España** (292)

1963 **Povl Ahm House, Harpenden, Hertfordshire, Great Britain** (228)
The architect's house in Bayview, Sydney. Australia (230)
Silkeborg Museum of Art, Denmark. (232)

1964 Competition for the Zurich Theatre, Switzerland. First prize (238)
Competition for the Madrid Opera House, Spain

1965 Competition for the Wolfsburg Theatre, Germany. Fourth prize (240)
Competition for the Museum of Art in Berkeley, California, USA

1966 Competition for a university centre in Odense, Denmark. With Peer Abben. Motto: *272111* (242)
Competition for Farum town centre, Denmark (246)

1968 **Utsep furniture system** (248)
New Angle furniture system (249)
Bagsværd Church, Denmark (264)
Underground theatre in Jeita, Lebanon

1969 **Espansiva building system. Espansiva**
Espansiva prototype in Hellebaek, Denmark (252)
Housing complex in Sophienholm, Lyngby, Denmark
Export College, Herning, Denmark (254)
Prototype for Uno-X, Herning, Denmark (256)
Stadium in Jedda, Saudi Arabia (258)
Competition for the National Museum in Hammershus, Bornholm, Denmark (262)
Silkeborg Museum of Art, Denmark (263)

1971 **The architect's house in Porto Petro, Can Lis, Majorca, Spain** (270)

1972 **Kuwait National Assembly. First prize. With Jan Utzon and Hans Munk Hansen** (276)

1977 Housing complex in Hasselbakken, Birkerød, Denmark

1979 Covered swimming pool in Copenhagen, Denmark (284)

1985 **Paustian Furniture Showrooms, Copenhagen, Denmark. With Jan and Kim Utzon** (286)

1988 Museum of Modern Art in Fredensborg. Denmark. With Jan and Kim Utzon (290)
Skagen Odde Nature Center, Skagen, Denmark. With Jan and Kim Utzon

1991 **The architect's house in S'Horta, Can Feliz, Majorca, Spain** (292)

Jørn Utzon, 1958.

Nota biográfica

Nace en Copenhague el 9 de abril de 1918.

1937-1942 Estudios en la Escuela de Arquitectura de la Real Academia de Bellas Artes de Copenhague.
1942 Trabaja con Hakon Ahlberg y Paul Hedqvist. Contrae matrimonio con Lis Fenger.
1945 Trabaja en el estudio de Alvar Aalto. Medalla de Oro de la Real Academia de Bellas Artes. Concursos en colaboración con Tobias Faber.
1947 Viaje a Marruecos. Concursos con la colaboración de Arne Korsmo.
1949 Viaje a Estados Unidos y México. Encuentros con Ludwig Mies van der Rohe y Frank Lloyd Wright.
1951 Miembro invitado del colectivo PAGON, Noruega.
1952 Colabora con los arquitectos suecos Erik y Henry Andersson.
1953 Primer premio del concurso de viviendas económicas en Escania.
1956 Primer premio del concurso para la Ópera de Sídney.
1957 Medalla Eckersberg, Dinamarca.
1958 Primer premio en el concurso para el instituto de enseñanza secundaria en Højstrup.
1959 Primer premio en el concurso para la ordenación de Frederiksberg.
1964 Primer premio en el concurso para el teatro de Zúrich.
1965 Miembro Honorario del Royal Australian Institute of Architects.
1967 Medalla C. F. Hansen, Dinamarca.
1970 Miembro Honorario del American Institute of Architects, Estados Unidos.
1971 Profesor en la Universidad de Hawai.
1972 Primer premio del concurso para la Asamblea Nacional de Kuwait.
1973 Medalla de Oro del Royal Australian Institute of Architects, Australia.
1978 Medalla de Oro del Royal Institute of British Architects, Reino Unido.
1981 Medalla de Oro del Danske Arkitektur Landsforbund, Dinamarca.
1982 Medalla de Oro Alvar Aalto, Helsinki.
1994 Medalla de Oro de la Académie d'Architecture, Francia.
1998 Premio Sonning, Dinamarca.
2003 Premio Pritzker.
2004 Colegiado de Honor del Colegio Oficial de Arquitectos de las Illes Balears, España.

Biographical note

Born Copenhagen 9 April 1918.

1937-1942 Studies at the Architecture School of the Royal Academy of Fine Arts in Copenhagen.
1942 Works with Hakon Ahlberg and Paul Hedqvist. Marries Lis Fenger.
1945 Works in Alvar Aalto's studio. Gold Medal of the Royal Academy of Fine Arts. Competitions in collaboration with Tobias Faber.
1947 Trip to Morocco. Competitions in collaboration with Arne Korsmo.
1949 Travels to the USA and Mexico. Meetings with Ludwig Mies van der Rohe and Frank Lloyd Wright.
1951 Invited member of the PAGON collective, Norway.
1952 Works with the Swedish architects Erik and Henry Andersson.
1953 First prize in the competition for low-cost housing in Scania.
1956 First prize in the competition for the Sydney Opera House.
1957 Eckersberg Medal, Denmark.
1958 First prize in the competition for the High School in Højstrup.
1959 First prize in the competition for the development of Frederiksberg.
1964 First prize in the competition for the Zurich Theatre.
1965 Honorary Member of the Royal Australian Institute of Architects.
1967 C. F. Hansen Medal, Denmark.
1970 Honorary Member of the American Institute of Architects, USA.
1971 Professor at Hawaii University.
1972 First prize in the competition for the Kuwait National Assembly.
1973 Gold Medal of the Royal Australian Institute of Architects, Australia.
1978 Gold Medal of the Royal Institute of British Architects, Great Britain.
1981 Gold Medal of the Danske Arkitektur Landsforbund, Denmark.
1982 Alvar Aalto Gold Medal, Helsinki.
1994 Gold Medal of the Académie d'Architecture, France.
1998 Sonning Prize, Denmark.
2003 Pritzker Prize.
2004 Honorary Member of the Official Architects College of the Balearic Islands.

Jørn Utzon

- Con Faber, Tobias, "Tendenser I nutidens arkitektur", en/in *Arkitekten*, 7-9, 1947, y/and *Byggmästaren*, 5, 1947.
- "En Bygning for Det kgl. Musikakademi i København", en/in *Arkitekten*, 3, 1945.
- "Eget hus ved Hellebæk", en/in *Byggekunst*, 5, 1952.
- "Eget hus i Hellebæk", en/in *Arkitekten Mänedshaefte*, 1, 1953.
- *Sydney National Opera House (Red Book)*, Copenhague/Copenhagen, 1958.
- "Om Stockholm-universitetet", en/in *Arkitekten*, 1961.
- *Sydney Opera House (Yellow Book)*, Copenhague/Copenhagen, 1962.
- "Platforms and Plateaus: Ideas of a Danish architect", en/in *Zodiac*, 10, 1962.
- "Silkeborg kunstmuseum", en/in *Arkitektur*, 1, 1964.
- *Descriptive-Narrative with Status Quo,* Sydney Opera House, Sídney/Sydney, 1965.
- *Report on Acoustical research on Major and Minor Halls*, Sydney Opera House, Sídney/Sydney, 1965.
- "The Sydney Opera House", *Zodiac*, 14, 1965.
- "Sydney Opera House: The Roof Tiles", *Architecture in Australia*, 1965.
- "Additive Architecture", en/in *Arkitektur*, 1, 1970.
- "Royal Gold Medallist 1978. Jørn Uzton", en/in *RIBA Journal*, 1978.
- "The importance of architects", en Lasdun, Denys, *Architecture in an age of skepticis*, Heinemann, Londres/London, 1984.

Sobre/On Jørn Utzon

VV. AA, *Jørn Utzon*, Ministerio de Obras Públicas, Transportes y Medio Ambiente, Madrid, 1995. Catálogo de la exposición/Exhibition catalogue.

VV. AA, *Utzon Symposium. Nature vision and place. Proceedings*, Aalborg Universitetsforlat, Aalborg, 2003.

Climent, Federico, *Jørn Utzon: dos casas en Mallorca*, Palma de Mallorca, Conselleria de Turisme, Govern de les Illes Balears, Mallorca/Majorca, 2000.

Cooper, J., *Form Technique Content*, University of Sydney, Sídney/Sydney, 1995.

Drew, Philip, *Sydney Opera House*, Phaidon Press, Londres/London, 1995.
- *Utzon and the Sydney Opera House*, Inspire Press, New South Wales, 2000.
- *The Masterpiece. Jørn Utzon: A Secret Life*, Hardie Grant Books, South Yarra Victoria, 1999.

Duek-Cohen, Elias, *Utzon and the Sydney Opera House*, Morgan Publications, Sídney/Sydney, 1967.

Faber, Tobias, *Jørn Utzon, Houses in Fredensborg*, Ernst & Sohn, Berlín/Berlin, 1991.

Fromonot, Françoise, *Jørn Utzon: architetto della Sydney Opera House*, Electa, Milán/Milan, 1998.

Futagawa, Yukio, y Norberg-Schulz, Christian, *Sydney Opera House*, A.D.A. Edita Tokyo, Tokio/Tokyo, 1980.
- *Church at Bagsvaerd*, A.D.A. Edita Tokyo, Tokio/Tokyo, 1981.

Keiding, Martin, y/and Dirckinck-Holmfeld, Kim, *Utzon's Own Houses*, The Danish Architectural Press, Copenhague/Copenhagen, 2004.

Mikami, Yuzo, *Utzon's Sphere: Sydney Opera House: How It Was Designed and Built*, Shokokusha, Tokio/Tokyo, 2001.

Norberg-Schulz, Christian, y Faber, Tobias, *Utzon: Mallorca*, Arkitektens Forlag, Copenhague/Copenhagen, 1996.

Pardey, John, *Two Houses on Majorca*, Edition Bløndal, Hellerup, 2004.

Prip-Buus, Mogens, (ed.), *The County and Houses*, Edition Bløndal, Hellerup, 2004.

Utzon, Jan, *Three Generations*, Anders Nyborg, Rungsted Kyst, 1988.

Weston, Richard, *Jørn Utzon: inspiration, vision, architecture*, Edition Bløndal, Hellerup, 2002.

Créditos fotográficos / Photographic credits

Th. Andresen/The Royal Library Copenhagen: p. 124.

Karl Blossfeldt: pp. 13, 93 (centro/middle).

Lluís Casals: p. 274 (arriba-izquierda/top left).

Mª Ángeles Ferrer Forés: p. 14 (izquierda/left).

Jaime J. Ferrer Forés: pp. 16, 17, 21, 25, 83 (centro/middle), 96 (abajo/bottom), 100, 102, 111, 112, 113, 123, 129, 130, 136, 137 (arriba/top), 139, 140, 141, 174, 175 (abajo/bottom), 176, 177, 179, 183, 184, 200, 201, 203, 205 (arriba/top), 206, 207, 208 (arriba/ top), 209, 223, 224, 225, 230, 231, 257, 266, 271, 273, 274, 275 (arriba/top), 287, 288, 294, 296, 297.

Jaime Ferrer Marí: p. 9.

Keld Helmer-Petersen: pp. 72, 73, 79, 82 (abajo/bottom), 85, 95, 96 (arriba/top), 97, 132, 133, 137 (abajo/bottom), 199, 204, 208 (abajo/bottom), 265.

Martín Lucena, dibujo/drawing: pp. 273, 274.

Jon Lundberg: pp. 211, 212 (arriba/top), 213.

Yolanda Ortega Sanz: pp. 104, 122, 128, 202, 205 (abajo/bottom), 268, 269, 289.

Carl E. Rosenberg: p. 153.

Michael Seistrup: p. 283.

Erik Sierins, Sydney Opera House: p. 178.

Henk Snoek: pp. 228, 229.

Jørn Utzon: pp. 144, 145, 275 (abajo/bottom).

A5/The Royal Danish Academy of Fine Arts: pp. 14 (derecha/right), 83 (arriba/top).

L'Industria Italiana del Cemento: pp. 281, 282.

Sydney Morning Herald: pp. 166, 167 (abajo/bottom), 175 (arriba/top).

Zodiac: pp. 156, 157, 159, 162, 165 (arriba/top), 167 (centro-derecha/middle right), 212 (centro/middle).

Archivo Bornholms Regionskommune/Bornholms Regionskommune Archive: pp. 74, 75.

Colección Erik Hansen/Erik Hansen Collection, Danmarks Kunstbibliotek. Samlingen af Arkitekturtegninger: pp. 82 (arriba/top), 84.

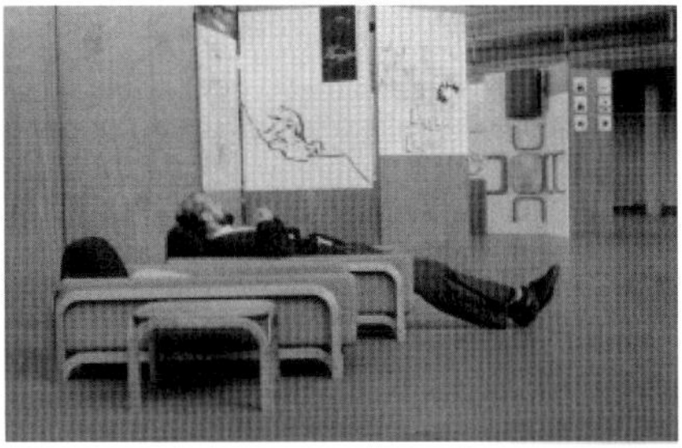

Colección Steen Eiler Rasmussen/Steen Eiler Rasmussen Collection, Danmarks Kunstbibliotek. Samlingen af Arkitekturtegninger: pp. cubierta/cover, 18, 163, 164, 165 (abajo/ bottom).

Danmarks Kunstbibliotek. Samlingen af Arkitekturtegninger: p. 10.

København Kommune. København Stadsarkiv: pp. 90, 91, 92, 93.

Silkeborg Kunstmuseum, Dinamarca/Denmark . Fotografía/Photography Lars Bay: p. 263.

Procedencia de los textos de Jørn Utzon/ Source of Jørn Utzon's texts

- "The innermost being of architecture" [1948], en/in Weston, Richard, *Jørn Utzon: inspiration, vision, architecture*, Edition Bløndal, Hellerup, 2002.
- "Platforms and plateaus: Ideas of a Danish architect", en/in *Zodiac*, 10, 1962.
- "Additive architecture", en/in *Arkitektur*, 1, 1970.

Las citas a Jørn Utzon en los textos del Banco Melli y el Museo de Arte en Silkeborg proceden de Sobejano, Enrique, *et al.*, *Jørn Utzon*, Ministerio de Obras Públicas, Transportes y Medio Ambiente, Madrid, 1995. Catálogo de la exposición homónima.

In the Spanish version the Jørn Utzon quotations in the texts on the Melli Bank and the Silkeborg Museum of Art come from: Sobejano, Enrique, *et al.*, *Jørn Utzon*, Ministerio de Obras Públicas, Transportes y Medio Ambiente, Madrid, 1995. Catalogue of the exhibition of the same name.

Agradecimientos/Acknowledgments

A Lis y Jørn Utzon, Lin Utzon, Jan Utzon y Kim Utzon

Dinamarca/Denmark
Danmarks Kunstbibliotek, Samlingen af Arkitekturtegninger, Copenhague/Copenhagen, Kunstakademiets Arkitektskole. The Royal Academy of Fine Arts, School of Architecture, Copenhague/Copenhagen; AAA Aarhus School of Architecture, Aarhus; Silkeborg Kunstmuseum; Arbejdermuseet. Arbejderbevægelsens Bibliotek og Arkiv København, Copenhague/Copenhagen; København Kommune. København Stadsarkiv, Copenhague/Copenhagen; Frederiksberg Kommune; Fredensborg Kommune; Gladsaxe Kommune; Helsingør Kommune; Helsinge Kommune; Herning Kommune; Hillerød Kommune; Hørsholm Kommune; Lyngby Kommune; Skjern Kommune; Søllerod Kommune; Bornholms Regionskommune; Lo-skolen, Elsinor/Elsinore; Plejehjemmet Hammershøj, Elsinor/Elsinore; Paustian, Copenhague/Copenhagen; Holmegaard Glasværk; Tobias Faber; Vilhelm Wohlert; Erik Christian Sørensen; Knud Friis; Jean-Jacques Baruël; Nils Fagerholt; Ola Wedebrunn; Jacob Kielland Brandt; Kickan Utzon; Claus M. Smidt; Søren Christensen; Jørgen Strüwing; Dorrit Bergqvist; Dorte Kirkeby Andersen; Xenia & Claus Brun; Anette Eklund Hansen; Fleming Bo Andersen; Jes Vagnby; Axel Madsen-Mygdal; Britta Juul Schou; Nils-Erik Nielsen; Leif Gregersen; Michael Seistrup; Helga Mohr; Ida Nielsen.

Suecia/Sweden
Riksarkivet, National Archives, Estocolmo/Stockholm; Arkitekturmuseet, Estocolmo/Stockholm; Helsingborg Kommun; Lunds Kommun; Bujv Kommun; Falköping Kommun; Jörgen Michelsen; Britt-Marie Broman; Tore Bernstrup; Roger Punk; Ann-Marie Magnusson; Annika André; Jonas Malmdal.

Noruega/Norway
The National Museum of Art, The Norwegian Museum of Architecture; AHO Arkitekthogskolen i Oslo. Oslo School of Architecture; Birgitte Sauce; Jon Lundberg.

España/Spain
Ministerio de Educación; Ministerio de Vivienda; Ajuntament de Santanyí; Mª Ángeles Ferrer Forés; Helio Piñón; Joaquim Sabaté; Miquel Corominas; Félix Solaguren-Beascoa; Jaume Sanmartí; Carles Martí Arís; Alberto Campo Baeza; José Luis Forteza Artigues; Sebastián Company Oliver.

Australia/Australia
Sydney Opera House; State Library of New South Wales. Mitchell Library, Sídney/Sydney; Norman Gillespie; Jennifer Shand; Joseph Skrzynski; Peter Myers; Andrew McNally; Richard Leplastrier; Richard Jonson; Allison Kingscote; Trevor Waters; Ralph Bott.

Colección **Obras y proyectos** / **Works and Projects** Series

Karl Fleig	**Alvar Aalto**
Bartomeu Cruells	**Ricardo Bofill**
Emilio Pizzi	**Mario Botta**
Jan Molema	**Jan Duiker**
Félix Solaguren-Beascoa	**Arne Jacobsen**
Xavier Monteys	**Le Corbusier**
Silvio Cassarà	**Richard Meier**
Josep Mª Botey	**Oscar Niemeyer**
Gianni Braghieri	**Aldo Rossi**
Judith Sheine	**R. M. Schindler**
Marco Vidoto	**Alison + Peter Smithson**
Carolina Vaccaro / Frederic Schwartz	**Venturi, Scott Brown y asociados**
Bruno Zevi	**Frank Lloyd Wright**

Oscar Niemeyer.
Obras y proyectos Works and Projects
Josep Ma. Botey
240 pp.
Texto/Text: castellano/english
ISBN: 978-84-252-1576-6

Alison + Peter Smithson.
Obras y proyectos Works and Projects
Marco Vidotto
232 pp.
Texto/Text: castellano/english
ISBN: 978-84-252-1684-8

Arne Jacobsen.
Obras y proyectos Works and Projects
Félix Solaguren-Beascoa
224 pp.
Texto/Text: castellano/english
ISBN: 978-84-252-1404-2

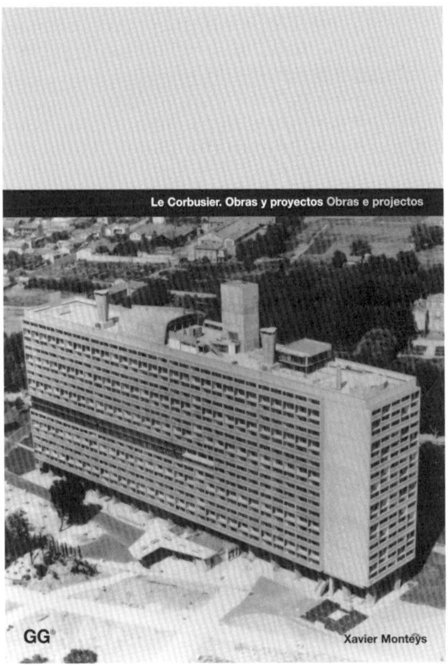

Le Corbusier.
Obras y proyectos Obras e projectos
Xavier Monteys
264 pp.
Texto: castellano/português
ISBN: 978-84-252-1795-1